云霄年鉴

2024

中共云霄县委党史和地方志研究室　编

方志出版社
Publishing House of Local Records

图书在版编目（CIP）数据

云霄年鉴. 2024 / 中共云霄县委党史和地方志研究室编. -- 北京 : 方志出版社, 2024. 10. -- ISBN 978-7-5144-6419-1

Ⅰ. Z525.74

中国国家版本馆 CIP 数据核字第 2024UK9003 号

责任编辑：王娜
责任校对：张玉霞
责任印制：梅中英
出 版 者：方志出版社
地　　址：北京市朝阳区潘家园东里 9 号（国家方志馆 4 层）
邮　　编：100021
网　　址：http://www.zgfzcb.cn
发　　行：方志出版社图书营销中心（010-67110500）
印　　刷：福州力人彩印有限公司
开　　本：889 毫米×1194 毫米　1/16
印　　张：14
字　　数：476 千字
版　　次：2024 年 10 月第 1 版
印　　次：2024 年 10 月第 1 次印刷
定　　价：200.00 元

《云霄年鉴（2024）》编纂委员会

顾　　问	蓝良木　沈顺来
主任委员	周志坚　陈顺国
副主任委员	王一雄
委　　员	朱铜彬　朱泉源　郑茂长　吴钦辉 石晓窗　张俊池　黄卫忠　方伟民 方镇和　方春明　吴至洪　陈加山 吴黎明　林青海　张志林　方长城 方艺强　郑　蒲　胡晓琳　方三川 王永城　江丽丹　朱晓娴　徐　捷 方志南

《云霄年鉴（2024）》编辑部

主　编	王一雄
副主编	朱晓娴　徐　捷　方志南　张　琳
编　辑	吴志勇　吴宝珠　张艺玫　汤宇豪
编　务	阙一铭　张文贤

编辑说明

一、《云霄年鉴》是由中共云霄县委、云霄县人民政府主办，中共云霄县委党史和地方志研究室承编的年度资料文献。自2014年起，逐年编纂出版，以出版年号为卷次名称。

二、《云霄年鉴（2024）》以马克思列宁主义、毛泽东思想、邓小平理论、“三个代表”重要思想、科学发展观、习近平新时代中国特色社会主义思想为指导，坚持辩证唯物主义和历史唯物主义的立场、观点和方法，力求全面、客观地记载2023年云霄县自然、政治、经济、文化、社会发展等方面的基本情况，反映各行各业新成就、新经验、新趋势。

三、《云霄年鉴（2024）》记述时限为2023年1月1日至12月31日，部分内容根据记述需要适当上溯或下延。

四、《云霄年鉴（2024）》采用分类编辑法，主体内容分为类目、分目、条目三个层次，以条目为基本记述层次。全书设特载、大事记、县情概貌、中国共产党云霄县委员会、云霄县人民代表大会、云霄县人民政府、政协云霄县委员会、纪委监委、群众团体、外事·侨务·台港澳事务、法治、军事、经济管理和监管、应急管理、农业·农村、工业与清洁能源、电商与商贸服务、金融业、交通·通信、云霄经济开发区、城乡建设与管理、资源与环境、科学技术、教育、文化·旅游、卫生·体育、社会民生、乡镇、人物、附录。

五、《云霄年鉴（2024）》采用规范化的语体文记述，力求言简意赅、通俗易懂。数字用法、标点符号用法分别采用国家标准《出版物上数字用法》(GB/T 15835—2011)、《标点符号用法》(GB/T 15834—2011)，计量单位采用国家技术监督局1993年12月发布的《量和单位》系列国家标准，考虑到社会使用习惯，全书中“亩”不作统一换算。采用的统计数据以县统计局公布的为准，不属于县统计局统计范围的数据，则出自各供稿单位核定的数据，部分数据因四舍五入等原因，总数与分项之和之间存在合理范围内误差。

六、《云霄年鉴（2024）》资料除由云霄县各级机关、企事业单位、人民团体提供外，还有部分由编辑人员采编。所提供资料均经单位审核。

七、《云霄年鉴（2024）》封面图片由中国美术家协会会员、中国工笔画家协会会员朱炜明提供。

云霄县地图

比例尺 1：250 000

编制单位：福建省地图出版社　审图号：漳S〔2024〕20号　截至时间：2023年12月

莆美镇

莆美镇位于云霄县中部，东连漳江出海口，南接云霄经济开发区，西北面是巍峨壮美的将军山，东南面是逶迤起伏的莆美大山。国道324线、将军大道穿境而过。辖有16个行政村、11个社区，常住人口约10.3万人。镇域面积约40.1万平方公里，其东南面冲击平原以种植水稻、地瓜等农作物为主，西面莆美大山以种植枇杷为主。莆美镇拥有向北米粉、向北地瓜两个地理标志农产品。

莆美镇历史悠久，自古以来就是漳州重镇。唐朝归德将军陈政率兵入闽平定啸乱，在位于将军山下的演武亭村屯兵，距今已有1300多年的历史。境内古迹众多，拥有陈政墓园、将军庙、华庙、英济宫、南山寺等，沉淀着厚重的人文底蕴。

莆美镇不但是历史文化古镇，更是云霄县的经济发展重镇。辖区内坐落县行政中心，体育场、电影院、医疗机构等民生设施配套齐全，基础设施完善，成为云霄县新的政治、经济、文化中心。

2023年，莆美镇在县委、县政府的正确领导下，深入开展“产业发展项目建设提升年”活动和“七比一看”竞赛，围绕县里“1320”方案要求，立足“中部城市经济发展片区”定位，以三个片区项目攻坚为抓手，加压奋进、攻坚克难，扎实推进莆美镇高质量发展。城镇建设提档升级，基层治理扎实推进，民生保障扎实有力，人居环境不断优化。近年来，莆美镇先后被授予“全国重点镇”“福建省生态乡镇”“福建省文明乡镇”“福建省森林城镇”“漳州市明星乡镇”称号。

（柳欣 摄）

城镇建设

莆美新貌

宝龙社区

（柳欣　摄）南湖片区

（柳欣　摄）

（柳欣　摄）

莆政路

（柳欣　摄）

莆美迎宾门　　（柳欣　摄）

将军大道　　（柳欣　摄）

人和路　　（柳欣　摄）

演武亭村　　（柳欣、张文森　摄）

工业园区

云峰米厂 （莆美镇　供图）

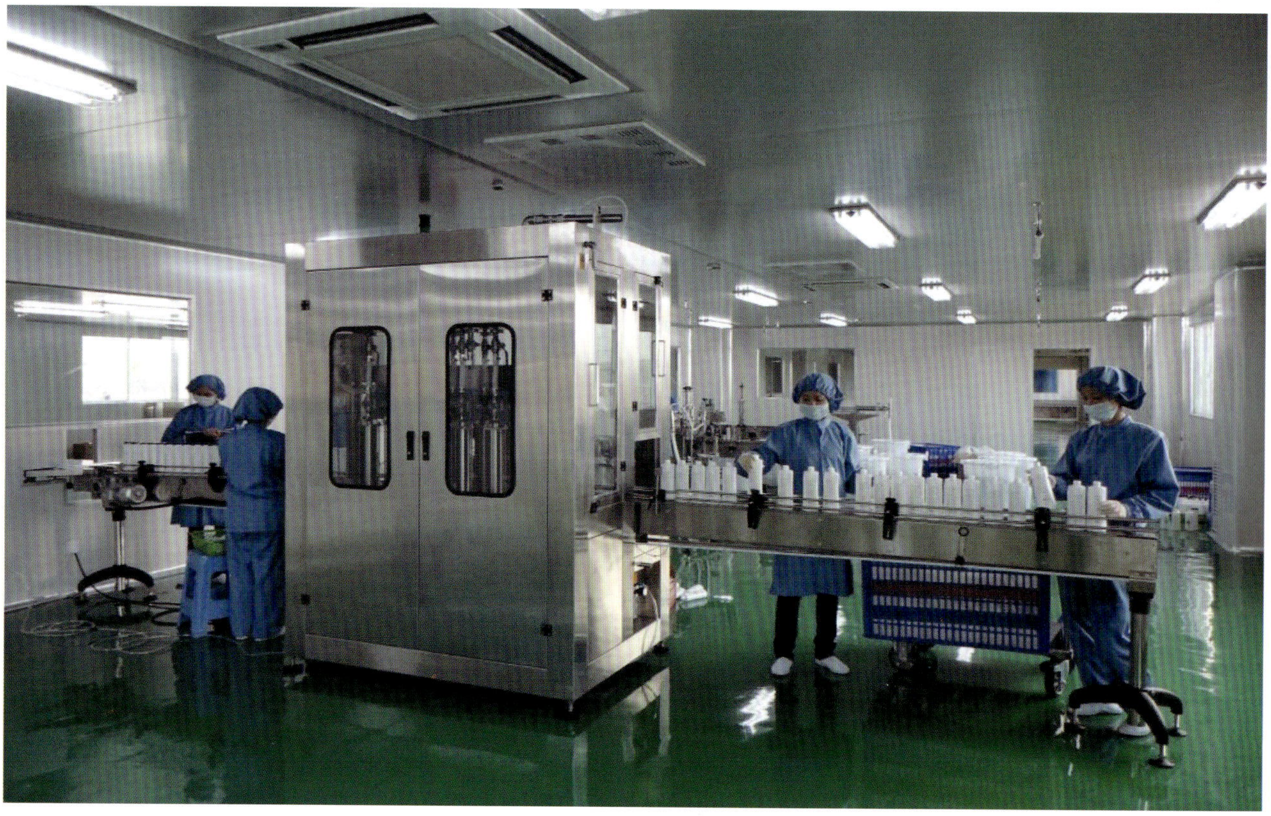

豪锦集团 （莆美镇　供图）

美食特产

蕉坑枇杷　　（莆美镇　供图）

向北地瓜　　（莆美镇　供图）

向北米粉　　（莆美镇　供图）

历史文物

宝树土楼　　（张文森　摄）

高塘村寅钱寺　　（张文森　摄）

烈士陵园

陈政墓园　　（柳欣　摄）

（柳欣　摄）

林偕春故居　　（柳欣　摄）

将军山公园　　（柳欣　摄）

将军山公园　　（张文森　摄）

莆美岩　　（张文森　摄）

阳下荐鼓楼　　（柳欣　摄）

民生项目

华龙科技文化园

（莆美镇　供图）

县图书馆　（柳欣　摄）

云霄阳下幼儿园　（莆美镇　供图）

南湖公园　　（张文森　摄）

莆下安置房　　（柳欣　摄）

演武亭安置房　　（柳欣　摄）

中柱安置房　　（柳欣　摄）

文娱活动

2023 年 2 月 5 日，演武亭村举办“办大碗”活动　　（莆美镇　供图）

2023 年 2 月 6 日，南湖公园举办“福兔呈祥、福见云霄” 2023 新春焰火晚会

（莆美镇　供图）

2023 年 6 月 18 日，开漳圣王文化节系列活动举行　　（柳欣　摄）

乡村风貌

高塘村农田　　（张文森　摄）

高塘下尾渡口　　（张文森　摄）

双溪口农民街　　（莆美镇　供图）

目 录

特 载

大事记

县情概貌

中国共产党云霄县委员会

云霄县人民代表大会

云霄县人民政府

政协云霄县委员会

纪委监委

群众团体

外事·侨务·台港澳事务

法 治

军　事

经济管理和监督

应急管理

农业·农村

工业与清洁能源

电商与商贸服务

金融业

交通・通信

云霄经济开发区

城乡建设与管理

资源与环境

科学技术

教　育

文化·旅游

卫生·体育

社会民生

乡 镇

人 物

附 录

在云霄县学习贯彻
习近平新时代中国特色社会主义思想
主题教育工作会议上的讲话

蓝良木

（2023 年 9 月 17 日）

同志们：

今天我们召开主题教育工作会议，主要任务是深入学习贯彻习近平总书记关于主题教育的重要讲话和重要指示批示精神，认真贯彻落实中央、全省主题教育第一批总结暨第二批部署会议以及全市主题教育工作会议精神，对全县主题教育进行具体部署。这里，根据县委常委会研究意见，我讲五点意见：

一、提高政治站位，把握主题教育重大意义

党中央决定，从今年 4 月开始，在全党自上而下分两批开展学习贯彻习近平新时代中国特色社会主义思想主题教育。习近平总书记高度重视主题教育，亲自谋划部署、全程指导推动。4 月 3 日，党中央召开主题教育工作会议，对主题教育作出全面部署。习近平总书记发表一系列重要讲话，从新时代新征程党和国家事业发展全局的战略高度，深刻阐述开展主题教育的重大意义和目标要求，高屋建瓴、视野宏阔、思想深邃、内涵丰富，闪耀着马克思主义真理光辉，为全党开展主题教育提供了根本遵循。9 月 5 日，中央召开第一批总结暨第二批部署会议，蔡奇同志强调要认真学习领会、贯彻落实习近平总书记重要指示精神，贯彻落实第二批主题教育指导意见，以高度负责的精神把第二批主题教育科学谋划好、精心组织好，确保取得实效。9 月 12 日，省委召开第一批总结暨第二批部署会议，省委周祖翼书记回顾总结了我省第一批主题教育取得的重要成果，并对抓好第二批主题教育提出了明确要求。9 月 15 日，市委召开工作会议，市委王进足书记对全市主题教育进行动员部署。

全县各级各部门要提高政治站位，切实把思想和行动统一到习近平总书记重要讲话精神上来，统一到中央和省委、市委的决策部署上来。要全面准确把握开展主题教育的重大意义。习近平总书记指出，在全党深入开展学习贯彻习近平新时代中国特色社会主义思想主题教育，是贯彻落实党的二十大精神的重大举

措，更是用“三个必然要求”对开展主题教育的重大意义作出深刻阐述，即：这是统一全党思想意志行动、始终保持党的强大凝聚力、战斗力的必然要求，是推动全党积极担当作为、不断开创事业发展新局面的必然要求，是深入推进全面从严治党、以党的自我革命引领社会革命的必然要求。要全面准确把握开展主题教育的总体要求。习近平总书记强调，这次主题教育的总要求是“学思想、强党性、重实践、建新功”，要把这一总要求贯穿这次主题教育全过程。要全面准确把握开展主题教育的目标任务。牢牢把握深入学习贯彻习近平新时代中国特色社会主义思想这一主题主线和根本任务，充分借鉴运用第一批主题教育成功经验，坚持学思用贯通、知信行统一，全面落实“以学铸魂、以学增智、以学正风、以学促干”的重要要求，确保实现“凝心铸魂筑牢根本、锤炼品格强化忠诚、实干担当促进发展、践行宗旨为民造福、廉洁奉公树立新风”的目标。

福建是习近平新时代中国特色社会主义思想的重要孕育地和实践地，习近平总书记曾在福建工作17年半，开创了一系列重要理念和重大实践。特别是在担任福建省委省政府领导期间，先后4次到云霄开展综合调研，2次召开调研座谈会，对我县打假、现代农业等工作作出重要指示，为云霄创造了弥足珍贵的思想财富、精神财富，为云霄发展指明了方向、注入了强大动力。我们要以坚定的政治态度，带着更深感情，以更强自觉、更高标准、更严要求、更实举措抓好主题教育，教育引导党员干部进一步统一思想意志行动，进一步提振锐意进取、担当作为的精气神，进一步增强自我净化、自我革新、自我完善、自我提高能力，加快建设现代化富美新云霄，以实际行动坚定拥护“两个确立”、做到“两个维护”。

二、锚定目标任务，抓牢主题教育各项要求

全县各级党组织要紧扣目标任务，立足工作实际，抓细抓实主题教育各项任务。

*一要筑牢思想根基，坚定理想信念。*理想信念是中国共产党人的精神支柱和政治灵魂。习近平新时代中国特色社会主义思想，始终高扬理想信念的旗帜，将理想信念视为共产党人精神上的“钙”，引领推动全党同志挺起共产党人的精神脊梁，深刻彰显了新时代中国共产党人的崇高追求和远大抱负。我们要通过开展主题教育，教育引导党员干部自觉用习近平新时代中国特色社会主义思想来改造主观世界，厚植精神家园，始终坚定信仰信念信心。要在思想淬炼中补足精神之钙，深刻感悟中国共产党为什么能、马克思主义为什么行、中国特色社会主义为什么好等道理，弘扬伟大建党精神，牢记“三个务必”，自觉做共产主义远大理想和中国特色社会主义共同理想的坚定信仰者和忠实实践者。

*二要锤炼政治品格，对党绝对忠诚。*讲政治是我们党一以贯之的政治优势，对党忠诚是共产党人首要的政治品格。提高党性修养、做到对党忠诚，必须具体体现在旗帜鲜明讲政治、深刻领悟“两个确立”的决定性意义、坚决贯彻党中央决策部署的实际行动上。我们要通过开展主题教育，教育引导广大党员干部锤炼政治品格，更加自觉坚定忠诚核心、拥戴核心、维护核心、捍卫核心，做到对党绝对忠诚；坚持把政治建设摆在首位，不断提高政治判断力、政治领悟力、政治执行力，推动习近平总书记重要讲话重要指示批示精神、党中央决策部署在云霄不折不扣落地生根、开花结果。

*三要强化实干担当，激发干事热情。*敢于担当是党的优良传统，是共产党员的鲜明特征和优秀品质。习近平新时代中国特色社会主义思想是实践的理论，充满着无畏的担当精神和实干的工作作风，深刻回答了关系党和国家事业发展的一系列重大时代课题，指引着强国建设、民族复兴的实际行动。我们要通过开展主题教育，引导广大党员干部发扬理论联系实际的优良作风，以“时时放心不下”的责任感、积极担当作为的精气神履好职、尽好责，依靠顽强斗争打开事业发展新天地。要完整、准确、全面贯彻新发展理念，积极服务和融入新发展格局，围绕建设现代化富美新云霄，紧盯“产业发展、城市文明、乡村振兴”三大重点任务，深入实施“产业发展项目建设提升年”活动和“七比一看”竞赛，全面落实“1320”方案，全方位推动县域经济高质量发展。

*四要站稳人民立场，践行为民宗旨。*为民造福是立党为公、执政为民的必然要求，习近平新时代中国特色社会主义思想，是为人民代言、为人民立言、为

人民造福的思想，最鲜明的立场是人民立场，强调最多的是人民群众。我们要通过开展主题教育，教育引导广大党员干部自觉践行以人民为中心的发展思想，大力弘扬“四下基层”“四个万家”等优良传统，自觉问计于民、问需于民；坚持始终同人民想在一起、干在一起，持续优化教育、医疗、文化、体育、养老等公共服务供给，持续推进人居环境整治等民心工程，切实把惠民生、暖民心、顺民意的工作做到群众心坎上，让人民群众的获得感幸福感安全感更强、更牢、更稳固。

*五要坚守纪律规矩，强化廉政意识。*勇于自我革命，是我们党最鲜明的品格，也是我们党最大的优势。习近平新时代中国特色社会主义思想，始终坚持打铁必须自身硬，坚定不移推进全面从严治党，引领我们党找到了自我革命这一跳出治乱兴衰历史周期率的第二个答案，推动全党在革命性锻造中更加坚强有力。我们要通过开展主题教育，教育引导广大党员干部永葆自我革命精神，保持为民务实清廉的政治本色，正确处理公私、义利、是非、情法、亲清、俭奢、苦乐、得失的关系，锲而不舍落实中央八项规定及其实施细则精神。要结合落实省纪委监委政治帮扶，持续深化干部作风“五不”问题专项整治，推进“一线看作风、多维识干部”专项行动，一体推进“三不腐”，推动党员干部公正用权、依法用权、为民用权、廉洁用权，形成清清爽爽的同志关系、规规矩矩的上下级关系、亲清统一的新型政商关系，营造风清气正、干事创业的良好环境。

三、树牢全局观念，推动主题教育融会贯通

开展主题教育是一项系统性工程，这次主题教育不划阶段、不分环节，但不是降低标准，而是提出更高要求。全县各级党组织要树立全局观念，牢牢把握科学的思想方法、工作方法，把理论学习、调查研究、推动发展、检视整改贯通起来，有机融合、整体推进，增强主题教育的系统性、协调性和实效性。

*一要把全面学习与深入思考贯通起来，推动理论学习入脑入心。*主题教育是一次理论大学习、思想大武装，要把学深悟透党的创新理论作为总牵引，通过举办读书班、开展理论学习中心组专题研讨、领导干部上党课等形式，全面学习领会习近平新时代中国特色社会主义思想的科学体系、核心要义、实践要求。要用好特色资源，充分发挥习近平总书记担任福建省委省政府领导期间4次到云霄开展综合调研和2次调研座谈会这一独特资源和优势，注重用好乌山、向东渠等特色资源，推动主题教育走深走实。要做好学思践悟，紧密结合工作职责需要，深入研究解决经济社会发展中的各种矛盾和问题，不断提高运用科学理论解决实际问题的能力。

*二要把目标导向与问题导向结合起来，推动调查研究走深走实。*当前，云霄县正处于全方位推动县域经济高质量发展的关键时期，前进路上面临的深层次矛盾、风险挑战和困难问题，躲不开、绕不过，迫切需要通过调查研究找到破解难题的办法和路径。要把大兴调查研究作为开展主题教育的重要内容，坚持目标导向与问题导向相结合，结合我县《关于在全县大兴调查研究的实施方案》明确的14个方面调研内容，推行“一线工作法”，念好“深、实、细、准、效”五字诀，深入基层把脉问诊、解剖麻雀，深入研究问题，探寻症结所在，提出管用措施，推动调查研究取得更好实效。

*三要把主题教育与中心工作融合起来，推动高质量发展见行见效。*开展主题教育，必须同贯彻落实党中央决策部署和省委市委工作要求结合起来，与推动本地区本部门本单位中心工作紧密结合起来，以“拼”的姿态、“抢”的劲头、“闯”的胆略，投身现代化富美新云霄的火热实践，把主题教育成果体现到高质量发展的成效上、体现到省纪委监委挂钩帮扶各项任务的落实上、体现到县“1320”方案等中心工作推进上、体现到“七比一看”竞赛活动比学赶超上，奋力争优、争先、争效。

*四要把整改整治与建章立制衔接起来，推动检视整改常态长效。*把问题整改贯穿主题教育始终，是本次主题教育的重要要求。要坚持边学习、边对照、边检视、边整改，深刻检视剖析、深挖思想根源、深入整改落实。要广开言路、畅通渠道，综合各方面发现和反馈的问题，注重从群众信访诉求中梳理焦点难点问题，形成全面、准确、有分量的问题清单。要真改实改，对查摆出的问题能改的马上改，一时解决不了的，要盯住不放、持续整改，确保整改到位。要抓好

建章立制，对主题教育中的好经验好做法，及时以制度形式固化下来；对反复出现的问题，注重从制度上找原因，进一步完善制度机制，防止问题反弹回潮。特别是要把开展主题教育与落实巡视整改工作相结合，逐条逐项抓好整改落实，确保所有整改事项彻底整改、见底清零。

四、坚持对标对表，提振主题教育严实作风

形式主义、官僚主义是主题教育重点检视整改的问题，抓好主题教育要注重实践、着力实干、讲求实效，做到基本环节不能少、规定动作不走样、坚持标准不降低。

一要精准分类指导。同第一批相比，第二批主题教育涉及的范围更广、类型更多、数量更大。我县参学对象包括10个乡镇（开发区）和78个县直单位，共有42个党委、32个党总支、641个党支部、19299名党员；处级（含职级）的党员领导干部96人。要根据不同层级、不同对象实际，区分不同情况，坚持因地制宜、分类指导，突出抓好县处级以上领导班子和领导干部这个重点，同时要针对主题教育单位不同情况，坚持因地制宜、分类施策，科学合理安排，不搞“一刀切”、防止“一锅煮”。比如，县直机关要聚焦提振精神、提升能力、转变作风等方面存在的突出问题进行检视整改。乡镇（开发区）要着力解决推动政策落地、强化基层治理、为民办事服务、化解社会矛盾、建强基层组织等方面突出问题。村、社区要围绕巩固脱贫攻坚成果、加快乡村振兴、提高基层治理能力、提升服务群众质效等开展主题教育。国有企业要聚焦加强党的建设、增强科技创新驱动力，在推动企业不断做强做优做大上用力。学校要紧扣立德树人根本任务，在提高思想政治工作质量、加强师德师风建设方面下功夫。医院要落实党委领导下的院长负责制，净化医药行业生态，提高医疗服务水平。新经济组织、新社会组织、新就业群体要提高党的组织和工作覆盖质量，增强基层党组织政治功能和组织功能，推动党员立足岗位多作贡献。

二要力戒形式主义。主题教育越往下越容易层层加码，越容易出现各种形式主义、官僚主义问题。要坚持一切从实际出发，多在实效上用功、少在形式下费劲，不做表面文章，不搞随意翻新，及时发现和纠正形式主义、官僚主义倾向，避免造成不良影响。

三要坚持开门搞教育。第二批主题教育在群众“家门口”开展，直面基层和群众，矛盾诉求多，任务更加艰巨。只有坚持“走出去”“请进来”“摆开说”，才能真正在与群众互动交流中受教育、受启发，才能以实实在在的成效让群众见到行动、感到变化。要坚持开门搞教育，主动扩大群众参与、虚心听取群众意见、自觉接受群众监督、主动接受群众评判，推动主题教育更加深入人心、温润人心。

五、加强组织领导，保障主题教育走深走实

这次主题教育事关全局，是党的政治生活的一件大事，各级各部门要扛起抓主题教育的政治责任，加强领导指导，有力有序推进，确保主题教育抓出质量、取得实效。

一要压紧压实责任。各级党委（党组）要把主体责任扛起来，把开展主题教育作为重大政治任务，谋划好、组织好、落实好。党委（党组）主要负责同志要履行第一责任人职责，带头学、带头改、带头抓。班子成员要认真履行“一岗双责”，带头抓好所在地区、分管领域、分管部门的主题教育。基层党组织书记要吃透中央精神，掌握工作要求，当好开展主题教育的“明白人”，落实主题教育各项要求。主题教育领导小组办公室要发挥统筹协调作用，成员单位要各司其职，密切配合，形成合力。

二要强化督促指导。第二批主题教育，省委派出第二巡回督导组指导全市及我县工作，省委巡回督导组将坚持严督实导、以导代督，突出分类指导、精准指导，帮助我们发现问题、解决问题，我们要积极配合巡回督导组开展工作，做好协调服务等工作，对巡回督导组提出的要求，要高度重视、狠抓落实。

三要创新方式方法。坚持把“学”和“做”结合起来，把“知”与“行”统一起来，把“查”和“改”贯通起来，确保规定动作做到位、自选动作有特色。依托云霄丰富的人文历史底蕴和红色文化资源，创新教育载体，讲好云霄故事，让主题教育富有“云霄特色”、彰显“云霄味道”，增强主题教育的

吸引力和感染力。

四要营造浓厚氛围。充分发挥云霄电视台、广播电台等宣传主渠道作用，在政府官网、云霄融媒、LED 显示屏、宣传栏、文明实践所（站）等宣传阵地开设主题教育专栏，及时反映我县开展主题教育的进展、成效、经验。注重发现、培育和宣传先进典型，深刻剖析反面典型，加强舆情监测导控，营造浓厚的政治氛围、舆论氛围、社会氛围。

同志们，开展学习贯彻习近平新时代中国特色社会主义思想主题教育意义重大、影响深远、正当其时。让我们紧密团结在以习近平同志为核心的党中央周围，以高度的责任感、使命感、紧迫感，勇于担当、善作善成，唯实唯先、实干实效，凝心聚力书写新时代新征程新云霄建设的高分文章。

云霄县主题教育总结报告

云霄县紧紧围绕学习贯彻习近平新时代中国特色社会主义思想这一主题主线和根本任务，贯彻落实党中央决策部署和省委、市委工作安排，按照“学思想、强党性、重实践、建新功”总要求，系统谋划、精心组织、周密安排，从严从实抓好主题教育各项工作。现总结报告如下：

一、主要做法及成效

（一）聚焦主题主线，扎实有序开展

结合云霄实际，运用好第一批主题教育的有效做法和成功经验，把主题教育牢牢抓在手上，扛在肩上。

一是完善机制抓落实。云霄县坚持部署在前，行动在前，及时传达学习中央、省委主题教育第一批总结暨第二批部署会议精神，以及全市主题教育工作会议精神，第一时间动员部署，制定实施方案和工作安排。成立以县委书记为组长的主题教育领导小组，抽调 35 名精干力量组建“一办五组”工作专班，整体统筹、分类组织，及时听取汇报，定期研判部署，适时下发工作提示，做到每周一会商、每旬一调度、每月一小结。细化主题教育工作实施计划、读书班工作方案、调查研究工作方案和检视问题工作计划，制作任务书、时间表、责任人一览表和路线图，抓细安排部署，确保主题不散、方向不偏、节奏不乱。

二是引领示范树标杆。县委主要领导主动扛起第一责任人职责，对主题教育进行总体谋划、安排部署，带头领学促学、深入检视问题、开展调查研究、狠抓整改落实；县处级领导班子成员认真履行“一岗双责”，坚持学在先、走在前，以高度政治责任担当引领全县主题教育落深落细落实；各级党委（党组）书记认真扛起主责、当好主角，各基层党支部书记切实履行直接责任，积极创新、认真落实，确保主题教育见事早、行动快、措施实。

三是营造氛围强带动。在县级各类媒体平台上设立主题教育专栏，在云霄融媒公众号开设《早间课堂》《重实践 建新功》《学习二十大 村官谈规划》《主题教育乡镇书记谈》等栏目，挖掘和总结各乡镇、各部门好经验、好做法，目前各级各类媒体平台累计刊播我县主题教育相关报道 1638 条，其中央级媒体 52 篇、省级媒体 250 篇，市级 276 篇，中组部《组工信息》第 128 期刊载我县将习近平总书记关于党的建设的重要思想纳入党校主体班必修课，《福建云霄：深入开展主题教育办好群众身边实事》等稿件被中国经济周刊采用。

（二）坚持学深悟透，彰显云霄特色

创新学习形式，挖掘本土文化资源，整合乌山、向东渠等具有“云霄味”的“两点三线”现场教学路线，不断强化理论武装。

一是以上率下领学。县委常委会及时组织学习习

近平总书记有关主题教育最新重要讲话精神，深入研学《习近平著作选读》（第一卷、第二卷）等必读书目，先后开展26次专题学习研讨，四套班子各举办了3期主题教育读书班，分别以“学习领会新思想，聚力高质量发展”“全面贯彻新发展理念，加快建设富美新云霄”等为主题，先后邀请7位省市专家、学者开展专题辅导，县委书记讲授“凝心铸魂筑牢根本，实干担当促进发展”专题党课，并前往向东渠教育实践基地开展现场教学，接受精神洗礼、汲取奋进力量。截至目前，全县基层党组织开展专题研讨2860次；基层党委书记、党支部书记讲专题党课715场，推动学习教育在基层党员队伍中深入开展。

二是彰显特色活学。注重线上线下联动，运用乌山革命史数字馆、向东渠事迹数字馆、“云霄县掌上村情”小程序、小微权力监督群等线上平台，开展个性化、差别化课堂，以“点餐式”的模式，采取“党课进村”的方式，把田间地头、生产车间、街头巷尾作为宣讲课堂，变“室内课堂”为“流动党课”，解决了党员教育的“最后一百米”。开展“学向东、建新功”专题活动，把学习向东渠先进事迹纳入读书班、理论学习中心组、三会一课、主题党日的重要内容，纳入各级领导干部专题研讨及“四下基层”宣讲的重要内容，编排演出潮剧《向东渠》，播出亲历者系列访谈7期，摄制向东渠主题微电影，央视中文国际频道《国家记忆》栏目于11月上旬播出《一渠清水向东流》两集向东渠纪录片，联合市委组织部摄制的《一渠润两县，向东映初心》获全省党员电教片一等奖，宣讲作品《向东渠 初心渠》受邀参加省委宣传部、省讲师团主办的主题教育“新思想 微宣讲”活动，并获得省市多个奖项。持续扩大宣传面、提升影响力。开辟学习新阵地，以省委书记周祖翼到向东渠调研为契机，在向东渠事迹展示馆开设主题教室，延伸拓展向东渠教育实践基地的内涵和功能，加快推动向东渠先进事迹这一特色资源深度融入党性教育，2023年共承接各类班次800多批23000余人次。

三是丰富载体促学。发挥全县1个省委党校、6个市委党校现场教学点等宣传阵地作用，举办“学习强国”知识竞赛、“研旅乌山红、奋进新征程”红色文化讲解员大赛、大型综艺舞台剧《人民公仆谷文昌》等各类活动，采取“福小宣”宣讲队送课上门方式，开展“五进”宣讲活动160余场次，将主题教育重要思想、内涵意义贯穿其中，用群众喜闻乐见的快板、小品、情景剧、歌舞等形式开门办教育，把主题教育延伸到基层千家万户。

（三）聚焦重点任务，确保落细落实

坚持把调查研究、检视整改贯穿始终，边学习、边调研、边检视、边整改，有力推动全县主题教育整改整治走深走实。

一是求真务实抓调研。召开深化运用“四下基层”制度推进会，深入实施《关于在全县大兴调查研究的实施方案》，县委县政府主要领导落实“每季一主题一检查”机制，带头直扑一线，到群众意见集中、工作短板明显的地方精准调研。目前县处级领导班子累计开展调研640次，确定调研课题32个，形成高质量调研文章32篇，带动各级党员干部同步推进问题解决和机制建立，其中我县开展“一村一调研报告”专题活动的经验做法在2023年第7期《党建研究》上刊载。

二是加强整改促提升。召开整改整治工作部署会及推进会3次，结合巡视巡察、审计监督发现的问题，共梳理问题清单411个，制定整改措施793条，其中纳入市级跟管的问题清单12个，制定整改措施45条，均已全部整改到位。突出整治重点，扎实开展“股长做派”“科长天大”作风突出问题专项整治，建立常态化督导检查工作机制，开展暗访核实、会商研判，强化追责问责，查处6起7人，其中党纪政务处分1人。聚焦群众诉求，积极开展“问需于民、问计于民、问效于民”活动，深入查摆群众在教育、医疗、饮水安全等方面的急难愁盼问题，累计解决实际问题230个，其中对群众信访反映无法办理不动产登记历史遗留问题，县领导牵头成立领导小组，召开会商会议，推动责任部门压茬推进整改，目前17个房产项目涉及3081户已具备登记办证条件，已完成办证895户，得到群众一致好评。

三是建章立制固成效。坚持把“当下改”与“长久立”相结合，用制度形式固化主题教育整改整治中的好经验好做法，全面巩固提升整改整治良好成效，累计建章立制48项。其中针对村集体“三资”管理不规范问题，县委主要领导带头深入基层开展调查研究，印发《关于全面开展农村集体资金资产资源专项治理实施方案的通知》，探索建立农村集体“三资”管理“四定一督”工作机制，在全县全面开展专项整改整治，推动村（社区）集体资产资源管理更加规范，基层治理得到有效提升。农村“三资”管理“四定一督”工作机制的做法成效受到赵龙省长批示肯定，相关经验做法在中国纪检监察报、中央纪委国家监委网站等媒体网站报道。

（四）坚持融会贯通，狠抓落地见效

坚持以学正风、以学促干，紧紧围绕县委县政府“1320”方案，深入实施县乡村“六个一”工作机制，切实把焕发出来的学习、工作热情转化为攻坚克难、干事创业的强大动力。

一是激活发展动能。实施清洁能源、电子信息、食品制造三大产业“链长制”，着力建链补链强链，全力开展产业链精准招商，全年举办招商推介会6场，签约项目42个，总投资额180.55亿元，完成工业投资140亿元、技改投资48亿元，一批企业入选专精特新科技“小巨人”，云霄整县纳入中菲“两国双园”拓展区，农村能源革命试点县通过国家能源局专家评审。持续深化“千名干部挂千企”活动，每月举办“企业家沙龙”畅通政企沟通桥梁，落实退税减税降费1.8亿元，兑现各类惠企奖补资金2570.62万元，发放助企纾困贷款7.56亿元，新增“四上”企业80家。

二是提升城乡面貌。全面推进城市有机更新，投入36亿元，实施91个城市建设品质提升项目，将军大道以西、滨北、南湖三大片区业态渐次落地，城区承载力持续增强。投入7134万元启动57个乡村振兴项目建设，新建改造农村公路20.8千米，坡兜村入选第三批全国乡村治理示范村，火田白石村以及和平乡分别入选省“金牌旅游村”“全域生态旅游小镇”名单，杨桃岛旅游景区获评国家AA级旅游景区。深入实施党建引领农村人居环境整治，健全农村人居环境整治“八个一”工作机制，累计拆旧35万平方米，拓新17万平方米，打通断头路272处，工作经验登上新华社《政务智库报告》，得到省委副书记罗东川的批示肯定，在全省美丽乡村现场推进会上交流推广；深入践行习近平生态文明思想，整治违规生猪养殖240家、牛蛙养殖163场，新建生态水系22千米，造林绿化12007亩，全县地表水国省控断面Ⅰ－Ⅲ类水质比例为100%，县城大气环境质量优良天数比例为99.7%。

三是补齐民生短板。坚持在发展中保障和改善民生，42件为民办实事项目落地见效。新增普惠性托位80个，9所乡镇敬老院全部完成公建民营改革，龙镜村获评全国示范性老年友好型社区。开工建设30个村级生命公园，公益性殡葬服务短板加快补齐。实施教育补短板项目8个，新聘任教师100名，新增学前教育学位540个、义务教育学位300个，云霄一中获评全省第二批示范性普通高中。省级医院对口帮扶持续深化，新增2家名医工作室，新县医院进入装修扫尾，新中医院启动征迁，全年新增床位50张，和平乡获评国家级卫生乡镇。新增2个城市口袋公园，新建福道3.6千米，开漳圣王文化祖地获批国家级“海峡两岸交流基地”，县融媒体中心蝉联全省县级融媒体30强，举办文体惠民、全民健身等活动110场，“15分钟公共文化服务圈”实现镇村全覆盖。社会治理水平显著提升，我县“信访志愿者”经验做法得到省委书记周祖翼和省政府副省长李建成的批示肯定，“移动调解”经验做法先后在省市座谈会上作交流，并在全市推广。

二、经验启示

主题教育的深入扎实开展，与省委巡回指导组的精心指导密不可分。省委巡回指导组领导带头下沉基层一线，为云霄开展主题教育工作，提出许多很好的指导意见和工作建议，真正做到了“同题共答”。回顾主题教育开展以来的工作，我们也得出了一些有益的启示。

（一）推进主题教育，必须坚持聚焦主线。实践证明，习近平新时代中国特色社会主义思想是做好一切工作的根本遵循，必须把学习贯彻习近平新时代中国特色社会主义思想作为主线，深学细悟、细照笃行，引导党员干部不断筑牢信仰之基、补足精神之钙、把稳思想之舵，深刻领悟“两个确立”的决定性意义，增强“四个意识”、坚定“四个自信”、做到“两个维护”，确保主题教育不“走神”、不“散光”。

（二）推进主题教育，必须坚持领导带头。各级班子成员率先垂范，带头学习、带头调研、带头检视、带头整改，为党员干部树立了标杆，形成一级带着一级学、一级带着一级干的生动局面。实践证明，只有紧紧抓住领导班子和领导干部这个重点，切实发挥领导干部的示范带头作用，才能引领带动其他党员干部和群众积极自觉地开展主题教育。

（三）推进主题教育，必须坚持统筹兼顾。坚持把抓好主题教育与推动当前各项工作紧密结合起来。牢牢把握省纪委监委挂钩帮扶契机，创新实施“1320”方案，加快强产兴城、推动能级跨越，把主题教育中激发出的热情，转化为推动工作的强大动力。实践证明，只有找准开展主题教育与推动发展的契合点，着力在融合、嵌合、结合上做文章，系统谋划、统筹推进，才能做到开展主题教育与推动高质量发展良性互动、相互促进。

三、存在的问题及下一步打算

总结主题教育开展情况，虽然整体上较为顺利，但对照上级要求、群众期望和发展需要还有一定不足。主要表现在：一是学用结合有差距。对习近平新时代中国特色社会主义思想理解不够透彻，对决策部署研究不够深入，贯彻落实举措不够精准。二是成果转化不够有效。部分单位调研形成的工作建议和对策举措，存在操作性不强等问题，运用到具体工作的还不是很多。三是整改整治成效有待提升。重视抓短期整改，对中长期整改项目，研究不够深入，创新力度不够大，措施方法不够长效。

下一步，云霄县将以更高标准、更严要求、更实措施，一体推进理论学习、调查研究、推动发展、检视整改等重点措施落实，将重点抓好以下几项工作：

一是在“以学铸魂”上持续发力。把学懂弄通做实习近平新时代中国特色社会主义思想作为立身之本、履职之要，化理论为方法、化思想为思路。研究制定学习常态化长效化机制，通过定期召开理论中心组学习会议、学习研讨交流会议等方式，统筹推进集体学习与个人自学，促进学思践悟、付诸行动。发挥主题教室作为学习新思想重要阵地作用，进一步掀起学习新思想热潮。继续选树一批先进典型，定期组织开展学习先进典型活动，用身边典型的力量增强学习教育的吸引力和说服力。

二是在“以学增智”上持续发力。要从党的科学理论中悟规律、明方向、学方法、增智慧，把看家本领、兴党本领、强国本领学到手，持续提升政治能力、思维能力和实践能力。要树牢系统思维，统筹安全与发展，既要抓实安全这个“头等大事”，也要抓好发展这个“第一要务”，努力建久安之势、成长治之业。要树牢法治思维，深入践行习近平法治思想，更好发挥法治固根本、稳预期、利长远的保障作用，在法治轨道上全面推进执法规范化建设，严格规范公正文明执法，让公平正义更加可触可感。要树牢全局思维，统筹当下与长远，坚持“一体化设计、分阶段实施、高质量推进”的总体思路，按照先急后缓、先易后难的原则，稳步推进各项工作。

三是在“以学正风”上持续发力。作风就是形象，作风就是力量。压紧压实各级党组织主体责任和纪检监察监督责任，抓住“关键少数”引领绝大多数，紧盯“关键领域”自我刀刃向内，坚定不移推动全面从严治党向纵深发展，推动作风建设常态化、长效化。持续开展“一线看作风、多维识干部”专项行动，深化干部作风“五不”问题专项整治，紧盯“股长做派”“科长天大”等作风突出问题，建立常态化督导检查工作机制，强化追责问责，营造风清气正的政治生态。

四是在“以学促干”上持续发力。要大力传承弘扬向东渠先进事迹，发扬勇于担当、团结协作、攻坚克难、开拓创新精神，敢于扛重担、挑大梁、打硬仗。树立鲜明选人用人导向，坚持“以实绩论英雄、以实效选干部”，建好干部业绩档案，强化“四察四看”，选拔实绩突出、敢于担当、群众公认的干部，引导党员干部树立和践行正确政绩观，充分激发干事创业精气神。要把开展主题教育同抓好当前重点工作、实现未来3年、8年、12年发展目标等结合起来，突出抓好标准化工业园、现代农业产业园和城区、景区“两园两区”建设，全面加快构建现代产业、现代城市、现代治理发展体系，以实干实效实绩书写富美新云霄现代化建设新篇章。

1月

5日，云霄县举行2023年第一季度重点项目集中开竣工活动。市领导林俊德、肖申华到项目开竣工一线指导工作，县委书记蓝良木，县长沈顺来、县人大常委会主任林达祥等参加活动。

6日，县委经济工作会议召开。

11日，全县人居环境整治工作推进会召开。

12日，云霄县举行2023年第一季度招商推进会暨项目集中签约活动，县委书记蓝良木在会上致辞，宣传推介云霄营商环境，提出具体工作要求。

13日，县委书记蓝良木带队到厦门市开展招商对接活动，考察学习先进经验，深化对接产业项目。

16日，县长沈顺来带队前往泉州市晋江、石狮等地开展招商对接活动，围绕产业链精准出击，支持服务乡贤返乡创业。

17日，云霄县为全县人民群众录播了一场由县委、县政府主办的2023年春节联欢晚会。

19日，县委农村工作会议召开，县委书记蓝良木出席会议并讲话，县委副书记、县长沈顺来主持。

是日，火箭军某部副旅长苏剑生等相关领导干部为在部队荣立二等功的现役军人方晓翔及其家属送上二等功喜报及军地双方慰问金14000元。

29日，2023年云霄县委工作会议暨“产业发展项目建设提升年”动员大会召开。县委书记蓝良木作动员讲话。县长沈顺来点评2022年“七比一看”竞赛活动成效，部署“产业发展项目建设提升年”活动工作。县人大常委会主任林达祥、县政协主席林意纯出席。

是日，县委书记蓝良木、县长沈顺来带队到富佳宝食品、奥克兰光电、华锐锂能、振牌海洋生物科技等企业，实地调研推进春节后企业复工复产，确保实现首季“开门红”。

30日，云霄县召开2023年春季征兵工作部署会，县征兵工作领导小组组长、县长沈顺来在会上作强调讲话。

31日，县长沈顺来主持召开县政府专题会议，听取相关汇报、研究解决问题，部署推进自然资源领域重点工作开展和2023年度县委县政府为民办实事项目安排相关事宜。

1月，漳州市人民政府公布第九批市级非物质文化遗产代表性项目名录，云霄老金枣制作技艺被列入非物质文化遗产项目名录。

是月，莆美镇莆东农贸市场正式投入使用，初步解决莆东、莆北、莆南等5个村约1.3万人口的“菜篮子”问题。

是月，下河乡内龙村外龙村举行市级非物质文化遗产三山国王走溪信俗活动。

2月

1日，县委书记蓝良木、县长沈顺来带队到莆美镇调研座谈，实地察看华龙科技文化园等重点项目建设进度，详细听取莆美镇工作汇报以及将军大道以西片区、顶溪中柱片区、南湖片区攻坚指挥部工作情况，一线协调解决困难问题，并对做好下一步工作提出具体要求。县人大常委会主任林达祥、县政协主席林意纯等参加调研座谈。

1 日，省级非物质文化遗产开漳圣王巡安民俗活动时隔三年再次在云霄县威惠庙正门口举行。

2 日，福建省第 27 届世界湿地日宣传活动启动仪式在云霄漳江口红树林国家级自然保护区举行。国家林业和草原局福州专员办副专员汶哲、省政协人口资源环境委员会主任曹建平、省人大常委会农业农村工委副主任欧龙光、省林业局一级巡视员谢再钟、副市长兰万安出席活动并讲话。县长沈顺来主持启动仪式。

4 日，云霄县“开漳圣王”陈元光唯一的闽南故居——“燕翼宫”举行一年一度的元宵节“点灯祈福”民俗活动。

5 日，云霄县委、县政府与中核国电漳州能源有限公司召开核电项目政企联席会议，县委书记蓝良木、县长沈顺来，中核国电漳州能源有限公司党委书记、董事长陈国才、党委副书记、总经理宋丰伟参加会议并讲话。

6 日，云霄县举办“福兔呈祥、福见云霄”2023 新春焰火晚会。

8 日，福建省农业农村厅“两直两前”调研小分队深入云霄县基层一线开展调研活动。

9 日，中共云霄县纪委十四届三次全会召开。县委书记蓝良木作强调讲话，县长沈顺来、县人大常委会主任林达祥、县政协主席林意纯参加会议。

是日，省市场监管局二级巡视员王钢锋带领省市场监管局商标处调研组一行到云霄县调研国家地理标志产品保护示范区（福建云霄）建设相关工作。

11 日，县委书记蓝良木带队到厦门考察对接食品仓储物流项目，推动更多食品制造产业链下游项目集聚落户。

15 日，县政府专题会议召开，主要针对红树林保护区中央督察问题整改销号及核心区功能区划调整等工作进行研究部署，县长沈顺来作强调讲话。

是日，省禁毒办副主任、省公安厅禁毒总队总队长游文杰带领省禁毒委调研组一行到云霄县召开专题座谈会，详细听取全县禁毒工作开展情况，就做好下阶段工作提出具体要求。县委书记蓝良木作汇报发言。

17 日，我国自主三代核电华龙一号批量化建设首台机组——中核集团漳州核电 1 号机组外穹顶成功吊装，标志着该机组主体结构工程施工完成，为后续安装冷试及并网发电奠定坚实基础，华龙一号批量化建设迈出坚实步伐。

22 日，2023 年云霄县委统一战线工作领导小组第一次全体会议召开。

是日，云霄县召开全县信访联席会议全体会议暨全县信访工作会议。

是日，云霄县财税工作暨项目融资专题推进会召开。

24 日，县长沈顺来主持召开 2023 年第一季度经济运行“开门红”“开门稳”暨“七比一看”竞赛专题推进会。

是日，2023 年云霄县电子信息产业（深圳）专场招商推介会暨项目签约仪式在深圳市举行。县委书记蓝良木在会上作推介。

2 月，云霄县坪水、古楼、荷步、佳园 4 个村被福建省党史研究和地方志编纂办公室列为“中央红军村”。

是月，中共中央台办、国务院台办批准设立 9 个海峡两岸交流基地，福建漳州云霄开漳圣王祖地上榜。

是月，省海洋与渔业局、省文化和旅游厅联合评审的第十五批“水乡渔村”名单公布，云霄县礁美渔业种业园获评云霄县礁美水乡渔村生态旅游度假区。

是月，由福建省林业调查规划院、厦门大学生态与环境学院联合，在云霄县漳江口红树林自然保护区开展 2023 年福建省沿海水鸟调查。此次调查共记录到鸟类 42 种，数量近万只，观测到国家一级保护动物、素有“鸟中大熊猫”之称的黑脸琵鹭数量达 58 只，数量为有观测史以来之最。

3月

1 日，国家能源局新能源司副司长熊敏峰带队到云霄县开展能源领域调研座谈，实地察看清洁能源重大项目建设进度，专题听取有关工作进展情况，协调解决具体问题，推动能源产业高质量发展。省发改委新能源处处长包宏武，市委常委、常务副市长廖卓文，市政协副主席、市发改委主任蔡兴州，县长沈顺来。

是日，云霄县第二届海峡两岸茶业交流协会第一次会员大会召开。市海峡两岸茶业交流协会会长刘文标、市海峡两岸茶业交流协会执行会长周鼎明等参加会议。

是日，省水利厅党组书记、厅长刘琳率队到云霄县开展调研，督导推进重大水利项目建设工作。

2日，“平安核电”建设服务中心、“核蓄一体化”重点项目司法行政调处中心揭牌成立。

3日，云霄县生态环境保护委员会成员会议暨2023年全县生态环境保护工作会议召开，县长沈顺来部署具体工作。

是日，全县组织工作会议召开，会前，县委书记蓝良木专门作出批示。

6日，纪念开漳圣王诞辰1366周年庆典暨“开漳圣王信俗文化在两岸”研讨会在开漳圣王文化祖地云霄县燕翼宫举办。

9日，县委书记蓝良木主持召开全县精神文明建设工作会议暨创城攻坚部署会，县长沈顺来作工作部署。

是日，云霄县举行2023年度春季定兵会，县长、县征兵工作领导小组组长沈顺来在会上作强调讲话。

是日，省发改委党组成员、省粮储局党组书记、局长钟昌华、省粮储局党组成员、副局长廖志松一行到云霄县开展项目前期、挂钩帮扶、粮库项目建设调研工作。

10日，由县委、县人民政府主办的“礼赞向东渠、建功新云霄”主题宣传活动，在向东渠教育实践基地启动。副市长余向红、省委宣传部二级巡视员陈勇，县委书记蓝良木、县长沈顺来、县人大常委会主任林达祥、县政协主席林意纯等县各套班子领导，以及96岁高龄的向东渠建设领导人李文庆、昔日向东渠建设者代表们相聚向东渠教育实践基地，共赴主题盛会、重温红色记忆、汲取奋进力量。

是日，“漫步云霄　乐悠和平”2023年云霄枇杷文化节在和平乡棪树村开幕。

16日，省发改委党组成员、驻委纪检监察组组长林再生带队到云霄县开展项目调研。

19日，省总工会原主席韦立携儿孙一行再访乌山，深情瞻仰卢叨墓，重温乌山革命英雄事迹。

21日，县长沈顺来主持召开G228线滨海旅游风景道建设推进会，听取相关工作汇报，研究部署下阶段工作，全力确保G228线滨海旅游风景道建设提速增效。

是日，县长沈顺来主持召开2023年云霄县医管委第一次会议，专题研究云霄县医院整体迁建项目医疗设备购置计划、云霄县医院整体迁建项目一期工程配套设备、设施采购计划等有关事宜。

22—23日，省人大常委会委员、省人大教科文卫委主任委员张天明带队到云霄县开展加强古厝古建筑保护利用相关情况调研。市人大常委会主任李东河、市人大常委会副主任吴芳华等参加活动。

23日，全市乡村振兴“十镇百村”试点示范工作现场推进会在云霄县召开。市委副书记黄水木出席会议并讲话，副市长兰万安主持会议。

是日，云霄县首家爱瑷托育园获评“省级为民办实事普惠托育机构”，并举行授牌仪式。

28日，2023年度全县项目前期工作培训会召开，县长沈顺来作动员讲话。

29日，省委省直机关工委副书记吴镇江一行到云霄县就深化模范机关创建、全面贯彻落实省委“深学争优、敢为争先、实干争效”行动、推进机关党的工作迈上新台阶等内容开展工作调研。

29—31日，县长沈顺来带队赴深圳开展招商引资对接工作，学习发达地区先进发展经验，着力招引“高精尖”产业项目。

3月，云霄县行政服务中心管委会被福建省妇联授予2023年度福建省“巾帼文明岗”称号。

是月，漳州新闻推出系列访谈栏目，专题访谈各县（区）委书记、开发区（投资区）党工委书记和市直有关部门主要领导，云霄县委书记蓝良木接受专访。

4月

1日，深圳市福建商会会长施能狮带领考察团到云霄县进行投资考察活动。市政协党组副书记、副主席陈跃鸿等一同参加活动。

2日，云霄县举行2023年第二季度重点项目集中开竣工活动。

3日，县委书记蓝良木、县长沈顺来带队调研将军山公园品质提升工作，并在县文化馆召开座谈会，专题推进国家AAA级旅游景区创建、园林功能布局优化、对台交流平台建设、文旅设施以及夜景工程提升等工作。

4日，县委书记蓝良木主持召开2023年云霄县食品安全委员会（全体）扩大会议暨云霄县推进市创建国家食品安全示范城市工作会。

7日，漳州市老年教育协会第三届第三次理事（扩大）会议暨2022年年会在云霄县召开。市老年教育协会第三届理事会会长李惜真等出席会议。

是日，2023年漳州市委文明办对云霄创城实地测评情况反馈会召开，市委文明办督查组反馈通报在云霄明察暗访测评结果，指导推进云霄县下阶段创城工作。

是日，2023年云霄食品制造产业（成都）专场招商推介会暨项目签约仪式在四川省成都市举行。副市长林少金到场见证项目签约。县委书记蓝良木在会上致辞。

14日，云霄县召开创建全国文明城市工作分析加温会。

15日，“海峡两岸交流基地”授牌仪式在将军山举行，国台办交流局局长黄文涛，市委副书记黄水木，省委台港澳办副主任翁云萍出席活动。县委书记蓝良木在仪式上致辞，县长沈顺来主持。

17日，省委巡视十组巡视云霄县工作动员会召开。

19日，云霄县举行中共福建省委党校、福建行政学院“向东渠事迹展示馆”现场教学点签约暨揭牌仪式。省委党校、省行政学院一级巡视员徐小佶，县委书记蓝良木出席活动并分别致辞。

20日，云霄县举行灵玲东方主题度假综合体项目签约仪式，县长沈顺来等见证签约仪式。

22日，福建省美术馆、县委宣传部、福建省美术家协会少儿美术艺委会联合主办“福来福见——首届福建少儿美术展出季漳州地区作品展”在县文化馆开展。

27日，漳州市干部教育培训现场教学“五个一”提升计划工作推进会在云霄县召开。市委组织部副部长、编办主任郭丹川，市委党校常务副校长沈志雄等参加会议。

4月，云霄县中医院引进县区首台骨科手术机器人，并成功为一位72岁“腰4真性二度前滑脱”患者完成县级首例机器人导航定位手术。

是月，县人民法院举行知识产权司法保护协作备忘录、云霄县国家地理标志产品保护示范区建设合作框架协议签约仪式。市中级人民法院审委会专职委员周洪福等出席仪式。

5月

11日，十四届云霄县委财经委员会第二次会议召开，审议《中共云霄县委财经委员会2023年工作要点》及《中共云霄县委财经委员会2022年工作总结》，部署推进下阶段财经工作。县委书记蓝良木在会上作强调讲话。县长沈顺来、县人大常委会主任林达祥、县政协主席林意纯以及在家县委常委等参加会议。

12日，云霄县创建全国文明城市工作反馈会召开。省委文明办调研指导组反馈近日调研中发现的特色亮点和存在问题，指导推进云霄县下阶段创建工作。省委宣传部部务会议成员、文明办主任李琦出席会议。县委书记蓝良木主持会议并讲话。县长沈顺来作表态发言。

15日，为提高粮油质检员业务能力素质，更好适应当前粮油检测任务的需要，云霄县邀请省粮油质检所所长许世泉到云霄县开展质检业务培训。

16日，县委书记蓝良木主持召开县委县政府专题会议，详细听取全县国土空间总体规划情况汇报，就持续高质量做好规划编制工作提出具体要求。县长沈顺来参加会议并讲话。县领导林达祥、林意纯等参加会议。

18日，国家烟草专卖局专卖司司长李保江带队到云霄县，以专题座谈的形式督导推进卷烟打假工作。

19日，县计划生育协会第六次会员代表大会召开。

22日，云霄县再次召开食安创城工作推进会。县长沈顺来出席会议并讲话。

23日，县委书记蓝良木带队检查创建国家食品安全示范城市工作。

是日，省委办公厅厅务会议成员、省档案局局长陈熙满带队到云霄县调研档案工作。

29日，县委书记蓝良木带队到厦门市开展招商考察活动，积极对接厦门兴联集团有限公司相关投资意愿，助力电子信息产业集聚。

5月，全县政法系统学习贯彻党的二十大精神宣讲会召开，宣讲会邀请全国公安系统一级英模、“漳州110”首任队长、省公安厅原副厅长郭韶翔作专题宣讲。

6月

1日，县委书记蓝良木带队到县部分学校看望慰问少年儿童，代表县委、县政府向全县少年儿童致以节日的美好祝福，向辛勤耕耘的广大教师和少儿工作者表示崇高敬意和衷心感谢。

2日，县疾病预防控制局正式揭牌。

5日，云霄县召开国家自然资源督察反馈问题整改工作推进会，县长沈顺来作强调讲话。

是日，云霄县上半年经济发展“双过半”分析推进会召开。县长沈顺来参加活动并讲话。

6日，厦门翔安区区长李毅率党政代表团到云霄县考察调研，对接推进云翔两地对口帮扶工作。

8日，全国人大常委会委员、环资委副主任委员鄂竟平率领调研组到云霄县调研，省人大常委会环城工委副主任王芳，市人大常委会党组副书记、副主任林俊德，县人大常委会主任林达祥等参加调研。

9日，福建云霄国有资本运营集团有限责任公司在圣城集团正式揭牌成立。

14日，县委书记蓝良木主持召开县委县政府专题会议，再次听取《云霄县国土空间总体规划（2021—2035年）（草案）》编制情况汇报。县长沈顺来参加会议并讲话。县领导林达祥、林意纯等参加会议。

是日，云霄县与福建农林大学海峡两岸乡村振兴研究院签订战略合作协议。

是日，云霄县召开陈政路及绥阳路道路改造工程和排水防涝设施改造工程初步设计暨概算汇报会，专题听取项目设计总体概况，充分吸纳有关部门意见建议，部署安排下阶段工作。县长沈顺来出席会议。

16日，县长沈顺来主持召开2023年云霄县医管委第二次会议，专题研究公立医疗机构编外人员招聘、医疗设备购置计划、县级公立医院工资总额核定以及县级公立医院书记、院长年薪制绩效考核办法等有关事宜。

17日，2023年“趣云霄”闽乐购活动暨“两岸一家亲”食品展销会正式启动，县委书记蓝良木、县长沈顺来等共同启动仪式。

18日，第十五届海峡论坛·第九届海峡两岸（福建云霄）开漳圣王文化节在开漳名胜将军山公园开幕，漳州市委副书记、市长王进足，中华民族发展基金会董事长、前海峡交流基金会董事长林中森，漳州市委副书记黄水木、市人大常委会副主任吴芳华、副市长洪泰伟、市政协副主席蔡兴州，福建省委宣传部二级巡视员王江，云霄县委书记蓝良木，云霄县委副书记、县长沈顺来等参加开幕式。

是日，台湾海基会前董事长林中森一行到云霄开漳圣王文化祖地参访交流。

19日，县委书记蓝良木率党政代表团到福州新区，实地参观学习滨海新城规划、数字经济产业、国有企业建设等工作，在对比中寻找差距、在考察中收获经验、在交流中深化合作。

20—21日，全省农村集体“三资”管理不规范问题专项整治动员部署和现场推进会在云霄召开，省农业农村厅副厅长郭宋玉，省农业农村厅二级巡视员、政策与改革处处长郑晓梅，云霄县委副书记、县长沈顺来等出席会议。

20—21日，省闽南文化研究会会长林晓峰带领调研组到云霄县考察调研。

21日，县委书记蓝良木主持召开十四届县委全面深化改革委员会第三次会议，专题研究审议《云霄县红十字会改革方案（送审稿）》，部署推进下一步具体工作。

是日，县委书记蓝良木主持召开十四届云霄县委全面依法治县委员会第二次会议，传达学习省、市有关会议精神，研究审议县委全面依法治县委员会2023年工作要点，听取县委全面依法治县委员会及各协调小组、办公室2022年工作总结报告，研究部署全面依法治县工作。

26日，云霄县召开突出生态环境问题整改暨环保督察问题整改工作推进会，县长沈顺来参加会议。

27日，云霄县委书记蓝良木、县长沈顺来带队开展2023年县委县政府第二季度工作检查。县政协主席林意纯参加工作检查。

28日，“学习贯彻党的二十大精神 庆七一颂党恩”文艺晚会在人民公园举办。

是日，2023年云霄县“新时代好少年”表彰会召开，会议表彰了云霄县18名“新时代好少年”。

29日，云霄县召开县食安委工作会议暨食安创城整改提升工作会，县委书记、县食安委主任蓝良木主持会议并讲话，县长、县食安委副主任沈顺来作具体部署。

是日，2023年县委对台工作会议召开。县委书记蓝良木出席会议并讲话。县委副书记、县长沈顺来出席会议。

是日，云霄县召开漳江山水林田湖草沙项目专题会，安排部署下一步推进工作。县长沈顺来作强调讲话。

是日，省科协党组成员、副主席鲁伟群带队到云霄县调研杨桃科技小院工作。

30日，福建云霄城市投资集团有限责任公司举行成立揭牌仪式。

7月

3日，云霄县落实省领导挂钩帮扶工作领导小组会议召开，县委书记蓝良木主持会议并讲话，县长沈顺来作具体部署。

7日，云霄县与漳州城市职业学院签订战略合作框架协议，漳州城市职业学院党委书记刘惠河、县委书记蓝良木出席仪式并见证签约。

是日，县人大常委会召开2023年县乡人大工作联席会暨乡村振兴监督重点村工作交流推进会，县人大常委会主任林达祥参加会议。

8日，中共中央党校（国家行政学院）副校（院）长龚维斌教授一行到云霄县实地参观向东渠事迹展示馆，调研指导向东渠教育实践基地现场教学点建设工作。福建省委党校（福建行政学院）常务副校（院）长金敏、漳州市委副书记黄水木、云霄县委书记蓝良木参加调研。

10日，省委巡视十组组长张健传达省委书记专题会议和省委巡视工作领导小组会议精神，反馈巡视发现的问题，并受省委巡视工作领导小组委托，对巡视整改工作提出具体要求。市委常委、市纪委书记、市监委主任陈文聪代表漳州市委对云霄县委落实巡视整改提出要求。县委书记蓝良木就做好巡视整改工作作了表态。

11日，云霄县委书记蓝良木主持召开县委常委会（扩大）会议暨巡视整改工作动员部署会。

是日，县委书记蓝良木主持召开十四届县委财经委员会第三次会议，县长沈顺来、县人大常委会主任林达祥、县政协主席林意纯参加会议。

12日，县长沈顺来主持召开县政府党组（扩大）会议暨政府系统巡视整改工作动员部署会。

14日，县委书记蓝良木率领党政代表团在三明市建宁县考察学习省纪委监委挂钩帮扶工作，进一步对标先进找差距、拓展思路开新局，力促全县落实挂钩帮扶各项工作再上新台阶。

是日，第十五届海峡论坛·第九届海峡（漳州）茶会在漳州市华阳体育馆开幕，县长沈顺来参加开幕仪式。

17日，县慈善总会举行新会址揭牌仪式。

18日，县委书记蓝良木主持召开巡视整改工作领导小组第二次会议，讨论研究落实省委巡视十组关于对云霄县巡视情况以及选人用人、巡察、意识形态等专项工作反馈意见的整改任务与分解方案，部署推进全县下阶段整改工作。

19日，县长沈顺来主持召开全县生态环境保护重点工作推进会。

是日，云霄县召开国家生态文明试验区项目汇报会，专题研究漳江流域山水林田湖草一体化保护和系统治理工程（一期）项目相关事宜。县长沈顺来出席会议并讲话。

20日，云霄县召开县委巡视整改工作领导小组第三次会议暨推进省纪委监委挂钩帮扶项目问题整改工作专题会，研究落实《关于反映云霄县推进省纪委监委挂钩帮扶项目问题的专题报告》的整改任务与分解方案，加压推进全县下阶段巡视整改工作。县委书记蓝良木主持会议并讲话。县委副书记、县长沈顺来作具体部署。

25日，县委书记蓝良木主持召开县委常委会会议暨县委巡视整改工作领导小组第四次会议。

是日，云霄县召开2023年县委上半年工作会议，分析全县上半年经济形势，部署下一阶段工作任务，确保圆满完成年度目标任务。县委书记蓝良木主持会议并讲话，县委副书记、县长沈顺来部署具体工作。县人大常委会主任林达祥、县政协主席林意纯出席会议。

是日，县委书记蓝良木主持召开全县防台风工作视频会，分析研判台风发展趋势，提出防范应对措施。县长沈顺来在会上作具体部署。

是日，云霄县召开防范台风工作会商会，分析研判台风“杜苏芮”发展趋势和影响，听取各部门工作汇报，动员部署全县防御工作。县长沈顺来出席会议并讲话。

是日，云霄县上半年安全生产工作会暨重大事故隐患专项排查整治推进工作会召开。

是日，县防汛抗旱指挥部指组织召开全县防御第5号台风“杜苏芮”视频会商会，精准分析研判当前防汛防台风形势，调度部署下一步防御应对措施。县委书记蓝良木参加会商调度并讲话。

26日，云霄县召开防御第5号台风工作会，对防御工作进行再部署、再落实。市人大常委会副主任方木荣，副市长、市公安局局长肖申华到会指导。县委书记蓝良木讲话，县长沈顺来作具体部署。

27日，云霄县召开防御台风工作会。

是日，县委书记蓝良木到漳州核电项目现场，督导检查重点项目防御台风“杜苏芮”工作。

是日，由省水利厅一级巡视员林捷为组长的省督导组到云霄县督导防御第五号台风“杜苏芮”工作，并召开防御第五号台风“杜苏芮”工作部署会，深入分析研判台风“杜苏芮”发展趋势及影响，安排部署云霄县防御台风“杜苏芮”工作。

是日，云霄县成立防御第5号台风“杜苏芮”综合抢险救灾突击队。

28日，云霄县举办“五福同享”2023年庆“八一”五县（区）书画作品巡回展。

30日，福建临濮施氏宗亲总会、浔海施氏大宗祠、施琅纪念馆宗亲组团到云霄县陈岱镇的礁美村开展恳亲交流活动，进一步加深施氏宗亲祖根文化渊源。

7月，福建农林大学联合福建省科学技术协会组建的福建农林大学乡村振兴学院“爱农·兴农”实践队前往下河乡桃科技小院开展以“学习二十大，永远跟党走，奋进新征程”为主题的2023年大学生暑期“三下乡”社会实践活动。

8月

3日，国家税务总局漳州市税务局党委书记、局长洪黎到云霄县税务局开展工作调研。

4日，中共云霄县委教育工作领导小组2023年第一次会议召开。

7日，全县生态环境突出问题整治工作现场推进会召开。

9日，县委书记蓝良木主持召开县委党建工作领导小组会议。

10日，中共云霄县委常委落实省委巡视整改专题民主生活会召开。省委巡视办三处陈佳昱，副市长、市公安局局长肖申华，市政府办、市纪委监委、市委组织部有关人员到会指导。县委书记蓝良木主持会议。县人大常委会、县政协党组书记列席会议。

是日，省海峡两岸茶业交流协会副会长王星云一行到云霄县开展“三茶”统筹工作专题调研，统筹推进云霄茶产业高质量发展。

11日，云霄县第五届“魏妈奖学金”颁奖仪式在魏妈文化园举行。县政协党组书记、主席林意纯出席颁奖仪式并为优秀学子颁奖。

13日，福建云霄文旅康养集团有限责任公司、福建云霄产业发展投资集团有限责任公司分别举行揭牌仪式。

16日，云霄县召开审计相关问题即知即改工作推进会。

22日，县长沈顺来主持召开县政府专题工作会议，分析当前云霄县房地产领域存在的风险隐患，研究部署“保交楼、稳民生”工作事宜。

23日，市关工委、教育局、民政局在县委老干部局举行2023年金秋助学金发放仪式。市关工委主任李天森、市关工委执行主任周亚冷参加活动。

25日，云霄县人民政府与中核国电漳州能源有限公司召开2023年第八次政企联席会议。

29日，中核云霄陈岱5万千瓦渔光互补项目顺利实现首次并网发电，为云霄县优化能源结构和电力保障再添利器。

30日，云霄县召开防御第9号台风“苏拉”工作专题会议。县长沈顺来出席会议并讲话。

31日，县委书记蓝良木主持召开全县防御第9号台风“苏拉”专题工作会，对各项防御应对措施再部署、再细化、再落实。县长沈顺来在会上作具体部署。

8月，县法院公开开庭审理一起非法采矿刑事附带民事公益诉讼案件，并就刑事部分当庭宣判。该案系全国首例运用“公益诉讼技术官＋生态环境审判技术调查官”审结的涉生态案件，且为全省法院推广生态环境审判技术调查官制度后首例适用案件。

是月，云霄抽水蓄能电站工程建设用地经国务院批准，自然资源部正式批复，批复总用地面积约4804亩，标志着云霄抽蓄项目全面施工建设有了合法用地保障，用地报批工作圆满完成。

9月

1日，副省长林文斌带队到云霄县督导防御第9号台风“苏拉”工作。王进足、郑立敏、蓝良木等市县领导参加督导。

4日，云霄县组织召开专题工作会，以视频连线调度的形式对全县防御第11号台风“海葵”工作再强调、再部署、再落实。市委常委、市纪委书记、市监委主任陈文聪到会指导。县委书记蓝良木主持会议并讲话。县长沈顺来参加会议。

是日，县委书记蓝良木连夜再次会商调度第11号台风“海葵”防御工作，第一时间传达贯彻漳州市委书记王进足在连线县应急指挥中心时的部署要求，会商研判风情雨情水情，点对点连线调度各乡镇防御台风工作。

6日，县委书记蓝良木连夜召集县防汛抗旱指挥部成员单位，紧急会商调度防御强降雨和次生灾害工作。

8日，云霄县举行庆祝2023年教师节大会。县委书记蓝良木出席大会并致辞，县长沈顺来主持会议。县人大常委会主任林达祥、县政协主席林意纯参加。

是日，县委党校2023年秋季学期开学典礼举行。县委书记蓝良木作动员讲话并讲授“开学第一课”。

是日，县委县政府召开专题会议，详细听取县中医院迁建项目和云霄一中新校区建设项目方案设计汇报。县委书记蓝良木主持会议并讲话。县长沈顺来、县人大常委会主任林达祥、县政协主席林意纯出席会议并发言。

12日，云霄县召开2023年秋季定兵会。县长、县征兵工作领导小组组长沈顺来出席会议并讲话。

14日，全县耕地保护和粮食安全工作会议召开。

是日，全县生态环境保护大会暨河湖林长制工作会议召开。

15日，云霄县召开县属国有企业负责人座谈会。

16日，台湾下营玄天上帝庙团到开漳祖庙燕翼宫，拜谒开漳圣王暨开漳先烈，两岸同胞相聚一堂，共话亲情，共叙亲缘。

17日，云霄县学习贯彻习近平新时代中国特色社会主义思想主题教育工作会议召开。县委书记、县委主题教育领导小组组长蓝良木出席并讲话。省委主题教育第2巡回督导组成员到会指导。县委副书记、县长、县委主题教育领导小组副组长沈顺来主持会议。

21日，县委理论学习中心组（扩大）暨卷烟打假专题辅导报告会在县委党校举行，特邀市烟草局副局长林炜、市公安局治安支队副支队长欧阳煜波作卷烟打假专题辅导报告。

是日，全县创建国家食品安全示范城市“百日攻坚”行动部署会召开。

是日，云霄县召开第四季度防范重特大生产安全事故工作会议暨秋冬季森林防灭火工作会议。

是日，全市政法领域专项治理业务能力培训班在云霄开班。

22日，云霄县人民检察院院史馆揭牌开馆。漳州市人民检察院党组书记、检察长江莉和县委书记蓝良木参加揭牌仪式，并共同为县人民检察院院史馆揭牌。

是日，省委政法委委务会成员郑辉一行赴云霄县调研综治平安建设工作。

29日，县委书记蓝良木主持召开县委党建工作领导小组会议，专题研究《关于开展2023年全面从严治党主体责任落实情况检查方案（送审稿）》，进一步推动全面从严治党向纵深发展。县委副书记、县长沈顺来，县人大常委会主任林达祥、县政协主席林意纯以及县委常委参加会议。

30日，云霄县举行向烈士敬献花篮仪式，蓝良木、沈顺来、林达祥、林意纯等县各套班子领导到献宝山烈士陵园，与社会各界代表一同深切缅怀革命先烈的丰功伟绩，寄托无限的哀思和敬仰。

10月

1日，县委、县政府在新行政中心广场举行2023年国庆升国旗仪式，庆祝中华人民共和国成立74周年。县委书记蓝良木、县长沈顺来、县人大常委会主任林达祥、县政协主席林意纯等县各套班子在家领导参加升国旗仪式。

4日，县长沈顺来主持召开防御第14号台风“小犬”会商会，分析研判台风“小犬”发展趋势和影响，全力做好防台防汛各项工作。县委常委、副县长陈顺国参加会议。

7日，县委书记蓝良木主持召开县委县政府专题会议，听取县中医院迁建项目方案设计汇报。县长沈顺来、县人大常委会主任林达祥、县政协主席林意纯出席会议并发言。

8日，县长沈顺来带队到翔安区，深入座谈交流对口帮扶工作，共同谱写山海协作新篇章。

是日，县长沈顺来带队赴厦门招商考察。

9日，云霄县举行重点项目集中开竣工活动。县委书记蓝良木、县长沈顺来、县人大常委会主任林达祥、县政协主席林意纯等县各套班子领导参加活动。

11日，云霄县召开重点信访事项约谈会。

是日，市政协视察组一行到云霄县开展“全民健身设施建设补短板”专题工作视察活动，强调要不断健全完善区域全民健身体育设施及健身场所，切实满足广大人民群众日益增长的健身运动需求。

16日，县委书记蓝良木带队调研林偕春文化馆提升改造情况，现场听汇报、看展品、优细节、提要求，高站位高标准推进展馆建设布展，聚力推动文化强县建设再上新台阶。

19日，县委常委会学习贯彻习近平新时代中国特色社会主义思想主题教育第二次读书班举办专题党课，县委书记、县委主题教育领导小组组长蓝良木以《凝心铸魂筑牢根本 实干担当促进发展——全面落实“以学铸魂、以学增智、以学正风、以学促干”重要要求》为题上专题党课。

24日，农业农村部种植业管理司、全国农业技术推广服务中心在云霄县召开2023年全国红火蚁防控现场会。全国农业技术推广服务中心主任魏启文、福建省农业农村厅二级巡视员林景元、农业农村部种植业管理司植保植检处一级调研员常雪艳、全国农业技术推广服务中心植物检疫处处长冯晓东、县长沈顺来、县委副书记方毅强出席会议。

是日，全市平安建设“四季竞赛、五大比拼”第三季度现场会在云霄县召开。

25日，县委书记蓝良木主持召开云霄县深化医药卫生体制改革领导小组2023年第一次会议。

是日，长泰区委书记胡滨、区长尤宇川、区人大常委会主任周俊雄、区政协主席叶水山率区四套班子领导到云霄县考察交流，持续深化双方交流合作，携手共创高质量发展新局面。云霄县委书记蓝良木、县长沈顺来、县人大常委会主任林达祥、县政协主席林意纯分别参加相关活动。

是日，县委县政府召开专题会议，详细听取云霄一中新校区建设项目和云霄县潮剧（国家非遗）传承保护中心建设项目方案设计汇报。

30日，漳州市粤港澳大湾区招商推介会在深圳市五洲宾馆举办。市长魏东，副市长洪泰伟，市政协副主席、发改委主任蔡兴州，县长沈顺来出席。

31日，全县组织工作会议召开。县委书记蓝良木出席并讲话。

是日，县长沈顺来带队赴粤港澳大湾区开展招商推介活动，走访考察企业，洽谈合作事宜，宣传推介云霄，进一步深化云霄县与粤港澳大湾区的产业交流合作，为加快推动云霄高质量发展蓄势赋能。

10月，漳州核电厂二期工程用海获国务院批准面积72.7139公顷。

11月

1日，全县生态环境保护重点工作会议召开。

是日，县委三季度工作会议暨县域经济高质量发展现场推进会召开。

2日，县委书记蓝良木、县长沈顺来带领党政代表团赴漳州高新区学习交流征迁工作经验。

是日，县长沈顺来到元光中学，为师生上了一堂生动深刻的思政课，勉励广大青年学生要努力进取，争做拼搏向上的新时代有为青年。

是日，市政协副主席、民建漳州市委会主委陈仁朝带领调研组一行到云霄县举办“加快常山华侨经济开发区改革发展”专题调研座谈会。县政协党组书记、主席林意纯参加会议。

3日，云霄县召开全县第五次全国经济普查工作推进会。

6日，2023年漳州市对云霄县教育“两项督导”见面对接会召开。市督导评估组组长叶景林主持会议并讲话，县长沈顺来出席会议。

8日，云霄县融媒体中心启动“记者走基层、岗位建新功”活动。

9日，县委书记蓝良木主持召开云霄县食品安全委员会工作会议。

是日，县委书记蓝良木主持召开云霄县乡贤促进会筹备工作会议。

10日，云霄县召开全县妇女儿童工作会议。

是日，“政协讲堂”第五期“学习乌山革命史 牢记人民就是江山”在乌山革命纪念馆开讲。县政协主席林意纯参加活动。

13日，云霄县召开优化营商环境座谈会，通报表彰2022年“亩均论英雄”标杆企业，大力弘扬企业家精神，畅通政企沟通渠道，积极营造“活商、亲商、安商、便商”的良好氛围。县委书记蓝良木出席会议并讲话，县长沈顺来主持会议，县人大常委会主任林达祥，县政协主席林意纯出席会议。

14日，云霄县委书记蓝良木主持召开全县推动县域经济高质量发展务虚会暨县委主题教育工作研讨会。县长沈顺来出席会议并作讨论发言。

14—15日，市科协组织各县（区）科协领导、机关各部室、直属事业单位负责人到云霄县开展工作学习交流活动，并召开全市科协2024年工作务虚会。

15日，云霄县老科技工作者协会第一届代表大会召开。

16日，县委书记蓝良木主持召开县委县政府专题会议，详细听取下港棚户区改造闽南水乡景观设计方案汇报，集智聚力加速推进民生项目规划建设。

17日，县委书记蓝良木主持召开县委县政府专题会议，详细听取顶溪和城东片区改造建设项目概念性方案汇报。县长沈顺来、县人大常委会主任林达祥、县政协主席林意纯参加会议。

是日，云霄县召开“七比一看”竞赛工作专题会。

20日，云霄县生态环境保护委员会会议召开。

24日，县委常委会主题教育第三次读书班开展专题辅导授课，特邀北京市公园城市建设专家库专家、中国建筑学会建筑策划与后评估专业委员会理事郝荣福作专题辅导报告。县委书记、县委主题教育领导小组组长蓝良木主持会议并讲话。县人大常委会主任林达祥、县政协主席林意纯参加。

是日，云霄县乡贤促进会成立大会暨第一届第一次会员代表大会在将军山会议中心举行。县委书记蓝良木到会祝贺并讲话。县人大常委会主任林达祥、县政协主席林意纯参加。

是日，华安县委书记叶毓、县人大常委会主任赖武平、县政协主席林炎山率县四套班子领导到云霄县考察交流，强化联系互动，深化务实合作，实现优势互补，携手共创高质量发展新局面。云霄县委书记蓝良木、县人大常委会主任林达祥、县政协主席林意纯等县四套班子领导分别参加相关活动。

27日，由福建省商务厅、福建省互联网信息办公室、福建省广播电视局、福建省广播影视集团共同主办的2023电商主播大赛十强争霸赛在云霄县火热开赛。

是日，由中共云霄县委、云霄县人民政府主办的“江山如此多娇、醉美漫步云霄”2023年云霄县文旅推介大会在人民公园举行。县委书记蓝良木到会致辞并宣布大会启动。市委宣传部副部长周伟辉、县长沈顺来出席。

28日，东山县委书记何霭、县长刘兆民、县人大常委会主任李斌、县政协主席朱文挺等县四套班子领导带队到云霄县向东渠教育实践基地开展主题教育现场教学活动。云霄县委书记蓝良木、县人大常委会主任林达祥、县政协主席林意纯等县四套班子领导参加活动。

是日，省商务厅副厅长杭东带队到漳州九霄天电子商务有限公司和下河杨桃生态观光园进行实地走访调研，详细了解云霄县电商产业发展工作。

是日，2023直播电商资源对接会展区资源对接互动和三大主题圆桌交流会在云霄县举行。

29日，县委书记蓝良木带队调研中央生态环保督察问题立行立改工作。

12月

4日，云霄县落实耕地保护和粮食安全责任制考核工作推进会召开。

5日，2023年云霄县第二次县乡人大工作联席会暨乡村振兴监督重点村工作交流推进会在火田镇召开。县人大常委会党组书记、主任林达祥就2023年来人大工作作简要总结，并就下阶段工作作具体部署。

6日，云霄县召开全县安全生产工作会议，研究部署岁末年初重点安全生产工作。县长沈顺来参加会议。

7日，县长沈顺来主持召开县政府专题会议，研究分析云霄县EPC（工程总承包项目）建设监管弱项短板，进一步明确监管重点、落细监管举措、压实监管责任，推动建立更加科学、高效、合理的政府投资项目监管机制，从源头上防范化解系统性风险，有效统筹发展和安全，推动县域经济社会高质量发展。

11日，县长沈顺来主持召开中央生态环保督察信访件整改推进会。

是日，云霄县召开全县第五次全国经济普查工作推进会。

13日，省林业局副局长林旭东一行到云霄县督导调研林业工作。

19日，云霄县举行习近平新时代中国特色社会主义思想主题教室启用仪式，县委书记蓝良木、县长沈顺来为主题教室揭牌。

是日，县委书记、县委主题教育领导小组组长蓝良木主持召开县委常委会调研成果交流、典型案例剖析会，持续推动主题教育取得新的更大成效。省委第2巡回督导组到会指导。县委副书记、县长沈顺来等县委常委参加会议。县人大常委会主任林达祥、县政协主席林意纯列席。

是日，全县宣传思想文化工作会议暨全县网络安全和信息化工作会议召开。县委书记蓝良木出席会议并讲话。县委副书记、县长沈顺来主持会议

20日，由云霄县委主题教育领导小组和福建省中国人民解放军长江支队历史研究会联合主办的大型综艺舞台剧《人民公仆谷文昌》在县委党校倾情上演。

省长江支队历史研究会名誉会长、省人大常委会原副主任马潞生，县委书记、县委主题教育领导小组组长蓝良木，县长、县委主题教育领导小组副组长沈顺来，县人大常委会主任林达祥、县政协主席林意纯到场观看演出。

20—21 日，县委书记蓝良木、县长沈顺来带队开展 2023 年县委县政府第四季度工作检查，重点检查 10 个乡镇（开发区）人居环境整治工作情况，进一步强化典型引路示范效应，推动“四下基层”走深走实。县人大常委会主任林达祥、县政协主席林意纯参加工作检查。

22 日，副市长、公安局局长肖申华带领市直有关单位负责人到云霄县，征求《2024 年市政府工作报告（征求意见稿）》的意见与建议。县长沈顺来出席会议。

23 日，云霄县在福州市举办“乡贤回归”招商推介会，推动乡贤企业发挥自身优势，大力支持和参与家乡经济发展，携手推进现代化富美新云霄建设。省直有关部门领导到会指导。县委书记蓝良木参加活动并致辞。

26 日，云霄县第十八届人民代表大会第三次会议、政协第十四届云霄县委员会第三次会议举行中共党员大会。

27 日，云霄县第十八届人民代表大会第三次会议开幕。来自全县各行各业、各条战线的人大代表汇聚一堂，认真履行宪法和法律赋予的神圣职责，共谋改革宏图。县长沈顺来代表云霄县人民政府向大会作政府工作报告，总结回顾 2023 年工作，谋划部署 2024 年工作。

是日，云霄县第十八届人民代表大会第三次会议召开财政经济审查会议。财政经济审查委员会成员结合代表的审议意见，认真审查了云霄县 2023 年国民经济和社会发展计划执行情况及 2024 年国民经济和社会发展计划草案的报告；认真审查了云霄县 2023 年预算执行情况及 2024 年预算草案的报告，并提出审查意见报告，提交大会主席团审议。

是日，云霄县第十八届人民代表大会第三次会议召开议案审查会议。

28 日，云霄县第十八届人民代表大会第三次会议圆满完成各项议程，胜利闭幕。

是日，政协第十四届云霄县委员会第三次会议圆满完成各项议程，胜利闭幕。

是日，云霄县第十八届人民代表大会第三次会议举行第二次全体代表会议，听取审议云霄县人大常委会工作报告、云霄县人民法院工作报告和云霄县人民检察院工作报告。

是日，云霄县第十八届人民代表大会第三次会议举行第三次全体代表会议，依法选举产生云霄县第十八届人大常委会个别副主任、个别委员，表决通过各项工作报告的决议草案。

29 日，县委书记、县双拥工作领导小组组长蓝良木主持召开云霄县 2023 年双拥工作领导小组全体会议，听取 2023 年度全县双拥工作情况汇报，研究部署 2024 年双拥工作。县政协主席林意纯以及在家县委常委参加会议。

30 日，中国共产党云霄县第十四届委员会召开第六次全体会议。

是日，2024 年县委经济工作会召开。

12 月，经国内权威评级机构东方金诚国际信用评估有限公司综合评定，云霄圣城集团获评 AA 主体信用等级，评级展望为“稳定”。

（汤靓婧、吴浩恬）

县情概貌

自然环境

【位置】 云霄县位于福建省东南部沿海，隶属漳州市管辖。云霄东接漳浦县，西连诏安县，北与平和县接壤，南与东山湾及东山岛毗邻和相望。位于北纬23°45′～24°14′，东经117°07′～117°33′。云霄县临湾面海，连接闽粤，区位优越，历史悠久，物阜民丰，与台湾隔海相望，是福建省重点侨乡和台胞祖籍地，素有“四乡五地”之称，“四乡”即中国枇杷之乡、中国温泉之乡、中国民间戏曲之乡、中国书画之乡，“五地”即开漳圣王文化祖地、天地会创立地、鉴湖女侠秋瑾出生地、闽南（乌山）革命根据地、漳江口红树林国际重要湿地。

【面积】 根据云霄县2022年度国土变更调查数据，云霄县陆域面积1053.08平方千米，其中云霄县辖区面积953.44平方千米，常山华侨经济开发区面积99.64平方千米，管理海域面积96.57平方千米，岛礁面积约0.69平方千米。根据最新海岸线修测成果，云霄县大陆海岸线总长约78千米，自然海岸线保有率为22.38%。无居民海岛共16个，其中已开发利用海岛5个。

【地质地貌】 云霄属低山丘陵地带，山区占11.3%，丘陵占57.5%，平原占23.5%，海面占7.7%。依山濒海，三面环山，中部低，为向东南开口的马蹄形地形，地形总趋势西北高东南低，由四周向沿海起伏下降。水系发育、河谷两岸普见阶地分布，海岸曲折，以上升侵蚀型岩岸为主。境内千米以上山峰有矾山、大帽山和乌山等，构成与邻县的分水岭。主要分水岭有乌山山脉和盘陀岭山脉，分别屹立在西南和东北。分水岭走向北北西，与北西向深断裂带基本一致，分水脊波状起伏山势陡峻。最高峰为乌山山脉西山源，海拔1117米。地貌形态主要有中低山地形、丘陵地形、堆积地形。

【水资源】 云霄县流域面积50平方千米以上独流入海的河流有漳江，流域面积50平方千米以下独流入海的小河流主要有山前溪、磨石溪、下曾溪等。全县多年平均水资源总量10.98亿立方米。其中，境内地表水资源量8.74 亿立方米，入境水资源量2.19亿立方米，地下水资源不重复计算量540万立方米。

（洪灿琛）

【气候】 2023年，云霄县平均气温22.9℃，比历年同期（22.2℃）偏高0.7℃，属正常；全年出现13次强降水过程，暴雨日数为12天，年降水量1746.9毫米，比历年同期（1785.5毫米）偏少2.16%，属正常，时间分布严重不均，6月降水偏多，9月降水异常偏多，其他月份降水正常到偏少，其中11—12月降水异常偏少，旱涝急转特征突出；全年总日照时数为1887.3小时，比历年同期（1821.2小时）偏多66.1小时，属正常。全年共有3个台风影响云霄县，无台风登陆，影响台风个数偏少，影响程度偏轻。综合分析，2023年主要气候状态为气温偏高，降水正常，日照正常。

【气温】 2023年平均气温22.9℃，比历年同期偏高0.7℃，属偏高。

气温的季节变化特点：冬季（2022年12月至2023年2月）平均气温15.6℃，比历年同期偏高0.4℃，属正常；年极端最低气温出现在2023年1月29日，为4.4℃；春季（3—6月）平均气温23.3℃，比历年同期偏高0.8℃，属正常；夏季（7—9月）平均气温29.0℃，比历年同期偏高0.7℃，属偏高。7月14日出现突破历史当月极端最高气温38.9℃，同时也是2023年极端最高气温；全年共出现31天日最高气温≥35℃的高温天气，属正常；秋季（10—11月）平均气温23.1℃，比历年同期偏高0.5℃，属正常。11月6日出现34.0℃，突破历史当月极端最高气温；初冬（12月）平均气温17.2℃，比常年高0.8℃，属正常。

2023年云霄县各月平均气温及其评价一览表

表1　单位：℃

月份	1月	2月	3月	4月	5月	6月	7月	8月	9月	10月	11月	12月	年平均
气温	15.3	15.9	17.9	21.6	25.5	28.2	29.7	29.3	27.9	25.1	21.1	17.2	22.9
历年同期	14.4	14.9	17.1	21.1	24.7	27.4	28.9	28.5	27.4	24.4	20.7	16.4	22.2
评价	正常	正常	正常	正常	正常	正常	正常	偏高	正常	正常	正常	正常	偏高

【降水】 2023年，云霄县总雨量1746.9毫米，比历年同期偏少38.6毫米，偏少2.16%，属正常。降水的季节变化特点：冬季（2022年12月至2023年2月）降水量100.7毫米，比历年同期偏少47.7毫米，属偏少；春季（3—6月）降水量793.5毫米，比历年同期偏少17.6毫米，属正常；夏季（7—9月）雨量854.2毫米，比历年同期偏多116.0毫米，属正常；秋季（10—11月）雨量29.4毫米，比历年同期偏少58.4毫米，属显著偏少；初冬（12月）雨量为2.5毫米，比历年同期偏少41.2毫米，属异常偏少。

2023年云霄县各月总雨量及其评价一览表

表2　单位：毫米

月份	1月	2月	3月	4月	5月	6月	7月	8月	9月	10月	11月	12月	年平均
雨量	26.6	40.7	83.8	103.1	165.9	440.7	178.3	363.2	312.7	24.7	4.7	2.5	1746.9
历年同期	41.3	63.4	102.9	141.8	225.7	340.7	251.3	321.8	165.1	46.5	41.3	43.7	1785.5
评价	偏少	偏少	正常	偏少	偏少	偏多	偏少	正常	异常偏多	偏少	异常偏少	异常偏少	正常

【日照】 2023年，云霄县总日照时数为1887.3小时，比历年同期偏多66.1小时，属正常。日照的季节变化特点：冬季（2022年12月至2023年2月）总日照时数为490.4小时，比常年偏多109.6小时，属偏多；春季（3—6月）总日照时数为600.0小时，比常年偏多96.0小时，属偏多；夏季（7—9月）总日照时数为514.0小时，比常年偏少83.4小时，属正常；秋季（10—11月）总日照时数为320.7小时，比常年偏少18.3小时，属正常；初冬（12月）总日照时数为139.4小时，比常年偏少4.5小时，属正常。

2023年云霄县各月总日照时数及其评价一览表

表3 单位：小时

月份	1月	2月	3月	4月	5月	6月	7月	8月	9月	10月	11月	12月	年总量
日照	141.6	171.6	207.7	116.7	148.5	127.1	198.5	181.7	133.8	126.3	194.4	139.4	1887.3
历年同期	133.7	103.2	103.3	118.1	133.5	149.1	225.9	196.2	175.3	183.3	155.7	143.9	1821.2
评价	正常	异常偏多	异常偏多	正常	正常	正常	正常	正常	偏少	显著偏少	偏多	正常	正常

【风、相对湿度】 2023年全年平均风速为2.0米／秒，与历年同期（2.0米／秒）持平。年主导风向为西北风，风向频率为19%。全年平均相对湿度为76%，比历年同期（76%）相比持平。

【气象灾害】 2023年影响云霄县的主要天气气候事件包括：低温霜冻、暴雨、干旱、台风、高温。

低温霜冻 2023年，云霄县共有2次强冷空气天气过程，冷空气影响程度一般。全年本站日极端最低气温4.4℃，出现在1月29日。受强冷空气影响，1月28—31日，云霄县出现低温过程，极端最低气温出现在1月29日夜晨，本站日极端最低气温4.4℃，全县有15个自动站最低气温低于4℃，西北部乡镇出现霜或霜冻（以常山坪水的0.1℃为最低）。

暴雨 2023年，云霄县共出现13次强降水过程。全年日雨量≥50毫米的暴雨日数为12天，分别是5月17日雨量59.6毫米、5月19日雨量64.6毫米、6月10日雨量79.6毫米、6月24日雨量116.1毫米、7月29日雨量103.6毫米、8月8日雨量72.3毫米、8月12日雨量55.4毫米、8月16日雨量78.8毫米、8月20日雨量54.6毫米、9月1日雨量51.5毫米、9月4日雨量102.9毫米、9月6日雨量51.0毫米。全年暴雨降水集中、强度大，多为热带辐合带和西南暖湿气流影响下的暴雨；强降水主要集中出现于4—9月，累计雨量1563.9毫米，占全年总降水量的87.6%。

干旱 2023年，云霄县全年总降水量与历年同期相比属正常，但时间分布严重不均，1—3月中旬降水持续偏少，6月降水偏多，9月降水异常偏多，其他月份降水正常或偏少，其中11—12月降水异常偏少，旱涝急转特征突出。2月15—23日，云霄县持续少雨天气，出现了持续性气象干旱，其中3月16—24日达到气象重旱。3月23—30日，云霄县气象局开展人影作业11场，燃烧烟条11根，增雨作业后气象干旱阶段性解除。11月起秋冬旱情又有所发展。云霄县气象局加强天气研判，在全县开展人工增雨作业28场次，燃烧增雨烟条28根，有效缓解当地旱情、降低森林火险等级、增加生态水源涵养、提升空气质量。

台风 2023年，对云霄县有影响的台风3个，台风影响个数与常年相比正常，分别是2305号台风“杜苏芮”（超强台风级）、2209号台风“苏拉”（超强台风级）、2211号台风“海葵”（超强台风级）。

2023年第5号台风“杜苏芮”（超强台风级）于7月21日08时生成，24日20时加强为超强台风，28日9时55分在晋江沿海登陆，登陆时中心附近最大风力15级（50米／秒，强台风级），29日8时在安徽省安庆市宿松县境内减弱为热带低压，后期风力进一步减弱，已很难确定其环流中心，中央气象台11时对其停止编号。受台风“杜苏芮”外围和西南急流影响，7月28日20时至29日8时，云霄县出现大范围强降水天气。统计7月28日20时至7月29日8时雨量，云霄县有9个自动站超过100毫米，以常山开发区的226.3毫米为最大。

2023年第9号台风“苏拉”8月24日14时在菲律宾以东洋面生成，26日23时加强为超强台风，9月2日3时30分前后在广东省珠海市南部沿海登陆，登陆时中心附近最大风力有14级（45米／秒），中心最低气压为950百帕。2日6时减弱为台风，2日14时减弱为强热带风暴，2日17时减弱为热带风暴，3日11时减弱为热带低压。中央气象台3日17

时对其停止编号。受台风“苏拉”外围影响，8月31日至9月1日云霄县沿海和闽南渔场、台湾浅滩渔场出现10级以上阵风；15日起沿海风力加大，统计8月31日07时至9月1日20时，沿海和闽南渔场、台湾浅滩渔场已出现9—10级阵风，以东山陈城镇澳角村26.4米/秒（10级）为最大；云霄县已出现中到大雨，共有2个自动站雨量超过25毫米，以马铺枧河44.9毫米为最大。

2023年11号台风“海葵”于8月28日08时在西北太平洋洋面上生成，生成后稳定向西偏北方向移动，强度逐渐增强，9月2日23时增强至强台风等级，3日10时再次加强为超强台风，3日15时30分登陆台湾省台东市，登陆时中心附近最大风力15级（50米/秒，强台风级），3日夜间到4日凌晨过岛后在台湾西南沿海回旋少动，并于4日04时左右再次登陆台湾省高雄市（33米/秒，台风级），随后进入台湾海峡后继续向西偏北方向移动，强度逐渐减弱，5日5时20分第三次登陆漳州东山，登陆时中心附近最大风力8级（20米/秒，热带风暴级），登陆后一路西行深入广东，6时45分前后在广东省饶平县沿海再次登陆，强度继续减弱，08时减弱为热带低压，最终于6日下午停编。受台风“海葵”外围和冷空气共同影响，9日3—7日云霄县出现暴雨到大暴雨，统计最强降雨时段4日9时至5日9时累计雨量，共有12自动站雨量超过100毫米，以常山坪水139.9毫米为最大，最大小时雨强为火田镇30.7毫米；云霄县陆上出现6—9级阵风，以下河仙石24.3米/秒（9级）为最大；沿海阵风10级（南碇岛，27.7米/秒）。

受台风“苏拉”和“海葵”影响，云霄县出现持续性强降水，受灾人口16010人，紧急避险转移6054人，紧急转移安置4193人，农作物受灾面积48.67公顷，倒塌房屋1间，一般损坏房屋1间。直接经济损失690.3万元。

高温　夏季平均气温偏高、多炎热天气，7月14日出现年极端最高气温38.9℃。全年35℃以上炎热天数多达31天，高温初日为5月30日，高温终日为10月4日。其间最多连续高温日10天（7月6日至7月15日）。

【气象服务】　2023年，云霄县气象局共对外发布456期决策服务材料、天气预警信号652次、发布气象短信1216288条，为云霄县经济、社会发展提供气象保障。发布春耕春播气象服务专报9期、夏收夏种气象服务专报5期和秋收秋种气象服务专报12期，发布枇杷、杨桃专题服务材料52期，为农民提供最新气象信息和科学生产建议，促进增产增收；通过电视、广播、微信等互联网载体，设在各乡镇、村、社区的气象协理员和气象信息员，及安装在各乡镇政府、旅游景点和重要交通路段的电子显示屏，及时发布、传递气象信息，并在气象灾害发生前及时更新发布灾害性天气预警信息，做到早预报、早防备、早部署，为云霄县防灾减灾工作提供保障。

注：1.降水量、气温和日照时数统计值为云霄国家一般气象观测站的实时观测平均值。

2.历史、同期平均值为1991—2020年30年气候标准值。

（方坤泽）

人文地理

【建置沿革】　云霄县位于闽粤山海要冲，历来为兵家必争之地。秦汉时期先后隶属于揭阳岭屯戍区、南海郡、南海国、南海郡揭阳县。东晋咸和六年（331年），南海郡分出其东部地区增置东官郡，析粤地揭阳县置绥安县，治在云霄。隋开皇十二年（592年）绥安废，云霄漳江以北隶于泉州（今福州）之龙溪县，漳江以南隶于潮州之万川县。唐总章二年（669年），玉钤卫翊府左郎将归德将军陈政奉诏率兵入闽平“蛮獠啸乱”，镇守故绥安县地，与子陈元光于云霄火田开屯建堡。垂拱二年（686年），陈元光以云霄漳江为名奏置漳州，州治在今云霄西林村，并置漳浦、怀恩两县。漳江以北隶漳浦，漳江以南隶怀恩，漳浦县治附州治。开元二十九年（741年）废怀恩后，全境属漳浦。陈元光为首任漳州刺史，继续率众辟地置屯，传播推广中原先进文化和生产技术，被后世尊为“开漳圣王”。宋为漳浦县安仁乡浦东里（明万历《漳州府志》作“浦东保”）。元初为漳浦县安仁乡修竹里、新安里。明初为漳浦县六都，嘉靖九年（1530年）分属于漳浦、平和、诏安县。清顺治六年（1649年）十月初十，郑成功率军由漳江下游攻入云霄，进占潮汕。乾隆元年（1736年），称云霄镇，驻漳浦县丞。乾隆二十六年，云霄高塘村郑开在境内东厦高溪庙、观音亭创立反清会党“天地会”，其组织遍及闽南各地，并扩展到台湾、两广、长江流域一带和东南亚华侨聚居地。嘉庆三年（1798年），以县丞所辖30保，加划入平和县属25保、诏安县属2保13村置云霄抚民厅（亦称漳州分府）。同治三年（1864年）九月，太平军侍王李世贤余部进入闽南，攻占云霄城，驻城长达200多天。同治四年四月中旬，左宗棠率兵3万余人进云霄剿灭太平军余部和岳坑反清组织“兄弟会”。民国2年（1913年）改云霄抚民厅为云霄县，先后隶属于漳州府、福建西路道、汀漳道。民国14年（1925年）隶于福建省政府。民国22年（1933年）发生“福建事变”，隶属龙汀省。民国23年（1934年）“福建事变”失败后，先后隶属福建省第六行政督察区、第五督察区。民国21年（1932年）3—4月间，中共漳州中心县委派员进驻云霄；翌年3月，在云霄、漳浦交界的火田镇徐南坑自然村设立秘密交通站。民国23年（1934年）4月，马铺乡坪水村建立云霄县第一个中共党支部，8月成立坪水乡苏维埃政府；民国24年（1935年）底开辟乌山革命根据地，成立中共云和诏县委。云霄老区人民在中国共产党领导下，与红三团、红九团、独立营、闽南支队等工农革命武装，先后粉碎国民党军队的多次“围剿”，奇袭云霄城、坪坑伏击战、车仔圩战斗等威震闽南。1949年9月25日，云霄和平解放。

【行政区划】 2023年，云霄县辖6个镇（云陵镇、陈岱镇、列屿镇、莆美镇、东厦镇、火田镇），3个乡（马铺乡、下河乡、和平乡），1个开发区（云霄经济开发区），198个村（居），其中社区40个、建制村158个。

【人口管理】 截至2023年12月31日，云霄县户籍总人口数463630人（男245264人，女218366人），总户数117752户；城镇人口数198468人，城镇化率42.81%，同比增长0.3%。全年全县登记出生人口3573人（男1911人，女1662人），出生率0.77%，同比增长-0.13%；登记死亡人口5185人（男2959人，女2226人），死亡率1.12%，同比增长0.78%，省内迁入人口3165人，省外迁入人口404人，迁往省内5868人，迁往省外488人，多报删除20人。积极推行居住证制度，加强流动人口管理，登记暂住人口53492人，受理居住证制证业务503笔，审核通过发证503张。

经济社会发展

【概况】 2023年，云霄县实现地区生产总值262.24亿元，增长6.5%；农林牧渔业总产值105.64亿元，增长5.6%；社会消费品零售总额123.98亿元，增长8.1%；一般公共预算总收入14.14亿元，增长16.9%；地方一般公共预算收入10.45亿元，增长14.4%，首次突破10亿元大关。城镇居民人均可支配收入42970元，增长5.0%；农村居民人均可支配收入25461元，增长7.5%。

【农业经济】 2023年，云霄县启动国家地理标志产品保护示范区创建工程，省级现代农业（蔬菜枇杷）产业园、山前中心渔港等重点产业项目加快推进，24个省级现代农业产业项目完成投资1.65亿元，新增省级农业产业强镇1个、农业产业化龙头企业3家，省、市级“一村一品”专业村6个，下河村连续三年荣获全国特色产业超亿元村称号，云霄杨桃获评大国好货“一县一品”特色产品，实现水果、蔬菜、茶叶、水产等12个特色产业全产业链产值310亿元。

【乡村振兴】 2023年，云霄县实施乡村振兴“十镇百村”试点示范三年行动，投入7134万元启动57个乡村振兴项目建设，新建改造农村公路20.8千米，坡兜村入选第三批全国乡村治理示范村。脱贫成效持续巩固，全年组织走访排查脱贫户、监测对象和农户51793人次，推动解决困难199个，扶持2400多户脱贫户发展特色优势农业和农产品加工，15个村集体经营性收入突破50万元。

【生态文明】 2023年，云霄县深入践行习近平生态文明思想，漳江口红树林保护区成功入选全国首批陆生野生动物重要栖息地名录，全年增植红树林612亩，新建生态水系22千米，造林绿化12007亩、森林抚育29250亩、推广沉香等珍贵树种2000亩，全县地表水国省控断面Ⅰ～Ⅲ类水质比例达100%，城市空气质量优良率99.7%，天蓝水清地绿成为常态。

【工业经济】 2023年，云霄县完成工业投资140亿元、技改投资48亿元，新增新上规模工业企业13家，一批企业入选专精特新科技“小巨人”，云霄整县被列为中菲“两国双园”拓展区，农村能源革命试点县通过国家能源局专家评审。工业发展布局进一步优化，制定《南部片区产业发展和空间提升规划》，完成龙烟等企业“退城入园”，收储盘活十八重工、太尔、高贤电子等工业用地980亩，临港工业集中区纳入国家中沙（福建）产业合作区规划范围。大力支持民营经济发展，持续深化“百名干部挂百企”活动，每月举办“企业家沙龙”畅通政企沟通桥梁，落实退税减税降费1.8亿元，兑现各类惠企奖补资金2246万元，发放助企纾困贷款7.56亿元。

【城市建设】 2023年，云霄县投入36亿元，实施91个城市建设品质提升项目，莆下（一期）实现交房，下港闽南水乡、01地块安置房完成选房，中柱、岱北、享堂（二期）安置房建设加速推进，将军大道以西、滨北、南湖三大片区业态渐次落地。市政设施日臻完善，实施智慧交通管理（一期）项目，中心城区污水治理提质增效项目全面铺开，城乡供水一体化工程扎实推进，第二污水处理厂投用在即。城市管理更加规范，践行“创城进行时”行动，打响城市乱象“歼灭战”，流动摊贩“划行归市”落户农商城，中心城区更加宜居。

【文旅发展】 2023年，云霄县以全域旅游为引领，成功举办第九届开漳圣王文化节，G228线滨海旅游风景道、红色乌山景区等项目加快推进，和平乡获评福建省“全域生态旅游小镇”，白石村获评福建省“金牌旅游村”，高田格木古树群入选“全国最美古树群”名录，下河杨桃岛通过国家AA级旅游景区认定，“红色经济”“夜间经济”持续升温，全年接待游客421.9万人次，旅游总收入42.91亿元。

【重点项目建设】 2023年，云霄县完成173个县级以上重点项目累计投资202亿元，实现年度计划投资的102%；华龙科技园（二期）、北江水闸等83个项目开工建设，华龙科技园（一期）、农商城（一期）等64个项目竣工投产。核电用海、抽蓄用地获国务院批准；核电1号机组完成冷试，全面转入调试阶段；3号机组启动负挖，核应急指挥中心、核五生活配套等项目建成投用；抽水蓄能电站完成征迁5580亩，下水库导流洞顺利贯通；陈岱5万千瓦渔光互补项目实现并网发电，中核汇能列屿光伏项目、浙能东厦光伏项目获115万千瓦光伏指标，占全省的21.6%。

【民生实事】 2023年，云霄县坚持兜稳托牢民生底线，全年民生支出23.08亿元，42件为民办实事项目落地见效。优质教育资源供给力度加大，实施教育补短板项目8个，新聘任教师100名，新增学前教育学位540个、义务教育学位300个，创建省级义务教育管理标准化学校5所。健康云霄加快创建，省级医院对口帮扶持续深化，新县医院进入扫尾阶段，新中医院启动征迁，全年新增床位50张，人均基本公共卫生服务项目政府补助标准提高5.9%，和平乡获评国家级卫生乡镇。就业途径多渠道拓宽，新增城镇就业1535人，城镇登记失业率稳控在4%以内。服务保障持续增强，新增普惠性托位80个，7所幸福院完成提升改造，4所长者食堂竣工投用，9所乡镇敬老院全部完成公建民营改革，龙镜村获评全国示范性老年友好型社区。

（吴泽鑫）

品牌云霄

【概况】 云霄享有“四乡、五县、六地”的美誉。“四乡”即中国枇杷之乡、中国温泉之乡、中国民间戏曲之乡、中国书画之乡。“五县”即全国绿化模范县、全国平安渔业示范县、全国电商示范百佳县、全国地理标志产品第一县、全国农产品质量安全县。“六地”即开漳圣地、天地会发源地、鉴湖女侠秋瑾出生地、闽南革命根据地、温泉旅游度假胜地、红树林国际重要湿地。

【中国枇杷之乡】 云霄是著名的中国枇杷之乡，枇杷栽培历史悠久，2023年枇杷种植总面积达到4838公顷，年产量6万吨，鲜果产值达5亿元，全产业链产值8亿；枇杷品种结构得到优化，白肉品种种植面积逐渐扩大，质优价好。3月10日在和平乡举办“漫步云霄 乐悠和平”枇杷文化节，及优质果评比；9月19日在漳州古城举办“漫步云霄，寻蜜枇杷”2023年云霄枇杷及系列产品推介会，并发布云霄枇杷品牌标识。12月11日福建省园艺学会发布《云霄枇杷 绿色食品生产技术规程》（T/ FPSHS 001—2023）。云霄枇杷农产品地理标志授权使用22家。

（陈天佑）

【中国温泉之乡】 云霄县位于福建南部沿海，地热资源丰富，开发程度高。全县已发现院前、孙坑、溪口、后埔、官园、后门等6处温泉出露，温泉水温在44～64℃之间，属温热水，其中温度最高的为孙坑温泉，水温64℃；温度最低的为后门温泉，水温44℃。2012年11月22日，云霄县成功申报“中国温泉之乡”，获国土部命名，并于2016年正式授牌。至2023年，全县温泉均已开发利用，主要用于休闲旅游、康乐健身、温泉地产和温泉养殖等。结合地热资源分布特点和开发现状，围绕全县旅游发展规划，建成金汤湾海水温泉旅游度假区和将军山云顶温泉度假区。

【中国书画之乡】 2023年，云霄县文体旅局先后举办“相濡以沫”蒋国新高清月夫妇新春书法作品展、福来福见——首届福建少儿美术展出季漳州地区作品展、云霄县2023年“全国科技工作者日”书法作品展、“五福同享”2023年庆‘八一’五县（区）书画作品巡回展、“核美列屿 多彩漳江”写生美术作品展、福见云霄——2023年云霄县迎中秋庆国庆书法作品展等活动，彰显书画之乡风采。

（黄晓兰）

【中国民间戏曲之乡】 2023年1月，云霄县潮剧传承保护中心以云霄历史人物创排戏曲联唱《青春云霄》、音乐《烟雨江南》参加云霄春节晚会；3月，为纪念向东渠通水50周年“礼赞向东渠、建功新云霄”主题教育活动，创排《向东、向东》参加“渠水欢歌庆丰年”文艺演出；5月，创排《太史遗风》参加云霄县首届林偕春文化节；6月，组织实施国台办到云霄举行开漳圣王文化祖地“海峡两岸交流基地”授牌仪式；利用本中心优势，编纂《旌旗烈烈凯旋归》，参加授牌仪式的文艺专场演出；9月，创排剧目《喜送丰收粮》、小品《施顽固》、潮曲《草桥结拜》《开漳古郡声名扬》参加“庆丰收·促和美”——云霄县庆祝2023年“中国农民丰收节”暨地标产品推介展销会文艺晚会。11月，组织专业人员为县委办编排小品《督查来了》提供剧本研修及表演指导。云霄县政协“学习贯彻新思想 全力助推新发展”文艺汇演，并演出潮剧现代戏《乌山魂》选段。为县统计局创作第五次经济普查宣传小品《卜董与庄董》、宣传快板《我为经普做宣传》，并指导统计局工作人员进行小品排练；筹备《江山如此多娇 醉美漫步云霄》——2023年云霄县文旅推介大会，排演《穿越云霄》《渠水欢歌》等节目。开展公益性惠民演出，全年完成全年公益性惠民演出50场，于10月提前完成年度绩效目标；开展“福小宣”党的二十大宣讲活动，“文艺倡廉”全省优秀舞台艺术作品——《向东渠》剧目展演活动；利用元旦、春节、中秋、国庆、“文化和自然遗产日”等节假日期间，线上线下同步展演，为观众呈现多部经典剧目，如《陈三五娘》《闹钗》《留伞》等，也有近几年排演的精品剧目，如《开漳序曲》《向东渠》《乌山魂》等。

（方政波）

中国共产党云霄县委员会

重要会议

【全县人居环境整治工作推进会】 2023 年 1 月 11 日，云霄县人居环境整治工作推进会召开，会议贯彻落实中央农村工作会议精神和省委农村工作会议精神，全面梳理总结 2022 年来云霄贯彻落实“八个一”工作机制、推进人居环境整治工作情况，推动全县上下深入学习贯彻党的二十大精神，以“产业发展项目建设提升年”活动为抓手，铆足干劲，振奋精神，攻坚克难，再掀节前人居环境大整治热潮，全力扮靓城乡迎新春，推动新年度人居环境整治工作跃上新台阶。

【2023 年县委工作会议暨“产业发展项目建设提升年”动员大会】 2023 年 1 月 29 日，2023 年云霄县委工作会议暨“产业发展项目建设提升年”动员大会召开。会议深入学习贯彻党的二十大精神，聚焦省委“深学争优、敢为争先、实干争效”行动和市委“产业发展项目建设提升年”活动要求，总结成绩、表彰先进、部署工作，动员全县上下振奋精神、收心归位、强化担当、创新实干，全力抓好县委各项工作，为富美新云霄现代化建设提供有力保障。

【云霄县落实省领导挂钩帮扶工作领导小组会议】 2023 年 2 月 15 日，云霄县落实省领导挂钩帮扶工作领导小组会议召开，县委书记蓝良木出席会议并讲话，强调各专班和责任单位要强化责任担当，主动认领“军令状”，耕好“责任田”，做到优化作风抓落实，持续发扬斗争精神，巩固拓展县乡村“六个一”工作机制，深入开展干部作风“五不”和“胡作为、乱作为、不作为”问题专项整治，切实解决“中梗阻”问题，共同构建良好政治生态；完善机制抓落实，进一步完善行动方案，强化专班的协调配合，落实项目协调调度机制；从严督查抓落实，落实“一月一督查”“一月一通报”的要求，推动项目的全过程监督，形成竞赛争优的良好氛围。

【县委理论学习中心组（扩大）会】 2023 年 2 月 16 日，云霄县召开县委理论学习中心组（扩大）会暨学习贯彻党的二十大精神报告会。福建省寿宁县下党乡党委原副书记、中共福建省委党校福建行政学院特邀教师刘明华在会上作专题报告。整场报告通俗易懂、内容丰富详实，具有很强的理论性和实践性，对云霄县党员领导干部更好地做到“转变工作作风，加强党同人民群众密切联系，凝聚合力推动发展”，具有重要的指导意义。

【县食安委工作会议暨食安创城整改提升工作会】 2023 年 6 月 29 日，云霄召开县食安委工作会议暨食安创城整改提升工作会，动员全县上下深入学习贯彻习近平总书记关于食品安全工作的重要指示批示精神，认真贯彻落实中央和省、市有关食品安全工作的部署要求，全面推进县域食安创城整改，坚决打赢国家食品安全示范城市创建攻坚战。

【省委巡视十组巡视云霄县情况反馈会】 2023年7月10日下午，省委巡视十组巡视云霄县情况反馈会召开。省委巡视十组组长张健传达了省委书记专题会议和省委巡视工作领导小组会议精神，反馈巡视发现的问题，并受省委巡视工作领导小组委托，对巡视整改工作提出具体要求。市委常委、市纪委书记、市监委主任陈文聪代表漳州市委对云霄县委落实巡视整改提出要求。县委书记蓝良木就做好巡视整改工作作了表态。

【县委常委会（扩大）会议暨巡视整改工作动员部署会】 2023年7月11日下午，云霄县委书记蓝良木主持召开县委常委会（扩大）会议暨巡视整改工作动员部署会，强调要深入学习贯彻习近平总书记关于巡视工作的重要指示精神，认真落实省委巡视十组巡视云霄县情况反馈会精神，深化思想认识、明确目标任务、压实领导责任，全力以赴抓好巡视反馈意见整改工作，以整改的实际成效，推动云霄县各项事业开创新局面、取得新进步。

【2023年县委上半年工作会议】 2023年7月25日下午，云霄县召开2023年县委上半年工作会议，会议深入贯彻落实省委上半年工作会议暨省委省政府工作检查总结会、市委上半年工作会议精神，分析全县上半年经济形势，部署下一阶段工作任务，动员全县上下进一步坚定信心、攻坚克难，全力以赴冲刺“下半场”，确保完成年度目标任务。

【县委十四届五次全体会议】 2023年9月6日，中国共产党云霄县第十四届委员会召开第五次全体会议。全会由县委常委会主持，县委书记蓝良木讲话。全会听取和讨论蓝良木受县委常委会委托所作的工作报告，审议中共云霄县委云霄县人民政府《关于加快推动民营经济高质量发展的行动方案》。蓝良木就《行动方案（讨论稿）》（以下简称《行动方案》）向全会作了说明。全会要求全县各级党组织和广大党员干部，要坚持讲政治高站位，充分认识支持民营经济发展是党中央的一贯方针，推动民营经济发展是省市的战略部署，加快民营经济发展是云霄的现实需要，切实担当推动民营经济高质量发展的历史责任。

【全县学习贯彻习近平新时代中国特色社会主义思想主题教育工作会议】 2023年9月17日下午，云霄县学习贯彻习近平新时代中国特色社会主义思想主题教育工作会议召开。县委书记、县委主题教育领导小组组长蓝良木出席并讲话，强调要锚定目标任务，抓牢主题教育各项要求。通过开展主题教育，筑牢思想根基，坚定理想信念，自觉做共产主义远大理想和中国特色社会主义共同理想的坚定信仰者和忠实实践者；锤炼政治品格，对党绝对忠诚，推动习近平总书记重要讲话重要指示批示精神、党中央决策部署在云霄不折不扣落地生根、开花结果；强化实干担当，激发干事热情，依靠顽强斗争打开事业发展新天地，全方位推动县域经济社会高质量发展。

【县委常委会学习贯彻习近平新时代中国特色社会主义思想主题教育第一次读书班】 2023年9月20日上午，云霄县委常委会学习贯彻习近平新时代中国特色社会主义思想主题教育第一次读书班在县委党校开班。读书班通过集中学习研讨，推动县委领导班子进一步学深悟透习近平新时代中国特色社会主义思想，示范带动全县各级党员干部自觉强化理论学习，夯实坚定拥护“两个确立”、坚决做到“两个维护”的思想根基，努力在以学铸魂、以学增智、以学正风、以学促干上取得新成效。

【全县创建国家食品安全示范城市“百日攻坚”行动部署会】 2023年9月21日上午，全县创建国家食品安全示范城市“百日攻坚”行动部署会召开。县委书记蓝良木出席并讲话，强调要迅速把思想和行动统一到“百日攻坚”行动上来，严格对照测评体系和测评细则，进一步吃透考评标准、攻坚突出问题、做好结合文章，逐家逐项逐条落实问题跟踪整改，认真开展全县食安创城工作模拟测评，加快推动食安创城工作与国家地理标志产品保护示范区建设工作深度融合，确保食安创城各项工作有序推进。

【全县推动县域经济高质量发展务虚会暨县委主题教育工作研讨会】 2023年11月14日，云霄县委书记蓝良木主持召开全县推动县域经济高质量发展务虚会暨县委主题教育工作研讨会，结合开展主题教育，深入学习贯彻习近平总书记关于“推动形成优势互补高质量发展的区域经济布局”的重要论述，贯彻新发展理念，积极服务和融入新发展格局，围绕县“1320”方案，对云霄未来3年、未来8年乃至未来12年发展的目标任务、主要支撑、保障措施等内容开展务虚研讨，进一步务“虚”谋“实”明思路、集思广益谱新篇，聚力推动富美新云霄现代化建设再上新台阶。

【云霄县乡贤促进会成立大会暨第一届第一次会员代表大会】 2023年11月24日下午，云霄县乡贤促进会成立大会暨第一届第一次会员代表大会在将军山会议中心举行。会议表决通过《云霄县乡贤促进会章程》等有关文件，选举产生第一届理事会成员及会长、副会长、秘书长，选举产生第一届监事会成员及监事长。县委书记蓝良木到会祝贺并讲话，强调县乡贤促进会要当好“服务员”，凝聚发展的新合力。要把“尊重乡贤、亲近乡贤、服务乡贤”理念贯穿各方面工作，不断加强自身建设、健全工作网络、完善服务机制，以乡愁为引、乡情为线，打造乡贤志士的温暖之家，让更多乡贤安心扎根乡土、引领乡民、反哺桑梓。

【全县深化运用“四下基层”制度走好新时代党的群众路线暨“真抓实干、转变作风”推进会】 2023年11月30日上午，云霄县深化运用“四下基层”制度走好新时代党的群众路线暨“真抓实干、转变作风”推进会在县委党校召开。县委书记、县委主题教育领导小组组长蓝良木在会上讲话，强调要深入学习贯彻习近平总书记关于“四下基层”的重要批示精神，认真落实全省、全市推进会部署要求，进一步增强深化运用“四下基层”制度的思想自觉、政治自觉、行动自觉，以更高站位、更严标准、更实举措做好各项工作，引领带动干部作风更优、服务群众更实、干群关系更密切，凝聚起加快建设现代化富美新云霄的强大合力。

【县委十四届六次全体会议】 2023年12月30日，中国共产党云霄县第十四届委员会召开第六次全体会议。全会由县委常委会主持，县委书记蓝良木讲话，听取和讨论蓝良木受县委常委会委托所作的工作报告。全会要求全县各级党组织和广大党员干部，要加强党的领导，坚持把党的领导落实到工作的各方面全过程，标准工作方向，严守工作纪律。要拧紧责任链条，巩固提升党委统一领导、党政齐抓共管、部门分工协作的工作格局。要形成更多合力，群策群力助推云台融合发展，让“两岸一家亲、云台亲上亲”理念深入人心。

（林育婷）

重要决策与活动

【“1320”方案】 “1320”方案即《云霄县“奋力争优争先争效 推动县域经济高质量发展”实施方案》简称，其中“1”指的是成立县“奋力争优争先争效 推动县域经济高质量发展”领导小组；“3”指的是建立“重点任务协同推进、区域发展协调联动、产业项目协作集聚”三项机制；“20”指的是调整成立了十个重点工作攻坚指挥部〔包括将军大道以西片区征迁、顶溪中柱片区建设、南湖片区（含华龙科技文化园）建设、滨北新区建设、核电项目政企联席协调、工业园区标准化建设、核电配套项目建设、抽水蓄能电站项目建设、陈岱城镇化建设、中心城区污水治理提质增效工程等10个攻坚指挥部〕以及十个高质量发展专项行动组（包括国家地理标志产品保护示范区创建、人居环境整治提升、社会治理提升、干部作风提振、国资国企改革、用地扩容增效、营商环境建设、全国文明城市创建、云霄国家级渔港经济区创建、生态环境整体提升等10个行动）。

【县乡村“六个一”工作机制】 县乡村“六个一”工作机制是指云霄县工作每季一主题一检查、县委县政府每月一清单一督查、县政府班子每周一碰头一协调、县直单位每周一学习一会商、乡镇每日一早会每周一例会、村级每日一坐班每周一商议。

【“学向东、建新功”活动】 为深入贯彻党中央关于开展学习贯彻习近平新时代中国特色社会主义思想主题教育有关部署和省委、市委工作要求，落实周祖翼书记来云霄调研时对向东渠教育实践基地作出的具体指示精神，积极打造向东渠先进事迹等特色党性教育品牌，在全县深入开展“学向东、建新功”专题活动，从中汲取奋进力量，提振干事创业精气神，有力推动第二批主题教育走深走实、见行见效。

【“一季一主题”活动】 为深入学习贯彻习近平文化思想，传承弘扬优秀传统文化，推动文化自信自强，激发文化创新创造活力，每个季度分别开展1个主题的文化传承文旅推广活动，即一季度的“礼赞向东渠、建功新云霄”系列文化活动，二季度的“尊效林偕春、培树新风尚”文化推广活动，三季度的“赓续开漳情、创造新业绩”两岸文化交流活动以及四季度的“研旅乌山红、奋进新征程”文旅推介活动，全力做好文化保护、传承、传播、发展“文章”，全面打响“漫步云霄”文旅品牌。

【人居环境整治“八个一”工作机制】 人居环境整治“八个一”工作机制：实行一套垃圾清扫转运管护机制、打一场村庄清洁整治持久战、推行一套分级分类全域整治模式、开展一场“拆旧拓新”竞赛活动、建立一套镇村干部分级负责制度、落实一套全方位监督检查工作机制、推行一套问责问效制度、出台一套激励奖励机制。

组织工作

【干部工作】 加强科级干部队伍建设。加强干部队伍分析研判，组织开展对云霄县76家单位、774名县管干部进行年度考核，及时了解掌握县管领导班子的运行状况和县管干部的履职作为情况。注重统筹加强县乡科级干部队伍配备，2023年县委研究任用科级干部204名，其中提拔和进一步使用54名，晋升职级62名。优化科级班子结构，对15个空缺时间较长的科级岗位进行配备，推动88名干部跨单位、跨部门交流轮岗。制定《实施年轻干部全链条梯次培养工程的意见》，建立优秀年轻干部库，动态储备150名左右优秀年轻干部，提拔重用和晋升35岁以下年轻干部22人。加大党外干部、女干部培养使用力度。规范干部选拔任用程序，结合省委巡视选人用人专项检查反馈问题整改，制定完善年轻干部培养、科级干部交流、任前报告、领导干部兼职等10项制度性文件和规范性操作，进一步健全完善民主推荐和考察工作程序，严把干部选任的重点环节。注重干部考察业务提升，2023年举办6期干部考察业务专题培训班，提升干部考察队伍整体素质和业务能力。

提振干部干事创业热情。强化一线考察干部工作，持续在县“1320”方案等重难点工作中培养锻炼、考察识别和选拔使用干部，选派30名干部参与十个重点项目建设攻坚指挥部等一线历练；成立10个一线考察组，每季度开展一线考察，积极运用考察结果，提拔重用和晋升一线干部55人，激励干部在一线建功。实施干部作风提振行动，制定实施《云霄县实施干部作风提振行动工作方案》，重点提出“六个深化、六个提振”22条具体措施，细化干部作风“五不”问题负面清单，制定整治“中梗阻”问题八条硬措施。2023年形成正负面清单86名干部，对负面清单的干部提醒谈话14人；对17家单位50名担任同一股级职务5年以上的干部进行交流轮岗，着力破解“股长做派”“科长天大”等作风突出问题。深化干部作风整治，采取“四不两直”的形式，开展5轮次“六个一”工作机制落实情况督查，深入92个单位发现并推动问题整改58项；开展上下班情况、出勤考勤、服务质效等作风情况督查和明查暗访17批次，通报5期并效能问责20人。激励干部担当作为，制定《关于在“七比一看”竞赛中实施反向约束和正向激励的若干措施》，通报“七比一看”竞赛排名全市后三名的单位10期次，约谈指标排名靠后的5家单位15名主要领导和分管领导；积极稳妥推进公务员职级晋升和事业单位管理岗位职员等级晋升工作，晋升公务员、事业职员等级晋升77人，表彰推动高质量发展先进集体25个和先进个人60名。

（黄松标）

【干部监督】 做好2022年度选人用人“一报告两评议”工作，认真落实《全国组织系统“12380”举报受理工作规定》《领导干部报告个人有关事项规定》等文件。做好省委巡视对接、驻点等工作，认真落实省委巡视反馈问题整改，发出《关于开展国家工作人员因私出国（境）证件专项清理的通知》《关于进一步清理规范领导干部在社会团体兼职的通知》《关于进一步清理规范党政领导干部在企业兼职（任职）的通知》等3份通知，建立与公安局、审计局信息互通制度，进一步抓好日常规范管理，做好巡视整改后半篇文章。做好干部选任工作监督，坚持“凡提四必”，严格落实“廉政双签”，对136名新提拔或进一步使用和晋升职级的干部予以任前公示，组织任前廉政考试，撰写廉政对照检查材料49人次。进一步加强对全县国家工作人员因私出国（境）管理，集中保管科级干部因私出入境证件，2023年完成因私出国（境）登记备案9038人，证件收集管理1816本，按程序规范审批工作人员因私出国（境）3人。对5家单位8名领导开展领导干部经济责任审计工作，认定更改干部学历3批次83人。重视干部群众来信来电来访工作，做好“12380”举报受理工作，2023年办理群众来电来信10件。加强巡察日常联络，进一步落实县委组织部与县委巡察机构工作协调机制，选派20名组工干部参与两轮3批次的年度巡察工作，参与巡察整改中期督导30人次，推动被巡察单位问题整改落实。

（施 明）

【干部培训】 把学习习近平新时代中国特色社会主义思想和党的二十大精神作为培训班的主要内容，举办云霄县学习贯彻党的二十大精神暨第二十四期科级干部培训班、云霄县学习贯彻党的二十大精神暨第五期青年干部培训班等2期主体班和云霄县学习贯彻党的二十大精神暨公务员培训班、云霄县学习贯彻党的二十大精神暨“人居环境”整治提升班等专题班19期，不断提高干部思想政治水平和提升干部履职能力。制定《云霄县干部教育培训现场教学基地“五个一”提升计划的实施方案》，对现场教学工作进行全方位提升，全市干部教育培训现场教学观摩活动在云霄县举办。落实《云霄县关于新时代基层干部主题培训行动计划的实施方案》，开展送理论下基层活动，对全县197个村（社区）党员实行分层次、多形式开展培训。协助市委组织部做好省委、市委党校调训工作，2023年云霄县选派12名处级、32名正科级和80名副科级干部参加省委、市委举办的主体班、专题培训班。

（郭书婷）

【公务员管理】 强化公务员队伍源头建设，实施精准招录，合理调整公务员队伍结构，聚力打造高素质的公务员队伍，2023年招考公务员47名。开展择优考调公务员工作，从乡镇、机关考调公务员5名、事业干部1名。构建“多考合一”的过程考核体系，树立鲜明用人导向。做实平时考核，及时了解公务员“德、能、勤、绩、廉”方面的日常表现，第一至三季度评出较“好”等次1077人次；做细年度考核，给予2022年度考核确定为优秀等次的316名机关及参公单位工作人员嘉奖奖励，给予16名连续三年优秀的干部记三等功一次；做好专项表彰，表彰2022年度在疫情防控和经济社会发展中做出突出贡献的先进集体25个、先进个人60名。落实关爱举措，举办干部职工疗休养两期，参与人员78名。落实乡镇机关同职务（职级）公务员年度考核奖金高于县直机关20%，激发乡镇干部担当作为内生动力。开展“1+X”专项督查，2023年检查12家单位，反馈整改问题6个、移交问题线索2个。深入开展干部人事档案数字化工作，完成1700余人欠缺材料清单整理，收集完成900余人的欠缺材料并整理归档；完成1600多人干部档案数字化处理和验收工作，初步建立公务员（参公人员）干部档案数字化信息库。配合省委巡视工作，提供60多份干部档案查阅。对4名“三龄两历一身份”有异议的干部进行认定，完成25名2022年新考录人员的档案专项审核。严格执行落实干部档案管理八项制度和干部任前档案审核制度，对拟提拔晋升人选的干部档案进行干部任前档案审核；提供查、借阅档案500余人次，其中通过查阅数字化档案150余人次，办理干部人事档案转递及接收30多份。

（吴荣金、张喜文）

【发展党员和困难党员帮扶工作】 严格按照发展党员工作“控制总量、优化结构、提高质量、发挥作用”的“十六字”方针，注重从新就业群体、基干民兵、35岁及以下青年中发展党员，2023年发展259名党员，整体质量不断提高。规范化推进农村党员档案工作，全县10个乡镇（开发区）已配备面积不低于20平方米的党员档案室，实现农村党员档案“一人一盒一编码”。健全完善党内帮扶机制，2023 年帮扶慰问困难党员 5 名，发放专项资金 20000 元。做好省委巡视反馈问题整改工作，4 个牵头问题已全部整改到位。开好民主生活会，严格按照上级部署安排，规范做好理论学习、谈心谈话等规定动作，成立县委督导组，提前介入、全程参与，从严从实把关程序和材料，高质量高标准开好省委巡视整改专题民主生活会和主题教育专题民主生活会。

（吴丽芬）

【基层组织建设】 抓牢机制建设。制定《关于完善村级“每日一坐班每周一商议”工作制度的通知》《关于加强村部标准化规范化建设的通知》等，常态化开展“四不两直”专项督查，及时通报问题、督促立行立改，倒逼支部提升、作风提振。

树立典型引领。持续深化“一村一调研报告”专题活动，创新做法获中组部《党建研究》刊发；强化党建引领农村人居环境整治，经验做法在新华社《政务智库报告》刊发，并获得省委副书记罗东川批示肯定。组织开展基层党组织“达标创星”活动，评定五星级党组织 103 个、四星级党组织 147 个，发挥先进典型的引领带动作用。

强化整治提升。结合落实省委巡视反馈问题整改，大力推进软弱涣散村级党组织整顿提升工作，从 3 个方面 6 条措施明确整顿提升路径，按照“四个一”要求选定联村县级领导班子成员、包村乡镇领导班子成员、驻村第一书记、结对县直机关，靶向施策、动态销号。

深化队伍建设。开展村（社区）党组织书记和村（居）委会主任培训班，通过案例分享、研讨交流，为村级“一肩挑”干部充电赋能。开展村干部适岗能力考核评估和村级班子届中分析工作，采取民主测评、考核谈话、实地走访等方式精准画像，形成 158 份村级班子运行情况分析研判报告。在云霄融媒开设“学习二十大 村官谈规划”专栏，邀请优秀村主干畅谈本村发展方向，2023 年展播 11 期。

拓展两新党建。印发《关于开展两新组织“三帮三带”活动的实施方案》，健全两新工作领导机制，由组织部、统战部等 14 名分管领导作为县委非公有制工委班子成员，各乡镇（开发区）组建常态化摸排走访工作专班，选派 107 名各级党员领导干部担任党建工作指导员，加强新经济新业态领域党的建设，建设邮储网点休息驿站、中石油休息驿站、总工会示范休息室等 3 个红色驿站，解决户外新业态群体饮水、避雨、防暑等实际问题。

（陈志腾）

【党员教育服务和管理】 结合理论学习中心组、“1221”主题党日、“三会一课”等，引导云霄县 20040 名党员学习《习近平新时代中国特色社会主义思想专题摘编》等主题教育指定书目。充分挖掘本地特色教育资源，常态化组织广大党员到向东渠事迹展示馆、闽南乌山老游击队员之家等 2 个被纳入市级党员教育培训现场教学点参观学习，教育引导云霄县党员接受党性教育、感恩奋进。组织拍摄电教片，《一渠润两县 向东映初心》获评全省党员电教片一等奖，推进学习教育常态化、制度化。规范党费收缴、管理和使用，2023 年党员缴纳 410.511419 万元党费；下拨 33 万元党费开展教育培训计划、24 万元党费支持防汛救灾和 20 万元党费支持开展第二批主题教育；慰问省级和市级关心关爱补助对象 3 名 8.12 万元（其中省级 5 名、市级 13 名）；摸排全县困难党员 794 名，下拨 62.76 万元党费慰问生活困难党员、老党员、老干部和因公（工）牺牲的党员、干部家庭。做好“光荣在党 50 年”纪念章发放工作，为 190 名党员颁发“光荣在党 50 年”纪念章。2023 年村级组织活动场所建设 14 个，其中修缮 11 个，新建 1 个，扩建 2 个。

（吴丽芬）

【人才工作】 认真贯彻落实中央和省委、市委、县委关于人才工作的部署要求，围绕深化实施“云聚英才”四大工程，不断推动人才工作再上新台阶。深化产才融合发展，申报认定 3 名省级高层次人才、52 名工科类青年专业人才、13 名市级高层次人才、92 名主导产业技术人才，入选 2 个市级“青年人才优秀创业项目”，1 家企业获评市级“企业技术中心”；与中核国电漳州能源有限公司开展干部双向交流工作，双方互派 5 名干部至对方单位交流任职，推动复合型人才培养；着力补齐教育、卫生人才短板，全县22家“名医工作室”开展700余场“周末坐诊”，17家“名师工作室”累计开展送培送教超110次；持续开展校地合作，县政府与福建农林大学海峡两岸乡村振兴研究院签订校地合作协议，致力于共同推进“政产学研”一体化发展；发挥漳州市乡村振兴学院云霄分院作用，开展高素质农民培训1330人次，入选为市级“优秀农村实用人才”2人；成立“云霄县青年商会”，组织全县36个行业212名创业青年赴10个乡镇开展交流座谈和实地考察，通过共商共建探索当地产业发展新道路；持续加大人才发展经费投入力度，累计兑现各项人才资金1680.668万元，有力保障人才在云的工作待遇；用好云霄县高层次人才申报系统，为17名符合条件的对象申报高层次人才提供“一站式”平台，不断提升人才工作信息化水平。

（郭洪鑫）

【自身建设】 2023年，县委组织部以政治建设为统领，切实把组织部门自身建设作为纵深推进全面从严治党的基础性工作。突出政治建部。切实扛起落实省委巡视反馈问题整改的政治责任，针对反馈问题，制定具体整改措施，明确整改责任人和整改时限，抓实抓细整改工作。持续推动党风廉政建设，开展“警示教育月”等活动，组织观看廉政警示教育片。加强保密教育，全员参加“保密观”APP学习。突出制度立部。强化建章立制，持续完善《云霄县委组织部科室业务汇编》，更新相关工作内容、政策依据、注意事项等。结合开展主题教育，进一步深化“组工讲坛”制度，严格落实每周一学习一会商工作机制。持续完善办文办会流程，提升组织工作效率与规范化水平。突出作风强部。对标对表《新时代公民道德建设实施纲要》，将诚信建设作为部风建设的重点，加强个人品德、职业道德、社会公德、家庭美德等学习教育。围绕巩固提升省级文明单位创建成效，积极开展与塘坪社区帮扶共建活动，把干部文明素养体现到履职担当、提振作风的实践中。

（汤肇新）

宣传工作

【理论学习】 2023年，云霄县委宣传部开展党委（党组）理论学习中心组专项提升工作，云霄县福小宣·云潮宣讲团入围省级2023年基层特色宣讲团，向东渠先进事迹宣讲团宣讲作品——《向东渠初心渠》获“‘福小宣’在漳州”优秀宣讲作品评选活动三等奖，县委宣传部获该活动优秀组织奖。

【意识形态责任制落实】 2023年，云霄县委宣传部以落实省委巡视意识形态专项检查为抓手，制定30条整改措施开展公共领域宣传阵地、官方网站及新媒体平台等专项整治，健全完善述责述廉、干部考察、党建等制度，已完成反馈问题整改。结合市委交叉巡察、县委巡察，对9家单位开展意识形态专项检查。对拟任用干部是否存在违背社会主义意识形态行为进行把关146人次。

【文旅融合】 2023年，云霄县委宣传部举办“礼赞向东渠、建功新云霄”系列文化活动，创编短剧《向东向东》、情景歌舞《在希望的田野上》、访谈录《跨越50年的寻找》等，吸引线上点击交流220多万人次，寻找及访谈向东渠建设者100多人。5月20日，举办“尊效林偕春、培树新风尚”文化推广活动，超16万人次参与。6月18日，举办第十五届海峡论坛 第九届海峡两岸（福建云霄）开漳圣王文化节活动，主会场活动12万人次参与，线上点击交流330多万人次，4场直播点赞超18.9万人次，创编《盛世国风舞清漳》《这是咱兜》等文艺作品。9月22日，举办“江山如此多骄、醉美漫步云霄”文旅推介会，推介文旅招商项目11个、乌山红色文化之旅线路1条，发布原创歌曲《红树林之歌》，吸引线上关注263万人次。云霄县白石村、和平乡分别获评福建省“金牌旅游村”和“全域生态旅游小镇”。

【文明创建】 2023年，发出357份创城督办单强化常态督查。加强道德示范，评选宣传10名县道德模范，选树18名县级、1名市级、1名省级“新时代好少年”。进一步整合新时代文明实践中心、所（站）等公共服务阵地，马铺乡新时代文明实践所被评为福建省

“五个最美”最美志愿服务实践所（站）。《云霄县礁美村助力乡村文明治理》被国家级平台中国文明网和“文明实践行动”采纳。

【公共宣传】 2023年，县融媒体中心获评“全省供稿工作十强县级台”和市级“新闻协作先进集体”。邀请央视中文国际频道《国家记忆》栏目拍摄向东渠纪录片《一渠清水向东流》并播出。上稿频创佳绩，被央级媒体采用246篇，被省级媒体采用1993篇，被市级媒体采用1496篇；参评的五篇作品获得省市奖项。制作936条原创短视频、开展81场直播，其中点击量达10万余人次爆款短视频13条。

【网络管理】 2023年，实现“零重大网络舆情事件”“零重大网络安全事件”的“双零”目标。强化网上主流舆论传播态势，推荐“白菜GG”新农人直播电商与闽南文化传播“善小舟——电商直播带动乡村产业发展”等两个公益项目获评2022—2023年度漳州市十大网络公益项目，林万华（白菜GG）获评2023年度十大“漳州好网民”。

精神文明建设

【公民道德实践活动】 2023年，云霄县委文明办注重培育和选树各类道德典范人物，挖掘16名典型人物先进事迹参与省、市级道德模范以及“身边好人”评选，选树10名第四届云霄县道德模范，组织开展“道德模范先进事迹”巡回演讲8场，走访慰问礼遇道德模范、身边好人19人次，发放3万余元慰问金，在全社会营造崇尚典范、学习典范、争当典范的浓厚氛围。坚持贴近生活、贴近群众，积极创新“我们的节日”主题活动的形式和载体，2023年开展“福兔呈祥 福见云霄”新春焰火晚会、清明节“百园千校清明祭英烈”等传统文化活动150多场，推进社会主义核心价值观落细落小落实。

（陈群才）

【全国文明城市创建】 2023年，云霄县委文明办坚持围绕中心、服务大局，推进文明城市建设工作。一是全局谋划，机制保障创建为民。制定《云霄县2023年提升城市文明行动方案》，实施“十项提升行动”。出台《云霄县创建全国文明城市奖惩机制》，通过奖优罚劣，调动各级各部门积极性，提高创建工作效率和工作水平；二是以人为本，文明成果普惠民生。从基础设施、市容市貌、交通秩序等重难点问题入手，实施“智慧停车”工程，新增施划两轮车停车位和汽车停车位，改善城区停车秩序。成立交警骑警队，开展城区交通巡逻、交通疏导与违法整治，推动电动车上牌3.2万辆，优化交通秩序。修缮破损路面1.3万平方米，完成改造3条道路、约5.5千米的道路标线，居民出行环境提升。推进主城区约1.2万户的“三线”整治；对城区部分无物业老旧小区简易提升；提升设置南市场临时市场、云陵镇下坂集贸市场摊位划区、停车位、公益广告和渡头市场摊位干湿分离设施；完成向北溪五板桥段黑臭水体整治工程；投建县城区50座生活垃圾分类亭；实施城乡环境卫生整治联合会战，让创城成果惠及群众；三是全民参与，共建共享城市文明。举办“千人同舞开漳地 同心共建文明城”云霄县第一个文明行为示范月活动，持续用好“创城曝光台”“创城在行动”专栏，曝光不文明行为，刊播创城做法、成效，提升群众的知晓率、参与率和满意率。

（张智荣）

【群众性精神文明创建活动】 2023年，云霄县委文明办注重提升文明单位创建质量。对各级各类文明单位、文明村镇、文明校园进行业务培训、实地调研指导，保障创建质量。推进文明单位将新风正气福建“名片”融入业务工作，围绕“存正心、守正道、养正气”主题，开展新风正气福建“名片”践行活动56场，推动“名片”精神落地见效；宣传创建成效。全国文明村云霄县礁美村的《美翻了我的村：福建省云霄县陈岱镇礁美村：依山傍水 富美渔村》在中国文明网刊播宣传；云霄县城元社区“创新潮剧传播图片”在《精神文明报》头版刊登；《云霄县礁美村助力乡村文明治理》在《漳州信息》头版头条发表，并获市委常委吴卫红批示；提高乡风文明水平。推荐移风易俗“三好”典型事例，云霄县有1个“好村居”、1个“好带头人”、1个“好事例”入选市移风易俗“三好”先进典型名单。开展移风易俗主题宣传月活动，组织移风易俗“三好”先进典型走进新时代文明实践中心（所、站），讲述践行移风易俗心得体会和经验做法，形成向上向善的社风民风。城元社区开展移风易俗“三好”先进典型分享交流会暨新时代文明实践站道德评议会，提出“移风易俗——十抵制、十提倡”的倡议；绥东社区举办“情暖社区迎新年 邻里和谐一家亲”移风易俗晚会，喜迎新年；云陵镇、莆美镇开展中元节文明祭祀宣传活动，倡导文明新风，推进移风易俗融入群众生产生活。组织业务骨干参与县人大乡村振兴督查行动，促提乡风文明，推动乡村振兴。

（张智荣、林 琳）

【新时代文明实践建设和志愿服务】 2023年，云霄县委文明办全面深化拓展新时代文明实践中心建设。实施结对共建，开展云霄县新时代文明实践中心（所、站）与各级文明单位结对共建集体签约仪式，实现市直、县直文明单位与基层所（站）资源共享。完善评估机制，制定《关于开展2023年新时代文明实践所（站）建设常态化评估工作的通知》，对各乡镇（开发区）新时代文明实践一所两站进行常态化季度评估，优化新时代文明实践所（站）建设。培育示范实践点，培育省级提质培优工程文明实践单位1个、市级新时代文明实践示范所（站）2个。开展宣传党的二十大精神、弘扬优秀传统文化“一季一主题”活动、学雷锋先进典型示范宣讲活动、移风易俗“三好”先进典型分享交流会等文明实践活动1万余场，推进新时代文明新风吹进千家万户。2023年云霄县在漳州市新时代文明实践建设工作总评中获第一名；推进志愿服务工作常态长效。启动“志愿服务送关爱 文明实践树新风”2023年新时代文明实践志愿服务活动，招募志愿者服务各项文化活动，传递文明新风。设立“文明实践 志愿同行”栏目，引导群众做新时代雷锋精神的践行者和传承者。先进典型不断涌现，4个项目入选为2023年度全省学雷锋志愿服务“五个最美”先进典型。

（林 琳）

【未成年人思想道德建设】 2023年，云霄县委文明办开展“扣好人生第一粒扣子”主题教育实践活动，举办“少年儿童心向党 喜迎党的二十大”“童心助创城 文明庆六一”等各类主题活动9场次，营造树立正确价值观，走好人生第一步的良好氛围。深化乡村学校少年宫共建活动，组织省级文明单位、文明校园从人力、物力、财力等方面挂钩共建，累计帮扶资金25.6万元，为全县未成年人开展课外活动创造条件。举办6场“阳光路上 相伴成长”未成年人心理健康辅导站开放日活动，常态化开展心理健康“进社区、进家庭、进学校”活动，深受广大家长和未成年人的喜爱。开展新时代好少年选树活动，云霄县有18名学生获评县级新时代好少年，1名学生获评市级新时代好少年，1名学生获评省级新时代好少年，并开展先进事迹宣讲、媒体宣传等活动，引导全县未成年人学习、弘扬和践行美德。

（陈凌凌）

统一战线工作

【非公有制经济人士工作】 2023年，相继选送云霄县3名企业家参加市工商联组织的民营经济人士理想信念培训班；组织总商会会员企业50人次参加由上级工商联组织的线上培训；5月4日，成立云霄县青年商会；11月24日，成立云霄县乡贤促进会；协助县委县政府赴上海、北京、泉州等地举办“云霄黄观音”推介品鉴会。

【党外人士工作】 2023年，云霄县委统战部积极引导云霄县党外代表人士发挥自身优势，重点围绕云霄县“三大产业”发展，聚焦社会民生等热点问题，深入调查研究，形成调研报告4份，意见建议38条。做好党外人士政治安排工作。2023年，云霄县有人大代表数236名，党外人大代表数89名，占比37.7%。常委31名，党外人士9名，占比29%。政协委员165名，党外政协委员101名，占比61.2%。政协常委32名，党外政协常委21名，占比65.625%。加强党外干部队伍建设。云霄县现有无党派人士29人，主要分布在县政协、水利局、科协、乡镇等单位。其中人大代表4人，政协委员4人，党外科级以上干部10人。

【民营经济工作】 2023年，云霄县委统战部持续深化“百名干部挂百企”活动，不断深化统战系统干部挂钩联系台港澳侨资企业活动；常态化开展核电政企联席会、企业家沙龙等政企沟通机制；建立县域十大重点外贸企业联系机制，着力加大民营企业跟踪帮扶力度，帮助企业解决问题132个，落实退税减税降费1.8亿元，兑现各类惠企奖补资金2246万元，发放助企纾困贷款7.56亿元。全年新增“四上”企业80家，民营企业奥克兰光电进入省级重点上市后备企业库，鸿益饲料等6家企业获评市级龙头工业企业。

【对台工作】 2023年，挂牌成立“同心联络处”；举办“纪念开漳圣王诞辰1366周年暨开漳圣王信俗文化在两岸研讨会”庆典活动，成功举办第九届海峡两岸（福建云霄）开漳圣王文化节，精心策划16项两岸对接交流活动，在两岸引起强烈反响。全年接待台湾宫庙团体、村里长交流团和两岸文化交流团到云霄进香朝圣、参访交流近千人次。1月，云霄县“开漳圣王文化祖地”被中台办、国台办批准设立为“海峡两岸交流基地”。

【乡村振兴工作】 2023年，县委统战系统持续推进“万企兴万村”工作，引导民营企业积极投入乡村振兴事业。组织所属商会开展走访慰问生活困难群众151户，累计金额11.62万元；开展“同心同行 金秋助学”“光彩事业”“奖教助学”等活动21场，落实奖教、奖学、助学、助困资金197.67万元。

【民族宗教政策落实】 深化“两爱两同”行动，超额完成向上争取资金任务数，2023年争取资金124万元；推动下河乡坡兜村坡兜、安前自然村公厕建设工程、坡兜村微景观提升工程等项目建设。坡兜村“打造林下经济综合体新格局”项目，荣获“福籽同心爱中华”首届福建省民族乡村“三创促三交”训练营活动一等奖和十佳人气奖。2023年，坡兜畲族村被农业农村部、中央宣传部等部门授予第三批全国乡村治理示范村称号。

【新的社会阶层人士工作】 2023年，在全市率先设立8个新阶联联络站；顺利举办“寻美漳州一云霄站”活动；开展“凝聚新力量·筑梦新时代”主题教育活动；2023年，县委统战部与县新联会开展主题学习交流，先后赴德化、厦门等地开展活动。

【侨务工作】 2023年，推动菲律宾塔巴科市与云霄县缔结友好交流城市。相继成立云霄县列屿镇城内片区侨联会、云霄县陈岱镇礁美村侨联会，深入推动侨乡村史馆、侨务工作站建设，实现10个乡镇（开发区）“侨法宣传角”全覆盖。推选的云霄县政协常委、侨联副主席、农学会副会长、福建有坑生态茶业有限公司董事长张扬锋获评“全国归侨侨眷先进个人”。

（张毅凯、吴　翼）

编制工作

【机构编制】 2023年，重点保障民生领域特别是教育、医疗卫生领域和重要岗位引进急需人才用编需求。严格审核2023年度公务员用编计划26个；审核事业单位人员招录计划用编需求250个，其中：县直事业单位78个、教师101个、卫技人员29个、教育人才引进10个、卫计人才引进9个、定向委培计划6个、接收定向委培生17个。整合机构职责，2023年新设立云霄县法律援助中心、县公安局交警大队列屿中队，核定县机要技术中心编制，核增县审计局基本建设项目竣工决算审计中心编制、台联群团事业编制及领导职数、县室内装饰装修站编制。

（石丽莹）

【公办中小学幼儿园核编】 2023年，会同县教育局、人社局、财政局，对全县各中小学、幼儿园校的班级数、学生数等情况进行调查摸底，核查15所中学、61所小学、34所幼儿园，对照基础教育信息平台的数据和各学校统计上报的数据，按照核编标准重新进行测算。12月26日制定印发《中共云霄县委机构编制委员会关于重新核定教育系统教职工编制的通知》，重点对中小学幼儿园及其他教育机构的编制进行核定，其中幼儿园核定

375 名、小学核定 1952 名、中学核定 1259 名。

（石丽莹）

【机关、群团信用代码赋码和事业单位法人年度报告】 2023 年，开展机关、群团单位统一社会信用代码申领、变更、补（换）领、撤销、延期业务工作，为云霄县 92 家机关、群团单位建档并颁发统一社会信用代码，其中县直机关单位 52 家，机关特殊情形单位 23 家，机关垂直管理单位 5 家，县直群团单位 12 家，已撤销单位 6 家（含机关垂直管理单位 1 家，机关特殊情况单位 5 家）。稳步推进事业单位法人登记管理工作，全面实行年度报告公示、变更登记工作“网上年报”，年报率达 100%，2023 年核准设立登记 1 家、变更登记 20 家、证书补领 1 家、证书到期换领 16 家。

（方党华）

机关党建

【思想政治建设】 2023 年，县直机关工委深入贯彻习近平总书记关于机关党建重要论述，扎实开展主题教育，制定下发《县直机关党建工作要点》，把学习贯彻党的二十大精神和习近平重要讲话重要指示精神作为首要政治任务，坚持“1221”主题党日专题学、“每周一学习”集中学、走进红色教育基地现场体验学。班子成员集中学习 4 本必读书目，深入学习习近平总书记对机关党建的重要批示精神，推动县直机关在贯彻落实党中央决策部署及省委、市委和县委各项中心工作走在前、作表率；引导机关干部深刻认识“两个确立”决定性意义，把讲政治落实到机关党建工作各领域和业务工作全过程；全面完成县直机关 32 个党组（党委）中心组学习巡听旁听，在巡听中督，在旁听中促，推动机关领域党组（党委）主题教育走深走实。

【机关基层组织建设】 2023 年，县直机关工委认真贯彻落实《中国共产党党和国家机关基层组织工作条例》《中国共产党支部工作条例（试行）》，规范支部建设，云霄县机关支部到期换届 84 个、新组建 32 个、撤销 36 个。其中，经贸口机关党委属下的停破产国有企业党组织 13 个。经研究，撤销运作困难的停破产国有企业党支部 10 个，组建联合党支部 1 个，破解历史遗留问题；举办 2 期入党发展对象培训班，106 名人员参训，有效提高参训人员的政治思想素质；抓好党费收缴、党内统计、届中调整充实等常规性工作，2023 年收缴县直基层党组织党费 236 万多元；认真抓实机关党委书记抓基层党建工作述职，把意识形态和统战工作列入述职重要内容，对 66 家县直单位、县管国企 2022 年落实全面从严治党主体责任问题整改情况开展“回头看”专项检查，组成 9 个检查组深入 56 家县直单位开展全面从严治党主体责任落实情况检查；组建县直机关应急志愿者队伍 1058 名党员常态化参与创城、平安建设。

【党建引领机制创新】 2023 年，县直机关工委完善党委（党组）成员联系支部、机关在职党员到社区报到等制度，3708 名机关党员下沉社区，推动“四下基层”落实。发动 67 个机关党组织 2244 名党员捐资 22.5 万元，认定地块 126.77 亩，开展“我在乡间有亩田”志愿服务 5846 人次。聚焦“让党委放心、让群众满意”目标，在“三个表率”中谋新篇，在“结合”“渗透”“贯穿”中育新机，推动“模范机关创建”与部门主业主责互融互促、增质提效。“党建 +N”模式效应显著，总结推广县直党组织在党建引领工作实践中首创的举措，形成的制度，向省市申报体制机制创新优秀案例 4 个。与县农业农村局合作的《“一个抓手、一套机制、两条主线”探索人居环境整治新路径》获评第六届全市机关体制机制创新优秀案例，县直机关工委获漳州市机关体制机制创新优秀组织奖。

【党风廉政建设】 2023 年，县直机关工委贯彻县委工作会议和县纪委十四届四次全会精神，自觉接受县直机关纪工委监督，对党绝对忠诚更加坚强有力，云霄县机关基层党组织书记上党课 774 人次；深化以案为鉴，紧盯重要时段，排查廉政风险点，常态化开展廉政教育、纪律教育、节前教育，筑牢拒腐防变防线，努力从党的科学理论中悟规律、明方向，提高落实主体责任的综合素质。召开从严治党工作会议2次，开展廉政教育6次、集体谈话3场、“学向东、建新功”研讨1次；抓住责任制这个“牛鼻子”，推动县直机关工委科级领导干部履行“一岗双责”，做到明责、履责、尽责，促进党建与业务深度融合，党性党风党纪一齐抓。

巡察工作

【概况】 2023年，县委巡察机构全面落实巡察监督政治责任，开展2轮3批次对8个党组织“常规+专项”巡察，对全县12个医疗卫生单位开展板块轮动巡察，派出2个巡察组参加市委提级交叉巡察，发现问题748个，移交问题线索69条。牵头抓好省委巡视云霄县委巡察工作专项整改，制定50条整改措施。

【成果运用】 2023年，县委巡察办及时修订《中共云霄县十四届委员会巡察工作规划》，制定《十四届云霄县委对村（社区）巡察工作规划》，明确对村（社区）监督重点，进一步做强基层监督。出台《关于固化巡察工作好经验好做法的若干措施》，固化一批好经验好做法，形成长效机制。编制《云霄县委巡察整改工作流程指引》，制定《巡察反馈意见整改工作纪实表》，推动被巡察单位完成问题整改236个，建章立制95项。

（朱艺函）

党校工作

【主课主业】 2023年，云霄县委党校通过开设党课专题巡回讲堂，开展微型党课下基层宣讲活动，进农村、进社区、进机关、进学校、进企业，提高党员学习教育的覆盖率，截至2023年底共开展外出宣讲300余场次。结合学习习近平新时代中国特色社会主义思想主题教育，全年组织16名教师成立宣讲小分队，分批次赴全县197个村（社区）党支部开展专题党课以及微党课宣讲，实现了农村基层组织宣讲全覆盖，打通基层党员理论宣讲“最后一公里”。大力开展干部教育培训，举办第二十四期科级干部培训班、第五期青干班、公务员培训班及与组织部联合举办全县两新组织党组织书记暨“逢十”党员学习贯彻党的二十大精神培训班，与县直机关工委联合举办第四十八期、第四十九期入党发展对象培训班等，培训轮训党员干部7000多人次。推动县级领导到党校讲党课常态化机制，每期的主体班次均邀请1～2名县领导和若干名县直科局长到党校上课，县委书记蓝良木为第二十四期科级干部培训班、第五期青年干部培训班讲授开班第一课，县委副书记方毅强和县委常委、组织部部长张东洲均在主体班上讲授专题党课，形成干部教、教干部的良性循环。积极邀请中央、省、市党校以及高校的教授和专家来云霄辅导，让学员从不同角度、不同侧面更好地理解和掌握新思想的精神内涵。与漳浦、诏安、东山等县委党校签订合作共建协议（为期三年），打造“浦云诏东”合作共建交流圈。

【现场教学建设】 2023年，云霄县委党校进一步以特色办学为方向，注重整合本土文化资源，做好融合文章，完善“讲好云霄故事，弘扬时代精神”“两点三线”教学平台，“两点”即乌山、向东渠；“三线”即开漳文化教育之线（以开漳历史博物馆为起始点，串联威惠庙、燕翼宫、魏妈文化园）、生态文化教育之线（以漳江口红树林为依托，串联我县十大农业大观园）、廉政文化教育之线（以七星山廉政文化公园为出发点，串联法院廉政走廊、县纪委监委警示教育基地、县公安局、看守所）。围绕五大主题，讲好云霄五大故事。一是讲好乌山故事，继承革命传统；二是讲好向东故事，弘扬创业精神；三是讲好开漳故事，传承古郡文化；四是讲好生态故事，推动绿色发展；五是讲好廉政故事，增强公仆意识。根据现场教学内容，进一步深化极具云霄特色课程专题5个和现场教学介绍23篇，把课堂搬到现场，让学员身临其境地接受党性教育和党性锻炼。其中向东渠教育实践基地现场教学点于2023年4月被福建省委党校确定为现场教学点，这是漳州市第二个被省委党校授牌确认的现场教学点，对推动云霄打造一流县级党校具有重大意义，有助于广大干部群众深入学习贯彻习近平新时代中国特色社会主义思想和党的二十大精神，为云霄县承接省内外班次特别是省委党校的班次创造更加有利的条件。截至2023年底，现场教学点承接班次268场次，培训干部1万多人次，有效提高云霄县的现场教学品牌和影响力。

【科研兴校】 2023年，云霄县委党校坚持科研兴校的指导思想，进一步发挥决策咨询的作用。全年发表教学科研论文1篇，4个课题获得省委党校立项，7个课题获得市委党校立项，2个课题获得市社科联立项。

【党校新校区建设】 通过置换方式，盘活旧资源，建设新校区。历时2年多时间，建成县委党校新校区并于2023年4月10日完成搬迁工作正式启用。新校区占地4.27公顷、总建筑面积约27600平方米，建设有报告厅、行政综合楼、教学楼、学员宿舍楼、学员餐厅等功能建筑及基础设施。教学区包含可容纳258人的报告厅和150人的阶梯教室各1间、可容纳100人的实训室5间、标准教室4间及图书馆1个。宿舍楼配备单人宿舍126间，配套文体活动室、乒乓球室等活动专用场所，室外设有环校跑道和篮球场。环校灯柱上布置有中国共产党人精神谱系展板，入门可见红色党性教育宣传标语。

（汤　茵）

老干部工作

【离退休干部党建工作】 2023年，组织离退休干部党员开展理论学习、书记讲党课、研讨交流等主题教育活动60余场，引导老干部为党和人民的事业发挥余热、献智出力。开展“学向东、建新功”专题学习研讨实践活动，在新时代老干部工作中强担当、谋发展、建新功。开展“话传统、谈复兴、聚力量”专题调研，引导老同志为富美新云霄现代化建设建言献策。通过走访调研、现场指导等方式开展“达标创星”活动，有6个离退休干部党支部被评为五星党支部。围绕“五个一百”创建活动为离退休干部党建注入新活力，有5个集体和个人光荣上榜。《云霄县引导离退休干部积极融入近邻党建工作》被《组工信息》《漳州信息》采用，获评“2022年度全省老干部信息宣传工作突出单位”。

（林建全）

【老干部管理服务】 2023年，开展“四上门”走访慰问离退休干部等重点服务对象500多人次，发放慰问金、护理费、健康休养费等70余万元，提供居家养老、健康体检、看望慰问等暖心服务，让老干部安享幸福晚年。拨付工作经费5万元加大“五融五助”近邻党建工作创新力度，清华园小区被评为“省级离退休干部党员在近邻党建中发挥作用试点社区”。投入资金6.2万元改造提升党建服务阵地“老党员之家”，满足广大老干部就近就便参加文体活动、组织生活。《云霄县委老干部局出实招办实事推进主题教育走深走实》被省市县主题教育简报采用。

（林建全）

【老干部作用发挥】 汇聚银发人才资源推动“银发人才库”建设，纳入云霄县“银发人才库”管理人员115名。建成乡村振兴、志愿服务等各类“老党员工作室”6个，让基层治理、服务群众更有温度。开展百名离退休干部“五融五助”近邻党建志愿服务行动30多场，为云霄县中心工作贡献银发力量。

（林建全）

【老年大学】 2023年，云霄县老年大学优化课程设计，增设“二胡”班、“养生太极拳”班、“助老适老”金融知识课程等。重视教师队伍建设，聘请有专业教学经验的教师、学会骨干任教。承办漳州市老年教育协会第三届第三次理事（扩大）会议暨2022年年会，校常务副校长吴思敏作“夯实办学基础　提高办学水平”专题典型经验交流发言。加大坡兜村等8个“银杏乐龄学堂”村（社区）送教下乡试点工作力度，把老年学堂办到农村，促进城乡老年教育均衡发展。到社区开展潮剧等指导助教社会服务，提高15个老年学会活动质量。参与“礼赞向东渠、建功新云霄”等大型文艺演出，拓宽老年大学志愿服务领域。举办书画摄影展、游园活动等欢度中国节校园活动。《云霄县老年大学2023年工作回顾》得到县委书记蓝良木批示肯定。

（吴木火）

党史和地方志工作

【党史宣传教育】 2023年，县委史志室与云霄县融媒体中心联合推出“云霄红色记忆——中央红军村巡礼”“老区苏区展览馆”系列栏目，拍摄《创建云霄小苏区》等五个专题片；审核民政局送审的29个革命遗址相关史料，同时对仙石、通贝、荷东等重点红色乡村所报的革命遗址史料进行审核并对布展提出指导性意见。

【党史理论研究成果】 2023年，县委史志室做好党史资料征集编研，深入挖掘研究党史资料，跟进记录云霄建设历程，讲好党的故事、红色故事、云霄故事。持续推动《中国共产党福建省云霄历史》第二卷（1949—1978）出版工作；对《云霄红色教育读本》进行2次补充修改，并完成出版前期工作。

【革命遗址调研】 2023年，县委史志室组织开展云霄县革命遗址调查，对云霄县22个主要革命遗址进行梳理、调研，到仙石、龙透、棪树、通贝、荷东、荷西等村开展革命遗址修缮保护专项调研，挖掘革命遗址和红色资源，加强革命遗址保护利用工作，提高革命遗址纪念设施影响力、感召力。

【向东渠事迹数字馆建设】 2023年，县委史志室启动向东渠先进事迹数字馆建设，通过全景VR等数字化手段，挖掘本地特色资源，展示历史内容，提升参观体验，进一步传承弘扬向东渠先进事迹文化内涵和时代价值，经过前期建设打造进入试运行阶段，被列为2023年市级重点党建培育项目。

【《漳州名镇名村》（云霄篇）编纂】 2023年，县委史志室完成《漳州名镇名村》（云霄篇）编纂。《漳州名镇名村》（云霄篇）重点展示省级历史文化名镇（火田镇）、省级历史文化名村（火田镇西林村、火田镇菜埔村、莆美镇阳下村、和平乡莆顶村）、国家级传统村落（火田镇溪口村、火田镇菜埔村）、省级传统村落（莆美镇阳下村、火田镇白石村、下河乡七高磜村、和平乡内洞村、东厦镇东崎村山后自然村）。

【《云霄年鉴（2023）》出版】 2023年2月，县委史志室通过OA（办公自动化）政务系统向各乡镇（开发区）和县直有关单位发出《云霄年鉴（2023）》征稿通知，6月底完成稿件征集，9月底编纂完成并送往出版社审校。12月，《云霄年鉴（2023）》由方志出版社出版发行，全书设30个类目，总字数约48万字，记载2022年云霄县自然、政治、经济、文化、社会和生态文明建设发展状况。

（张琳、张艺玫）

档案工作

【档案资源建设】 2023年，云霄县档案馆加强重大活动档案保护征集。做好“两类档案”的目录及数字化成果移交和接收进馆工作，确保“两类档案”归集齐全完整。接收疫情防控档案4614件，数字化图像36533页，照片档案133张，录音录像24件；接收脱贫攻坚档案共25317件，数字图像393186页，照片档案179张。接收土地确权纸质档案共60449件，数字图像约97115页；党史学习教育重大活动档案2469件，数字图像15145页。加强重要档案利用开发工作，为《国家记忆》之《江南红旗渠——向东渠》纪录片摄制组后期摄制提供了详实的档案史料，制作上下两集约60分钟纪录片和一部纪录电影。推动“迁台记忆”和侨批档案文献征集工作，发布征集通告，深入挖掘和保护好历史档案文献。截至2023年底，发放侨批等宣传材料600余份，吸引群众800余人观看，征集到一批涉及迁台族群、个人在两岸往来活动中形成的文书、信件、照片和实体建筑遗址等相关实物档案20件（其中侨批档案15件、迁台档案5件），实体建筑遗址2处。

【档案设施建设】 2023年，云霄县档案馆全力攻坚新馆建设工程，截至年底已完成主体结构建设。全面推进馆藏档案数字化工作。12月15日，完成馆藏档案可数字化档案7296卷又61223件扫描，经复查整改，抽检合格率98%。建立民生档案“异地查档、跨馆利用”服务合作，为到馆群众提供热忱、便捷、准确的查档服务。2023年累计服务查档群众421人次，利用档案资料516卷件次。

【档案宣传】 2023年，云霄县档案馆开展档案展览“四进基层”活动，举行“奋进新征程·兰台谱新篇”图片展。撰写档案信息树立云霄档案事业发展新形象。2023年在云霄融媒体、漳州档案信息、福建档案信息、福建档案、中国档案等平台发表档案信息9篇，如：6月13日，“央视《国家记忆》纪录片摄制组走进云霄县档案馆”刊发在《中国档案》第五期第88页；《信用流通 风华依旧》在福建电视台综合频道《走近侨批》第二季第二集12月11日首播。

【档案安全】 2023年，云霄县档案馆贯彻落实云霄县安全生产工作会暨重大事故隐患专项排查整治推进工作会精神，对一楼、三楼库房、露天水塔开展隐患专项排查整治工作，更换烟雾报警器3个150元、二氧化碳灭火器2瓶320元、干粉灭火器4瓶320元及水塔改造所需要的管道开关费用2000元。11月13日，联合县消防救援大队在北园社区开展消防安全应急演练活动。认真开展消防安全排查整治，对档案馆大楼电力线路与设备、安全通道与指示标志、自动消防设备及库房设施设备等，开展全面排查，落实重大节点节日管控，落细消防安全各项工作措施，加强值班值守和检查巡查，在档案馆周边张贴《云霄县档案馆关于严禁电动车违规充电的通知》，严禁在档案馆的公共走道、楼梯间、门厅内为电动车充电，禁止电动车飞线充电违规行为，防范化解消防安全风险，确保档案安全。截至2023年底，县档案局（馆）成为县消防安全委员会成员单位，“完成档案安全工作”被纳入云霄县平安建设考评指标。

（吴信用）

保密工作

【概况】 2023年，完成9个县直单位、5个乡镇“飞行检查”；配合市委保密办对县委文明办、统战部、县直机关工委、县地震办、将军山学校和莆美镇开展秘密专项整治行动；配合省、市审查组现场审查云霄县1家公司武器装备科研生产单位保密资格；与县委巡察办建立工作协调机制，常态化对被巡察单位开展保密专项检查提供服务保障。

【宣传教育】 2023年，县委保密办持续开展保密宣传教育，主动对接县委党校，在科级班、青干班和新进公务员培训班中开设保密知识讲座，并邀请市委保密办专业人员到云霄县开展全县保密教育培训。

（石王春杰）

云霄县人民代表大会

重要会议

【云霄县第十八届人民代表大会第三次会议】 云霄县第十八届人民代表大会第三次会议于2023年12月27—28日在县人民会堂召开，出席大会代表235名（全县代表名额236人，实有235人）。大会主要议程：听取和审议云霄县人民政府工作报告；审查和批准云霄县2023年国民经济和社会发展计划执行情况及2024年国民经济和社会发展计划草案的报告，批准云霄县2024年国民经济和社会发展计划；审查和批准云霄县2023年预算执行情况及2024年预算草案的报告，批准云霄县2024年县级预算；听取和审议云霄县人民代表大会常务委员会工作报告；听取和审议云霄县人民法院工作报告；听取和审议云霄县人民检察院工作报告；补选云霄县人大常委会个别副主任、个别委员。大会审议通过：《云霄县第十八届人民代表大会第三次会议关于云霄县人民政府工作报告的决议》《云霄县第十八届人民代表大会第三次会议关于云霄县2023年国民经济和社会发展计划执行情况与2024年国民经济和社会发展计划的决议》《云霄县第十八届人民代表大会第三次会议关于云霄县2023年预算执行情况及2024年预算的决议》《云霄县第十八届人民代表大会第三次会议关于县人大常委会工作报告的决议》《云霄县第十八届人民代表大会第三次会议关于云霄县人民法院工作报告的决议》《云霄县第十八届人民代表大会第三次会议关于云霄县人民检察院工作报告的决议》。大会补选：何少栋为云霄县第十八届人民代表大会常务委员会副主任；方炬宇为云霄县第十八届人民代表大会常务委员会副主任；林爱群为云霄县第十八届人民代表大会常务委员会委员；张艺彬为云霄县第十八届人民代表大会常务委员会委员。

【人大常委会会议】 2023年，县人大常委会依法履行各项职权，有力助推云霄经济社会高质量发展。召开7次常委会会议，听取和审议专项工作报告18项，做出4项决议决定，组织4部法律法规执法检查，组织5次代表视察和14项专题调研，开展满意度测评1次，依法任免国家机关工作人员34人次。

人事任免

【县十八届人大常委会第十次会议决定】 2023年2月14日，县十八届人大常委会第十次会议决定接受张永锟辞去云霄县人民政府副县长职务的请求，决定任命王少华为云霄县人民政府副县长。

【县十八届人大常委会第十二次会议决定】 2023年6月30日，县十八届人大常委会第十二次会议决定接受林立鹏辞去云霄县人民政府副县长职务的请求；决定任命林爱群为云霄县人大常委会人事代表工作委员会主任，决定免去吴秋生云霄县人大常委会人事代表工作委员会主任职务；决定任命陈加山为云霄县民政局局长，决定免去张文清云霄县民政局局长职务；决定任命王安喜为云霄县人民法院常山人民法庭庭长、施志彬为云霄县人民法院立案庭（诉讼服务中心）副庭长、何其或为云霄县人民法院民事审判一庭（涉台案件审判庭）副庭长、汤明智为云霄县人民法院常山人民法庭副庭长，决定免去柳福东云霄县人民法院常山人民法庭庭长职务、王安喜云霄县人民法院城郊人民法庭庭长职务、施志彬云霄县人民法院常山人民法庭副庭长职务、何其或云霄县人民法院立案庭（诉讼服务中心）副庭长职务、汤明智云霄县人民法院民事审判一庭（涉台案件审判庭）副庭长职务。

【县十八届人大常委会第十三次会议决定】 2023年8月25日，县十八届人大常委会第十三次会议决定任命方春明为云霄县教育局局长、方三川为云霄县卫生健康局局长；决定免去林榕庆云霄县教育局局长职务、林添齐云霄县卫生健康局局长职务；决定任命沈劲林为云霄县人民法院刑事审判庭庭长、审判委员会委员；郑秀恋为云霄县人民法院民事审判二庭（综合审判庭）庭长；吴素芬为云霄县人民法院城郊人民法庭庭长。决定免去沈劲林云霄县人民法院城郊人民法庭副庭长职务，郑秀恋云霄县人民法院民事审判二庭（综合审判庭）副庭长职务，吴素芬云霄县人民法院民事审判一庭（涉台案件审判庭）副庭长职务，罗耀辉云霄县人民法院审判委员会委员、审判员职务，方建权云霄县人民法院民事审判二庭（综合审判庭）庭长职务。

【县十八届人大常委会第十四次会议决定】 2023年10月23日，县十八届人大常委会第十四次会议决定接受方成江辞去云霄县人民政府副县长职务的请求，任命王玉潇为云霄县人民政府副县长。

【县十八届人大常委会第十五次会议决定】 2023年12月1日，县十八届人大常委会第十五次会议决定免去黄淑琼云霄县人大常委会农村经济委员会主任职务，接受其辞去云霄县第十八届人民代表大会代表职务，其云霄县人民代表大会常务委员会委员、云霄县人民代表大会财政经济委员会委员职务相应终止。决定任命林青海为云霄县人力资源和社会保障局局长、方长城为云霄县住房和城乡建设局局长；决定任命林炜、戴笋仔、张琪、吴淑玲4人为云霄县人民陪审员。决定免去方妙秦云霄县人力资源和社会保障局局长职务，柳启生云霄县住房和城乡建设局局长职务，何其或云霄县人民法院民事审判一庭（涉台案件审判庭）副庭长、审判员职务，蔡晋云霄县人民检察院检察委员会委员、检察员职务。

【县十八届人大常委会第十六次会议决定】 2023年12月22日，县十八届人大常委会第十六次会议决定接受方伟仪辞去云霄县第十八届人民代表大会常务委员会副主任、云霄县第十八届人民代表大会法制委员会主任委员职务的请求，报云霄县第十八届人民代表大会第三次会议备案；决定接受吴荣辉辞去云霄县人民政府副县长职务的请求，决定免去其云霄县公安局局长职务；决定任命陈国海为云霄县人民政府副县长、云霄县公安局局长。

代表工作

【代表履职能力提高】 2023年，县人大常委会组织市人大代表赴南靖开展异地视察调研；组织县人大代表到成都、绍兴开展2期代表履职培训，提升代表履职水平和能力。落实“双联”制度，有序组织36名县人大代表回选区参加述职活动，密切联系群众，接受群众监督，增强代表履职责任感。完善优化代表履职服务网上平台，健全代表履职档案，加强履职活动宣传，不断优化代表履职服务和监督管理。

【代表履职渠道拓宽】 2023年，县人大常委会丰富闭会期间代表履职活动，邀请35名代表列席常委会会议，精心组织安排各级人大代表参加集中视察、专题调研等活动94人次，拓宽代表知情知政渠道。深化代表履职平台建设，召开全县人大代表工作室规范化建设工作交流推进会，统一部署安排，对现有37个代表履职平台进行提档升级，制度化规范化建设运行工作室和联络站，常委会组成人员、各级人大代表“走进工作室、联络站”紧密联系群众，平台运行更加常态化、制度化。

【建议办理质量提升】 2023年，县人大常委会健全人大代表建议办理流程监督推动机制，通过常委会领导领衔重点建议督办、常委会会议听取建议办理情况报告和办理过程动态跟踪、办理结果满意度测评等方式，增强承办单位办理意识、办理实效，着力解决“重答复、轻落实”问题。县十八届人大二次会议代表提出的91件建议，办理答复率100%，满意率98%。

依法管理

【推动法律实施】 2023年，县人大常委会充分发挥县人大常委会在普法教育和依法治理中的监督职能作用，开展“国家宪法日”“宪法进万家”等系列宣传活动，精准高效推进法治宣传教育；落实宪法宣誓制度，组织县人大及其常委会任命的国家机关工作人员13人次进行宪法宣誓；开展预算法、乡村振兴“一法一条例”、安全生产“一法一条例”、宗教事务条例等法律法规贯彻实施情况检查，运用法治手段推动党中央决策部署贯彻落实；开展全县“八五”普法规划中期实施情况调研，推动各级各部门细化措施、狠抓落实。

【工作评议】 2023年，县人大常委会开展深化“放管服”改革、优化营商环境调研，听取审议县发改局、自然资源局、市场监管局关于优化营商环境情况的报告，并开展满意度测评，督促被评议单位改进工作、提升效能。落实规范性文件备案审查规定，听取审议2022年规范性文件备案审查工作情况报告，对涉及乡村振兴、招商引资政策等21件规范性文件开展全面审查，清理并废止涉及市场公平竞争规范性文件1件，维护法制统一、推进依法行政。

【司法监督质效提升】 2023年，县人大常委会听取审议县法院关于开展诉源治理工作情况报告，持续跟进县矛盾纠纷多元调处中心建设，推动基层社会治理现代化。听取审议县检察院关于开展“帮信”犯罪综合治理工作情况报告，持续跟进公检法司工作联动信息共享机制，巩固和提升打击治理成效。做好人大信访工作，全年受理群众来信来访9件，畅通群众诉求渠道，维护群众合法权益。

（林添明、施春声、方添城）

重要会议

【县政府常务会议】 2023年1月16日，第一次县政府常务会议研究云霄县乡镇（开发区）财政管理体制实施办法、云霄县2023年向上争取资金考核方案、云霄县2023年度一季度“开门红”方案等议题。

2023年2月24日，第二次县政府常务会议研究云霄县滞留境外涉假涉诈高危人员逼投劝返攻坚工作考核办法、云霄县国家储备林林地（林木）收储实施方案等议题。

2023年3月16日，第三次县政府常务会议研究云霄县顶溪片区改造项目征迁范围、云霄县陈政路及绥阳路道路改造工程及排水防涝设施改造工程勘察设计招标等议题。

2023年4月12日，第四次县政府常务会议研究2023年县委县政府为民办实事工作计划等有关事宜、云霄县2023年第一批新增政府债券资金安排使用预算调整方案、云霄县第一批国有资产划转、《云霄县屋顶分布式光伏开发推进试点县工作方案及管理办法》等议题。

2023年5月18日，第五次县政府常务会议研究《云霄县营商环境建设行动实施方案》、云霄县第二批国有资产划转、全县防汛备汛工作等议题。

2023年6月7日，第六次县政府常务会议研究国道357下河世坂至云霄五中道路改造工程勘察、设计暨概算招标计划、云霄县东南片区乡村振兴示范项目－南北江水闸提升改造工程（北江水闸）施工招标计划等议题。

2023年6月28日，第七次县政府常务会议研究云霄县2023年第二批新增政府债务限额管理及第二批新增政府债券资金安排使用预算调整方案（草案）、《云霄县生态环境整体提升行动实施方案暨云霄县2023年“蓝天、碧水、碧海、净土”四大工程行动计划》等议题。

2023年8月10日，第八次县政府常务会议研究福建省2023—2025年云霄县漳江水闸中型灌区续建配套与节水改造项目施工招标计划、《盘活闲置厂房的若干鼓励措施（送审稿）》等议题。

2023年8月21日，第九次县政府常务会议研究云霄县2023年提升营商环境工作、2023年集中式光伏项目工作、《云霄县“十四五”配电网滚动规划报告》等议题。

2023年9月6日，第十次县政府常务会议研究云霄县农村黑臭水体治理试点工程施工招标计划、全县道路交通安全工作等议题。

2023年9月21日，第十一次县政府常务会议研究云霄县陈政路及绥阳路道路改造工程和云霄县陈政路及绥阳路排水防涝设施改造工程施工、监理招标计划、云霄县主城区智慧城市（智慧交通管理）项目（二期）等议题。

2023年10月7日，第十二次县政府常务会议研究漳江口红树林国家级自然保护区重点区域生态补偿项目实施方案、云霄县东厦镇东厦等5个村2023年高标准农田建设改造提升项目施工招标计划等议题。

2023年11月22日，第十三次县政府常务会议研究云霄县

2023年收支预算调整草案、明确漳州市云霄县2024年海洋生态保护修复工程项目实施主体单位、福建省云霄职业技术学校迁建项目勘察、方案设计、初步设计暨概算、修建性详细规划招标计划等议题。

2023年12月4日，第十四次县政府常务会议研究《云霄县2023年第九次国有建设用地使用权公开出让方案》、云霄县下港片区（01地块）安置房定价等议题。

2023年12月18日，第十五次县政府常务会议研究审议《政府工作报告（送审稿）》、研究《云霄县镇村生活污水处理费征收使用管理办法（试行）（送审稿）》、《被征收土地青苗及地上附着物补偿标准（送审稿）》、全县矿山安全监管工作等议题。

【县政府全体会议】 2023年12月30日，云霄县政府全体会议暨县政府党组落实全面从严治党主体责任集体廉政谈话会议召开。会议全面贯彻落实省委、市委、县委全会和经济会会议精神及县两会精神，动员广大党员干部进一步凝心聚力、加压增责，明确明年发展的方向和思路，拿出“时间表、任务表、分工表”，确保各项主要目标任务落地见效，努力在加快富美新云霄现代化建设上取得新成效、展现新作为。会议强调，要雷厉风行抓落实。突出抓好重点考核指标和“七比一看”竞赛、突出抓好项目攻坚、突出抓好“两园两区”建设、突出守好发展“一排底线”，突出抓好督查促落实，确保工作有人抓、有人管、有实效。要担当作为转作风。压实主体责任，县政府党组要带头落实好党风廉政建设责任制，持续深化干部作风“五不”问题专项整治，从严处置“股长做派”“科长天大”等问题，做到人人廉洁、时时廉洁、事事廉洁。要明晰重点抓当前。打好2023年收官战，冲刺年度目标，对标查缺补漏，抓好总结盘点，用实干实绩力争最好结果；积极谋划“开门红”，对各项重要指标、重点项目要时间倒排、任务倒逼、责任倒推，一项项抓落实，一件件抓落地；要用心用情关心群众生活，深入开展拥军优属、扶贫济困、走访慰问、专项救助等活动，兜牢兜实基本民生底线。

【县政府党组扩大会议】 2023年6月7日，县政府党组（扩大）会议召开，会议传达学习贯彻赵龙省长在漳州调研讲话精神，王进足市长到云霄调研座谈会议精神，听取省委巡视涉及县政府系统即知即改工作汇报。会议强调要坚持规模与效益并重，推动高质量发展；坚持保护与发展并行，守住生态环保底线；坚持传承与创新并举，激发开漳文化活力。

【政府专题会议】 2023年共召开县政府专题会111场次。会议专门研究云霄县公园路东侧、元光路北侧地块城市设计、全县流域水质提升工作、将军山智慧体育公园建设项目、中柱、享堂、岱北安置房项目等三个事项有关事宜、中心城区污水提质增效项目建设、云霄县农村黑臭水体治理试点工程、云霄职业技术学校迁建项目、全县EPC项目监管工作、红树林销号调规工作、海上光伏项目、全县用地扩容增效专项行动等内容。

（林晓莲）

重大活动

【2023年云霄枇杷文化节开幕】 2023年3月10日，“漫步云霄 乐悠和平”2023年云霄枇杷文化节在和平乡棪树村启动，现场集中签约17个项目，涵盖农产品产供销大数据平台建设、枇杷系列产品触网销售、红色文旅、青少年研学基地共建等项目。活动期间，上万名游客在“银装素裹”的和平乡游园赏景踏“雪韵”，体验现场采摘枇杷的乐趣，一览云霄各个乡镇的地标产品、品味云霄各式特色美食。

【云霄开漳圣王文化祖地获批“海峡两岸交流基地”】 2023年2月8日，国务院台湾事务办公室举行例行新闻发布会，公布中共中央台办、国务院台办最近批准设立9个海峡两岸交流基地，福建云霄开漳圣王文化祖地上榜。4月15日，“海峡两岸交流基地”授牌仪式在云霄县将军山公园归德楼广场举行。

【开漳圣王文化节开幕】 2023年6月18日，由漳州市人民政府主办，中共云霄县委、云霄县人民政府承办的第十五届海峡论坛第九届海峡两岸（福建云霄）开漳圣王文化节在云霄县开漳名胜将军山公园开幕。祭祀大典在场祭拜的87

姓开漳后裔达上千人，生动再现圣王祭祀的恢宏场面，彰显了两岸同根同源、融合发展的深厚情谊，推动两岸共同弘扬中华文化，促进两岸同胞心灵契合。

【《国家记忆》播出向东渠重大主题纪录片】 2023年11月9—10日，中央电视台中文国际频道《国家记忆》栏目播出向东渠重大主题纪录片《一渠清水向东流》，全面讲述云霄、东山5万多位建设者如何劈岩凿壁、移山填壑、拦河截流、架槽铺管，仅耗时2年半，用双手在层峦叠嶂间建成全长85.81千米的生命之渠，历史性地解决了两县百姓千百年来的工农业和生活用水难题。

【2023电商主播大赛开赛】 2023年11月27日，由福建省商务厅、福建省互联网信息办公室、福建省广播电视局、福建省广播影视集团共同主办的2023电商主播大赛十强争霸赛在云霄县开赛，10支电商直播队伍入围此次比赛，经过2小时激烈角逐，累计实现GMV（商品交易总额）超23.4万元，带动“福品”销售超2000件。

数字云霄

【政府信息主动公开】 2023年，云霄县在门户网站、微信公众号等新媒体平台公开各类政府信息7221条。主动公开政府信息254条，包括政策性文件、重大项目、重点领域、应急管理、城乡建设、社会公益等方面信息；主动公开人大建议和政协提案办理结果24件；主动发布政府会议信息、决策执行及落实情况等信息；加强政策解读，主动发布文字解读41篇，图文解读34篇，视频解读16篇，音频解读8篇，H5解读1篇，全年政策解读率336.84%。

【政府信息依申请公开】 建立健全政府信息公开申请登记、审核、办理、答复、归档的工作制度；对于公民、法人或其他组织提出的政府信息公开申请，做到规范受理、及时处理、认真答复。依法依规做好政府信息依申请公开工作，2023年受理26宗，均为自然人申请，并全部在法定期限内予以答复。

【政府信息管理】 2023年，县政府办做好政府行政规范性文件的统一规范公开工作，对现行有效行政规范性文件进行梳理并通过县政府网站的政府信息公开专栏集中公开。同时进一步健全政府信息发布机制、所有信息严格实行“三审三校”制度，切实做到“先审查、后公开”，确保发布的信息合法合规，真实准确。

【平台建设】 2023年，县政府办搭建问答知识库平台，汇总政策问答库、热点问答库、服务知识库等内容，解答创文、教育、就业创业、养老、医疗、纳税、生态建设等与人民群众密切相关的问题，提升便民服务质量。建立行政规范性文件库，通过政府信息公开平台集中公开现行有效行政规范性文件并动态更新，严格落实政策解读与文件同步发布。

（何泽聪）

机关事务管理

【机关事务服务中心】 2023年，云霄县机关事务服务中心通过公开招标方式进行采购，将县政府机关食堂委托云霄宾馆经营管理。加强制度建设，要求机关食堂管理团队制定符合实际切实可行的规章管理制度，调动机关食堂服务人员工作积极性；严把食品安全关，严格审核供货企业相关证件，每天对采购食材进行全面验收，定期邀请市场监督管理局业务部门对机关食堂的食材、餐具和饮用水等进行全方位检测，加强厨师队伍培训，提高菜品质量；加强机关食堂反食品浪费宣传和监管，不定期进行反食品浪费工作检查，并将检查结果及时通报。

（吴锦州）

【公务用车管理】 2023年，全县机关公务用车通过“全省一张网”公车管理平台电脑派单6000余次，总行程50多万千米，总用车单位60多家。管理平台总体运行情况平稳，用车单位反映良好，实现了行车零事故，服务零投诉的目标，为满足车改后县直机关应急出行、重大或集体公务活动、跨区域调研检查、抢险救灾、应急处突等公务用车需求提供保障。持续加强公车运行管理，结合日常业务检查，采取日常监督、随机抽查、明察暗访、集中督查等方式开展督查，通过开通举报监督电话、举报邮箱等渠道及时受理群众信访举报，加强与公安、交警部门联动，充分利用城区监控设施对公务车辆运行进行监督。

（张青山）

行政服务

【概况】 2023年，云霄县行政服务中心政务服务大厅共进驻41个县直单位（包含水、电、广电网络、燃气等便民服务单位），设置52个办事服务窗口，全年办理各类行政审批事项和公共服务事项218013件，按时办结率100%，承诺件提前办结率98.30%。组织工程招投标项目49宗，投资预算总价8.31亿元，实际中标金额7.59亿元，为财政节约0.72亿元，节约率8.71%；完成政府采购项目7宗，交易额为1117万元，节约财政资金51万元；完成产权交易项目7宗，起拍总价3.68亿元，实际中标金额4.80亿元，增加财政收入1.12亿元。

【政务服务】 2023年，云霄县行政服务中心管委会不断推出创新举措，促进政务服务高质量发展。设置“跨省通办”“省内通办”服务专窗，落实专人对接、专人服务，公布“跨省通办”“省内通办”事项114项，办理跨域业务2515件次，实现跨域通办；打造“15分钟政务圈”，开展乡镇便民服务中心规范建设调研2次，现场办公及培训2次，推动10个乡镇村居（社区）全部实现“三改一代办”，乡镇本级1019项审批服务事项已全面进驻便民服务中心办理，让群众在家门口体验政务服务“零距离”；扎实推进工程建设项目审批制度改革，组建窗口涉企服务“首席代表服务员”团队，同步开展“联审联办”、“联合验收”、“联合踏勘”、“竣工即投产”等服务模式，全年共召开联审会23场，联合踏勘6次，联合验收24个项目，联合验收率100%。

【公共资源交易】 2023年，云霄县公共资源交易中心积极发挥招投标服务平台作用，主动担当，为营造良好的营商环境主动服务。全年中心共组织完成公共资源交易项目61宗，预算总价约18.01亿元，交易金额约13.01亿元，为财政节约0.71亿元，节约率3.94%，增值率30.3%。全面推行电子保函，替代现金缴纳投标、履约、工程质量等保证金，充分释放企业现金流，增加中小微企业参与投标的机会，全县电子保函使用率达到100%。推进远程异地评标，依托“一体化”应用场景和“互联网+”平台，实现人才资源共享，解决评标专家资源紧缺的问题，从源头上遏制了评标过程中的腐败隐患，全年成功完成远程异地评标项目16个，中标总金额达2.11亿元。

【监督检查】 2023年，云霄县行政服务中心管委会持续落实每月通报机制，发布《政务服务大厅运行情况每月通报》12期，对窗口违纪人员开展提醒谈话32人次，通报问题116个，进驻单位及乡镇便民中心提交问题整改报告113篇，有效提升窗口服务质效。持续落实“好差评”制度，每日核查“好差评”数据情况，倒逼政务服务效能再提升，全年政务服务“好差评”平台累计收到群众评价数258357件，“非常满意”评价258338条，占比99.99%。开展电话回访工作，建立回访台账，将群众评议意见综合反馈给窗口负责人，促进窗口工作作风改进，全年电话回访共计2300件，群众满意率达到99.96%以上。落实“局长窗口坐班制”，要求进驻单位主要领导每月至少1天在窗口带班，体验办事流程，听取办事群众意见建议，全年各窗口单位主要领导现场坐班达300余人次，促进政务服务提质增效。

（黄婧涵）

机关效能建设

【效能督查】 2023年，县效能办围绕事关全县发展大局的中心工作，聚焦“产业发展项目建设提升年”活动和“七比一看”竞赛开展效能综合督查，整合督查资源，对云霄县项目建设、生态环保、乡村振兴、为民办实事、创建全国文明城市等重点工作开展专项督查，促进重点领域提效能。全年开展效能督查51次，发出督查通报11期，效能问责20人，切实推动各项工作落实，不断提高机关工作效能。

【绩效考评】 2023年，县效能办围绕中心工作开展精准考评。围绕富美新云霄建设这一中心目标，根据《2023年度漳州市绩效管理工作方案》要求，全面承接市对县绩效考评任务，从推动高质量发展、深化高标准改革、扩大高水平开放、创造高品质生活、实现高效能治理等方面开展考评，细化责任分工，量化目标任务，并结合云霄县实际发展规划，合理设置县直单位和乡镇（开发区）考评指标，研究制定《2023年云霄县度绩效管理工作方案》；建立长效机制实行常态管理。加强绩效过程动态管理，力保指标稳健运行，对29个市对县指标进行季度跟踪通报，将市效能办通报的指标数据和排名情况反馈给指标责任单位和数据采集单位，督促指标牵头责任单位和数据采集单位积极和市级主管部门沟通，实时掌握自身指标站位，针对薄弱环节立即改进提升，推动全县各项工作向善向好；强化结果运用树牢实绩导向。树立奖优罚劣、注重实绩的鲜明导向，发挥绩效管理“指挥棒”作用，强化绩效考评结果运用，对年度考评成效显著、作出突出贡献的责任单位，在干部选拔使用、评先评优、考核奖励发放金额上予以倾斜支持。根据2022年市对县绩效考评结果组织推荐7个嘉奖名单上报市效能办，进一步表彰先进、提振干部干事创业精气神。

【作风建设】 2023年，效能办联合县纪委监委等单位组成4个督查组，对全县各机关单位不定期开展常态化督查，及时发现查纠一批作风散漫、制度落实不到位的单位和个人。全年对85个机关单位及乡镇开展考勤及作风明查暗访，并点名通报干部职工53名。根据县领导指示要求，对重大会议开展会风会纪监督检查，进一步严肃会场纪律。依托全省行政服务中心远程视频监督系统，对全县行政（便民）服务中心工作人员作风和服务质效进行监督检查。全年通过全省行政服务中心远程视频监督系统开展检查62次，有效监督政务服务中心及便民服务窗口提高服务质效。

（朱育珍）

信访工作

【概况】 2023年，云霄县信访总量1211件，同比下降10.7%；群众对责任单位满意率94.3%，同比上升8.87%；一次性办结率97.42%，排名全市第三（县区）。上报化解国家局和省、市交办的信访积案75件，化解率100%。云霄县信访工作志愿者经验做法得到省委主要领导和省政府分管领导的批示肯定，并拟在全省信访系统推广。

【建立健全评理机制】 2023年，县信访局通过信访评理及时化解矛盾纠纷和信访积案173件次，化解率达到100%，实实在在为群众化“心结”解“难题”，健全信访评理制度机制，有效发挥信访评理功能。

【乡镇（开发区）信访工作联席会议制度完善】 县信访局健全乡镇（开发区）信访工作联席会议制度，进一步提升信访工作合力，构建信访联治、矛盾联调、工作联动格局。2023年，各乡镇召开信访联席会议112次，排查矛盾隐患375件次，研究协调解决重要信访事项95件次、部署督导检查敏感节点信访保障工作74次。

【健全志愿者参与机制】 县信访局健全志愿者参与机制，持续探索“第三方”参与信访事项化解，建立健全信访工作志愿者参与信访事项化解机制，有效推动信访事项化解。2023年，云霄县信访工作志愿者累计参与信访事项化解8件，其中“治重化积”4件，全部签订息访息诉。

（张志新）

重要会议

【政协第十四届云霄县委员会第三次会议】 2023年12月26—28日，政协第十四届云霄县委员会第三次会议在云霄县城举行。实有委员165名，出席会议委员152名，列席会议的人员有：历届县政协正、副主席；居住在云霄的漳州市政协委员；各乡镇党委书记和云霄经济开发区党工委书记；县直有关单位及驻云正科级以上单位主要负责人；台港澳客商代表；不是委员的县政协机关科级干部及驻政协机关纪检监察组正、副组长。会议听取并讨论中共云霄县委书记蓝良木的讲话；审议并通过林意纯主席代表十四届政协常委会所作的工作报告和郭玲副主席所作的提案工作情况报告；补选产生政协第十四届云霄县委员会秘书长1名和常务委员1名；通过《政协第十四届云霄县委员会第三次会议决议》。会议期间，委员们列席县十八届人大三次会议，听取并赞同县政府工作报告，协商讨论县人民法院工作报告、县人民检察院工作报告及其他工作报告。

【历次常委会会议】 2023年，政协第十四届云霄县委员会共召开5次常委会会议。

2023年3月27日上午在县行政办公大楼919室召开十四届常委会第六次会议。会议议程：传达学习贯彻习近平总书记在全国两会期间的重要讲话精神；传达学习全国两会精神、全国政协十四届常委会第一次会议、十三届省政协常委会第二次会议、十四届市政协常委会第六次会议精神；传达学习省委常委会（扩大）会议、市委常委会会议、县委常委会会议精神；协商讨论《县政协2023年工作要点》《县政协2023年主要工作安排》《县政协2023年视察调研课题安排》《县政协2023年重点提案主席督办件安排》《县政协2023年界别、对口协商课题安排》；协商通过有关人事任免。

2023年6月25日上午在县行政办公大楼919室召开十四届常委会第七次会议。会议议程：重温学习习近平在福建考察时的重要讲话精神；传达学习贯彻十四届全国政协新任委员学习研讨班精神；开展“推进贝类种苗繁育，促进乡村振兴”专题议政性协商；开展“公益诉讼检察服务保障乡村振兴工作”专题协商。

2023年9月18日上午在县行政办公大楼919室召开十四届常委会第八次会议。会议议程：传达学习贯彻习近平总书记关于做好新时代党的统一战线工作、加强和改进民族工作的重要思想，以及关于宗教工作的重要论述精神；协商通过有关人事任免；开展“加强普惠托育机构建设，助推增进民生福祉”专题议政性协商；开展“促进文旅深度融合，助推云霄高质量发展”专题协商；开展“做大做强我县核电关联配套产业”专题协商；听取县政府2023年上半年工作情况通报。

2023年12月22日上午在县行政办公大楼919室召开十四届常委会第九次会议。会议议程：传达学习习近平总书记在12月6日党外人士座谈会上的重要讲话精神，中共中央政治局会议和中央经济工作会议主要精神；协商通过有关人事任免；协商通过政协第十四届云霄县委员会第三次会议有关事项；协商通过《政协第十四届云霄县委员会常务委员会工作报告》和《政协第十四届云霄县委员会常务委员会提案工作情况报告》；听取县政府2023年工作情况通报。

2023年12月28日下午在县将军山会议中心召开十四届常委会第十次会议。此次会议是在政协第十四届云霄县委员会第三次会议期间召开，会议议程：听取会议分组讨论情况汇报；确定政协云霄县委员会秘书长和增补常务委员的候选人建议名单；审议通过大会《选举办法（草案）》；审议通过总监票人、监票人、总计票人、计票人建议名单；审议通过县政协十四届三次会议决议（草案）；审议通过提案审查情况报告（草案）。

协商议政

【调研协商】 2023年，县政协完成“推进贝类种苗繁育，促进乡村振兴”和“促进文旅深度融合，助推云霄高质量发展”等5个专题协商，深入开展“引导社会资金参与助学奖教工作”等7个对口协商和“加强校园食品安全监管”等3个点题协商，调研成果得到县委、县政府主要领导的肯定和批示，推动相关工作的落实。

【社情民意反映】 2023年，县政协报送社情民意信息得到市级以上采用29件。其中，被全国政协办公厅采用1件；《建议树立军队老干部李文庆同志为“八闽楷模”》和《云霄县向东渠教育实践基地暨向东渠事迹展示馆”纳入省级有关基地的建议》获得省委领导批示，助推向东渠教育实践基地于2023年4月被省委党校、省行政学院授牌现场教学点。县政协反映社情民意信息工作在全市各县（市、区）排名第二。

履职为民

【助力重点项目建设】 2023年，县政协开展百名干部挂百企活动，组织百名委员视察全县项目建设，协调解决鲜品冷冻公司贷款等问题，加快推进振牌科技等20个挂钩重点项目建设，促进项目提速提效。开展委员大走访活动，组织召开“优化营商环境，助推云霄发展”委员企业家座谈会，密切联系云霄异地商会和在外的市、县政协委员，助力招商引资、新增“四上”。

【为民办实事】 2023年，县政协发出倡议并收到委员捐款“政协博爱基金”10万元。共慰问困难户241户次、6.28万元，举办第五届“魏妈奖学金”颁奖活动，奖学助学72名、12.24万元。开展文明共建，机关干部下沉挂钩村开展环境卫生整治、文明交通劝导、入户宣传等志愿服务活动。

民主监督

【提案督办】 2023年，县政协共审查立案委员提案79件，所有提案均已办结，委员满意率达100%。有重点提案4件，由分管副县长牵头协调，县政协一位副主席及相关委室配合，分别召开重点提案办理协商会，有效提高提案办理质效。其中，重点提案《关于改善城区道路交通问题的建议》的协商督办，有效解决县城区将军大道与翠峰路交叉口处等4处交通问题。

【专项监督】 2023年，县政协开展“提升创城工作质效”专项监督，参与食品安全“你点我检”活动，助力创建全国文明城市和国家食品安全示范城市；组织政协委员参与公众评议活动以及参与司法听证、执法监督、行风评议、法治建设等工作，强化行风监督，促进相关部门转变工作作风、提高服务效能。

团结联谊

【凝聚共识】 2023年，县政协以“赓续传统文化，助力乡村振兴”为主题，充分挖掘“开漳历史文化、乌山革命英雄事迹、向东渠先进事迹”等本土文化资源，赋予新的时代意义，举办“林偕春文化”等政协讲堂系列活动6期，为新云霄建设凝聚共识、汇聚力量；在挂钩村下河乡外龙村举办“学习贯彻新思想，全力助推新发展”文艺汇演1场；举办书画作品展2场、灯谜晚会1场，编印《政协风采》1辑、《松洲学讯》4期、文史资料1期、诗集1期。

【委员服务管理】 设立7个功能型党支部，加强对党员委员的教育引导，推动党员委员更好地团结人、影响人、带动人。落实走访联系委员制度，成立10个“委员联系点”，结合运用“政协乡镇（开发区）联络组”等基层平台，深入了解委员思想动态、企业发展及工作生活等情况，进一步凝聚发展合力。开展委员培训，在全市政协系统中，首创委托县委党校采取课题讲授、现场教学、异地教学相结合的形式，成功举办2期委员履职能力提升培训班，不断提升委员政治素养和履职能力。

菜埔堡简介

菜埔堡位于福建省云霄县火田镇菜埔村，始建于明崇祯年间，其堡身坚固异常，历史上曾多次成功抵御流寇军队的入侵。2013年1月，被福建省人民政府公布为第八批省级保护单位，文物划定保护范围为：环堡墙内、外侧各延伸10米，张士良府周边外延各10米。建设控制地带的界限：自保护范围边界向东延伸40米，向西延伸40米，向南延伸40米，向北延伸40米。

城堡平面近似椭圆，城周约500米，总占地约2.5公顷。堡墙均用坚固的三合土夯筑而成，基厚60厘米左右，高逾5-8米不等，最高处达10米，内侧辟走马道，广布枪眼和瞭望窗；环堡仅设东、西、南、北四门，各门边角突出筑有角楼，兼备马面、谯楼的功用；各堡门内均建土地或城隍庙，东门还附设瓮城；北门曰“拱极门”，门外保留天启五年（1625）的“贞德垂芳”石坊，石结构。由四根抹角方形石柱承惯，石阙顶，脊首雕圆卷状，架以两道平梁。正楼中立“圣旨”字样，左右浮雕太监立像两方，上梁横镌“贞德垂芳”。两侧次楼小平梁上各有人物图案浮雕一方。系为彰扬张士良的祖母朱氏20岁守节奉姑抚子的贞德而建。堡内楼宅相望，住户数百人丁逾千，其布局井然有序，经纬街巷纵横错落，环堡又设通道贯通；水管沟渠通达相连，最后从东门集中排污；堡外则引漳江之水环绕护城，壕宽达10米，仅以各门吊桥供进出，可谓

深濠高墙，望而生畏。该堡规模宏大，规划严谨，坚牢异常，军事防御功能突出。

城堡由曾任宁波知府并在任上积累了丰富实战经验的明末遗臣张士良一手谋划、集合族之力而建，体现了明显的海防规划理念。其沿用了官建城防的风格，深濠高墙，坚固异常，重点突出军事防御的功能，数百年来成功抵御过倭寇、太平军、民国粤军和日伪流寇等多次外敌，在防倭抵寇上有着显著的成效，是研究我省明清海防史的重要实物资料，具有很高的历史价值。

堡内还保存有张士良进士第，为面阔七间的三进式大型官宅府邸，其平面布局和梁架大木均高度保持明末清初始建时的原貌，是第三次全国文物普查新发现的早期民居古建筑，具有非常重要的研究价值。

重要会议

【十四届三次全会】 中国共产党云霄县第十四届纪律检查委员会第三次全体会议于2023年2月9日召开。县委书记蓝良木出席会议并讲话，他强调，要以更高站位强化政治建设；要以更严基调强化正风肃纪；要以更实举措强化基层监督；要以更大力度强化纪律建设；要以更大决心强化标本兼治；要以更强担当健全监督体系。县委常委、县纪委书记、县监委主任叶芳作工作报告，通过报告回顾2022年纪检监察工作，部署2023年任务。坚定不移深化政治监督，全力保障决策部署落地见效；坚定不移深化正风肃纪，积极营造干事创业良好氛围；坚定不移深化系统施治，不断提升“三不腐”综合功效；坚定不移深化基层监督，着力提高基层治理能力；坚定不移深化改革创新，推动完善全面从严治党体系；坚定不移深化自身建设，持续锻造政治过硬、本领高强的纪检监察铁军。

（郭豪华）

主要工作

【党风政风监督】 2023年，制定年度政治监督任务清单，细化10项监督主题，发现问题207个，推动完成整改179个。高效完成省委巡视云霄各项保障工作，协助县委督促各级各部门高质量抓好问题整改，维护巡视权威。积极落实省纪委监委挂钩帮扶工作，“一项目一专班”加强对省纪委监委挂钩帮扶项目全流程监督，问责处理11人。锲而不舍贯彻落实中央八项规定及其实施细则精神，查处违规违纪问题27起43人。深入开展“胡作为、乱作为、不作为”问题、干部作风“五不”问题、“股长做派”“科长天大”作风突出问题专项整治，查处形式主义、官僚主义问题25起41人。开展乡村振兴领域不正之风和腐败问题专项整治，联合县人大开展监督推动乡村振兴专项行动，巩固提升“点题整治”成效，推动解决群众诉求297个，查处群众身边腐败和作风问题25起44人。加强基层监督联系点建设，扎实推进基层小微权力监督平台建设，探索建立定底价、定年限、定程序、定约束条款、全过程监督的“四定一督”工作机制，有关做法得到全国政协副主席蒋作君和省长赵龙、省纪委迟耀云书记批示肯定，获全省改革创新项目申报评选第二名，有关做法在《中国纪检监察报》头版刊发，在《人民日报》党建版头条报道。

（方达新）

【信访举报】 2023年，全县纪检监察机关信访举报部门办理检控类初次举报86件，开展信访公开3场，失实澄清4人。制定《乡镇（开发区）纪（工）委监察组信访举报工作流程（试行）》，为乡镇纪检监察干部“充电赋能”。针对省委巡视十组移送信访举报件，及时做好初次举报件的处置、回复工作，及重复举报件的复查复核等方式的“回头看”工作。通过深化“四访”活动，以开展“强基促稳”专项行动为契机，结合重复举报化解不力专项整治，一体推进减存量、遏增量、防变量，助力做强基层监督。

（朱志燕）

【党风廉政教育】 2023年，立足大宣传格局，讲好云霄全面从严治党故事，《向东！向东！》《建立“四定一督”机制管好“三资”护航乡村振兴》等视频在福建省纪检监察网展播，《奋进开局年—头版图片》《守护“海上森林”》《靶向纠治“三资”管理难题》等文章在《中国纪检监察报》、中国纪检监察网站、福建省纪检监察网等媒体刊发。加强新时代廉洁文化建设，丰富拓展向东渠先进事迹“廉文化”内涵，建设林偕春文化馆，进一步提升廉洁文化渗透力、感染力。紧盯“关键少数”，先后召开全县领导干部警示教育大会、教育系统警示教育大会，开展“五个一”警示教育月活动，编写《农村党员干部违纪违法典型案例汇编》，督促镇村干部深化以案为鉴、以案促改，教育引导党员干部明底线、知敬畏。2023年，共组织全县党员干部开展警示教育1267批次41757人次。

（蔡毓宁）

【审查调查】 2023年，云霄县纪检监察机关坚持有贪必肃、有腐必反，深化整治权力集中、资金密集、资源富集等重点领域腐败问题。全县纪检监察机关共立案77件91人，其中科级干部15人，办理留置案件4人。精准妥善运用监督执纪“四种形态”批评教育帮助和处理416人次，其中，运用第一种形态批评教育帮助331人次，占总人次的79.6%；运用第二种形态处理62人次，占总人次的14.9%；运用第三种形态处理7人次，占总人次的1.7%；运用第四种形态处理16人次，占总人次的3.9%，其中涉嫌职务犯罪移送检察机关的2人。深入落实“一案双查三改四同步”工作机制，制发纪检监察建议书5份，督促职能部门加强建章立制，强化对权力运行的制约和监督，从源头遏制腐败行为。

（朱毅宗）

【机构与队伍建设】 2023年，牢牢把握学习贯彻党的二十大精神这一主线，严肃认真开展学习贯彻习近平新时代中国特色社会主义思想主题教育和纪检监察干部队伍教育整顿，严格落实“第一议题”制度，建立“党支部+室组地”联动学习模式和每周一“早间课堂”理论学习制度，开展“三重三走”活动，强化党性教育、纪律教育、警示教育，引领全县纪检监察干部切实以习近平新时代中国特色社会主义思想凝心铸魂。完成监察官等级首次确定工作，完成县巡察工作保障中心设立及人员配备。开展“师徒帮带”“送教下乡”，分层级开展全员培训，共举办专题培训班和送教下乡5期，490人次参训，提升系统干部政治素养和业务本领。健全完善巡察工作流程指引、监督路径指引、审查调查标准化指引等一批内部管理制度，不断提高规范化法治化正规化建设水平，干部队伍得到净化，队伍活力持续焕发。

（吴国鑫）

群众团体

云霄县总工会

【劳模工作】 2023年，云霄县总工会筹集4.99万元经费，组织67位省、市劳模开展健康体检活动；筹集6万元经费，开展劳模节日慰问活动，慰问劳模68人次；落实2023年度退休劳模津补贴发放及困难劳模补助工作，发放津补贴15.7万元，补助省市级困难劳模5.92万元；组织12位劳模参加省、市级疗休养活动，组织部分劳模到中核国电漳州能源有限公司开展参观学习活动；开展福建省"劳模工匠（名师）进校园系列活动——走进云霄一中""党的二十大精神老劳模宣讲报告会"活动，激励青年学子砥砺爱国之志，让"劳动最光荣、劳动最崇高、劳动最伟大、劳动最美丽"的时代精神在校园蔚然成风。

【维权维稳】 2023年，云霄县总工会、县法院、人社局、司法局联合建设的共享职工之家法律服务一体化基地，累计成功调解劳动争议案件231起，于4月获评2022年度"园区枫桥"机制建设优秀单位，成为漳州市唯一入选单位。举办普法活动及安全生产进企业活动，发放普法及安全生产宣传手册近4000份；"工资集体协商集中要约行动月"活动，覆盖全县196家企业、24020名职工，促进劳资双方的直接对话协商，构建和谐劳动关系。

【品牌服务】 2023年，云霄县总工会"春送岗位"，协助企业开展线下招聘11次，开展线上招聘5次，招工近700人；"夏送清凉"，走访企业54家，慰问高温作业一线职工近一万人次，送去防暑降温慰问物品折合人民币24.25万元；"金秋助学"，发放助学金3.8万元，资助困难职工子女11名；"冬送温暖"，筹集资金28.22万元，走访慰问职工1308人次。

【惠工活动】 2023年，"两节"期间，云霄县总工会为13家新就业形态企业的350名职工，送去价值4.05万元的防疫健康包与生活物资；开展新就业形态劳动者"微心愿"发放活动，为货车司机、快递员、护理员等60名劳动者实现"微心愿"，送去价值近3万元的电饭煲；安排1万元资金慰问课后服务一线教职工，为全县快递行业职工缴交医疗互助金，补助非公企业农民工每人50元参保费；发动全县144家单位12185人参加医疗互助，年度发放医疗补助101.62万元，惠及532名职工；组织55位青年干部职工开展单身青年交友活动，为单身青年职工搭建交友平台，促成9对嘉宾牵手成功；筹集90.34万元资金，组织开展职工疗休养活动13期，惠及499名一线职工。

【技能竞赛】 2023年，云霄县总工会激发广大职工创造活力、创新动力，组织开展"小发明、小革新、小改造、小设计、小建议"创新大赛，共取得技术革新、发明创造63项，取得1个省级一等奖、1个省级二等奖、4个省级三等奖、1个市级二等奖、6个市级三等奖的好成绩。

【文体活动】 2023年，云霄县总工会联合有关部门举办“深入贯彻党的二十大，勇毅奋进新征程”元宵灯谜晚会、“学习二十大，建功新时代”女职工优秀诵读作品征集活动、云霄县“工会杯”第二届篮球邀请赛、“玫瑰书香”女职工阅读活动；组织参加2023年漳台职工乒乓球友谊赛，云霄县代表队获得混合团体项目第三名、男子单打项目第三名、第四名的喜人成绩。通过各类文体活动，发扬职工团结协作、敢于拼搏、积极向上的精神，激发广大职工群众“争优、争先、争效”的斗志。

【阵地建设】 2023年，云霄县总工会提质保量，完成3个为民办实事项目建设，投入12万元建设2家户外劳动者休息驿站、1个“妈妈小屋”；建好做强服务职工阵地，筹备实施工人文化宫二次装修工程。

（汤进权、方剑雯）

共青团云霄县委员会

【概况】 2023年，共青团云霄县委员会（以下简称云霄团县委）坚持围绕中心、服务大局，以中长期青年发展规划全国试点县建设为抓手，以县域共青团改革为契机，组织推选各领域优秀青年荣获全国第十一届母亲河奖“绿色卫士奖”1个、全国五四红旗团支部1个，全国红领巾中队2个、福建省五四青年奖章个人1个、漳州市十大网络公益项目2个、十大“漳州好网民”1个、漳州青年五四奖章集体2个、漳州青年五四奖章个人2人、漳州市优秀共青团员3个、漳州市优秀共青团干部3个、漳州市五四红旗团支部3个、漳州市五四红旗团委2个。“2023年度优秀电商企业”9个，1家电商企业入围福建赛区十强。

【青少年思想道德建设】 2023年4月3日，云霄团县委联合基层团委，组织76名团员青年、青年志愿者走进向东渠教育实践基地，开展“礼赞向东渠，建功新云霄”青少年红色研学活动。4月4日，组织220名少先队员前往献宝山烈士墓开展“清明祭英烈”少先队主题活动。6月18日，牵头举办云霄汉唐服饰秀活动，共吸引全省355名青年汉服爱好者到场参与，同时拍摄《穿最美汉服，赴仙子之约》及“琴棋书画花茶”六仙子主题宣传片，引领青少年弘扬传统文化。6月30日，在七一建党节来临之际，在上河小学举行“青春永向党，童心颂党恩”主题党日活动，并为46名少先队员举行结业仪式。8月14日，组织92名返乡大学生、高中毕业生等青年学子开展“拒绝电诈 从我做起”青少年反诈主题宣传教育观影活动。10月14日，组织12名企业青年走进火田镇白石村开展“党建带团建，结对促振兴”文化活动。11月24日，举办“学向东 建新功”全县团员和青年主题教育推进会暨优秀青年分享会，组织乡镇、机关、学校、青年商会、美团骑手等各领域团员青年共102人前往向东渠教育实践基地开展现场教学，邀请6位青年讲师团成员讲述个人故事，做好青年榜样。

【青年志愿者活动】 2023年1月19—20日，云霄团县委组织9名志愿者先后前往下河乡、和平乡、火田镇等乡镇走访慰问14户服刑人员家庭。寒假期间，组织8名志愿者前往江滨路、漳江岸边、人民公园边、新体育场等地多次开展文明创城活动；分别组织两批志愿者共15名志愿者前往五板桥汽车站、云霄动车站开展志愿服务；组织18名志愿者前往东厦镇荷西村参加全县文化“三下乡”公益活动。3月5日，组织21名志愿者前往南湖公园开展环保志愿服务活动；组织9名志愿者前往云霄县经济开发区树洞村幸福园、老人活动中心开展垃圾清扫、义诊服务活动；组织14名志愿者前往望安社区为52名学生开展“爱心敲敲门”近邻党建共建暨“学雷锋 送温暖 ”志愿服务活动。7月10—21日，云霄团县委组织14名返乡青年志愿者前往佳兜村对22名学生开展支教活动。10月13日，以国际减灾日为契机，组织8名志愿者，1名宣讲老师前往元光小学开展“防灾减灾·安全童行”国际减灾日主题教育活动，共有42名学生参加此次活动。12月1日，组织11名志愿者前往县人民公园开展“交通安全宣传月”主题宣传活动，现场共发放宣传手册300余份。

【关爱重点青少年群体】 2023年，云霄团县委采用“社工＋团干＋社会组织＋志愿者”联动模式，提供全县1100多名农村留守儿童心理抚慰、学业辅导以及亲情陪伴等服务12000人次，发放文具、牛奶等物资40000元。春节期间，前往和平乡、青年人才驿站、云陵镇等地开展慰问活动，共走访慰问38户儿童。8月4—13日，组织45名志愿者前往竹塔学校开展“向阳”乡村公益夏令营，61名学生参与此次活动。

【预防青少年违法犯罪】 2023年2月17日，云霄团县委前往将军山学校开展“开学第一课·法治进校园”宣传教育活动，现场发放《中华人民共和国民法典》《福建省志愿服务条例》《禁毒宣传》《防家暴宣传》《创建平安家庭》等读物200多份，共有162名师生参加。3月14日，组织东厦镇团委前往东厦中心小学开展“小手拉大手，共筑平安家”禁毒宣传活动，共有58名家长代表、学生代表参加。5月18日，联合云霄县检察院、司法局、文体旅局等部门前往常山中心小学举办“民法典进校园”普法宣传教育讲座，共有32名师生参加。

【青年就业创业指导服务】 2023年2月2日下午，云霄团县委在新华书店举办“情系家乡，云青雁归”云霄籍返乡学子交流座谈会，共有52名学生参加。云霄团县委分别于4月19日、5月26日、8月17日、11月19日在佳洲村、下河村等地累计举办“新农人”素质提升培训班4场，线下培训新农人282人。5月4日，协助召开云霄县青年商会成立大会暨云霄青年创业就业交流会，汇聚全县36个行业212名初创、成创青年。暑假期间，组织大学生前往莆中村、�树村、坡兜村、佳兜村等地开展大学生实习“扬帆计划”，与县委人才办等部门制定“扬帆计划”激励保障措施，吸引664名大学生到云霄实习实践，其中“双一流”学子107名，一家青年企业获评省大学生实习实践基地，“党建引领青年人才就业创业”项目成功入选福建青年创业就业案例。7月27—30日，组织16名青年企业家赴深圳7家企业开展交流共建暨招商推介活动。9月24日，联合县工信局、县工商联等部门召开“云霄县青年民营企业家交流会”，共有31名企业家参加。

【少先队工作】 2023年，云霄团县委于清明期间联合教育局等部门组织220名少先队员前往献宝山烈士墓开展“清明祭英烈”少先队主题活动。4月18日，联合县委文明办、县少工委等单位到云霄县实验小学开展“学习二十大，争做新时代文明好队员”云霄县少先队主题活动暨少先队骨干辅导员培训，180余名师生参加。5月29日，组织2名返乡创业青年前往上河村小学开展“共青团爱心生日会”，向在校58名学生赠送书籍、文具等六一礼包。5月30日，前往马铺中心小学开展“学习二十大·童心永向党”庆六一文艺会演，共有200多名少先队员参加。6月30日，前往上河小学举行“青春永向党，童心颂党恩”主题党日活动，为50名上河小学的学生举办结业仪式。

云霄县妇女联合会

【概况】 2023年，云霄县妇联学习贯彻党的二十大关于深化群团组织改革和建设的部署要求，围绕“巾帼心向党 奋进新征程”主题，实施“妇联组织提质扩面行动”“乡村振兴巾帼行动”等系列行动。推进在女性集中的新领域、行业系统建立妇联组织10个，设置妇女微家62个。开展“寻找最美基层妇联执委”，罗凤兰荣获福建省妇联“最美基层妇联执委”称号。组织参加2023年漳州市基层妇联“破难争优 逐梦芳华”特色项目展评活动，云霄县妇联荣获优秀组织奖，“巧娘班”助力乡村振兴项目荣获三等奖。持续推进“好厝边”巾帼志愿服务助力乡村振兴行动，按照“队伍有形化、阵地有形化、项目有形化”要求，带动妇女群众参与文明创建、乡村振兴、社会治理等，激发巾帼志愿者积极性和创造性，团结动员广大妇女群众为推动云霄高质量发展作出更大贡献。

【“三八”国际劳动妇女节纪念活动】 2023年“三八”国际劳动妇女节期间，云霄县妇联举行2023年“三八”国际妇女节113周年庆祝大会暨“礼赞向东渠、建功新云霄”大宣讲活动。其间还开展“志愿服务送关爱 文明实践树新风”新时代文明实践志愿服务、“巾帼暖人心·法爱润万家””普法宣传、三八维权月宣传等系列活动。

【促进妇女儿童身心健康】 2023年，云霄县妇联在妇女儿童活动中心举办女性创业就业、女性健康知识、声乐素养、舞蹈、书画等促进妇女儿童身心健康的活动，1720人次参加。家长学校和亲子馆等平台举办家庭教育公益讲堂4期、亲子主题活动5场，600多名家长儿童受益。

【维护妇女儿童权益】 2023年，云霄县各级妇女组织利用“三八”维权月、“六一”国际儿童节、“宪法宣传周”，宣传妇女儿童权益保护法律法规。全年全县妇联系统举办法律知识讲座12期，开展法律义务咨询活动13场次，受益群众5328人次。接待来访4件，8人次，来电3人次，信访处理率100%。

【各类家庭典型评选】 2023年，云霄县妇联以“激扬家国情，奋斗新征程”为主题，在全县范围内积极开展最美家庭、绿色家庭寻找活动。方利宾家庭被评为2023年全国最美家庭，汤瑜家庭被评为2023年福建省最美家庭，麦剑斌家庭被评为2023年福建省绿色家庭。20户家庭被评为2023年云霄县最美家庭，20户家庭被评为2023年云霄县绿色家庭。

【“巾帼建功”活动】 2023年，漳州绿州农业发展股份有限公司被全国妇联命名为2023年度“全国巾帼现代农业科技示范基地”。云霄县行政服务中心管委会、云霄县疾病预防控制中心检验股被省妇联命名为2023年福建省巾帼文明岗。

【“美丽庭院”创建】 2023年，云霄县妇联积极参与人居环境整治，开展“美丽庭院”创建活动，引导广大妇女和家庭走具有云霄特色的乡村振兴之路，以“庭院小美”助力“乡村大美”，全县创建省级美丽庭院90户，培育县级美丽庭院280户。

（吴素霞、蔡敏芳、林丽敏）

云霄县红十字会

【人道救助】 2023年1月，云霄县红十字会开展“博爱送万家”活动，发放新春慰问金12.72万元，受益群众245户。开展县级大病救助活动，发放救助金5.5万元，受益群众28人次。落实中国红十字基金会天使系列项目，协助7名白血病患儿获得21万元的小天使基金救助。

【为民办实事项目】 2023年，云霄县红十字会联合卫健局等十部门实施的“十四五”公共场所配置AED（自动体外除颤仪）+群众性应急救护公益培训项目列入为民办实事计划项目。2023年，在全县公共场所配置AED15台，培训红十字救护员1656名。

【应急救护知识普及】 2023年，云霄县红十字会举办各类应急救护知识普及进学校、进社区、进机关、进企业讲座12场，参加人数1500余人。

【造血干细胞捐献】 2023年8月21日，云霄县红十字会工作人员陪同云霄青年黄汉志在福建医科大学附属协和医院成功捐献造血干细胞，成为云霄县第三例造血干细胞捐献者。

【组织建设】 2023年成立云霄职业技术学校红十字会。截至2023年底，全县基层组织33个，其中村（社区）红十字会10个，中小学红十字会20个，企业红十字会3个；团体会员单位20个。

【“99公益日”网络筹资】 2023年，云霄县红十字会开展“99公益日”网络筹资活动，捐款人次6559人次，全市排名第6；捐款总额139555.24元，全市排名第7；增加额50268.5元，全市排名第4。

（方淑芬）

云霄县工商业联合会

【思想政治建设】 2023年，云霄县工商业联合会（以下简称云霄县工商联）开展学习习近平新时代中国特色社会主义思想主题教育活动。选送3名企业家参加市工商联组织的民营经济人士理想信念培训班；深入调查研究，形成《关于加强年轻一代民营企业家的教育培养》调研报告；组织会员企业参加由上级工商联组织的“变局下企业的战略选择”等线上培训共50人次参加；召开县工商联（总商会）主题教育理论学习会暨十二届二次常委会、执委会、“构建亲清

政商关系 营造良好营商环境”专题会，不断巩固同心同行的思想政治基础。

【组织建设】 2023年，云霄县工商联联合团县委带领广大青年企业家，打造“交流合作、资源共享、团结互助、共谋发展”的商会平台，于5月4日成立云霄县青年商会，林斯政当选为第一届理事会会长。县工商联加强商会党建引领，于10月30日成立云霄县陈岱镇商会兼合式党支部。11月9日，翔安区委统战部副部长、区工商联党组书记、常务副主席许明丽带领企业家考察团到云霄开展对口帮扶考察活动，云霄县工商联（总商会）与翔安区工商联（总商会）签订友好工商联（商会）协议，为双方民营企业考察、投资、业务洽谈等经贸活动牵线搭桥、提供服务，促进产业互补、信息共享、合作共赢。

【参政议政】 2023年，云霄县两会期间，林典奇作为工商联代表作《落实“两个毫不动摇”，大力支持民营经济发展壮大》的发言，为畅通政企沟通渠道，构建亲清政商关系建言献策。

【助力经济发展】 2023年，云霄县工商联加强与异地云霄商会和企业的走访交流，先后走访成都市漳州商会、重庆市漳州商会中的云霄籍企业家，走访长三角云霄商会、北京云霄企业商会、泉州市云霄商会、福州市云霄商会，深圳市福建云霄商会、南宁漳州商会等。协助县委县政府赴上海、北京、泉州等地举办“云霄黄观音”推介品鉴会，统筹推进“云霄黄观音”茶产业高质量发展，为云霄县乡村振兴增添强大动力。协助举办云霄县“乡贤回归”福州招商推介会，借助商会平台，倾听商声商智，凝聚乡贤力量，助力家乡乡村振兴事业，共同为云霄民营经济高质量发展出谋献策。

【社会公益】 2023年，云霄县工商联继续展现责任担当，弘扬推进光彩事业。组织所属商会开展走访慰问活动，共慰问生活困难群众151户，累计慰问金额11.62万元；开展金秋奖教奖学助学，累计慰问金额64.94万元。

（方少英）

云霄县归国华侨联合会

【基层组织建设】 2023年5月，云霄县侨胞之家举行授牌仪式，云霄县委常委、统战部战长肖华顺出席活动并为“侨胞之家”授牌。12月，陈岱镇竹港村第一次归侨侨眷代表大会召开，选举产生陈岱镇竹港村第一届侨联会主席、副主席、委员等。

【经济服务】 2023年2月底，云霄县侨联与云陵开发区一行拜访菲律宾漳州总商会、菲律宾漳州同乡会理事长，为云霄县纳入中菲“两国双园”拓展区发挥作用，积极服务相关部门、企业、海外社团及海外客商，推介云霄县特色产品。2023年4月，云霄县委常委、统战部部长肖华顺会见澳大利亚云霄同乡会会长、太平绅士吴佐龙，云霄县统战部副部长、侨办主任方志伟、云霄侨联主席高健参加会见。希望澳大利亚云霄同乡会继续关注和支持家乡的发展，发挥人才、资金优势，帮助宣传云霄、推介云霄，推动更多乡贤回云投资兴业、合作交流。

【公益活动】 2023年，云霄县侨联发放生活困难归侨侨眷补助、省贫困侨救助金3.12万元，13户困难归侨侨眷受益。春节期间走访发放慰问金，20户困难归侨侨眷、3名基层干部受益。5月，菲律宾中国洪门致公党总部捐款11万元用于云霄县文物修缮。

【侨界人才】 侨眷企业家海之味副总经理陈雄英被聘请为漳州市侨联青年委员会第三届副会长。

【侨益维护】 2023年，云霄县侨联共协调解决侨界群众来信来访2件次，推动各项权益保障和改善民生政策落实。12月，协助新加坡华侨张文威寻根谒祖。

（张丽娟）

云霄县台湾同胞联谊会

【开漳圣王诞辰1366周年民俗文化节举办】 2023年，云霄县台联协助“燕翼宫”“威惠庙”等庙宇举办开漳圣王诞辰1366周年民俗文化节，加大对两岸宗亲祖地文化和民俗文化的宣传和推介力度。

举办“相约七夕、两岸一家亲”专场音乐会，邀请10名台湾音乐人士参加，推动两岸交流形成合力，促进两岸同胞心灵契合。

【台胞服务】 2023年，云霄县台联坚持以“培植两岸共同利益，融洽两岸同胞感情”为宗旨，着力为广大台胞办实事、做好事、解难题。主动为定居台胞向上争取生活困难补助、大病慰问资金、老龄台胞生活补助，老台胞慰问金，共计46人次，累计慰问资金10.9万元。为3户定居困难台胞（低保、特困）申请到中央统战部、全国台联困难补助资金共计9000元。关心台胞子女，做好二代、三代台胞工作，为4名台胞开具台籍子女证明，办理相关手续，为台籍青年在入学、政策加分等方面提供帮助。设立“同心联络处”，为定居台胞畅通交往交流交融提供平台。以成立联络处为契机，扩大对台交流交往范围，实现台联与联络处的优势互补，强化在云台胞之间有效沟通，更好地为云霄县台胞提供服务。

（姚骏杰）

云霄县文学艺术界联合会

【概况】 2023年，云霄县文学艺术界联合会（以下简称云霄县文联）全面完成所有下属14个协会换届工作，选举产生各协会新一届理事会和主席团。文联及各文艺家协会通过自身资源优势，整合资源、搭建平台、合力攻坚，以实际举措推动文艺人才培养，致力培养文艺新人，努力让优秀人才脱颖而出。作协会员方慧颖加入中国作协；3名会员加入市作协；1名会员加入省作协。美协会员朱炜明加入中国美术家协会；3名会员加入福建省美术家协会；8名会员加入市美术家协会。截至2023年底，云霄县文联所属文艺家协会会员近2000人，其中省级会员239人，国家级会员61人，在各类比赛和展演中屡获殊荣。

【文艺活动】 2023年，云霄县文联组织协会积极参加“礼赞向东渠、建功新云霄”系列文化活动、“尊效林偕春、培树新风尚”文化推广活动、“江山如此多娇，醉美漫步云霄”2023年云霄县文旅推介大会等文艺活动，并在第十五届海峡论坛暨第九届海峡两岸（福建云霄）开漳圣王文化节活动中承办两岸三地书画展、汉唐服饰秀、两岸青年音乐会3个主要活动，营造浓厚宣传氛围，取得良好社会效益；举办首届福建少儿美术展出季漳州地区作品展、“静水流深——漳江画院二十周年美术作品展暨福建省新时代特色文艺示范基地作品展”（泉州站）、在福州“乡贤回归”招商推介会上演文旅情景短剧与歌曲《穿越云霄》《漫步云霄》《云霄味》《新新云霄》，组织联办“渠水有声”向东渠精神之光美术书法展，生动还原20世纪70年代云霄干群劈山跨海造“长河”的水利史诗，彰显向渠先进事迹“勇于担当、团结协作、攻坚克难、开拓创新”的丰富内涵和珍贵品质，以文艺形式展现云霄丰富的人文底蕴，对外讲好云霄故事。

【创作成果】 2023年，云霄县文联凝心聚力抓创作，多措并举出精品，文艺成果收获丰硕。如：书协会员方镒作品入展首届“书家翰墨杯”比赛并获得铜奖；美协会员吴奕扬作品入选第七届福建省迎春画展并获优秀奖；舞协编排原创舞蹈剧目《出花园》《一起向未来》；音协创作创主题曲《文明伴我行》《开漳古郡一幅画》《这是咱兜》等歌曲；剧协创排《开漳序曲》《林偕春》《乌山魂》《向东渠》等4个主题节目，创作大型情景剧《渠水欢歌》《太史礼赞》《向东向东》《开漳圣王》《在希望的田野上》等；影视家协会与云霄融媒深度合作，创作介绍开漳历史文化的专题系列短片《古郡圣踪》节目。

【采风交流】 2023年，云霄县文联用开放和发展的态势，通过组织协会会员参加各种展览，进行文学集体创作、采风等方式，加强会员之间的交流与合作。11月，组织文艺家前往南靖土楼开展“践三争，创精品”文艺采风创作活动，增强文联凝聚力，营造团结协作的良好氛围。

【服务基层】 2023年，云霄县文联坚持以人民为中心的工作导向，开展文化惠民工作，全年共举办“两岸同心 共享非遗”威惠文化圩日活动等线上线下群众文艺活动14场。同时加强文艺志愿服务，持续深化“百位文艺志愿者挂百村”活动，延伸拓展“百位书画家挂百校”“百支舞队同起舞”“百首歌曲传唱百村”等活动。

（何建新）

云霄县残疾人联合会

【概况】 2023年，云霄县各类持证残疾人9665人，约占全县总人口的2.3%。其中，农村残疾人8509人，重度残疾人6598人，0—6周岁残疾儿童65人，义务教育阶段残疾人382人，就业年龄段残疾人4731人，纳入监测的易返贫致贫户（建档立卡脱贫人口）残疾人对象1141人，农村低保户2906人。

【残疾人社会保障】 2023年，县残联聚焦残疾人急难愁盼问题，着力织密织牢到底到边、分层分类的残疾人基本民生保障网。加强对已消除返贫致贫风险的1124名残疾人跟踪帮扶，完善困难残疾人分层分类救助工作，3292名残疾人纳入低保，261名残疾人得到特困人员救助供养。落实残疾人“两项补贴”动态调整提标，审核残疾人两补137322人次1558.1万元，发放一户多残家庭生活补贴87户9.28万元。落实重度困难残疾人基本医社保政府代缴和非重度困难残疾人基本医社保补贴制度，残疾人基本医疗保险和基本养老保险参保率均达98%以上；落实为残疾人购买意外伤害保险政策，投入27.6万元，惠及残疾人9538人；扶持残疾人居家托养257人51.4万元。

【残疾人就业创业】 2023年，县残联持续实施《促进残疾人就业三年行动方案（2022—2024年）》。全力稳工稳产促就业，全年共发放各类就业奖补资金81万元，推动城镇、农村残疾人新增就业293人，扶持农村困难残疾人就业创业74人，完成年度目标任务数100%。紧盯残疾人就业需求，培训残疾人职业技能160人次，组织残疾人参加省第七届残疾人职业技能竞赛，斩获电子竞技第一名、国画优秀奖。

【残疾人康复服务】 2023年，云霄县残联贯彻落实《残疾预防和残疾人康复条例》，在创新驱动上用力气，在精准服务上见成效。提升精准康复服务水平，全年有6285名残疾人得到基本康复服务，327名残疾人得到辅助器具适配服务，基本康复服务率、辅具适配服务率均保持100%。发放0—17岁儿童康复训练救助175人197.88万元、辅具适配补贴124人次19.94万元。做好残疾儿童康复救助协议管理机构等级评定工作，进一步推动康复机构规范化、标准化建设。

【残疾人公共服务】 2023年，云霄县残联围绕保障残疾人基本权益，改进残疾人公共服务，提升残疾人生活品质。落实从学前教育、义务教育到非义务教育阶段的全过程助学帮扶。投入80.7万元，扶持残疾学生382名。持续做好市残疾人体育训练基地工作，在省第九届残疾人运动会暨第七届特殊奥林匹克运动会，斩获4枚金牌、7枚银牌、5枚铜牌；在德国柏林第十六届世界夏季特奥会，斩获4×50米男女混合自由泳接力赛银牌。投入48.6万元“整镇推进”对118户残疾人家庭实施无障碍改造，完成率107%。结合“八五”普法行动，组织公共无障碍环境建设督导，提高城市无障碍建设水平。及时办理“12345”效能热线诉求件，积极配合县人大开展工作调研。

（张惜美）

云霄县科学技术协会

【概况】 2023年，云霄县科协完善杨桃科技小院建设，邀请专家到云霄开展科学技术交流。在科技工作者日、全国科普日等重大时间节点开展科普志愿服务活动。发展青少年科技教育，指导青少年参赛事宜。

【科技小院建设】 2023年，云霄县科协对杨桃科技小院办公场所及小院人才驿站进行改造升级，提升小院的整体形象。加强与福建农林大学联姻合作，邀请小院专家赴云霄杨桃科技小院开展公益培训2场。邀请央视融媒体助农项目“乡村服务社”现场直播科技小院的运转情况和取得的成效。2023年全国科技小院现场观摩会在漳州召开，杨桃科技小院在会上作典型发言。省委书记周祖翼在云霄调研时，调研了杨桃科技小院。

【科技志愿服务】 2023年，云

霄县科协组织科技志愿者、学会专家，先后到白石茶厂、绿州农业、粤海饲料、达长盛等企业开展科技志愿服务活动。邀请省食品学会、福州大学、闽南师范大学及漳大的教授专家到云霄食品企业开展技术对接和科技志愿服务活动。加强与福建省产业顾问组专家合作交流，邀请省产业顾问组到云霄杨桃、枇杷及释迦果园等现场开展技术帮扶，并举办座谈交流2场。开展新型职业农民科普培训活动2场次。

【科普宣传】 2023年，云霄县科协在全国科技工作者日、“全国科普日”举办书法作品展、科普文艺会演、核知识科普讲座、果树优新品种推介、科技大讲坛等线上线下系列科普服务活动。在学雷锋日、防灾减灾日等重要时间节点开展各类科普宣传活动10多场，发放宣传书籍1500多本，科普宣传品2000多件。全年开展新时代文明实践活动33场。

【青少年科技教育】 2023年，云霄县科协在云霄一中分校举办漳州市第四届人工智能与机器人挑战赛云霄县赛事指导老师技能培训，并为云霄一中分校青少年科学工作室授牌。开展人工智能机器人科普进校园活动走进云霄实小。组织学生参加2023世界机器人大赛，云霄学生包揽“九宫（IER）智能挑战赛”项目，中小学组双项冠军；组织学生参加省青少年机器人竞赛，云霄学生包揽综合技能项目高中、初中和小学组三项冠军。

（吕淑莲）

云霄县计划生育协会

【宣传教育】 2023年，云霄县计生协会以宣传贯彻落实《中共中央 国务院关于优化生育政策促进人口长期均衡发展的决定》为主题开展宣传服务活动，全县各级计生协会也以“5·29”会员活动日为契机开展宣传服务活动，全年累计开展各类宣传服务活动110场次，服务群众近8000人，发放各类宣传材料10000份，宣传三孩政策、婚育新风和科学育儿等知识。

【生殖健康咨询服务】 2023年，云霄县计生协会针对青少年特殊的青春期心理、生理特点在云霄职业技术学校等6个青春健康教育基地举办系列科普知识讲座，开展生殖健康教育、青春健康家长“沟通之道”、青少年“成长之道”、青少年同伴教育等各种宣传教育活动12场次，共1500多名学生受到教育。

【优生优育指导】 2023年5月，云霄县计生协会组织县优生优育指导组专家深入10个乡镇（开发区）巡回开展“儿童早期发展知识”专题培训活动，累计培训镇村计生协会小组长500名以上，培训0～3岁婴幼儿家长300名以上。在云霄县10个乡镇（开发区）实施“关爱新生命——婴幼儿营养改善计划”，在各级协会干部、女组长的共同努力下，该项目覆盖的村（社区）不断增多、发展态势良好。全年云霄县全额资助数1984罐，差额资助数7591罐，减轻群众经济负担近115万元，有效改善云霄县贫困家庭0—3岁婴幼儿营养状况，减轻经济困难家庭哺育子女负担。

【组织建设】 2023年5月19日，县计生协会顺利召开云霄县计划生育协会第六次会员代表大会，市计生协会会长黄浦江、县委书记蓝良木出席大会并讲话。大会102位会员代表听取并审议县计生协会第五届理事会工作报告，会议选举产生新一届的理事会理事和领导班子，为推动云霄县计生协各项工作顺利开展打下坚实的基础。

（吴秀娟）

外事工作

【开展民间外交工作情况】 2023年11月4—5日，25家海外华文媒体代表参与“行走中国·第六届海外华文媒体漳州行”活动，到云霄县潮剧传承保护中心观看潮剧表演，体验潮剧风华，领略非遗魅力，感受云霄深厚人文底蕴和经济发展成果；观摩中核云霄陈岱5万千瓦渔光互补项目，感受当地的发展新风貌；参观云霄县向东渠纪念馆，见证当年向东渠建设的激情岁月和艰苦奋斗的创业精神。11月14日，对接新加坡驻厦门总领事庄志嘉到云霄参观考察渔光互补项目、漳江口红树林、片仔癀体验馆活动，助力云霄县与新加坡开展友好交流和经贸合作。

【对外交流工作情况】 2023年7月2日，云霄县成功与菲律宾阿尔拜省塔巴科市签署缔结友好交流关系备忘录，此次缔结友好交流城市，是两地深化合作关系、拓宽合作层次、丰富合作交流内容的新起点。自觉坚持党中央集中统一领导，强化党领导对外工作的体制机制；胸怀大局、协同配合，不折不扣贯彻落实党中央对外工作决策部署。优化外国人来华邀请核实单审批程序，帮助企业“请进来”；2023年办理邀请核实单16张，邀请外国人16批次35人次；推动来自伊拉克、伊朗、利比亚等国家的商务人员到云霄对接商洽，深化对外经贸交流合作。

【规范管理因公出国（境）】 2023年，云霄县外办结合自身工作职责，强化“1+X”专项督查，年初即制定“1+X”专项督查工作方案，成立专项督查领导小组，每季度至少开展一次专项督查并建立常态化督查台账，对出访团组和人员的监督检查形成长效工作机制，及时发现、纠正、防范违纪违规问题的发生；2023年共组织开展“1+X”专项督查4次，督查单位16个。谋划2024年度因公出国（境）计划，推动县区招商引资工作提质增效。

【强化APEC商务旅行卡管理与服务】 2023年，云霄县外办优化APEC（亚太会组织）商务旅行卡管理与服务工作，畅通企业“走出去”“请进来”渠道，积极为企业申办APEC商务旅行卡，为企业“走出去”提供便利条件，助力企业适时抓住商机，促进区域经济合作和招商引资提质增效，实现互利共赢。2023年共办理APEC商务旅行卡7批次11人。

（林晓莲）

侨务工作

【服务网络延伸】 2023年，推动构建“县—镇—村”三级侨务基础组织体系，在“统战委员+统战专干+侨务联络员”的基础上，开展“侨务工作三个一”（每周一会商、每月一走访、每季一汇总）活动，成功推动菲律宾塔巴科市与云霄县缔结友好交流城市，相继成立云霄县列屿镇城内片区侨联会、云霄县陈岱镇礁美村侨联会，深入推动侨乡村史馆建设，实现10个乡镇（开发区）“侨法宣传角”全覆盖。推选的云霄县政协常委、侨联副主席、农学会副会长、福建有坑生态茶业有限公司董事长张扬锋获评“全国归侨侨眷先进个人”。

【巩固文化阵地】 2023年，持续挖掘和整合云霄县开漳圣王祖地文化资源，着力发挥开漳圣王文化祖地的独特对外交流优势，以“根系开漳情、福泽两岸亲”为主题，成功举办第十五届海峡论坛·第九届海峡两岸（福建云霄）开漳圣王文化节，邀请100余名海内外侨胞参加。针对东南亚洪门文化传播特点，联合县文保中心、档案局等部门，对云霄县高溪庙、观音亭等“天地会创立地”旧址进行系统性修复，积极邀请海外洪门致公党团体到云霄参观交流、寻根谒祖。2023年5月，菲律宾中国洪门致公党总部组团赴云霄县开展访问交流活动，现场募捐人民币11万元用于云霄县文物修缮。

台港澳事务

【交流基地建设】 2023年1月，中央台办、国台办批准在“福建漳州云霄开漳圣王文化祖地”设立国家级“海峡两岸交流基地”。县委、县政府研究成立云霄县海峡两岸开漳圣王文化基地建设工作领导小组，实行县委书记、县长双组长制，研究制定《云霄县海峡两岸开漳圣王文化交流基地建设方案》（以下简称《方案》），进一步加强对开漳历史文化资源的挖掘和研究，擦亮“海峡两岸交流基地”金名片，做好开漳圣王文化祖地“后半篇”文章。《方案》包含推进云台产业融合发展、扩大云台文化交流交往、增进在云台胞民生福祉三大方面内容共16条具体措施，涉及50个相关单位和乡镇、开发区，并要求各牵头单位按《方案》内容每月上报工作推进情况，为充分发挥交流基地的作用、提升祖地建设层次提供保障。

【衍播脉络梳理】 2023年，县委台港澳办进一步贯彻落实省委书记周祖翼到云霄调研讲话精神，按照周书记提出的“要继续做好开漳圣王文化祖地文章，积极开展开漳学术文化研究、做好开漳圣王文化保护和活化利用，为探索两岸融合发展新路、建设闽台融合发展作示范”工作要求及省长赵龙到云霄调研精神，研究细化贯彻落实举措。根据云霄县开漳历史文化保护与传承的现状，认真分析存在的问题，系统性梳理开漳圣王文化脉络。委托知名策展团队，召集课题组及相关部门多次召开座谈会反复讨论，并分赴台港澳等地与专家学者深入互动、共享研究成果，经过多次修订完善最终形成开漳圣王文化专题馆展陈大纲结题稿。

【重大节庆活动】 2023年，成功举办“纪念开漳圣王诞辰1366周年暨开漳圣王信俗文化在两岸研讨会”庆典活动，这是大陆疫情防控进入新阶段后，台湾首个宗亲百人团组到大陆参加活动，该活动被国台办列为对台重点交流项目；成功举办海峡两岸交流基地授牌仪式暨“缘结一家亲·根系两岸情”庆典活动，中央台办、国台办交流局局长黄文涛为中共云霄县委蓝书记授牌；成功举办第十五届海峡论坛·第九届海峡两岸（福建云霄）开漳圣王文化节，精心策划16项两岸对接交流活动，统筹有序接待、服务10个台胞团组共192人参加寻根谒祖、宫庙交流等活动，引起两岸强烈反响；云霄县全年陆续接待台湾宫庙团体、村里长交流团和两岸文化交流团到云霄进香朝圣、寻根谒祖、参访交流共计23团近千人次，其中邀访现任村里长6名，促进两岸同胞心灵契合。

【“二十一条”措施】 2023年，云霄县委、县政府迅速组织传达学习中共中央、国务院《关于支持福建探索海峡两岸融合发展新路　建设两岸融合发展示范区的意见》（中发〔2023〕13号）文件精神，结合云霄县工作实际，组织相关部门共同研究贯彻落实意见，对应中央文件内容，共梳理拟向国家部委争取的政策措施清单16条和可推动取得进展的任务（项目）清单8条，报上级有关部门立项审批。

【云台融合发展】 聚焦电子信息、食品加工、新材料技术应用、现代农业、康养医疗等产业领域，提升对台产业集聚水平。截至2023年底，全县共有台资企业31家，投资总额19643万美元，注册资本15009万美元，其中规上企业7家；支持创办休闲农业、创意农业、生物科技、健康养生等具有示范效应的项目，建设11个闽台农业融合发展推广基地，重点引进台湾百香果、彩椒、葡萄柚、甜瓜、小番茄等高优品种，促进云霄现代农业提质增效，稳步推进对台农业合作。2023年11月，台企芙罗拉生物科技有限公司培育的蝴蝶兰（“V3”品种、“粉红冠军”）在2023年海峡两岸花卉博览会中分获金奖和银奖；深化云台人才交流合作，落实台湾青年到云霄创业就业政策，鼓励支持台湾产业、教育、医疗等各类人才到云霄创新创业。全年向企业征集50个岗位、引进8名台湾青年到云霄实习实训、就业创业，并及时上报就业补助申请，对到云霄就业创业的2名台湾青年申报材料进行审核；在县行政服务中心设立台商台胞服务窗口，开通台商台胞服务热线，提升服务水平，云霄县全年办理港澳台居民居住证86张（其中香港居民居住证57张、澳门居民居住证2张、台湾居民居住证27张）。截至2023年底，全县共办理港澳台居民居住证472张，台胞台商“第一家园”建设得到巩固加强。

（陈丽敏）

陈政墓简介

陈政墓位于将军山东麓，依山势而建，为归德大将军陈政暨夫人司空氏合葬处。建于唐仪凤二年（677年），于南宋重修，清初被毁，近年按宋制修复。2013年5月，国务院公布为第七批国家级文物保护单位。

此墓规模宏大，有享堂、翁仲、石兽、望柱、神道碑等仪制设置。墓体平面呈椭圆龟背形，环圹通道之外筑挡土墙，俱以斜线纹红陶砖垒砌，坟堆长5.39米，中部宽4.93米，前宽3.95米，以各式红色花纹砖雕组成须弥座与坟圹墙。墓前下置三层平台，有一对高冠博带的文臣和仗剑怒目的武将石雕翁仲立像，通高2.26米，分侍于两侧对望而立。顺御道石阶而下，是祭祀享堂，系根据1985年出土的原建筑台基重建。堂上的内外梁分别悬挂着原全国人大副委员会彭冲亲提“开漳先哲”，以及台湾国民党元老陈立夫手书“开漳元勋”木匾。享堂前石马、石狮各一对，另有一只石蹲羊，一对仰覆莲瓣八棱石望柱。墓园依山势仗列成形，气象威严，该墓仪制之高，显示着“开漳始祖”陈政开发漳州重要的历史地位。

享堂前石神道两件石马文武装饰各异，鞍鞯分饰腾云飞龙，祥云逐鹿浮雕。二马均以整块花岗岩雕就，基座饰以翻滚的尘烟。其中居右的全身披戴铠甲装束的戎装立马，通长2.56米、宽0.50米、高2.25米，颈下佩挂缨穗两束，尾部束扎甲胄连接马衣，单缰收结于鞍桥右侧，马衣穿戴几近马膝。马眉、鬃、鼻、额部均有甲片保护，仅露两耳双目，头顶装饰羽饰。颈项上方盔甲浮雕虎头装饰，形态生动，是宋代“甲骑具装”的典型石雕，为全国仅见的珍贵石雕文物。墓区还保存南宋嘉熙四年（1240年）春修建记事的刻铭石柱残段，以及鱼龙形龟首状石雕（此件为赑屃残件）文物各一件，为研究唐宋墓葬制度和石雕艺术提供了重要的实物材料。

法 治

政法委工作

【概况】 2023年，云霄县委政法委落实中央和省委、市委政法工作会议部署要求，认真履行平安建设领导责任，全力维护政治安全和社会稳定，扎实开展平安建设“四季竞赛、五大比拼”活动，部署推动省级通报突出问题重点整治，常态化推进社会治理现代化建设和扫黑除恶斗争，努力建设更高水平的平安云霄、法治云霄。

【平安建设（综治工作）】 2023年，云霄县委政法委坚持统筹发展和安全，持续健全完善平安建设考评机制，层层签订下发平安建设责任书，制定出台《2023年平安云霄建设工作要点》，指导督促各单位开展平安单位创建，推动形成党委领导、政府负责、社会共治的社会治理新格局。深化开展平安建设“四季竞赛、五大比拼”活动，全力攻坚整治省级通报区域性治安稳定突出问题，出台《云霄县2023年社会治理提升专项行动工作方案》，组建社会治理提升专项行动工作组，成立云霄县卷烟打假党建大联盟，修订完善打假责任制，创新制定劝返攻坚考核办法，全力推动提升打假反诈、“平安三率”提升和禁毒整治等工作质效。是年，全县社会大局保持安定稳定，群众获得感、幸福感、安全感显著提升，“平安三率”各项指标均退出全省后十排名，成功摘除“省级打假重点整治县”和省禁毒委毒品问题“预警通告”帽子。

（汤文杰）

【依法监督协调】 2023年，云霄县委政法委认真组织力量开展专项法律监督活动，坚持客观公正原则，通过阅卷、走访、评议等方式，对执法办案的过程、结果、依据、效果进行评查，从选案到评查坚持高标准、严要求，评查质量较高，获得上级部门的肯定。是年，评查30起案件；依法登记涉法涉诉信访案件11件，办结11件，办结率100%；办理审批法院、检察院、公安局、司法局提出申请的国家司法救助案件24起31人，发放国家司法救助专项资金43.1万元，为缓解受害人的燃眉之急，稳定化解平息矛盾纠纷起到积极的作用。

（吴海金）

【社会治理现代化】 2023年，云霄县坚持对标对表，突出工作重点，强化创新驱动，顺利助推漳州市成功创建全国市域社会治理试点合格城市。是年，云霄县委政法委深入挖掘部门特色亮点，打造“信访工作志愿者”“和平乡‘综治+调解’”等一批省级先进典型，顺利摘掉云霄县“省级打假重点整治县”、省禁毒委毒品问题“预警通告”的帽子。

（张志坚）

公 安

【概况】 2023年，云霄县公安局落实省委“深学争优、敢为争先、实干争效”行动部署，围绕省厅、市局和县委县政府总体部署，全力以赴防风险、保安全、护稳定、促发展，有力维护全县社会大局安定稳定。是年，全县立刑案件966起，同比下降21.8%，破案数621起，同比下降34.8%，破案率64.3%，同比下降0.5%；立侵财案件422起，同比下降33.5%，破案数246起，同比下降43.6%，破案率58.3%，同比下降15.1%；立盗窃案件117起，破61起，同比下降26%，破案率52.1%，同比下降35%；立抢夺、抢劫案件3起，同比上升0.5%，破案2起。全县社会治安大局持续安定稳定。

【出入境及往来港澳台管理】 2023年，云霄县公安局深化“放管服”改革，围绕审批服务便民化的改革要求，进一步提升政务服务水平，助力“一站式”全链条服务；云霄县行政服务中心公安出入境窗口在严格把关和优化服务举措的基础上，进一步简化出国及往来港澳台手续，共批准出入境及往来港澳台8480人次，其中，批准公民因私出国普通护照2307人次，往来港澳业务6071人次，往来台湾业务72人次，台湾居民业务办理20人次，内地居民前往港澳通行证25笔，港澳居民回乡证业务10人次。积极走访台商台资企业，与台商座谈，推行台胞证社会化便利使用，为台湾居民办理业务25人次。进一步完善“两库”报备工作，提升出入境查控能力，是年，报列法定不批准出境人员2210人；入库国家工作人员备案信息258个单位4454人次，其中新增国家工作人员报备2543人次，更新839人次，撤销1072人次，配合各单位开展协查有关人员出入境情况共70单位17267人次。办理涉外案事件24起，人次43人次，遣送出境11名。

【治安管理】 2023年，云霄县公安局全力整治社会治安突出问题，立赌博刑事案件25起，破获36起（含破往年11起），抓获犯罪嫌疑人107人；查处赌博行政案件92起，处罚235人；立涉黄刑事案件3起，破获3起，抓获犯罪嫌疑人20人；查处涉黄行政案件47起，处罚47人。加强重点物品管控，检查危爆行业119家次，摸排出储存使用易制爆危险化学品单位3家；破获非法经营烟花爆竹刑事案件1起，抓获犯罪嫌疑人6人；查处非法销售烟花爆竹行政案件2起，处罚2人；查获非法销售烟花46箱、43支（盒），爆竹10件36盘；收缴手榴弹4枚，非制式气枪1支。强化行业场所管理，检查旅馆891家次，娱乐场所463家次，其他行业场所150家次；查处未按规定登记入住人员信息案件10起，查处未取得公安许可擅自经营宾旅馆案件5起。坚持和发展新时代“枫桥经验”，化解各类矛盾纠纷1833起次。

【打假工作】 2023年，云霄县公安局紧紧围绕省、市、县部署布局，坚持常态化整治、全链条打击，全力打好涉假持久战，立涉假刑事案件161起，破获70起，抓获犯罪嫌疑人285人，抓获网上涉假逃犯103人。

【打击刑事犯罪】 2023年，云霄县公安局持续推进扫黑除恶斗争、侦破命案、打击电信诈骗、破小案保民生，严打侵财犯罪行动、追逃、缉枪治爆等刑侦专项工作纵深发展，通过“小案快侦”“云剑-2023”“夏季行动”“冬春攻坚行动”等专项行动，破案打击取得突破性进展，立刑事案件966起，破案621起，破案率64.3%；立侵财案件422起，破案246起，破案率58.3%；立盗窃案件117起，破获61起，破案率52.1%；立电信诈骗案件260起，破案172起，破案率66.2%；抓获犯罪嫌疑人455名。查处电诈窝点42个，缴获“猫池”“络漫宝”、电脑、手机等作案工具406台，抓获涉案犯罪嫌疑人27名。

【扫黑除恶斗争】 2023年，云霄县公安局立涉恶势力团伙案件3起，采取强制措施45人；核查扫黑除恶线索8条，全部提请办结，有效核查率100%，其中省转核查2条、县其他部门移交及本地群众举报线索核查6条。

【道路交通管理】 2023年，云霄县公安局加大隐患整治力度，落实道路安全隐患三级排查机制，通过日常巡查与定期大检查，全面摸排辖区道路安全风险隐患，推动完成4处省市为民办实事隐患，投入资金71万元完成国道228线与国道357线交岔路口（东厦路口）红绿灯建设工作。加强源头管理，常态化深入公交、客运、危化运输、大中型货运企业以及机动车检测站等企业开展安全检查，深入客货运企业238家次，排查客货运车辆2000余辆次，约谈高风险企业4家次。扩大安全宣传，构筑电视、网络、手机短信、户外大屏幕、农村大广播、宣传橱窗、业务窗口等宣传阵地，组织开展进农村、进社区、进企业、进学校、进家庭等宣传活动，开展集中宣传活动12场次，散发宣传材料3万份，悬挂横幅标语286条，发送宣传短信50万条，推送微信、微博信息400多条次，进企业、学校宣传212多家次。持续整治交通秩序，扎实开展“夏季治安打击整治行动”“冬季突出违法行为整治行动”“文明城市创建”等专项行动，落实国省道联勤巡逻常态化管控机制和城区、乡镇等道路日常管控工作，联合城管、交通执法、派出所等部门执勤执法，查处各类交通违法行为158511起。是年，云霄辖区发生一般以上道路交通事故89起、造成21人死亡、97人受伤，财产损失45000元，与上年同期相比，起数上升8.54%，死亡人数下降12.50%，受伤人数上升8.99%，财产损失上升4.72%，四项指数“三升一降”，未发生一起死亡2人及以上道路交通事故。

【海防保卫】 2023年，云霄县公安局坚持“岸海一体”工作思路，联合多部门齐抓共管，筑牢沿海防线，全年办理船舶行政案件13起、涉海砂行政案件32起，协助支队办理涉海砂刑事案件3起，处罚涉海砂场所32家、船企26家，扣押海砂0.03万吨，在年初“猎鲨”专项行动中排名第1，受到上级通报表扬；在打击整治非法盗采海砂专项行动中排名第2。

【禁毒工作】 2023年，云霄县公安局紧紧围绕“预警摘牌”这一重要目标，深入开展“飓风肃毒2023”“净边”“清源断流”等打击查处工作，破获毒品案件1起，抓获犯罪嫌疑人1人，查处吸食毒品违法人员8人，抓获涉毒网上在逃人员1人，5名社区康复人员报到率、执行率均达100%。常态化开展吸毒人员“大收戒”行动和吸毒人员“平安关爱”行动。强化麻精药品专项联合治理，共检查医疗机构8家、药店5家，未发现麻精药品（含依托咪酯）非法使用和流失情况。加强易制毒化学品企业检查，对辖区内48家易制毒化学品企业完成实地核查100%，严防易制毒化学品流入非法渠道。加强宣传教育，利用“110”宣传日、全民国家安全教育日、“6·26”国际禁毒日等节点开展形式多样的宣传活动，向群众、青少年等群体宣传毒品的种类和危害以及伪装性、危害性知识，全年发放宣传材料5000余份、发放禁毒纪念品1000余份，教育引导群众2000多人次。

【网络安全管理】 2023年，云霄县公安局强化网络安全保障，拓展网上警务工作，推进科技强警，办理各类涉网案件，确保网络工作安全稳定。检查涉网单位100家次，办理未履行网络安全保护制度案25起，责令限期整改75家次，并督促限期整改到位，上报网络安全情报线索34条；按上级部署有序开展“净网2023”专项行动，破获涉网刑事案件非法破坏计算机信息系统罪案1起、非法利用信息网络罪案3起、帮助信息网络犯罪活动罪案6起、侵犯公民个人信息案2起、开设赌场案7起、传播淫秽物品案2起，申报数据建模3个、技战法1篇、精品案件2起，上报网络违法犯罪情报线索23条。

【法治改革】 2023年，云霄县公安局牢牢把握公平正义价值取向，聚焦建设法治公安目标，以深入推进“大法治”改革为动力，抓基础、促提升、求创新，持续深化执法规范化建设。加大监督力度，加强对案件的审核把关，强化纠错、纠违，加大对实体及程序方面的监督指导力度，提前介入指导多起重大复杂案件；细化监督措施，运用执法监督系统、漳州市公安机关智能预警监督平台，强化对警情、执法视音频、强制措施、行政案件办理情况、材料扫描录入、三色预警、风险点预警提示排查等方面的监督力度，通过挂网弹窗、电话提醒、钉钉群提醒通报等方式，督促经办人员及时整改到位。2023年3月28日被福建省公安厅评为2022年度全省公安机关执法质量优秀单位。

【“四警四化”】 2023年，云霄县公安局实施向科技要警力的智慧警务战略，深入推进警用无人机队伍建设、实战应用建设，打造“空地一体”全域防控体系。强化立体治安防控，以“云霄110”常态化“屯警街面、动中巡处”为支撑，利用警用无人机的飞行速度、覆盖面积、机动性能等优点，弥补地面防控死角，对交通不便利的地区，实行无人机空中巡查，是年“云霄110”利用警用无人机执行空中巡防任务100余次，出动无人机巡查200余架次。辅助实战需要，发挥无人机“前哨”作用，有针对性地对大型活动重要安保现场及抓捕现场进行前期制图，结合警务地理信息系统，充分辅助大型安保活动警力布防、区域监控等前期筹划，在抓捕任务中，助力制订抓捕计划，全年辅助大型安保活动现场、抓捕现场等制图13次，配合现场抓捕7次。

【队伍管理】 2023年，云霄县公安局落实全国、全省、全市公安机关党风廉政建设电视电话会议精神，深化全县公安队伍纪律作风建设，结合市委干部作风“五不”问题专项整治，在全县公安机关组织实施“化风工程”，深入开展“一月一主题”活动，解决当前队伍在遵规守纪、工作作风、执法办案、规范管理等方面存在的突出问题，实现纪律观念明显增强、工作作风明显转变、执行能力明显提升、精神士气明显提振四个目标。

（林硕毅、张淑萍）

检察

【概况】 2023年，云霄县人民检察院认真履行各项检察职能，全力维护社会和谐稳定和公平正义，着力服务保障经济社会发展。全年办理各类案件1228件，获得第20届福建青年五四奖章、漳州市五一劳动奖状、全市业务能手等市级以上集体或个人表彰12项。

【刑事检察】 2023年，云霄县人民检察院批捕各类刑事犯罪案件387人，起诉663人。常态化开展扫黑除恶斗争，突出打击涉黑恶犯罪，批捕16人，起诉6人。始终保持打击制售假烟高压态势，批捕80人，起诉184人，判处实刑率高达60.4%。深化落实“帮信”犯罪“四+”一体化治理机制，推动上下游犯罪全链条打击，批捕127人，起诉185人，实现“帮信”犯罪大幅度下降。提前介入重大案件引导侦查32次，监督侦查机关立案、撤案15件，纠正侦查违法13件，追捕16人、追诉50人，开展羁押必要性审查58人，对刑事裁判提出抗诉2件，检察长列席同级法院审委会3次。探索建设社区矫正大数据检察监督平台，发现脱漏管线索152条，监督纠正刑事执行违法30件，监督依法收监执行4人。

【民事检察】 2023年，云霄县人民检察院全面加强对民事生效裁判、调解书和审判、执行活动的监督，采用“一案三查”、专项评查、跟进监督等方式，深入开展民事诉讼活动违法专项监督，办理民事检察监督案件30件，制发检察建议25份，均被采纳。用心护航企业发展，依法办理涉企民事执行监督案件4件，切实维护企业合法权益。加大对农民工、妇女、儿童等特殊群体维权支持起诉力度，办理民事支持起诉案件20件，保障弱势群体权益。充分运用线上、线下相结合的普法方式，大力宣传普及《中华人民共和国民法典》、民事检察等法律知识，提升群众维权意识，拓宽民事检察案源渠道。

【行政检察】 2023年，云霄县人民检察院着力加强府检联动，办理行政非诉执行监督案件7件；加强对全县行政机关执法活动监督，针对行政执法不规范、不到位问题，制发检察建议20份，均获采纳。督促行政机关向公安机关移送涉嫌犯罪案件8件，落实行政处罚与刑事处罚双向衔接，对不被起诉案件移送行政机关处罚16件，共同促进严格执法、公正司法。立足推动市域社会治理，开展“断卡行动”关联违法行为行政处罚专项法律监督，督促职能部门清查处理空壳公司16家，促进市场运行规范化。积极参与共享经济新业态规范治理，联合开展共享茶室、影咖等共享经济专项整治，督促停业整顿问题商家20余家，推动制定共享经济新业态企业准入标准，堵塞行业管理漏洞。

【公益诉讼】 2023年，云霄县人民检察院办理公益诉讼案件67件，刑事附带民事公益诉讼2件。持续深化“公益诉讼守护美好生活”专项监督活动，重点抓好生态环境、食品药品等“法定领域”监督，制发检察建议43份、磋商意见书7份。积极稳妥拓展文化遗产、公共安全等“等外领域”监督，制发检察建议10份、磋商意见书5份。联合市检察院完善公益诉讼快速检测实验室，探索建立“检察官+技术官”监督机制，加强公益诉讼案件办理科技运用。进一步拓展红树林生态保护协作平台功能，联合建立漳江口红树林蓝碳司法生态修复示范基地，实施蓝碳司法与生态修复机制，助力红树林生态环境长效保护。

【未成年人检察】 2023年，云霄县人民检察院依法严惩侵害未成年人犯罪，批捕7人、起诉16人。贯彻“教育、感化、挽救”方针，对涉嫌轻微犯罪并有悔罪表现的未成年人，不批捕8人、不起诉16人，开展附条件不起诉考察12人次。深化未成年人综合司法保护，开展校园安全、酒店留宿、文身服务等联合监督检查18次，发出检察建议4份，开展磋商7件次。创新开展法治进校园，联合拍摄《开学第一堂法治课》普法视频，向全县中小学5万余名师生推广播放，拓宽校园普法受众面。联合举办家庭教育指导讲座5次，面向教职工举办强制报告讲座2次。凝聚涉罪未成年人帮教合力，搭建未成年人帮教观护基地2个，安置涉案未成年人就业3人。联合县教育局、公安局等部门对12名严重不良行为的未成年人进行训诫，向10名家长发送督促监护令。

【“12309”检察服务】 2023年，云霄县人民检察院接受群众各类信访件147件，其中来信87件，来访60件，7日内程序性回复率100%，3个月内办理过程、结果答复率100%。开启司法救助加速度，实现年度司法救助资金提前预拨、自主审批，大幅度缩短审批时限，办理司法救助案件11件，发放救助金15万元，平均办理时长3天。自觉接受履职监督，常态化开展争议性案件公开听证审查机制，探索听证网络直播公开化，邀请人大代表、政协委员、人民监督员、听证员参与公开听证会16场次，参加案件质量评查、听庭评议等监督128件次。自觉接受社会监督，主动发布重要案件信息198件，公开程序性案件685件，接待律师阅卷129人次。发表宣传报道279篇，发布微信公众号87期。

【社区矫正检察监督模型获奖】 2023年6月16日，云霄县人民检察院制作的“社区矫正检察监督模型”在福建省第一届全省检察机关大数据法律监督模型竞赛中荣获优秀作品奖。云霄县人民检察院与县法院、公安局、司法局联合制定出台《加强社区矫正信息共享协作工作意见》，通过建设社区矫正检察监督平台进行大数据碰撞，精准靶向监督防“脱管”“漏管”。

【漳江口红树林蓝碳司法生态修复示范基地挂牌成立】 2023年8月15日，为确保补植红树林修复方案得以实施，云霄县人民检察院、县人民法院与漳江口红树林国家级自然保护区管理局签订共建协议，挂牌成立漳江口红树林蓝碳司法生态修复示范基地，由保护区管理局划定相关区域作为碳中和示范林，并为被告人委托的第三方机构提供技术指导，率先探索运用“检察官+技术官”机制，进一步推进蓝碳司法与生态修复。

【地理标志知识产权保护工作联系点揭牌成立】 2023年9月14日，云霄县人民检察院与县市场监督管理局地理标志知识产权保护工作联系点揭牌仪式在云霄县地标馆举行。积极打造地标产品保护平台，设立“检察联系点”，会签协同保护合作框架协议，开展地标产品保护专项监督，全面加强云霄县国家地理标志产品及周边生态环境资源保护，助推云霄县域地理标志产品保护示范区建设，营造更好的地标产品法治化营商环境。

【漳州市人民检察院滨海侦查办案中心正式启用】 2023年9月22日，漳州市人民检察院党组书记、检察长江莉和云霄县委书记蓝良木共同为漳州市人民检察院滨海侦查办案中心揭牌。该中心主要负责对漳浦、云霄、诏安、东山四县的司法工作人员相关职务犯罪案件的侦查，旨在整合浦云诏东四个沿海片区检察院优势办案力量，推动检察侦查工作高质量发展。

【云霄县人民检察院院史馆正式启用】 2023年9月22日，漳州市人民检察院党组书记、检察长江莉和云霄县委书记蓝良木共同为云霄县检察院院史馆揭牌。云霄县人民检察院院史馆是多功能数字展示馆，占地面积200平方米，馆内主要分为发展历程、文化育检、业务强检、数字检察、特色亮点五大展区及荣誉室，具备一键切换展示不同主题的功能，生动展现云霄检察人“明德崇法、笃行为先”的精神风貌，真实重现云霄检察人在追求公正司法的道路上砥砺前行。

（林位明 唐莉）

法院

【概况】 2023年，云霄县人民法院受理案件6248件，办结5651件，法官人均结案201.8件。

【刑事审判】 2023年，云霄县人民法院落实宽严相济刑事政策，审结刑事案件402件587人，判处五年以上有期徒刑24人，判处缓刑、管制等非监禁刑254人，判处罚金1200余万元，追缴违法所得300余万元。纵深推进扫黑除恶斗争常态化，向公安机关移送涉黑恶线索2条。积极融入社会治理，审结涉电信网络诈骗、传销犯罪124件164人，涉假案件91件136人，赌博犯罪27件58人，发布劝导令132份，着力铲除利益链条网络。完善轻刑案件速裁机制，快速审结案件104件，当庭宣判率100%。联合公检司出台48小时快速办理机制，推动刑事速裁程序驶入“快车道”。

【民商事审判】 2023年，云霄县人民法院审结民商事案件3351件，结案标的总额5亿元。防范融资风险，审结涉金融、民间借贷案件1263件，标的1.5亿元。增进民生福祉，审结涉教育、就业、劳动、机动车责任事故损害赔偿等领域案件378件。维护特殊群体权益，设立集心理咨询、社会调查、家庭指导功能于一体的“法大姐·微家”，选任4名妇女干部担任陪审员，审结涉“老、妇、幼”家事案件449件。落实“保交楼”政策，办结逾期交房、逾期办证案件101件，审理建设工程合同纠纷45件，灵活运用诉前保全、置换担保等方式协调促进云霞项目复工，亚琦·万贸、莆下安置房陆续签约交房。

【执行工作】 2023年，云霄县人民法院执结1867件，到位金额7018.82万元。持续开展“涉民生”“涉金融”“涉营商”等专项执行、跨域执行12次，促进执结29件、和解76件，发放农民工薪酬176万元。用足强制措施，全年查封房产324处、车辆90辆，司法拍卖成交16件，成交额达1655.5万元，拘留、罚款85人次，移送公安追究拒执罪并判决3件3人。强化信用惩戒与修复，发送“拒执预警函”6份，发布限制高消费令1543份，信用修复266人次，提供信用审查2709人次。健全服务功能，设立执行服务中心，完善执行服务窗口，实现执行立案、查控反馈、执前和解、信访接待等“一站通办”。

【司法为民】 2023年，云霄县人民法院巩固帮扶成果，62名干警持续帮扶81户脱贫群众，入户283人次，落实帮扶措施84项。派出干警303人次参与创建全国文明城市、人居环境整治等工作，共筑美丽家园。拓宽司法救助渠道，深化“1+3”救助机制，协调落实低保、就业、就医、心理疏导等帮扶措施，为29名困难当事人申请救助金30.7万元，缓减免诉讼费4.3万元，为53名当事人指定法律援助律师。

【队伍建设】 2023年，云霄县人民法院有4个集体18名个人获县级以上表彰，3人荣记“个人三等功”。提任内设机构领导正副职10人，择优选升、晋升职级6人。是年，云霄县人民法院扎实开展主题教育，开展党建联学，举办专题研讨会、读书班，切实把主题教育激发出来的精神力量转化为推动法院发展的强劲动力。坚持党对法院工作绝对领导，严格执行向党委请示报告制度，及时向县委、政法委及上级法院报告重大工作部署、大要案审理情况26次。坚持问题导向，落细抓实省委巡视整改任务。全力支持派驻纪检组履职，接受“三重一大”事项监督12次，召开院党组、派驻纪检组“两组”会商会，靶向精准施治，推动“五项监督”问题整改。

司法行政

【概况】 2023年，云霄县司法局着力构建基层治理“新格局”。

推出具有云霄特色的“148”法律品牌“移动调解室”，该经验做法在中央政法委公众号“长安评论”、“学习强国”学习平台、司法部《人民调解》杂志、《福建日报》、《福建法治报》等媒体先后刊发转载，先后3次接受省电视台《调解有一套》栏目专题采访，该项目被省司法厅确定为“148”品牌创建便民惠民利民项目。是年8月，全市“148”品牌调解工作现场推进会在云霄县召开，云霄县作典型经验介绍。省司法厅副厅长柯南木、县委书记蓝良木对“移动调解”经验做法作出批示。是年，云霄县司法局被中华人民调解员协会评为“人民调解宣传先进集体”，并获评“漳州市创建全国市域社会治理现代化试点合格城市先进集体”“全县绩效考评优秀单位”“全县安全生产先进单位”。

【法治政府建设】 2023年，云霄县司法局突出法治先行，全面依法治县水平有新提升。加强规范性文件的监督和管理，备案规范性文件22件；审核征求意见稿143份，并对以政府及政府办名义出文的113份公文进行合法性审核，废止或失效的规范性文件计72件，现行有效规范性文件90件。持续做好一体化大融合行政执法平台建设跟踪督促，组建云霄县推广一体化大融合行政执法平台工作专班，牵头跟进行政执法部门按时间节点完成配备，为省一体化大融合执法平台的运用做好前期准备工作。指导监督全县行政复议和行政诉讼工作，全年办理行政复议案件65件，审结41件；办理县政府应诉案件13件，审结12件，无败诉案件。行政复议案例“规范公司登记秩序巩固简政放权成果”获评福建省优化营商环境十大行政复议案例。

【人民参与和促进法治】 2023年，云霄县司法局突出安全首要，维护社会和谐稳定有新成效。积极服务全县政法工作大局，在云霄县平安建设“四季竞赛、五大比拼”2023年第一季度现场推进会上，县司法局就竞赛比拼总体成效较好作经验交流。规范化建设移动调解新模式，以县多元调解中心为主导，将全县10个乡镇（开发区）划分为3个片区，每个片区成立一支移动调解队，打造具有云霄特色的“148”法律品牌“移动调解室”，力求把纠纷最大程度吸附在当地，化解在基层，矛盾不上交，全年排查化解各类矛盾纠纷5621件，调处成功5616件，调处成功率99.9%。

【社区矫正】 2023年，云霄县司法局依法推进社矫监管，始终坚持将安全稳定作为长期政治任务来抓，持续加大社区矫正工作力度，抓实抓细各项教育管控措施，严防社区矫正对象脱管漏管，筑牢社区矫正安全监管屏障。做实做细安置帮教，落实人员基本信息核查，开展重点人员摸排，最大限度预防和减少重新犯罪。

【普法与依法治理】 2023年，云霄县司法局突出司法为民，深入开展普法宣传活动，全力做好“八五”普法中期评估，推进“八五”普法规划“一地区一品牌”项目。投入100万元在南湖公园建成一个县级法治文化公园。举办“民法典进农村・蒲公英在行动”主场宣传活动，积极开展法律“七进”活动，组织开展法治宣传教育活动67场次，分发各类宣传材料10000余份，发送普法短信30万条，微信朋友圈植入普法广告3篇40万条，收到良好效果。信息报道1篇（经验做法）被国家级微信公众号“长安评论”刊发，2篇被“学习强国”学习平台采用刊发，6篇被省级网站、微信公众号采用刊发，12篇被市级微信公众号采用刊发。

【公共法律服务】 2023年，云霄县司法局法律服务体系持续完善，建成1个县级公共法律服务中心，9个乡镇公共法律服务工作站，197个村（社区）公共法律服务工作室，受理法律援助案件302件，“12348”热线咨询案件1231件，认罪认罚案件274件，挽回经济损失106.96万元。是年，法律服务队伍育强育优，经县委机构编委会批复，核定云霄县法律援助中心财政核拨事业编制2名，股级职数1名，有力加强法律援助人才队伍建设。组建“蒲公英”普法志愿者大队，下设10支中队，9个乡镇和1个县直中队，全县“蒲公英”公益普法服务平台注册计714人，排名全市第一。“法律明白人”基层法律服务新模式经验做法被省司法厅、“学习强国”学习平台等媒体刊载，云霄电视台将该做法拍成专题片，在周二视点进行播放。

【司法行政队伍建设】 2023年，云霄县司法局突出强基固本，司法行政队伍建设有新进展。突出思想武装，强化正风肃纪，认真落实“第一议题”学习制度，把政治理论学习教育作为坚定政治立场、政治方向、政治原则的“必修课”，狠抓新时代政法干警“十个严禁”和干预司法“三个规定”等铁规禁令的学习教育和贯彻执行，提升开展“五不”问题专项整治工作成效，深入开展警示教育月“五个一”活动，坚决做到知敬畏、存戒惧守底线。突出能力提升，强化队伍建设，充分发挥培树的全国模范司法所、全国模范人民调解员等先进典型的示范引领作用，全面激活司法行政事业高质量发展的内生动力，紧紧围绕各项业务大力开展专项培训活动，开展股级干部轮岗交流6人，有效提升干部履职能力，激发干部队伍活力，开展经常性的谈心谈话，坚持真管真严、敢管敢严、长管长严，精准有效用好监督执纪“四种形态”。突出管理监督，改进工作作风，坚决贯彻落实文件精减的硬要求、硬指标，精简量化目标、严控发文数量，严格发文程序，严把文件质量，严格单位内部请销假管理、外出报备管理、婚丧喜庆事宜报备，修改完善《公务用车使用管理办法》等制度，严格执行机关财务审批和报销制度，推进作风建设常态化长效化。

（吴宇虹）

何地何氏家庙简介

何地何氏家庙位于福建省云霄县马铺乡枧河村后厝126号，始建于清乾隆十八年（1753），民国10年（1921）重修，1921年重修。现存建筑保留清代原貌。何氏家庙系云霄、平和何氏族人的总祖祠，也是全台何氏的祖籍地，明清时期族裔迁播台湾各地，至乾隆二十年已达397人，现台湾何氏人口位居第二十七大姓，分祠遍布台湾。何氏族人曾出现郑成功麾下的何地三杰，其中有献图导航、为郑成功收复台湾立下首功的何斌；有舍身救主，后又顺应时势追随施琅将军平台的何义；有征台建功，重建基隆奠定台湾重要港口基础的何祐。2009年11月，福建省人民政府公布为第七批省级文物保护单位。文物划定保护范围为：北至主堂后檐滴水位起向外延伸50米；南至祠埕南侧向外延伸50米；东西各山墙滴水位起向外延伸40米。建设控制地带的界限：自保护范围边界向东延伸60米，向西延伸60米，向南延伸50米，向北延伸50米。

何氏家庙坐西北朝东南，由前埕、前厅、天井、主堂组成，建筑面积275平方米。前厅面阔三间，设前廊，前廊明间内凹处设门厅，门两侧置抱鼓石，两侧次间各开一扇边门，室内设两柱，柱上架大梁叠斗承檩，地铺设红地砖；正中天井花岗岩条石铺设，天井两侧设过水廊房连接上下堂；主堂三开间，进深设四柱，后檐柱嵌入山墙，闽南传统抬梁穿斗混合式梁架。地面铺设红砖；屋面铺设素面板瓦，檐口琉璃勾头、滴子。前埕中部花岗岩条石铺设，两侧石作构件和梁架斗拱雕刻精美，大木构件满绘彩画，色彩鲜艳题材丰富，建筑本体有很高的历史、艺术价值。

历史上两岸何氏宗亲来往密切频繁，乾隆年间扩建宗祠时，在台后裔捐金占了多数，民国10年（1921）再次重修祖地家庙，台湾宗亲纷纷捐资捐物，现宗祠前仍存有记载当时详情的石碑。乾隆十六年（1751），生于台湾并返回祖地求学的十二世孙何子祥中进士，后编成《何氏家谱》9卷10册，记载何氏家乘传播于两岸的详细情况，是珍贵的谱牒资料。

军 事

人民武装

【思想教育】 2023年，云霄县人武部聚焦“学习强军思想、建功强军事业”教育实践活动，开展“弘扬雷锋精神、争当强军先锋”活动和“缅怀革命先烈、建功强军事业”清明祭扫活动。扎实开展第二批党内主题教育，注重深化教育效果，邀请漳州海警局云霄工作站教导员围绕“矢志建军百年目标、争当海上制胜尖兵”主题辅导授课，分析海上斗争严峻形势，提升沿海一线武装部练兵备战质效方法，坚持边学习、边对照、边检视、边整改，推动学习贯彻习近平新时代中国特色社会主义思想融入日常、落在经常。

【组织建设】 2023年，云霄县人武部严格执行“三会一课”、双重组织生活、交纳党费、报告个人事项等制度，完成党委、纪委换届选举，召开第二批党内主题教育专题民主生活会，严密开展纪检监察队伍教育整顿，常态开展党纪法规教育、警示教育，组织观看《向深水区前进》等警示教育片，严格落实党委、纪委书记带头上纪律党课。坚持把巡视巡察反馈问题整改作为一项重大政治任务，统筹开展“五位一体”问题整改和军地交叉地带“五查五纠”清理整治，纠风治弊成效明显。

【“双拥”共建】 2023年，云霄县人武部围绕省“聚焦一线、聚力解难”拥军优待专项活动，为1名随军家属发放未就业生活补助，落实军人子女教育优待工作。为3批次到云霄驻训部队协调驻训场地，并协调地方走访慰问。抓住国防教育有利时机，到全国国防教育示范学校开展“欢送新兵入伍暨国防教育进校园”活动，联合漳州市政协、民革漳州市委举办“同心助学、筑梦未来”助力乡村教育振兴捐赠活动，军地同台举办主题国防教育文艺汇演，邀请时任人武部政委李文庆为役前教育新兵开设座谈会。联合地方举行“关爱军娃系国防、安全知识护童行”暨庆祝第73个“六一”国际儿童节活动。联合县司法局到武警云霄中队开展“送典进军营 军民一家亲”暨纪念延安双拥运动80周年活动，增强广大官兵的法治意识。春节、八一建军节期间，持续开展大走访大慰问活动、立功授奖送喜报活动，提升军人、军属的荣誉感和自豪感，激励现役军人安心服役，建功立业，为国防建设多作贡献，进一步营造全社会尊崇军人的良好氛围。

【战备工作】 2023年，云霄县人武部坚持党委领战，把议战议训作为党委必研议题，针对作战支援保障、国防动员和应急处突等内容，结合民兵训练、战备演练等时节，充分讨论研究相关方案措施，确保“议准、议深、议实、议透”。强化“席位就是战位”理念，严肃作战值班专项整改，狠抓战备值班秩序，提高值班人员应急处突能力。结合援战任务和人员变动，滚动修订完善各类国动援战行动方案，按照“每周一个内容、每月一个分队、阶段一次检验”常态组织战备演练。强化军地通联纽带作用，走访驻地部队，与多家军地单位构建军地应急联动工作机制，提高民兵侦察报情能力。

【军事训练】 2023年，云霄县人武部有序开展分区分级差异化组训，组织基干民兵参加全省化学洗消分队集训，遴选若干名海上医疗分队民兵赴宁波参加民船加改装训练，按计划完成上级下达的民兵训指标。严密组织首长机关训练，1名主官参加省军区人武部军事主官“岗位练兵”比武竞赛，取得分区第一、全省第十的成绩，并被省军区评为“优胜个人”，2人被军分区评为优秀“四会”民兵教练员，群众性练兵卓有成效。突出融入联训联演，派出1名文职人员代表军分区作为国防动员要素参加一线部队渡海登岛联合作战演习，派遣基干民兵参加云霄县地震和防台应急演练，组织民兵、国动办、公安局、武警、消防、核电等力量开展重要经济目标（漳州核电）防护实兵演练，提升民兵分队遂行任务能力。

【民兵工作】 2023年，云霄县人武部着眼提高潜力调查规范化、制度化，构建人武部潜力调查运行机制，坚持问题导向、聚焦重点、突破关键、带动全面，瞄准潜力数据“全、准、实、新”持续发力，着力提升潜力调查质量。调整充实民兵工作领导小组，明确职责和编组任务，形成军地同抓民兵整组工作的合力。深入贯彻“十四五”民兵编组任务要求，进一步优化布局结构，健全巩固组织，选准配强骨干，按编落实人员，清点补充装备，完善规章制度，着眼新形势新要求，创新和改进工作方法，以更新的思路、更大的力度、更实的举措，推动云霄县民兵建设提质增效。

【征兵工作】 2023年，云霄县人武部严格落实“多元化”宣传发动、“标准化”体检政考、“规范化”役前教育、“阳光化”廉洁征兵。坚持向胜征兵、提高打赢贡献率，坚持精准征兵、增强供需匹配度，坚持依法征兵、强化制度执行力，坚持阳光征兵、筑牢廉洁防火墙，完成男兵征集任务，各项数据均优于上级下达指标，“五率”指标创历史新高。2023年度人武部被军分区评为征兵工作先进单位。

【基础建设】 2023年，云霄县人武部充分发挥强军文化育人功能，修缮人武部荣誉室，配套建设图书室、民兵发展文化长廊、强军文化走廊等，为人武部全面建设发展提供不竭力量源泉。大抓文职人员能力素质提升，提升组训抓建能力，积蓄发展进步后劲。着眼巩固与提升国防动员支援保障打赢能力，紧扣规范突出软件建设，因地制宜抓好硬件升级，采取标准经费自建、争取地方政府经费代建的方式，如期完成办公楼电梯加装、办公室防盗钢质门更换、卫生淋浴间、消防网管、智能电动车棚、营区大门等基础设施优化升级，推动实弹射击场建设，人武部营区面貌焕然一新。持续开展基层人民武装部建设“评星挂牌”活动，按照重点乡镇（村居）提升，其他保持稳固的思路，协调军地两级升级民兵连部库室、补充物资器材，完善“建训用管”一体机制，规范各级民兵器材管理使用，着力推动莆美镇、列屿镇完成“三星级”基层武装部评选，全面提高基层武装建设质效。

【后装保障】 2023年，云霄县人武部认真抓好战备训练保障工作，突出抓好民兵训练、兵役征集、规范化建设各项经费保障。采购民兵专用洗烘一体机，提升民兵训练保障质效。协调电力、电信、广电等部门，实施营门外电缆下地改造，优化营门环境；积极争取云霄水务集团支持，无偿援建自来水增压系统，淘汰老旧水塔，实现从“喝上水”到“喝好水”品质提升。采取军民融合、多措并举方式组织兵器室智能化改造，集中开展车辆安全性能检测和车辆保险，顺利完成年度车辆和驾驶员审验，严把装备动用关口，狠抓制度落实，装备管理正规有序。

（高增荣、陈俩福）

武警云霄中队

【概况】 武警云霄中队主要担负云霄县看守所外围武装警戒任务、反恐、处突维稳、抢险救援和重大临时勤务等其他任务。中队始终以习近平新时代中国特色社会主义思想为指导，深入贯彻习近平强军思想，认真贯彻武警部队、总队、支队党委决策部署，紧紧围绕“稳中求进、进位争先”的目标，突出政治提领，突出夯基固本，突出重心下移，突出开拓创新，突出争创一流，突出守好底线，持之以恒树立团队观念，塑造团队作风。

【工作建设】 2023年，武警云霄中队深入学习习近平新时代中国特色社会主义思想，坚决贯彻军委主席负责制，为实现强军目标提供坚强的政治保证。履行职责使命，发扬特别能吃苦、特别能战斗、特别能奉献的精神，圆满完成上级赋予的各项任务，做到驻扎一地，保一方平安。经常性组织官兵到乌山革命根据地、秋瑾故居、陈政墓、漳江口红树林自然保护区参观见学，了解驻地红色文化和历史文化，增强官兵“拼搏、奉献、团结、自强”精神，坚持政治信念不动摇，自觉运用学到的知识，做到依法执勤、文明执勤。牢记全心全意为人民服务的宗旨，坚持把人民的利益摆在首位，当人民生命财产受到威胁时，做到主动请缨，上一线，打头阵，勇挑各种急、难、险、重任务。

【战斗作风培育】 2023年，在县委、县政府的大力支持下，武警云霄中队“智慧磐石”工程建设成效显著。按照“全面建设，体系防控，科技强勤，确保安全”十六字执勤思路，2023年被总队评为规范化执勤等级评定先进单位。中队聚焦执勤战备工作，紧盯中心任务，狠抓常态执勤，加强实战化训练，提高履职执勤能力，针对节假日与目标单位开展安全检查和联合方案演练，协助目标单位进行武装押解，共同完成执勤隐患治理，各级反馈良好；结合云霄地区夏季汛期长的实际，积极与应急管理局、消防大队等部门建立联动联防机制，开展防汛技能交流，协调更换补充救生衣、救生圈等防汛物资，确保遇有情况能及时出动，有效处置。

（邱炜超）

人民防空

【人防知识宣传】 2023年，县国动办（人防办）积极开展人防“五进”活动，先后走进云霄县金霞社区、云霄一中分校、云霄经济开发区马山社区等开展志愿者服务，现场宣传人防知识和防灾减灾常识；举行小学生全民国防教育、人防宣传和人防知识教育，普及《中华人民共和国国防法》《中华人民共和国国防动员法》《中华人民共和国人民防空法》等国防法律法规，发放人防宣传图册1200多册，展出宣传展板17块；组织各乡镇基层人防工作站认真开展“10•31”人民防空创立日宣传活动，营造浓厚人防宣传氛围。

【人防工程建设】 2023年，县国动办（人防办）结合“动态网”落实人防工程“双随机”检查制度，做好人防工程常态化监管，针对人防工程监督项目发出问题整改通知单，均已完成整改；落实人防审批“放管服”改革，暂由住建局进行人防审批工作。

【防空体系建设】 2023年，县国动办（人防办）按照市、县“十四五”人民防空建设发展规划，依据上级人民防空袭方案编修指导意见，完善城市防空袭方案编修；根据上级统一部署，于9月18日10时整配合市里开展防空警报统一试鸣活动，联合县教育局、县实验小学在云霄县实验小学举行防空防灾疏散演练，组织3000多名学生参加。

（方雄堃）

退役军人事务管理

【优抚褒扬】 2023年，县退役军人事务局严格贯彻落实抚恤优待政策，切实维护优抚对象合法权益，按标准为全县优抚对象及时发放优抚对象定期抚恤金、为服役义务兵发放家庭优待金。做好部分农村籍退役士兵和重点优抚对象生活补助的审核、审批登记工作。开展全县退役军人和其他优抚对象建档立卡、优待证申领工作。抓好烈士纪念设施管护，成立烈士纪念设施保护中心。

【就业创业】 2023年，云霄县根据“功绩量化评分”标准，实行“阳光安置”，完成转业军士安置工作。启用闽政通“军人退役一件事”线上办理，提升退役士兵办事的便捷度和满意度，全面提高用数据服务退役军人的能力。组织开展退役士兵适应性培训，提高退役军人就业及适应社会的能力水平。联合县人社局组织举办“春风送真情2023援助暖民心”及退役士兵专场招聘会，搭建退役军人与企业之间的沟通桥梁。

【双拥工作】 2023年，县双拥办、退役军人事务局开展经常性走访慰问活动，在春节、建军节前后走访慰问部队、困难退役军人，为军人立功送喜报，营造“一人立功、全家光荣”的浓厚氛围。联合县司法局到武警云霄中队开展“送典进军营 军民一家亲”活动、到通信站开展《中华人民共和国宪法》宣传。联合人武部、教育局等5个部门在云霄元光小学举行“关爱军娃系国防、安全知识护童行”活动。支持国防和部队建设，为部队各项训练工作创造良好条件，谱写新时代军民鱼水情深新篇章。

【宣传报道】 2023年，县退役军人事务局紧紧围绕中心工作和重大活动，结合党的二十大精神、主题教育、国防教育及退役军人先进典型人物等内容开展宣传报道，分别被退役军人事务部官网、“中国退役军人”公众号、国防时报、闽南日报、福建双拥、“学习强国”学习平台等不同媒体转发报道，营造尊崇军人、尊重退役军人的浓厚氛围。

（黄育智）

火田军陂遗址简介

火田军陂位于福建省云霄县火田镇火田村火田村西北的火田溪中游。

组成部分：遗址包括陂首溢流堰坝、乞丐岭段引水明渠、陂仔山凿岩暗渠等处遗迹，附属文物为“圣王陂”碑台和《云霄抚民厅判文碑》。

文物保护范围为：陂首溢流堰上下游外延各20米；陂首至圣王碑台段引水明渠本体及两侧向外延各5米；陂仔山凿岩段暗渠本体及两侧各10米；“圣王陂”碑周边各10米；《云霄抚民厅判文碑》所在的陈政故居旧址建筑。建设控制地带的界限：自各文物点保护范围边界各向外延伸25米。

火田军陂遗址位于火田镇火田村西北的火田溪中游，遗址包括陂首溢流堰坝、乞丐岭段引水明渠、陂仔山凿岩暗渠等，是迄今已知的福建省最早的水利工程。1985年元月云霄县人民政府公布为首批县级文物保护单位，文件划定保护范围为：整片堰渠遗址。2013年1月福建省人民政府公布为福建省第八批文物保护单位，文件划定保护范围为：陂首溢流堰上下游外延各20米；陂首至圣王碑台段引水明渠本体及两侧向外延各5米；陂仔山凿岩段暗渠本体及两侧各10米；“圣王陂”碑周边各10米；《云霄抚民厅判文碑》所在的陈政故居旧址建筑；建设控制地带为：自各文物点保护范围边界各向外延伸25米。

火田军陂系陈政、陈元光率开漳将士驻屯拓垦时建造的拦江自流灌溉水利工程，故称“军陂”，至今仍灌溉千亩良田，惠泽后人。陂首溢流堰坝长约120米，平面呈“Z”字形，江心段用乱石构筑，江边条石垒砌，底宽约4米、顶宽约2米、高约1米；陂基数处巧借江中天然巨石做砥柱，起到加固堰坝作用。引水渠配套工程沿江岸蜿蜒开设，乞丐岭段为明渠，在陂仔山系劈岩凿石设暗渠而过，最后流入七里铺洋灌溉沃田。现保存较好的明渠段长约530米，宽2～4米、深1～2米；凿岩暗渠长约100米，宽、深各在1米左右。乞丐岭明渠段遗存当地民众在咸丰八年（1858）为祈风调雨顺所立之“圣王陂”碑台，陈政故居内有咸丰十一年（1861）云霄抚民厅为护陂而判决的公文碑记，表明其千百年来一直为之所用，且已赋予神圣化的民俗特征。

火田军陂遗址 （云霄县文物保护中心提供）

陈政、陈元光父子通过兴建水利设施和推广先进的中原农业种植技术，迅速改变闽南蛮荒之地、刀耕火种的落后面貌，从而促进漳州经济发展和民族融洽，为社会稳定作出杰出贡献。遗址具有十分重要的科学价值、历史意义和社会功用。

经济管理和监督

发展计划管理

【2023年国民经济和社会发展年度计划】 地区生产总值完成262.24亿元，增长6.5%；固定资产投资完成162.92亿元，增长13.3%；规模以上工业总产值完成95.17亿元，增长6.8%；社会消费品零售总额完成123.98亿元，增长8.1%，其中，限额以上社会消费品零售总额完成19.7亿元，增长5.2%；实际利用外资（验资口径）完成418万美元，完成率27.8%；一般公共预算总收入完成14.14亿元，增长16.9%，完成年度计划104.35%，其中，地方一般公共预算总收入完成10.45亿元，增长14.4%，完成年度计划104.54%；城镇居民人均可支配收入达42970元，增长5.0%；农村居民人均可支配收入达25461元，增长7.5%。

（张　蔚）

【重点项目建设】 2023年，云霄县安排重点项目168个，总投资1836.22亿元，年度计划投资197.79亿元。1—12月累计完成210.05亿元，完成年度计划的110.24%。计划新开工项目110个，开工85个。计划竣工、投产项目86个，竣工67个。市级以上在建重点项目51个，总投资1685.82亿元，年度计划投资164.75亿元。1—12月累计完成191.76亿元，完成年度计划的116.4%。计划新开工项目25个，开工25个。计划建成项目11个，建成11个。省级以上在建重点项目（不含省管项目）10个，总投资171.42亿元，年度计划投资26.5亿元。1—12月累计完成34.1亿元，完成年度计划的128.7%。计划新开工项目3个，已开工3个。计划建成1个，已建成1个。

（方文波）

【项目招投标管理】 2023年，云霄县发改局进一步优化招投标程序，加强和规范工程项目招标投标管理，简化公开招标方式核准程序、规范评标行为、创新中标候选人推荐制度、优化中标公示时间。继续推行“不见面”开标，开标时间从原先的2个多小时，缩减到半个小时以内，提速75%以上，降低企业的投标成本，解决人员的聚集风险。是年，全县建设工程招标项目49个，总投资预算8.32亿元，中标价7.59亿元，节约资金0.72亿元，节约率8.65%。

（吴珊娜）

【项目审批与服务】 2023年，云霄县发改局事项总数为55个，一趟不用跑事项55个，一趟不用跑占比100%，全流程网办事项41个，全流程占比74.5%。其中，行政许可事项3个，法定时限60天，承诺时限8天，时限压缩比率86.74%，即办件数17个，即办件占比30.9%，跑动次数0次，平均跑动次数0次，极大方便了群众办事。是年累计备案项目225件，总投资181.17亿元，其中外商投资备案7件；审批事项143项，涉及项目111个，总投资142亿元。按时办结率100%，实际办理时间比承诺时间提前82%。

（吴珊娜）

【维护市场价格稳定】 2023年，

云霄县发改局进一步加强市场价格监测预测预警，提升价格监测数据信息的及时性、准确性和完整性，当好党委政府的参谋助手。开展清理规范水电气行业收费工作，制定《云霄县发展和改革局关于调整管道天然气销售价格的通知》，完善终端用户销售价格联动机制，切实维护天然气市场秩序。根据省市统一部署，在春节期间，启动农副产品平价商品销售工作，进一步平抑物价，惠及民生；启动社会救助和保障标准与物价上涨挂钩联动机制，对优抚保障对象15615人次发放59.10万元。制定县属义务教育阶段学校课后服务性收费有关事项，促进云霄县教育事业有序发展；加强对行政事业性收费的监管，完成2023年全县行政事业性收费报告工作，确保减免政策执行不落空、不走样，创造良好的营商环境。

（吴荣顺）

【价格认证服务】 2023年，云霄县发改局完成各类价格认定事项268件，认定金额12576万元。其中，涉税认定个案22件，认定金额3812万元；涉案244件，认定金额8752万元；涉纪2件，认定金额12万元。

（林 静）

财 政

【概况】 2023年，全县一般公共预算总收入完成14.14亿元，同比增长16.92%。其中，地方一般公共预算收入完成10.45亿元，同比增长14.42%，地方一般公共预算收入首次突破10亿元。一般公共预算支出30.64亿元，其中民生支出24.23亿元，同比增长23.45%。

【税收优惠】 2023年，云霄县财政局聚焦小微企业和制造业等重点行业，落实增值税留抵退税政策，全年完成退税减税降费1.80亿元，其中，增值税留抵退税1.15亿元、减免税费0.65亿元。

【争取资金】 2023年，全县获得各类专项转移支付11.92亿元（含政策性补助），比上年增加3.02亿元，获向上争取财政专项资金7.53亿元。其中，中央、省级以上专项资金6.53亿元，市级专项资金1亿元，完成市委市政府下达目标任务（5.48亿元）的119.16%。

【民生福祉】 2023年，全县民生支出23.08亿元，占一般公共预算支出的79.38%，超全省平均水平。社会保障和就业支出4.09亿元。将城乡居民基础养老金省定标准每人每月提高到160元；将城乡居民医保年人均财政补助标准提高至680元。教育文体支出9.46亿元，推进学前教育优质普惠、义务教育优质均衡发展、普通高中质量持续提升，实施职业教育改革和产教融合，促进全县教育文体事业蓬勃发展。

【生态建设】 2023年，安排3290万元，推进漳江口红树林国家级自然保护区生态修复保护；投入1525万元，支持东厦镇蔗港溪水生态环境修复治理；安排6369万元，推进农村生活污水治理和农村黑臭水体治理试点项目；投入1231万元，完成珍贵用材树种及沉香造林、支持城乡一重山森林景观造林、完成森林质量提升工程等。

【乡村振兴】 2023年，投入4387万元，支持土地整治项目和高标准农田建设，提升农业综合生产能力，稳定粮食生产和保障粮食安全；拨付中央和省级耕地地力保护资金1037万元，提高广大农民种粮积极性，促进农业生产发展；投入2262万元，支持11个乡村振兴试点示范村建设和实绩突出村建设，提升试点村村容村貌、乡村治理成效和产业振兴；安排1396万元，用于巩固拓展脱贫攻坚成果和国有农场巩固提升，兑现各项扶贫政策。

【政府采购】 2023年，云霄县财政局组织全县政府采购业务培训，印发政府采购政策汇编手册，提高采购人员业务水平，让政府采购政策得以落实。进一步加强政府采购监管，落实政府采购主体责任，划分采购人和代理机构责任内涵，加强采购单位内控管理，规范代理机构行为，并加强财政监管机制。落实营商环境政策，加大面向中小微企业采购力度，给予中小微企业价格优惠评审，面向全网公开接受全民监督投诉。是年签订合同项目118个，免收投标保证金366.31万元，减免履约保证金1417.82万元，专门面向中小企业政府采购合同金额10477.09万元，有效减轻企业经营负担。

【普惠金融】 2023年，全县本外币各项存贷款总额558.96亿元，同比增长19.09%，增速位居全市第2。其中，涉农贷款增速31.16%，位居全市第1。全县贷存比达到150%。政府性融资担保在保余额1.64亿元，同比增加13.8%；放大倍数6.3倍，同比增长1倍，居全市第4；平均担保费率1%，融资担保再担备案率超70%。银担“总对总”批量担保业务有2家银行机构与担保公司签订批量担保协议，在保余额2573万元，在保30笔；有3家银行机构与担保公司签订银担风险担保业务协议，在保企业163家，发放贷款1.38亿元。累计为中小微企业提供融资担保165笔，金额1.39亿元；辖内金融机构通过“金服云”平台向企业发放纾困专项资金贷款，累计发放贷款7.56亿元，缓解企业融资困难。

【国企改革】 2023年，云霄县紧扣经济发展现状和产业发展功能定位，推进县属国有企业整合。做大做强福建云霄圣城投资集团有限责任公司，2023年末总资产达到约100.6亿元，获评AA主体信用等级。整合原有县属国企并新组建福建云霄城市投资集团有限责任公司、福建云霄产业发展投资集团有限责任公司、福建云霄文旅康养集团有限责任公司、福建云霄国有资本运营集团有限责任公司4个二级集团，创新运作模式，合理运作资本，让县属国企进一步适应市场经济规律，实现政企分开，促进国资国企高质量发展。

【债务管理】 2023年，全县争取债券资金6.34亿元，其中，一般债10个项目，下达资金1.54亿元，投入使用0.87亿元，投向教育、市政道路、生态环保等领域。专项债8个项目，下达专项债券资金4.8亿元，投入使用4.33亿元，投向民生、基础设施、铁路等领域。是年，合计还本付息9.28亿元，其中还本6.76亿元，付息2.52亿元；获得再融资资金5.29亿元，有效减少还本付息压力；有效化解隐性债务1324万元，其中化解云霄县将军大道北段道路工程802万元、沿海大通道云霄段（二期工程）、漳江湾特大桥及连接线工程500万元、异地扶贫搬迁项目22万元。

税 务

【税费收入】 2023年，全县税务部门实现各项税费收入299188万元，同比增收39607万元，增长15.26%。其中，税收收入99074万元，增长12.75%；非税收入171712万元，增长16.54%。

【以数治税】 2023年，云霄县税务局积极运用数字技术，主动发挥先行试点作用，以图文、实时地图的形式，在全省范围内率先完成“房产大数据可视化管理平台”建设工作；创新开发“e税管家”建安管征小程序，获全市税务系统2023年度创新项目一等奖；依托云霄核电、抽水蓄能、海上光伏等重大项目，由住建、税务、发改、财政、统计等17家单位组成的建筑行业产值税收共治工作大专班，设计项目管理台账进行半智能化管理，提升建安税收管征质效，加强税收风险防控。

【纳税服务】 2023年，云霄县税务局在行政中心税务窗口实行社保类业务“一厅联办”服务，着力解决缴费“往返跑”“多头跑”的问题；打造“县—乡镇—村（社区）”三级网格化服务体系，设立乡镇社保费征缴服务中心、社保征缴服务窗口和党员服务站，促进社保费服务向乡村延伸。

【以税咨政】 2023年，云霄县税务局加强税收分析，为政府层面提供相关税收分析；主动融入地方经济发展大格局，积极落实县政府组织的土地“扩容增效”专项工作；对接县财政局，牵头上海财经大学博士团队，形成核电行业课题组，研究成果以呈阅件等不同形式上报。

【税收宣传】 2023年，云霄县税务局结合第32个全国税收宣传月主题“惠民千万家 共建现代化”，积极推进“便民办税春风行动”。开展形式多样的宣传活动，自制税收与普法宣传片，在社会面宣传和普及税收法律知识，争创普法先进单位。全年刊发媒体稿件57篇，其中被中央级、省级媒体各推介2次；与共建单位新疆温泉县税务局联合拍摄《越关山》，获第四届“税眼看发展”全国短视频大赛“最佳视觉效果奖”。

（张婧婷）

统 计

【概况】 2023年，云霄县统计工作紧紧围绕省委“深学争优、敢为争先、实干争效”行动、市委“产业发展项目建设提升年”活动及县委工作会议要求，进一步夯实统计基层基础，着力优化统计服务，为加快推进富美新云霄现代化建设提供有力的统计保障。

【统计基层基础】 2023年，云霄县统计局加强基础建设，不断夯实统计工作根基。抓好业务培训，加强对企业统计员、乡镇（开发区）及行业部门统计人员的业务培训指导，是年召开专业、五经普等培训会达36场次，参训达1600多人次，进一步提升基层统计人员业务能力和工作水平；抓好制度保障，推动出台《云霄县开展统计基层基础规范化建设提升年活动实施方案》，推动五经普工作成效纳入2023年度县绩效考评内容，是年组织召开部门商讨会、座谈会、专题会等各类会商会议65场次；抓好基础规范，对各乡镇（开发区）统计基础建设开展督导调研，着力解决基层统计力量薄弱、办公场所混杂、统计专网建设不到位等突出短板问题，对工业、贸易、投资等六大重点行业开展统计基础规范化建设核验，指导企业规范台账和凭证的设置，真正做到“数出有据”。

【统计法治建设】 2023年，云霄县统计局加强统计监督，推进依法统计、依法治统。着力抓好宣传教育，提升依法统计意识，推动统计法纳入县委党校培训必修课。是年，省、市统计局分管领导以及县统计局业务骨干到县委党校授课3次。开展专项治理行动，在全县范围内开展统计造假屡禁难绝专项治理行动，全县抽查投资、工业等企业（项目）100余家次。着力抓好监督检查，提高统计数据质量，检查企业30家，发现3家企业存在统计违法行为，对1家企业下发责令改正通知书，对2家企业给予警告并处罚款金额计0.4万元。

【统计分析服务】 2023年，云霄县统计局优化统计服务，着力提升服务质效。强化数据分析，定期开展月初报数、月中分析和月底预测“三次”研判，同时，围绕全县经济“开门红”“双过半”和“产业发展项目建设提升年”活动及“七比一看”竞赛提出预警分析和研判意见，全年撰写《呈阅件》25篇，被县领导批示28篇次。坚持高质量纳统，加强与县发改局、工信局、税务局等部门协作配合，建立完善“种子库”和“准四上库”，坚持现场核验制度，切实把好准入关；对拟申报升规纳统的企业和项目，结合现场核验开展业务辅导，指导企业规范入库材料，提高入库、审核成功率，确保符合条件的企业、项目“达规入统”，全年新增“四上”企业80家。拓宽服务覆盖面，统计数据既为县委、县政府服务，也为社会公众和统计调查对象服务，通过县政府网站及时公布统计年鉴及统计月报；同时，认真回复“12345”平台等群众咨询问题，回复满意率达100%。

【第五次全国经济普查】 2023年，云霄县统计局加强统筹协调，扎实有序推进经普工作。按照国务院、省、市经普办的统一部署安排，完成机构组建、经费保障、两员选聘、业务培训、宣传动员、单位清查等工作，全力推动于2024年1月1日开始启动的正式普查登记工作。

【城乡住户调查】 2023年，云霄县统计局在全县15个样本点开展城乡住户调查工作。云霄县城调队组织业务人员深入调查户，开展入户回访和记账检查指导工作，并逐月做好数据的录入、审核、上报工作。云霄县2023年居民人均可支配收入32780元，增长5.9%；居民人均生活消费支出22189元，增长6.6%。其中，城镇居民人均可支配收入42970元，增长5.0%；城镇居民人均生活消费支出29870元，增长6.3%；农村居民人均可支配收入25461元，增长7.5%；农村居民人均生活消费支出16671元，增长6.9%。

（方建德、张 帆、康彦喆）

审 计

【概况】 2023年，云霄县审计局完成审计项目22个，其中审计19个，专项审计调查1个，县领导交办项目2个。查出主要问题金额13743.76万元，其中违规金额6375.06万元、损失浪费金额2.08万元、管理不规范金额7366.62万元；审计发现非金额计量问题74个；出具审计报告和专项审计调查报告28篇。审计处理处罚金额8317.22万元，其中应上缴财政6375.06万元、应归还原渠道资金1941.75万元、应缴纳其他资金0.05万元、应调账处理金额0.36万元；落实中央八项规定及其实施细则精神“1+X”督查移送线索2条，移交纪委监委立案1件。审计促进整改落实有关问题资金1912.67万元；审计促进拨付资金到位7798万元；审计后挽回（避免）损失142万元。审计提出建议54条，被采纳54条；推动被审计单位制定出台相关规范性文件或改进措施39个。

【预算执行情况审计】 2023年，云霄县审计局开展云霄县2022年度县本级预算执行情况、决算草案和其他财政收支审计，以及县公安局和县自然资源局预算审计，突出对地方政府债券资金、失业保险基金专项资金等方面开展审计，重点审计县财政局、县公安局、县自然资源局、县人力资源和社会保障局、县文化体育和旅游局等部门单位。通过审计，查出主要问题金额4216.48万元，非计量问题18项。其中，管理不规范资金3751.22万元，违规资金465.26万元。

【政策落实跟踪审计】 2023年，云霄县审计局开展乡村振兴专题政策审计3个，重点对推进经济开发区园区标准化建设、乡村发展和乡村建设相关政策和资金等政策落实情况开展跟踪审计和中心城区污水治理提质增效工程，揭示政策配套措施督查事项落实不到位、补助资金分配管理不规范、园区标准化建设及污水治理进度迟缓等问题。

【经济责任审计】 2023年，云霄县审计局开展领导干部经济责任审计项目9个，对县财政局、县应急管理局、县行政服务中心等9个单位15位领导干部开展离任和任中经济责任审计，重点关注领导干部贯彻执行中央、省、市决策部署落实及相关政策措施、发展规划的制定、执行和效果，财政财务收支和经济运行风险防范，以及落实党风廉政建设责任和廉洁从政规定等情况，揭示贯彻执行决策部署不到位、重大经济事项未经决策程序或违规决策、内部控制管理不规范、经济风险防范不到位、国有资产管理不规范等46个问题。是年，首次开展县属国有企业圣城集团主要领导干部离任经济责任审计，揭示部分政策执行不到位、“三重一大”决策制度不健全、企业管理制度不健全等问题，促进领导干部依法、秉公、廉洁用权。

【资源环境审计】 2023年，云霄县审计局对县自然资源局2022年度自然资源资产管理和生态环境保护责任履行情况进行审计，重点审计贯彻执行政府生态文明建设方针政策和决策部署情况、自然资源资产管理和生态环境保护目标责任制完成情况等事项。揭示未及时收取土地划拨款、违法图斑未整改到位、目标责任考评工作落实不到位等问题。

【重点民生资金和项目审计】 2023年，云霄县审计局重点围绕省纪委监委挂钩帮扶云霄项目开展建设管理和资金运用情况审计及推进实施情况审计调查。涉及9个建设工程26个子项目，审计发现问题30个，提出审计意见11条，揭示和完善工程建设领域的管理漏洞和制度建设。通过审计，规范资金管理和使用，促进资金拨付到位6300万余元，挽回损失140万余元。

【审计查出问题整改】 2023年，云霄县审计局全面梳理2019年以来省、市、县审计发现未整改到位问题，贯彻落实《关于建立健全审计查出问题整改长效机制的意见》文件精神，按照《云霄县审计局审计结果整改落实情况跟踪督促检查管理办法》，执行“一清单、两台账、三张函”，对审计发现问题整改落实情况实行对账销号动态管理。县政府先后召开7次审计发现问题整改专题会和推进会，听取责任单位整改进展情况汇报，传导整改压力，推动整改落实。同时将审计反馈问题以及审计整改情况纳入年度绩效、全面从严治党考核内容，以及领导干部述职述廉和主题教育民主生活会内容要求。

【专项审计】 开展2022年度打假捐赠资金使用情况专项审计和云霄旧党校片区拆迁管理及资金使用情况专项审计。

【审计委员会】 2023年4月4日，召开中共云霄县第十四届县委审计委员会第五次会议，传达学习习近平总书记关于审计工作的重要讲话重要指示批示精神以及上级有关会议精神，研究审议《2022年县委审计委员会工作情况和2023年工作要点（送审稿）》和《云霄县2023年审计项目计划（送审稿）》；8月4日，召开中共云霄县第十四届县委审计委员会第六次会议，传达学习贯彻中央和省委、市委审计委员会会议精神，研究审议《2022年度云霄县本级预算执行和其他财政支出情况的审计报告（送审稿）》；11月9日，召开中共云霄县第十四届县委审计委员会第七次会议，研究审议《2022年度云霄县本级预算执行和其他财政支出审计查出问题整改情况报告（送审稿）》，听取关于省市县审计发现问题整改未到位情况及2022年省纪委监委挂钩帮扶云霄项目审计工作情况汇报。

（李灿新）

质量技术监督

【质量计量工作】 2023年，云霄县市场监督管理局完成强制检定计量器具6887台件，免收36.592万元。强检计量器具包括全县22个加油站的加油机504枪；汀洋农贸市场、莆美农贸市场、常山华侨中心市场等21个集贸市场电子秤3120台件；药店商超送检戥秤及电子秤138台件；压力表2680台件；医院和个人送检无创电子血压计和血压计445台（件）。是年，云霄县市场监管局组织县质量计量检验检测所、国网云霄分公司等单位在县城威惠广场开展“5•20”世界计量日主题宣传活动，在商场、超市、农贸市场、加油站等人流密集场所的电子显示屏循环播放计量日宣传海报和宣传视频，发放“呼出气体酒精含量检测仪”“民用三表”“计量与眼镜质量”等宣传彩页90份，营造诚信计量的社会氛围；计量“双随机、一公开”检查工作，在全县范围内随机按比例抽取云霄县加油站企业、验配眼镜场所14家进行计量监督检查，发现两家验配眼镜店存在使用未经检验强检计量器具违法情况，立案并罚款1000元；云霄县食品快检中心参与制定并发布的两个团体标准《云霄黄观音》及《云霄黄观音栽培技术》正式实施。

（张文忠）

【特种设备安全监察】 2023年，云霄县市场监督管理局重点开展“特种设备安全隐患排查整治”“城镇燃气安全专项整治行动”“‘特种设备企业主体责任推进年’活动”“‘安全生产月’及应急演练活动”“电梯安全筑底三年行动”等专项行动，出动执法人员633人次，检查特种设备使用单位187家次，发现安全隐患57个，发出安全监察指令书57份，立案17起，罚没款入库35.06万元。是年，云霄县（含常山华侨经济开发区）有特种设备使用单位540家，在册各类特种设备3655台，其中气瓶充装单位3家，学校、医院、商场等特种设备重点使用单位55家；注册登记各类特种设备396台，全年特种设备零事故，特种设备安全形势较好。

（杨宏坚）

工商行政管理

【企业开办“一网通办”】 2023年，云霄县市场监督管理局依托企业开办“一网通办”平台，实现相关数据同步采集、业务并联办理、结果实时共享。推行自主申报的名称和设立登记一并办理，企业名称平台通过“自助查重、关联提醒”功能对拟定名称进行自主查询、比对。实行经营范围规范化登记，经营范围升级为“智能搜索”“套餐选择”“自主申报”，申请人只需勾选生成，即可实现跨地区、跨部门经营范围无缝衔接、快速申报，大幅减少人工干预，实现符合条件的企业设立登记“即报即办”。

【深化“证照分离”改革】 2023年，云霄县市场监督管理局进一步深化“证照分离”改革，拓展“多证合一”改革事项。市场主体初次设立时，当选择的经营范围涉及预包装食品事项的，市场主体可以按照“多证合一”规定，通过线上登记注册系统申请填报或者线下窗口提交“多证合一”政府部门共享信息表的方式，同步提交仅销售预包装食品备案信息。一体化平台系统自动将采集的仅销售预包装食品备案等相关数据实时推送至仅销售预包装食品备案系统。申请人在无需提交多份材料的情况下，即可同时申领营业执照和预包装食品备案表，以信息共享为手段，进一步优化营商环境，加强便民利企服务，大大提高工作效率，简化办理流程，减轻群众负担，实现群众办理“零材料”，实现市场主体“准入即准营”。

【互联网+政务服务】 2023年，云霄县市场监督管理局为进一步推进市场主体登记便利化，提高个体工商户登记效率，审批窗口创新审批方式，推出营业执照“全程网办”新举措。申请人只需要登录福建省网上办事大厅，即可足不出户完成材料提交、在线审批、电子签署，当天办结、当天出证。全程无纸化办公，既方便群众也节约打印成本。申请人既可以选择到窗口线下领取执照，也可以选择邮寄领取，在窗口为群众提供“证政快”服务。

（吴辉洪）

【双打工作】 2023年，云霄县市场监督管理局认真贯彻工作部署，关注民生保障，聚焦执法主业，突出整治成效的总体思路，坚持高站位、高标准、高质量、高强度，全覆盖地推进打击侵权假冒违法行为专项行动。是年，办理双打相关案件51起，罚没金额51.8万元。

【打击走私贩私工作】 2023年，云霄县市场监督管理局认真组织开展打击流通领域走私行为。加强对相关经营主体的日常巡查，严格按照《福建省反走私综合治理工作规定》等相关法律法规的要求，坚决查禁走私行为，促进有关商户守法经营；在强化事前、事中监管的同时，还结合实际情况，加强反走私法治宣传，增强经营者的法律意识和守法意识，发动广大人民群众积极参与，充分发挥“12315”消费申诉举报热线、网络平台的作用，积极拓宽投诉举报的渠道；加大案件查办力度，对经营无合法来源商品、未履行进货查验义务等行为严厉查处，是年办理相关案件3起，罚没款0.6万元。

【校外培训机构侵害消费者权益行为】 2023年，云霄县市场监督管理局与县教育局联合牵头开展点题整治校外培训机构专项行动，重点查处校外培训机构利用合同不公平格式条款侵害消费者权益、虚假广告、价格违法等行为。是年，立案查处某托育机构未明码标价行为，罚没款0.1万元。

【企业升规纳统】 2023年，云霄县市场监督管理局根据《云霄县2023年“产业发展项目建设提升年”活动实施方案》要求，积极开展助推企业升规纳统工作。是年，入库培育31家，完成升规纳统3家，补充批提交材料8家。

【铁拳行动】 2023年，云霄县市场监督管理局制定《云霄县2023年民生领域“铁拳”行动方案》，召开工作部署会，明确责任，开展相关活动。加强“铁拳”宣传，强化失信惩戒；坚持办案与宣传统筹考虑，加强组织策划，选择合适的宣传平台、媒体、内容、方式、节奏，有计划地开展宣传活动。是年，在民生领域案件查办“铁拳”行动中，查办假冒知名品牌及“傍名人”“搭便车”行为案件10起，罚没款1.2万元；查办反餐饮浪费案件简易程序4起，对当事人处以警告处罚。

【反餐饮浪费】 2023年，云霄县市场监督管理局积极开展反餐饮浪费行动，出动执法人员205人次，督促指导餐饮服务经营者开展自查自纠356户，检查餐饮单位201户，暂未发现违法行为；发放厉行节约、反对浪费的倡议书、宣传手册（单/画）350余份。是年，立案4起简易案件，4起案件都是违反《中华人民共和国反食品浪费法》第七条第一款第二项，根据《中华人民共和国反食品浪费法》第二十八条第一款的规定责令当事人改正违法行为，并给予警告处罚。

【医疗美容行业专项整治行动】 2023年，云霄县市场监督管理局开展医疗美容行业专项整治行动，对辖区内医疗美容行业进行监督检查工作。是年，出动执法人员46人次，检查相关经营企业16家，立案查处一起相关案件，罚没金额0.05万元。

（何炜阳）

【企业年报及清理吊销工作】 2023年，云霄县内资企业年报率99.86%，位于全市第三名，农民专业合作社年报率98.03%，个体年报率86.15%，清理吊销企业营业执照104户。

【“双随机、一公开”抽查工作】 2023年，云霄县市场监督管理局收集全县23个成员单位1402项随机抽查事项，345名执法人员名库录。是年，抽查2881户市场主体，其中企业723户，个体工商户2158户，检查结果均录入系统对社会公开。

【优化营商环境工作】 2023年，云霄县市场监督管理局做好市对县市场监管指标考评。完成双公示系统数据上传、“互联网+”监管系统录入，“双随机、一公开”监管，做好营商环境监测平台材料报送。

【“1+X”专项督查】 2023年，云霄县市场监督管理局成立检查组27组次，检查32次，检查餐饮服务单位78家次，签订31份企业自查报告和承诺书，发现疑似违反中央八项规定线索5条，移交纪委监委进一步核实。

【无证无照查处工作】 2023年，云霄县市场监督管理局查办无证无照经营案件7起，案值4.57万元，罚没金额2.57万元，开出无照经营告诫书 110 份。

（李晓宝）

【创建国家地理标志产品保护示范区】 2023年，云霄县市场监督管理局积极开展创建国家地理标志产品保护示范区工作，制定《云霄县国家地理标志保护示范区建设实施方案》并上报国家知识产权局，成立工作专班。县委县政府把国家地理标志产品保护示范区创建行动列为2023年十个高质量发展专项行动，并纳入省纪委挂钩帮扶项目。根据《国家地理标志产品保护示范区验收要求》，从夯实保护制度、健全工作体系、加大保护力度、强化保护宣传、加强合作共赢等方面推进国家地理标志产品保护示范区创建。

地标场馆建设 结合乡村振兴战略，立足区域特色和产业发展需求，高质量建设地标馆和地标驿站。云霄枇杷驿站、下河杨桃驿站升级改造完成；6月28日，云霄白石驿站通过漳州市市场监督管理局审核认定；云霄礁美驿站建设申报材料上报漳州市市场监督管理局审核认定；列屿人家地标驿站建设在有序推进中。

完善标准严格授权，规范地标管理使用 指导协调云霄县地理标志产业协会及各地标注册人加大地理标志商标和专用标志的授权使用备案力度；完善标准制定，加大地理标志商标和专用标志的授权使用备案力度；选择全县规模和产值较大的13个地标先行制定标准，其中地方标准2个，团体标准11个。

地理标志商标相关法律法规宣传 联合县人民法院到和平乡棪树村宣传地标的规范使用和自我维权知识；联合县人民法院、县司法局开展“蒲公英”志愿者联盟普法宣传“五进”活动，宣传国家地理标志产品保护示范区创建工作和知识产权法律法规。

开展商标侵权专项执法行动 查处各类地理标志商标侵权案件47起，罚款44.96万元，依托漳州市智慧地标监管平台，处置涉嫌侵犯云霄地理标志相关违法违规线索26条，立案查处6起。

开展行政司法协助，强化地标维权保护 指导县地理标志产业协会和相关地标注册主体开展地标维权保护，在PC端和移动端双系统建成云霄县地标平台，还与漳州市智慧地标监管平台实现功能对接，为地标权利人提供线上侵权线索自动检索监测服务。4月20日，县市场监督管理局、人民法院、人民检察院、公安局共同签署《国家地理标志产品保护示范区建设协同保护合作框架协议》，通过健全保护协作机制，构建大保护工作格局，全面提升国家地理标志产品保护示范区建设协同配合力度。

【知识产权工作】 2023年，云霄县市场监督管理局积极构建知识产权工作体系。落实工作责任，落细目标任务，强化部门协作，加强横向联系和沟通对接，强化资源共享和信息互通，形成工作合力，推动知识产权创造、保护、运用工作制度化、规范化，提升知识产权服务水平。

开展知识产权大走访活动 云霄县市场监督管理局领导带队到漳州市华威能源科技有限公司等调研指导知识产权工作，对企业创新、品牌推广、维权等工作进行指导。

开展知识产权宣传运用促进工作 云霄县市场监督管理局积极组织2023年度省知识产权优势企业申报工作。推荐云霄利众诚食品有限公司、福建鼎厨王厨具有限公司、福建云星电子有限公司三家公司参与2023年省知识产权优势企业评选认定。其中云霄利众诚食品有限公司和福建云星电子有限公司被认定为2023年度省知识产权优势企业。

推动企业知识产权助理官聘任工作 根据《漳州市企业知识产权

助理官聘任管理暂行办法》，推荐“漳州华锐锂能新能源科技有限公司”“漳州市华威电源科技有限公司”“福建粤海饲料有限公司”的业务主办聘任为漳州市2023年度企业知识产权助理官，于2023年5月22—24日在漳州东南花都参加集中培训，旨在培养一批会管理、会布局、会运用、会保护的企事业单位知识产权业务骨干。

指导企业强化知识产权运用 积极指导漳州市绿洲农业发展股份有限公司与中国邮政储蓄银行云霄县支行利用专利权质押贷款435万，与云霄县信用合作联社利用专利权质押贷款200万元；福建云星电子有限公司与邮政储蓄银行及农村合作联社利用专利权质押贷款2200万元；云霄县萱宝贸易有限公司与中国建设银行云霄支行利用专利权质押贷款29万元，三家合计2864万元。云霄县地标产品供销有限公司用“比巴木”商标权与中国银行云霄支行签订质押贷款100万元。

落实知识产权奖补政策 组织指导省级知识产权优势企业“漳州华锐锂能新能源科技有限公司”和国家级知识产权优势企业“漳州市华威电源科技有限公司”及“福建粤海饲料有限公司”进行资金奖励申报，落实2023年度漳州市首批知识产权奖补政策项目资金55.4万元，落实2023年省级专利权质押贷款贴息项目资金38.8万元，落实2023年度漳州市中央服务业发展（专利转化专项计划）资金45.07万元，是年共计落实奖补政策139.27万元。

（吴晓晴）

食品药品监督管理

【食品安全“两个责任”】 2023年，云霄县市场监督管理局建立县、乡、村三级包保干部“三张清单、一项承诺书”工作机制，以食品安全“两个责任”机制为抓手，着力构建食品安全风险防范共管共治长效机制。截至12月31日，云霄县有各类在产在营包保主体6796家，其中B级27家、C级151家、D级6618家；B级包保干部12人、C级包保干部74人、D级包保干部691人。各级包保干部圆满完成2023年“两个责任”督导工作，包保覆盖率、督导完成率、督导整改率等关键指标达到100%。

【“食安创城”工作】 2023年，云霄县市场监督管理局牵头抓总，对标对表食安创城工作要求，围绕健全“六大体系”，建设“十大重点工程”，有序推进漳州市创建食品安全示范城市工作。是年，组织召开县食品安全委员会全体会议5次、食安创城工作推进会9次，对食安创城工作进行有序部署；强化部门分工协作，将19种业态按部门职责划分至县市场监督管理局、农业农村局、教育局等单位，全力打造符合标准的明察暗访点位；加大宣传力度，加强正面引导，营造“人人关心、人人支持、人人参与”的浓厚创建氛围。

（方思力）

【食品监督抽检工作】 2023年，云霄县市场监督管理局制定抽检计划开展监督抽检，对食用农产品，预包装食品，餐具等进行监督抽检，依据抽检结果对违法违规的经营者进行处理。是年，抽检1767批次，其中农产品不合格13批次，普通食品不合格42批次。

【“一品一码”追溯体系建设】 2023年，云霄县市场监督管理局督促食品生产经营单位建立健全食品安全可追溯体系，加大对新取证食品生产经营单位的培训力度，持续强化“一品一码”追溯体系应用，推进“一品一码”追溯体系建设，推动追溯体系建设提质、扩面、增效，确保产品来源可查、去向可追、风险可控、责任可究。是年，创建渡头农贸市场为溯源农贸市场。

【食品生产企业监督检查】 2023年，云霄县市场监督管理局强化食品生产监督检查，开展重点区域重点品种食品安全专项整治，加强对肉制品、白酒和固体饮料等重点食品生产企业监督检查，严防“两超一非”、微生物污染等风险，严防食品安全问题反弹。重点从生产企业的硬件布局有无变化、生产管理过程是否科学合理、台账记录是否完整、产品质量是否合格四个方面实施监督检查闭环管理。结合食安创城省级评审操作指南（2023版），指导督促食品生产企业制定符合自身实际的风险防控清单，严格落实“日管控、周排查、月调度”工作机制。

【小作坊集中加工区省级试点单位】 2023年，云霄县市场监督管理局开展小作坊食品安全提升行动，做好小作坊普查建档、目录建立、核准准入、监督检查、抽检监测、品牌创建、信用体系建设等工作，实现小作坊普查建档率达到100%。持续开展食品小作坊专项整治，通过打击整治、规范提升，促进小作坊规范发展。是年，辖区17户小作坊均纳入“一品一码”追溯体系建设范围。云霄县地标小作坊集中加工区顺利通过省级验收，成为漳州市第二个小作坊集中加工区省级试点单位。

【流通环节食品安全风险整治】 2023年，云霄县市场监督管理局坚持问题导向，分级建立风险清单，围绕防范风险、排查风险、治理风险、化解风险，突出重点，深入开展流通环节食品安全风险排查整治。对监督抽检不合格食品销售者开展专项检查，核查问题原因，对违法违规的食品销售者进行处罚并督促销售者认真整改。是年，对云霄县内4家多批次抽检不合格的经营单位开展飞行检查和现场约谈。

（曾 玫）

【食品（餐饮）经营的行政许可和小餐饮登记工作】 2023年，云霄县市场监督管理局规范、强化食品经营主体准入资格、经营条件审核工作，持续推进小餐饮登记规范化、制度化工作。是年，核发（包括延续、变更）餐饮服务经营主体的食品经营许可证705件，小餐饮登记127户。在食安创城的有力推动下，餐饮服务食品经营许可证核发越来越规范，经营环境、功能区间设置越来越合理。特别是，小餐饮登记，在不断规范下，各乡镇大力推动小餐饮登记证核发，更加凸显小餐饮监管的分层分级、精准监管目的。

【校园食品安全监管】 2023年，云霄县市场监督管理局积极开展春、秋开学初、中高考期间学校及周边食品安全专项整治和中高考期间食品安全保障工作。努力推进学校“明厨亮灶”提档升级，推行食品安全智慧监管。持续推进学校及周边食品安全监管和食品安全可追溯的“一品一码”溯源系统建设。联合教育、公安、卫健等部门开展校园（及周边）食品安全综合整治。针对学校周边小餐饮、餐饮服务单温的食品安全现状，围绕群众反映强烈的食品安全突出问题，通过开展“五个一批”集中整治，进一步规范食安创城重要点位食品经营秩序，净化食品消费环境，消除食品安全隐患，切实保障广大群众的身体健康和生命安全。

【治理“餐桌污染”整治】 2023年，云霄县市场监督管理局积极开展餐饮环节各项专项检查和专项整治执法行动，持续开展治理“餐桌污染”整治，查处打击食品经营中的违法违规行为。是年，出动执法人员3188人次，检查餐饮单位（包括学校食堂）1567户次；查处涉餐饮单位违法经营案件20起，结案入库罚没款金额13.9996万元。

【“餐桌污染”整治】 2023年，云霄县市场监督管理局通过媒体、公众号、网络订餐平台、食品安全宣传周等媒介、活动，推进“节约粮食、杜绝餐饮浪费”、倡导文明餐桌的行动，开展餐饮环节“限塑令”宣传贯彻工作。持续探索和推进农村聚餐网格化监管，推行农村聚餐食品安全保险。

（张幸龙）

【药械化概况】 截至2023年底，云霄县有药品批发企业1家、医疗器械生产企业1家、药品零售企业109家、医疗器械经营企业139家、医疗机构291家、较大规模化妆品经营企业38家。是年，云霄县市场监督管理局药品医疗器械化妆品监管工作紧紧围绕省、市市场监督管理局和县委、县政府关于药品安全监督工作要求和部署，以“四个最严”要求为根本遵循，以“强监管、守底线、保安全，优服务、追高线、促发展”为基调，不断完善监管机制，提升监管效能，持续巩固药品质量安全，促进产业高质量发展，有效地保障云霄县人民群众用药用械用妆安全有效。

【药械化市场监管】 2023年，云霄县市场监督管理局坚持以“全覆盖、治源头、提实效”为主线，加强药品医疗器械化妆品市场监管。结合日常监督检查与“双随机、一公开”检查，完成药械零售企业检查工作，并将检查结果录入“福建市场监管一体化平台”，确保药品市场安全；按标准依规范推进行政许可工作，是年审查新开办药品经营企业6家、换发药品零售经营许可17家，三类医疗器械经营企业新办1家、延续2家，医疗器械经营企业备案12家，云霄县城乡药品医疗器械市场布局合理，群众购药方便；开展药品医疗器械化妆品安全风险监测，确保群众用药用械用妆安全，收集、审核、评价 ADR（药物不良反应）395 例，其中新的严重的报告占比 32.2%，MDR（多药耐药性）病例上报 127 例，其中严重的病例占比 18.1%，化妆品不良反应病例 46 例，超额完成药械化不良反应监测工作，药械化安全风险监测评价工作稳步落实；持续推进医疗器械信息化追溯体系建设，3 家二级医疗机构已完成 UDI（医疗器械唯一标识）建设，县医院、中医院 UDI 系统投入使用；强化麻精药品监管，筑牢禁毒防线，配合公安、卫健等部门开展麻精药品监督检查，日常检查将含特殊药品复方制剂作为重点检查品种，确保麻精药品、含特殊药品复方制剂“来源可查，流向可溯”，严防严管严控麻精药品、含特殊药品复方制剂流入非法渠道；加强网络交易监管，接收审查药品网络销售企业信息报告，建立健全监管台账，将药品网络销售纳入日常监管，有 26 家药品零售企业开展网络销售活动，定期对辖区药品医疗器械化妆品网络销售企业进行线上监测，及时更新掌握监管底数，排查违法违规行为，及时核查市市场监督管理局移交的网络交易违法线索，是年收到市市场监督管理局移交线索 8 条，根据线索查处“化妆品违法广告案”1 起；加强药械化行业安全生产管理，将药械化经营企业安全生产工作与药械质量安全监管工作同部署、同落实，及时排查安全隐患、整治隐患、确保药械行业生产安全。

【药品安全专项整治】 2023 年，云霄县市场监督管理局着力开展药品安全巩固提升行动，制定《云霄县药品安全巩固提升行动实施方案》，成立药品安全巩固提升行动工作专班，明确工作重点、工作措施，压实辖区企业主体责任，加大药械化监管力度，聚焦重点产品、重点对象、重点环节、重点领域专项治理，对药械化流通、使用过程中的薄弱环节开展全面风险排查。药品方面：开展涉疫药品和医疗用品稳价保质专项行动，结合疫情防控新形势新要求，强化涉疫药品和医疗器械质量及价格监管；药品经营和使用环节专项检查，结合专项检查加强对含兴奋剂药品和含曲马多复方制剂药品监督检查；开展违规销售处方药专项整治、疫苗专项检查、麻精药品专项检查等专项行动。医疗器械方面：开展医疗器械质量安全专项整治工作，以疫情防控类医疗器械、集中带量采购中选产品为重点，开展医疗器械质量安全专项整治工作。化妆品方面：重点化妆品经营使用单位专项检查，进一步深化“自己管、网上查”专项治理；有针对性地规范儿童用妆安全，着力打击不依法依规履行进货查验义务行为。是年，检查药品医疗器械化妆品经营使用单位 445 家次，责令整改 56 家次，办理案件 30 起，罚没款 548.69 万元。其中与公安、检察院共同办理利用网络平台“无证经营药品”案件 3 起，罚没款 538.85 万元，这 3 起网络无证销售药品案件入选福建省第一批药品安全巩固提升行动典型案例。

【监管能力标准化建设】 2023 年，云霄县市场监督管理局被确定为“市县药品监管能力标准化建设”第一批重点培育单位，根据省、市关于推进市县药品监管能力标准化建设的有关文件要求，云霄县市场监督管理局立足云霄实际，抓重点、补短板、强弱项、求突破，落实“三专三严三合”和“三个标准化”工作机制，提升基层药品监管效能，推动药品监管能力标准化建设走深走实。省药监局局长在云霄调研药品监管能力标准化建设工作反馈会上，以“有强烈的监管意识，有健全的监管机构，有良好的监管机制，有严格的监管执法，有有效的监管方式，有深入的工作思考”六个“有”肯定云霄县市场监督管理局在药品监管能力标准化建设工作中取得的成效。

【法律法规宣传】 2023 年，云霄县市场监督管理局以“3·15”国际消费者权益日、“6·26”国际禁毒日、“全国安全用药月”等活动为载体，组织党员干部、志愿者及企业、协会等通过横幅、LED 显示屏、短信、药品安全宣传专栏、微信群、朋友圈等多维度多方式开展药品安全进企业、进学校、进社区、进老年病院宣传活动，营造浓厚的宣传氛围，提高群众药品安全科学素养。

（方瑞燕）

价格管理

【涉企收费监管】 2023 年，云霄县市场监督管理局聚焦涉企收费监管，持续推进助企纾困行动。联合县发改局、银保监、电力等部门，在往年涉企违规收费整治的基础上，继续梳理完善收费政策，深入开展调研摸排，向社会广泛收集问题线索，摸清监管底数，梳理问题清单，组织部署专项行动；组织涉企收费主体对照专项行动要求，全面开展自查自纠，落实收费主体责任，对自查中发现的违规收费，主动规范、及时清退、整改到位。

【民生领域价格监督】 2023 年，云霄县市场监督管理局关注民生领域，加强市场价格监督检查。在元旦、春节、“五一”国际劳动节、国庆中秋期间加大市场价格巡查力度，严厉打击不明码标价、价格欺诈、捏造散布涨价信息、哄抬价格、串通涨价等价格违法行为，及时发现趋势性、苗头性问题，强化风险防范和应急处理，确保重要节假日的重点商品和市场价格基本稳定，切实为广大人民群众生活营造美好的价格环境；根据上级工作部署，充分认清开展粮食市场秩序专项整治和粮食购销领域腐败问题专项整治自查自纠工作的重要意义，把持续开展粮食市场秩序专项整治和整治工作自查自纠作为重中之重抓紧抓好抓实，为粮食市场保质稳价、筑牢粮食安全防线履职尽责；加强对云霄县化肥市场价格监督检查，重点对化肥市场经营者进行化肥价格监督，引导化肥经营者规范价格行为，严厉查处化肥市场经营者捏造散布涨价信息、相互串通、不按规定明码标价等价格违法行为。

【价格执法】 2023 年，云霄县市场监督管理局联合县发改局、教育局、财政局四部门制定《云霄县教育收费自查自纠和重点抽查检查专项行动的实施方案的通知》，加强教育收费监管，规范教育收费行为。出动执法人员 65 人次，检查各类学校和学科类培训机构 14 家次，现场指导检查过程中发现的个别学校公示栏中的投诉举报电话存在错误及学科类培训机构存在收费项目不规范等情况，并责令立即进行整改。是年，云霄县市场监督管理局对云霄县医疗卫生领域监管，重点查处不按规定明码标价、重复收费、扩大范围收费等，查处立案 2 家医院违规收费，涉嫌违规金额 1066400 元。

（罗晓燕）

圣城集团

【概况】 福建云霄圣城投资集团有限责任公司成立于 2017 年 10 月，注册资本为 10 亿元，由福建省云霄县财政局独立出资，属国有独资有限责任公司，系云霄县首家拥有 AA 信用等级国有企业。集团共有下属公司 37 家，下设城市投资、国有资本运营、产业发展投资、文旅康养 4 个二级集团。致力于资本运作、投融资及对权属企业的管理，主要承担交通市政基础设施、房地产投资建设以及乡村振兴，全县工业园区转型开发建设、双招双引、园区运营项目，全县文化旅游发展与康养服务的投资运营，全县国有资产运营以及商贸服务。

【国有资产经营效益】 2023 年，集团资产总额 100.69 亿元，负债总额 52.28 亿元，净资产 48.41 亿元，资产负债率 52%，营业收入 10.34 亿元，利润总额 0.86 亿元，缴纳税金 4203.79 万元，年融资额 2.3 亿元。

【国企改革】 2023 年，圣城集团贯彻《云霄县国有企业优化整合行动方案》，深化国企改革，整合完善“1+4”运营模式；按照现代企业管理要求对集团内控制度进行修改、调整；组织开展 2023 年春季公开招聘活动，聘用法务、财务会计及工程管理等 21 名专业人才；6 月，组织选拔县属国有企业领导班子，面向社会公开选拔聘用 3 名二级集团副经理；完成 3 批次共 63 处价值共 11.38 亿元的国有资产划转工作；完成支农担保等 11 家企业划转工作；11 月 28 日，圣城集团成功获评 AA 主体信用评级，提前一年实现 AA 主体信用评级目标。

【供应链贸易】 2023 年，圣城集团开始拓展供应链贸易业务，共完成贸易额 2.18 亿元，供应链贸易业务顺利扭亏为盈。其中：与福建漳龙集团有限公司签订贸易总额 3 亿元贸易合作框架协议，累计完成贸易额 3229 万元；与福建三木集团股份有限公司签订贸易总额 4 亿元的合作框架协议，累计完成贸易额 13758 万元；与漳州市交通发展集团有限公司达成合作，累计完成贸易额 1861 万元；供应福建七建集团有限公司在建项目建筑材料，共签订总额为12225万元的建筑材料购销合同，累计完成贸易额2944万元。

【投融资】 2023年，圣城集团积极参与用地扩容增效专项行动，投资1.8亿元，成功收购十八重工、太尔等工业用地；集团与漳州发展集团合股成立漳发新能源（云霄）有限公司，开展中核云霄陈岱5万千瓦渔光互补项目，项目于2023年10月正式投产，成为省内第一个渔光互补并网项目；谋划与浙江能源集团、中核汇能有限公司投资入股海上光伏项目；谋划开展奥龙吉（云霄）实业有限公司资产收购、投资入股农信社、电动汽车充电基础设施建设、乡村振兴全域农业规模化经营建设项目一期（园改耕）、农村产业融合发展示范园、向东渠水毁修复及提升改造工程、云霄职业技术学校迁建等优质项目，与县供销社合作，打造全县所有预算单位工会福利、食堂及县属国企平价超市。

【项目建设】 2023年，集团建成演武亭小区北侧道路、溪云路南段道路、人和路及周边配套道路等城市道路，总里程达2.08千米；完成莆美镇莆下村村民安置房建设项目，建筑面积为22.65万平方米，累计受益群众约1199户；云霄县粮食仓储改扩建和物流中心建设项目完成5416万投资额，顺利完成全年投资任务；城乡供水一体化工程（一期），2023年累计完成LED北大道、莆政路、将军大道等路段铺设管道约11千米，累计完成投资6049万元；完成云霄县低收入群体居住场所消防安全改造提升工程，项目总投资约400万元，进一步提升改善云霄县7961户低收入群体居住环境消防安全条件。

（罗鸿斌）

【福建云霄城市投资集团】 2023年，云霄县莆美镇莆下村村民安置房建设项目（NO.1地块）建成完工，总投资90000万元，项目总建筑面积194904.27平方米，地上建筑面积153073.03平方米，其中计容建筑面积151425.31平方米，地下建筑面积41831.24平方米。

2023年，云霄县原东林电子东侧道路建设工程建成完工，项目总投资2874.5438万元，其中合同金额1615.4595万元。路长691.342米，宽24米，双向四车道（断面形式为：左人行道5米+行车道14米+右人行道5米）。主要建设：路基路面、交通工程、雨水、污水、照明工程、电力通信管道工程、绿化工程、给水管道、燃气管道。

2023年，云霄县演武亭小区北侧道路工程建成完工，项目总投资1216.4809万元，其中合同金额878.8663万元。道路设计总长为448.654米，宽16米（断面形式为左人行道3.5米+行车道9米+右人行道3.5米）。主要建设：路基路面、交通工程、排水工程、照明工程、电力通信管道工程、绿化工程、给水管道、燃气管道。

2023年，云霄县溪云路南段道路建设项目建成完工，项目总投资1118.6799万元，其中合同金额816.915947万元。道路设计总长为216.27米，道路宽度为40米，双向六车道（断面形式：左人行道5米+左非机动车道4.5米+行车道21米+右非机动车道5米+右人行道4.5米）。

2023年，人和路及周边配套道路（溪福路、双溪路）工程建成完工，项目总投资9660.3万元，其中合同金额5208.64万元。本项目共包含3条市政道路，分别为人和路、溪福路和双溪路，路线全长约1413米。新建道路红线宽度21.5—40米，其中人和路红线宽21.5—40米道路长830米，溪福路红线宽24米道路长258米，双溪路红线宽24米道路长325米配套雨水、污水管道、照明、综合管线等。

2023年，云霄县云陵镇下坂段防洪堤照明工程建成完工，总投资169.717万元。项目位于云霄县云陵镇，建设内容为对云霄县漳江东侧（云霄大桥至下坂大桥）1.05千米范围岸线内树木、道路、湖岸线等实施改造，主要包括提升夜游环境、功能性照明、供配电等。

2023年，云霄县向东渠新思想主题教室建设项目建成完工，总投资194.65万元。建设地点为云霄县向东渠先进事迹展示馆。展陈面积约541平方米，包含展馆及展馆相关配套空间和其他公共区域，建设范围包括室内基础装修、水电安装、展馆布展、艺术展陈及多媒体系统等。

2023年，云霄县委党校（行政学校）新校区建设项目建成完工，总投资20812.6万元。项目占地4.27平方米，建筑面积约27600平方米，涵盖报告厅、行政综合楼、教学楼、学员宿舍楼、学员餐厅、四史馆、家风家训馆、警示教育馆、图书馆等及附属设施。

2023年，云霄县中农批周边配套道路建成完工，总投资4613.15万元。包含纵路632米，道路宽度24米，横一286米，道路宽度24米，横二250米，道路宽度18米，横三257米，道路宽度18米，合计总长度1425米。主要建设内容有路基、路面及防护工程、桥涵工程、交通工程、管线工程（含给水、雨水、污水、电力、通信等管线）、道路照明、绿化等其他配套设施工程。

【福建云霄国有资本运营集团】 福建云霄国有资本运营集团有限责任公司（以下简称“国资集团”）于2023年5月成立，注册资本为3亿元。主要承担全县国有资产运营、投融资服务以及商贸服务等。主营业务分为七大板块：类金融投资与服务、粮食储备与贸易、资产经营管理、供应链贸易、民生服务、乡村振兴全域农业规模化经营建设项目、河道生态修复项目。截至2023年12月31日，国资集团合并报表资产总额9.16亿元，营业收入3.46亿元，资产负债率为59.04%。截至2023年12月，资产总额4229.72万元，营业收入222.91万元，利润总额78.9万元。2023年增加经营范围（如贷款担保、工程履约担保、贸易融资担保、项目融资担保等非政策性担保业务），扩大担保业务面，增加合作银行机构，增资1000万元。

（方晓环）

【福建云霄产业发展投资集团】 2023年8月2日，根据《中共云霄县委 云霄县人民政府关于印发〈云霄县国有企业优化整合行动方案〉的通知》文件精神，福建云霄产业发展投资集团有限责任公司注册成立。由福建云霄经济开发区七星开发有限公司、云霄县云陵工业区开发建设有限公司、云霄县陈岱聚力城市建设投资有限公司、云霄县列屿滨海经济发展有限公司、云霄县马铺建设投资有限公司等5家公司组成，主要承担全县工业园区的转型开发建设、双招双引、园区运营项目、资本运作等工作任务，主营业务有产业园区和片区开发建设、产业招商、园区服务、供应链运营等。11月14日，通过京东拍卖平台成功竞得太尔集团司法拍卖的资产；11月20日，完成云霄县光电产业园七星山片区基础设施建设项目（一期）——四路两管道工程勘察设计招标；12月4日，通过阿里拍卖平台成功竞得十八重工司法拍卖的资产。

（陈乙麟、张晨晖）

【福建云霄文旅康养集团】 根据《中共云霄县委 云霄县人民政府关于印发〈云霄县国有企业优化整合行动方案〉的通知》（云委〔2023〕18号）精神，福建云霄文旅康养集团有限责任公司于2023年8月13日完成组建，正式揭牌运营。集团主要定位为承担全县文化旅游发展和康养服务的投资运营，主要业务板块：旅游酒店、康养服务、供应链业务等。组建以来，集团紧紧围绕县委、县政府的战略部署，加快整合现有旅游资源，全力塑造一批品牌突出、业态领先、效益显著的文旅新标杆。9月29日至10月3日在南湖生态公园红砖广场开展中秋、国庆主题活动“蟹逅云霄”2023年红树林美食嘉年华活动。11月27日在云霄县人民公园召开“江山如此多娇，醉美漫步云霄”2023年云霄县文旅推介大会；2023年12月30日至2024年1月1日在云顶温泉酒店和将军山公园右侧区域举办“汇玩年会，泉是惊喜”云霄首届温泉狂欢节活动。12月11—12日在中共云霄县委党校举行“研旅乌山红、奋进新征程”云霄县红色文化讲解员大赛。12月，结合云霄县深厚的文化底蕴和丰富的旅游资源优势，策划完成2024年一月一主题文旅活动。是月，通过对圣城一号漳江沿江整体风貌进行统一规划，进行氛围布置，规划餐饮小吃、文创品摊位，打造云霄圣城滨江夜市，恢复云霄夜间经济，夜市已于12月开始试运营。

（陈晓琴）

应急管理

防灾减灾救灾

【森林防灭火】 2023年，县森林防灭火指挥部发布2道禁火令和5次高森林火险橙色预警，切实加强野外火源管控，预防和遏制森林火灾；4月起多次赴各乡镇（开发区）开展重要时段工作督导，督促各乡镇整改到位，确保形成闭环；9月份，举办全县森林防灭火指挥员、县级专业扑火队队员、各乡镇（开发区）半专业扑火队新入伍扑火队员培训班，提升扑火队伍的自救和扑救能力；10月13日，县森防指举办2023年云霄县森林防灭火“以水灭火”实战演练；2023年共投入11万余元为专业扑火队购置一批阻燃服、头盔、防扎鞋、手电筒、对讲机等重要防护装备，并采购2台大扬程水泵，增强以水灭火能力；各乡镇（开发区）及县森防指有关成员单位开展各式各样防火宣传，累计出动森林宣传车432辆次，发送短信152万余条、悬挂横幅90条，发放宣传手册、倡议书、森林防火知识等宣传材料26000多份，在进山入林主要出入口制作森林防火智慧宣传杆40套。

（蔡霖霖）

【防汛抗旱】 2023年，云霄县平均降雨量1735.1毫米，总体与历史平均持平，其中台风影响降雨较历史同期明显偏多。2—3月，县防指组织汛前安全大检查，以乡镇自查、行业主管部门核查的形式，累计组织检查718人次，排查防洪防潮工程、海洋渔业工程、城镇防涝排涝、地质灾害点、避灾安置点等防汛重点部位472处，排查隐患154处，逐一销号完成整改。落实全县自然村（居）防汛联络人632人，公布2023年全县小型水库、大坝、海堤“三个责任人”和2023年县城区和小（1）型水库以上防洪、蓄水工程防汛负责人，并在云霄电视台公示。县防指启动防暴雨洪涝应急响应6次，防台风应急响应6次，各乡镇（开发区）在响应期间累计下沉干部7911人次，转移群众20095人次，无人员因灾伤亡报告。

（许晓杨）

【减灾救灾】 2023年，与人保财险公司签订2023年农村住房保险，为受灾群众重建家园提供资金保障；1月，下拨中央救灾资金2.59万元对全县122个因灾造成生活困难群众进行冬春救助；4月，下拨中央救灾资金20万元分配给各乡镇用于应急抢险和受灾群众救助工作；5月，对乡镇和村级灾害信息员进行业务培训，提高全县灾害信息员业务水平和防灾减灾救灾能力；5月12日，县减灾委组织多个成员单位在县人民公园举行以“防范灾害风险 护航高质量发展”为主题的集中宣传活动；10月，与保险公司签订合同，为辖区内常住人口投保自然灾害公众责任险58万元；11月，上级下拨中央救灾资金200万元用于购买抢险设备和救助受灾群众，下拨中央救灾资金20万元给各乡镇（开发区）购买救灾物资和用于应急抢险；12月，下拨10万元对马铺乡马铺村、峰头村避灾点进行提升建设，截至2023年底，已完成11个村级避灾点提升建设。

（吴德坤）

应急处置

【基层应急体系建设】 2023年，县应急管理局对森林防灭火、抗洪抢险、微型消防站等进行职能和队伍整合，探索建立“一专多能、一队多用”的综合应急救援队伍。每个乡镇（开发区）建立1—2支综合应急救援队伍，每支队伍15—20人，专门应对森林火灾、气象灾害、地质灾害等突发事件的抢险救援工作。设置应急物资储备站及基层应急救援所和航空应急救援直升机起降点，提升应急救援能力和水平。6月，省应急厅厅长丘毅带队到云霄调研基层应急管理体系建设情况，充分肯定了云霄相关工作，认为云霄县在乡镇机构改革和基层应急管理体系建设等方面的许多经验做法值得其他县区借鉴。

（张楠）

【建立叫应机制】 县应急指挥中心组织建立直达乡镇、村以及基层巡逻员的应急救灾机制：指挥中心通报警情到乡镇指挥部，乡镇指挥部向有关村（社区）及时传达县级部署；村接到乡镇预警后，由村两委值班室按照预警级别发起预警，用广播、敲锣、电话等形式通知村民注意防范，巡逻人员巡逻重点防范区域，发现险情苗头立即通知抢险队伍，组织抢险、转移人员、挂警示牌，收集灾情逐级报告村两委、乡镇，乡镇接报后立即向县级指挥部报告，安排乡镇抢险队伍前往支援，形成自上而下和自下而上同步进行的应急体系，确保应急处置准确、高效。

（许晓杨）

安全生产监督管理

【重大事故隐患专项排查整治2023行动】 2023年5月16日，县安委会印发《云霄县重大事故隐患专项排查整治2023行动总体方案》并召开动员部署会，各乡镇（开发区）、各有关部门结合本辖区本行业实际，开展重大隐患排查整治，确保重大事故隐患得到系统治理，重大风险防控取得明显成效，全县共组织开展督导检查70次，检查企业1531家次，帮扶指导重点企业235家，排查重大事故隐患118项（其中企业自查50项，部门检查68项），已整改118项，整改率100%，推进事故隐患风险整治，提升整体安全水平。

（林良海）

【安全生产连片执法】 云霄县作为全市推行乡镇（街道）安全生产连片联合执法的两个试点县之一，积极研究，科学谋划，县安委会印发《云霄县推行乡镇（开发区）安全生产连片联合执法试点工作方案》，县应急局认真执行“1+3”工作机制，加强协调配合，将全县安全生产乡镇连片联合执法分成3个片区开展常态化业务指导，开展执法业务培训2场，组织观摩和参与执法检查10次。县应急局与中部片区乡镇开展联合执法，对辖区内某电子公司开出首张赋权执法罚单，提升乡镇安全生产治理效能。

（张楠）

【安全生产宣传教育】 2023年，县应急管理局结合全县安全生产宣传工作要点，贯彻落实习近平总书记关于安全生产、应急管理重要论述和重要指示精神，建设好“五个一百”公共安全保障提升工程，拓宽安全生产宣传阵地；在“5·12”全国防灾减灾日、“6·16”安全生产月咨询日、“10·13”国际减灾日、“11·9”全国消防日等关键节点，充分运用群众喜闻乐见的形式，举办以“防范灾害风险 护航高质量发展”为主题防灾减灾日集中宣传活动、“人人讲安全 我们在行动”摄影展、“人人讲安全 个个会应急”安全生产月网络知识竞赛、“安法宣传进企业 专家指导保安全”普法宣讲等安全宣传“五进”宣传活动60余场，受众21000余人次，设置宣传展板、悬挂横幅、发放各类宣传资料10000余份，增强广大群众的安全防范意识和应急处置能力，进一步推动安全宣传各项工作走深走实。

（郑璟奕）

【重点行业领域整治】 2023年，县应急管理局深入开展危险化学品、燃气、工贸、景区非景区、非煤矿山、建筑施工、特种设备、道路交通、消防、校园等重点行业领域专项整治，堵塞各类安全漏洞。

危险化学品 2023年，全县各级各部门扎实开展危化品和烟花爆竹专项排查整治，县应急局开展督导检查危化品企业58家次，排查发现安全隐患32处，全部完成

整改，截至年底，累计行政处罚2次，罚款5000元，责令停产整顿1家（医药化工）。开展烟花爆竹督导检查29家次，排查发现安全隐患9处，已全部完成整改，累计行政处罚5次，罚款3万元。县公安局共出动警力136人次，警车45辆次，检查易制爆化学品从业单位45家次，发现一般隐患2处，均已整改完毕；检查烟花爆竹存储仓库2家，烟花爆竹零售点22家，发现安全隐患8处。县交通运输局共出动检查人员500余人次，执法车辆120余辆次，开展联合执法检查活动7次，检查全县危险货物运输企业60家次，检查危险化学品运输车辆140余辆次，检查从业人员143人次，查处非法危货运输22件，罚款23.82万元。

燃气　全年对辖区燃气企业、厂站、供应站点等开展安全检查386家次，排查出问题368个，其中，重大隐患2个，均已完成整改。县直各有关单位齐抓共管，查处燃气案件41起，罚款金额约54.36万元。其中，“黑气”案件28起，罚款金额27.7万元，查扣违规钢瓶737瓶，行政拘留5人；对燃气企业立案处罚6起，罚款金额20万元；对第三方施工破坏立案查处4起，罚款金额6.6万元；对燃气销售企业处罚1起，罚款金额0.06万元；对餐饮燃气使用场所警告2起。

工贸　全年开展工贸企业岁末年初安全生产重大隐患、全国两会期间涉及“易制毒”“易制爆”的危险化学品、有限空间作业、电气焊作业、“畅通绿色生命通道”、消防等各项专项整治，共开展督导检查75家次，排查发现安全隐患132项，已全部完成整改。截至2023年底，累计行政处罚17家次（其中3家企业属于“一案双罚”），罚款25.5万元。8月2日，县应急局组织开展云霄县2023年工贸企业有限空间作业应急救援演练，各乡镇（开发区）及34家有限空间作业企业到现场观摩。全县已有4家规模企业创建三级标准化和3家小微企业创建标准化取得证书，还有3家规模企业创建三级标准化已通过专家现场评审。

景区非景区　国家A级旅游景区方面，与金汤湾旅游景区签订2023年度安全生产责任书，压实企业安全生产主体责任；在森林草原火灾高发期、汛期、暑期以及异常天气时期深入一线督促企业落实各项措施。非景区景点方面，根据云霄县景区和非景区景点安全管理专项整治联席会议制度的要求，文体旅局在3月开展景区非景区景点安全生产工作指导服务，督促乡镇及时掌握景区非景区景点防护措施落实情况，并及时指导整改。

非煤矿山　全年扎实开展非煤矿山“3+N”综合整治及重大事故隐患专项排查整治，截至年底共检查出隐患74条，已全部整改到位。根据11月26日国务院安委会考核巡查组发现的隐患问题整改及《云霄县非煤矿山重大事故隐患专项排查整治2023行动实施方案》《福建省应急管理厅福建省自然资源厅国家矿山安全监察局福建局关于开展今冬明春矿山安全生产隐患排查整治专项行动的通知》等文件要求，县应急局会同自然资源局于12月1日下午召开全县非煤矿山今冬明春矿山安全生产隐患排查整治专项行动工作会，部署今冬明春矿山安全生产隐患排查整治专项行动。

建筑施工　对全县49个在建工程项目，出动560人次进行“双随机”检查140次，发现工地实体质量安全隐患和违规主体行为共729条，发出责令整改通知书140份，已完成隐患整改719条，其余隐患均在持续跟踪督促整改。给予施工单位共记1415.69分、项目经理共记1415.69分，给予监理单位共记758.7分、总监共记758.7分。深刻吸取弘桥•云锦里“3•4”和世兴不锈钢“11•8”事故教训，对全县在建项目开展再排查再整治，督促责任单位及时落实整改，已全部整改反馈。

特种设备（电梯等）　县市监局印发《云霄县市场监督管理局关于开展特种设备安全隐患排查整治的通知》，结合上级工作要求和日常监管执法工作，深入企业、一线开展精准执法检查，严查各类非法违法和违规违章行为，截至2023年12月31日，共抽查企业108家，发现的一般事故隐患12起，已整改12起，发现的重大事故隐患7起，年底均已整改完毕；共采取行政处罚4次，罚款10.7万元；电梯安全筑底行动开展以来，全县共出动检查人员173人次，检查电梯使用单位42家次，发现隐患4条，立案处罚4起。

道路（水上）交通　2023年，县交通运输局出动3700余人次，执法车辆1430余辆次，检查企业856家次，发现一般隐患79项，下发针对清理整治中发现的问题督促企业立即整改或按要求限期整改，整改率达到100%，立案查处交通运输违法行为427件，结案427件，处罚金额257.67万元；开展内河水上交通安全专项整治，全面落实内河乡镇船舶管理，严厉打击内河通航水域违法违规行为，防范和遏制水上自然灾害风险隐患事故发生；落实内河乡镇“三无”船舶专项整治行动，清查云霄县交通领域内河乡镇“三无”船舶，出动执法人员279人次，执法车辆85辆次，检查内河乡镇船舶153艘次。

消防　县消防大队结合“双随机、一公开”的工作机制，紧盯医疗机构、养老机构、教育托育场所、新业态经营场所、劳动密集型企业等重点场所、重要领域，开展专项整治排查，推进基层消防“5+3”必查行动，开展监督检查社会单位场所803家次，发现火灾隐患666处，督促整改636处，下发责令改正通知书294份，办理行政处罚案件65起，临时查封7家，责令停产停业11家，罚款436930元。强化消防宣传教育培训，引导民众充分利用消防学习平台进行消防常识和法律法规的学习。

校园安全　2023年，县教育局会同公安、消防和应急局等部门，组织开展考核巡查督导检查46次，发现一般事故隐患101处，已全部整改。各校将宣传贯彻习近平总书记关于安全生产重要论述纳入重点，深刻吸取近期发生的重特大事故教训，组织全员安全警示教育活动。紧盯消防安全、校舍安全、交通安全、食品安全、校园欺凌等重点领域，采取针对性措施，做好春季开学前安全隐患排查整治工作。

（张楠）

消防工作

【消防救援】　2023年，云霄县消防救援大队共接报处置各类警情235起，出动车辆487辆次，出动消防救援人员2508人次，疏散遇险人员60余人，保护财产价值4000余万元。成功处置“4·5”云陵镇渡头嘉园15号仓摩威酒吧火灾事故扑救、“7·3”列屿顶辉新材料科技有限公司火灾扑救、“7·7”陈岱礁美汽车修理厂火灾事故扑救等警情，有效检验队伍应急处置各项能力，为云霄县经济建设保驾护航。

【防火监督检查】　2023年，云霄县消防救援大队认真部署开展医疗机构、文物古建筑、学校、养老机构、城镇燃气等各类消防安全专项整治行动，始终保持对火灾隐患的高压态势，前期挂牌督办省级区域性火灾隐患单位1家、市级区域性火灾隐患单位1家、市级重大火灾隐患单位2家、县级区域性火灾隐患单位1家以及县级重大火灾隐患单位2家，除1家还在整改中，其余已全部整改到位。全年检查社会单位场784家次，发现火灾隐患654处，督促整改620处，下发责令改正通知书286份，办理行政处罚案件55起，临时查封7家，责令停产停业10家，罚款420530元。

【赋权乡镇执法】　2023年，云霄县消防救援大队与各乡镇签订赋权事项承接确认书，与财政部门协商申请为9个乡镇开通财政电子化票据，进一步压实乡镇消防安全工作责任，有效提高乡镇消防安全管理水平。全县乡（镇）消防赋权执法以来，全县乡镇已开具出110张消防行政处罚决定书，其中警告97人，罚款1150元。

【消防宣传教育】　2023年，云霄县消防救援大队开展“消防119”宣传月，以“119宣传月”为契机开展“五进”宣传活动，针对目标群体开展消防安全培训、演练。联合移动公司发送消防安全短信，通过电视台、政府网站和当地主流媒体发送防消防诈骗安全提示，利用重点单位、社区、村、户外大屏幕滚动播放安全提示和消防警示短片，组织乡镇派驻文员、消防网格员、志愿者等人员开展消防宣传进社区、进学校、进企业、进农村、进家庭。通过发放宣传资料，讲解日常生活中如何消除火灾隐患、如何正确逃生、如何扑救初期火灾等消防常识，营造全民学习消防知识、掌握消防技能的良好氛围，增强居民消防安全意识，增强居民火灾自防自救能力。

【提高实战化训练】　2023年，云霄县消防救援大队开展“六熟悉”及灭火救援实战演练工作，完成地震应急综合演练、军警民水域救援联合演练、隧道车辆事故应急救援联合演练，以及大跨度大空间厂房、弱势群体场所、商业综合体等实战化救援演练。紧盯辖区新能源与特殊行业灭火救援难点，累计开展4次新能源电池生产企业、6次危化品企业以及核电园区、闽粤换流站现场调研，7家涉氨制冷企业冷库基础信息摸排与熟悉演练工作，完成1次城市地震搜救联合演练、2次水域救援联合演练、2次高速隧道事故救援联合演练、1次闽粤换流站应急事故处置演练、1次建（构）筑物垮塌多部门联合演练，17次大队级熟悉演练，106次站级熟悉演练，涵盖高、低、大、化、老、幼等类型单位和重点行业。

【为民办实事】 2023年，根据《中共漳州市委 漳州市人民政府关于开展2023年为民办实事工作的通知》文件要求，云霄县消防救援大队主动向县领导请示报告，县政府召集相关部门研究讨论并形成会议纪要，由民政局作为行业主管部门，云霄县消防救援大队统筹组织实施改造工作，圣城集团作为该项目的业主，改造费用由县财政承担，采用“先建后补，据实拨发”方式，用实际行动推动“为民办实事”走深走实。截至2023年底，云霄县已全部完成8000户低收入群体居住环境消防安全改造提升工作，并与有关部门组成联合验收工作组开展抽查核验。

【消防安全标准化管理体系建立】 2023年，云霄县消防救援大队重点指导县民政、教育、卫健、文旅、民宗等部门建立健全行业消防安全标准化管理体系，点对点指导各部门制定并落实行业部门消防安全标准化管理工作规范，推动各地行业部门按照“三自主两公开一承诺”消防安全管理模式，建立完善行业部门自评自查自改体系。各有关行业部门均已完成推广及直管单位的标准化管理创建工作，完善行业系统“消防安全标准化”隐患清单、整改清单、销号清单和责任清单，初步构建“全覆盖、无盲区”的消防安全标准化管理模式。

【消防宣传培训】 2023年，云霄县消防救援大队常态化开展消防安全宣传“五进”工作，认真贯彻落实上级关于开展消防安全“八个一”宣传整治活动和成立“全生命周期”消防安全宣传教育培训攻坚行动专班，坚持人民至上、生命至上，切实提高人民群众的消防安全意识，共同维护辖区的消防环境安全稳定。全年张贴、发放消防宣传资料6500余份，面向社会提供专业的消防安全培训250余次，联合移动公司发送消防提示短信100万余条。

（张小晴）

综　述

【概况】　2023年，云霄县农林牧渔业总产值105.64亿元，同比增长5.6%，超过漳州市平均水平0.1个百分点，增幅排名全市第6；2023年农民人均可支配收入25461元，同比增长7.5%，增幅排名全市第6。农村居民收入增长明显快于城镇居民，增长速度连续14年领先城镇居民，农村居民收入与城镇居民收入差距逐渐收窄。

【经验做法】　2023年，云霄县深入实施人居环境整治“八个一”工作机制，相关经验做法在新华社《政务智库报告》专版刊发，并得到了省委副书记罗东川的批示肯定。创新实施“四定一督”工作机制，有效激活农村集体三资管理新动能，相关做法在《中国纪检监察报》头版刊发，得到省长赵龙、副省长王金福的批示肯定并在全省绩效考核改革创新项目申报评选中斩获第二名。

（吴泽泉）

乡村振兴

【试点示范】　2023年，云霄县推进和平乡梀树村等11个省级乡村振兴试点村30个项目建设和省级乡村振兴实绩突出村马铺乡客寮村2个项目建设，累计完成投资2978万元，占年度计划投资2874.5万元的103.6%。

【产业兴旺】　2023年，云霄县特色产业“六十工程”取得新成效，实现水果、蔬菜、茶叶、水产等12个特色产业全产业链产值310亿元。全县共取得“三品一标”认证产品97个，其中无公害产品认证40个，绿色食品标志使用权11个，有机产品认证10个。

【乡风文明】　2023年，云霄县设置核心价值观公益广告达2200个，农村公益电影完成1300场次。加大新时代文明实践中心建设力度，深入挖掘文化内涵，做到“传承优秀家风、建设乡风文明、助推乡村振兴”。组织免费电影展播、潮剧演出、有奖问答、“音乐走村”、图片展览、文化普及、全民阅读推广、健身操培训、春联书写赠送等活动130场，为乡村群众提供更多高品质文化产品和服务，让法治进乡村。

【党建引领】　2023年，在第六批省市县派第一书记的基础上，向其余的122个行政村选派科级党员干部担任第一书记，推动党员干部下沉农村基层发挥先锋模范作用。

【生活富裕】　2023年，云霄县加大优质教育资源供给力度，实施教育补短板项目8个，新聘任教师100名，新增学前教育学位540个、义务教育学位300个，创建省级义务教育管理标准化学校5所、市级乡村温馨校园10所。截至12月，全县共发放中央、省级衔接资金639万元，扶持2400多户脱贫户发展特色优势农业和农产品加工。加大金融支持力度，全县脱贫人口小额信贷贷款存量477户1497.86万元，覆盖率15.81%（超过市级考核标准）。

（林阳辉）

农业

【粮食生产】 2023年，云霄县继续落实粮食安全“党政同责”，深入贯彻落实省、市政府关于调动农民种粮积极性稳定粮食生产扶持措施，调动农民种粮积极性。县农业农村局持续挖掘增粮潜力，开展青枣果园套种粮食作物、盐碱化耕地种植水稻示范，推广“稻—豆—薯”高质高效生产、稻菜水旱轮作节本增效耕作、大棚稻菜高产高效模式等稳粮增收关键技术模式，切实落实藏粮于技战略。全年粮食作物播种面积10.72万亩，总产量4.9万吨，其中稻谷播种面积9.1万亩，产量4.18万吨。粮食生产重点推广优质稻、绿色高质高效生产、水稻全程机械化生产和机收减损技术，推行适度规模化经营和社会化服务。做好耕地地力保护补贴、实际种粮农民一次性补贴发放和水稻种植保险工作，全年全县惠粮补贴实际发放金额1104.987万元，水稻种植保险覆盖率达95.6%，有效化解水稻种植自然灾害风险，保障农民利益。

（林炳洪）

【水果生产】 2023年，云霄县水果总面积12763公顷，产量333909吨，产值27.2亿元。其中，种植枇杷4838公顷，荔枝929公顷，蜜柚2306公顷，龙眼1214公顷，青枣1336公顷。出台《云霄县荔枝、龙眼、枇杷高接换种实施方案》，推进云霄县果树品种的更新换代。成立云霄县杨桃协会。

（吴杨斌、陈天佑）

【茶叶生产】 2023年，云霄县茶园总面积12770亩，总产量1783吨，主要品种有黄观音、金观音、黄玫瑰、肉桂、凤凰单丛、梅占等。加工产品以乌龙茶为主。3月15日完成《云霄黄观音》和《云霄黄观音加工技术规范》两个团体标准制定并由海峡两岸茶业交流协会发布实施；先后举办云霄县第七届黄观音茶王赛、“茶香两岸”茶企对接暨“圣地茶香”云霄黄观音品鉴会等活动。组织参加第九届海峡（漳州）茶会并举办一场“云霄黄观音”推介品鉴会，参加漳州乌龙茶（福州）中秋品鉴会，分别前往上海、泉州和北京三地举办“云霄黄观音”推介品鉴会。

（蔡捷英）

【蔬菜生产】 2023年，云霄县蔬菜种植面积9423公顷，产量201499吨，产值8.95亿元。大棚设施栽培以番茄、椒类、茄子、黄瓜等茄果类和瓜类为主，露地栽培有白花菜、西兰花、甘蓝、生菜、绿芦笋、黄秋葵等叶菜类。全县年蕹菜籽繁种面积200多公顷，产量300吨，产值900多万元，主要种植品种为云霄柳叶白梗蕹菜和半青白；淮山面积302公顷，产量9335吨，全产业产值1.1亿元。引进推广甜椒（“鲁斯卡”）、哈密瓜（“西周蜜25号”）、苦瓜（“闽研3号”）、长茄（“茄王”）、大番茄（“思倍德”）、小番茄（“釜山88”“千禧”）等优良品种蔬菜；推广基质栽培、滴灌喷灌节水灌溉、水肥一体化、嫁接育苗、病虫害绿色防控等技术，推广“水稻—蔬菜”水旱轮作模式，减轻蔬菜病虫危害，改善土壤理化性状，提高综合效益。

（吴杨斌、陈天佑）

【食用菌生产】 2023年，云霄县食用菌总产量21970吨，总产值8854万元，其中金针菇产量占全县食用菌总产量的90%以上，生产面积达8万平方米，以港荣泰（福建）生物科技有限公司、福建港舜泰生物科技有限公司和福建港恒泰生物科技有限公司3家省级龙头企业工厂化栽培为主。

（吴杨斌）

【种业创新】 2023年，云霄县建立粮油、水果、中药材、花卉、水产等种业优新品种示范片10个，建立粮油、水果、中药材、水产等示范面积51.3公顷，花卉示范规模达6000平方米。开展省级优质稻新品种核心展示示范120公顷。出台《云霄县荔枝、龙眼、枇杷高接换种实施方案》，支持引进优质品种改造低效果园。实施“马铺淮山”省级地方特色作物种质资源提纯复壮和示范推广项目。云霄县永明水产养殖农业专业合作社被认定为市级水产良种场。

（黄汉阳）

【农业执法】 2023年，云霄县农业农村局农业综合执法大队共抽检农资样品合计46个，其中省检26个，市检20个；2023年办结农药、兽药、畜牧、农产品、农膜等领域案件数17起，合计罚没款

9.84万元，其中在执法一体化平台办理案件数2起；开展农资经营企业巡查170余次，开展畜牧养殖执法检查130余次。2023年漳州市农业综合执法大练兵大比武，云霄县农业农村局农业综合执法大队获团体一等奖和最美风采展示奖。

（吴锦怀）

【农产品质量安全监管】 2023年，云霄县农业农村局完成农产品农兽残检测速测单样2558批次，其中蔬菜1388批次、水果843批次、食用菌152批次、猪肉瘦肉精快检175批次；完成农药残留胶体金免疫快检1011批次，农残检测均合格，牲畜尿样瘦肉精检测均呈阴性。省、市级监督抽查239批次、县级例行监测500批次，合格率均达国家标准水平；并行制度建设持续推进，全县纳入福建省食用农产品承诺达标合格证与一品一码追溯并行系统的生产主体485家，系统巡查生产记录信息录入情况5681次，督促各主体做好农产品生产全程信息录入工作，实现源头赋码；农产品品牌建设，全年新增“绿色食品”3个，“有机食品”换证续展6个；“云霄杨桃”在第三十届中国国际广告节获乡村振兴大国好货“一县一品”称号。

（张明理）

【农村经营管理】 2023年，云霄县农业农村局完成158个村的2022年度村集体资产清查、统计年报和农经报表统计工作；完成宅基地审批76宗，合计面积0.58公顷，其中，审批异地新建15宗，涉及面积0.14公顷，审批原址翻改建61宗，涉及面积0.44公顷；推荐全国乡村治理示范村1个，在67个村推动乡村治理积分制管理；持续做好“一事一议筹资筹劳财政奖补”工作和“一事一议筹资筹劳”方案审核，促进农村公益事业的发展；开展村集体经济合同网上公开试点，截至2023年12月底已录入经济合同2366份。

（方丽华）

【农民专业合作社】 截至2023年12月底，云霄县已发展各类农民专业合作社318家。按产业划分，粮食类16家，水果类113家，蔬菜类63家，畜牧类29家，渔业30家，林业10家，其他57家。至2023年底，云霄县有85家县级以上合作社示范社，其中1家农民专业合作社被评为国家级示范社，18家被评为省级示范社（其中3家为省级规范社），13家被评为市级示范社，53家被评为县级示范社。

（方丽华）

【家庭农场】 截至2023年12月底，云霄县已成立各类家庭农场2546家，比上年增加387家。其中，粮食类54家，水果类1667家，蔬菜类199家，畜牧类310家，渔业70家，林业48家，其他198家。截至2023年底，全县共有167家县级以上家庭农场示范场，其中，有105家县级示范场，28家市级示范场及34家省级示范场。

（方丽华）

【一村一品】 2023年，云霄县现有国家级“一村一品”专业村2个，分别为马铺乡客寮村（淮山）和下河乡下河村（杨桃）；省级“一村一品”专业村14个，其中2023年度新增培育2个，分别为和平乡通贝村（枇杷）和火田镇水头村（青枣）；市级一村一品”专业村21个，2023年度新增培育4个。2023年度云陵镇下城村（枇杷）和马铺乡枧河村（蜜柚）获省级衔接推进乡村振兴补助资金各100万元，已全部完成项目建设并投入使用，产业得到进一步提升。

（吴杨斌）

【高标准农田建设】 2023年，云霄县投入1872万元建设高标准农田。主要建设区域含东厦镇和下河乡等2个乡镇3个项目区共计520公顷。通过本轮高标准农田建设，新增和改善灌溉达标面积246.9公顷，新增和改善排水达标面积177.8公顷，灌溉保障率达到90%以上，道路通达率达到95%以上，项目区年直接受益农户9735户，项目区直接受益农民年纯收入增加总额960.12万元。

（方渝）

农村工作

【农村集体“三资”管理】 2023年，云霄县共整改问题1383宗，其中清理“三资”被侵占254宗，收回资金、资产37.59万元，清理整顿“三资”合同不规范627宗，收回拖欠租金750.91万元，清理村级财务管理不规范502宗，清退、收回金额133.89万元。探索建立“四定一督”工作机制，推动农村集体“三资”规范管理，全年全县规范发包农村集体资产资源296宗，合同总金额1816.21万元。2023年5月，省长赵龙专门作出批示肯定，云霄相关做法在《中国纪检监察报》头版刊发。

（方丽华）

【农村人居环境整治】 2023年，云霄县创新出台实施《云霄县人居环境整治“八个一”工作机制》，从清扫转运分离、村庄清洁、分类整治、拆旧拓新、分级负责、监督检查、问责问效、激励奖励等8个方面，提出28条具体措施，形成“一套机制，两条主线”治理模式。通过开展“拆旧拓新”竞赛活动、村庄清洁行动等举措，全年全县累计拆旧36.81万平方米、村均拆旧2192平方米；累计拓新17.97万平方米、村均拓新1069平方米。典型经验做法在《新华社政务智库报告》专版编印刊发，成效得到省委副书记批示肯定。成为获得全市唯一、全省首批2022年度落实促进乡村产业振兴、改善农村人居环境等乡村振兴重点工作成效明显激励县的八个县区之一。

（柳俊义）

林 业

【造林育林】 2023年，漳州市下达云霄县植树造林任务为700公顷，实际完成800.5公顷，完成率为114.4%；森林经营任务2426.7公顷，实际完成2811.6公顷，完成率为115.9%；森林抚育任务1933.3公顷，实际完成2286.8公顷，完成率为118.3%；封山育林任务493.3公顷，完成524.8公顷，完成率106.4%。坚持村庄绿化提档，创建省级森林乡镇1个、省级森林村庄2个，提供优质苗木9000多株，助力乡村振兴；新建义务植树基地1个，营造全社会爱绿护绿的氛围。

（方纯）

【森林资源管护】 2023年，云霄县林业局优化采伐审批管理，试行推广林木小额采伐告知承诺审批，首次在云霄县实现采集证和采伐证“双证”同发。办理林木采伐许可审核审批318件860.82公顷，蓄积量128172.9立方米；建设项目使用林地审核审批共35件27.6553公顷，有效保障云霄一中、东厦35千伏输变电工程等重点项目的用林（地）需求。严厉打击涉林违法行为，完成2022年度、2023年度森林督查违法图斑的查处整改工作和第二轮中央生态环境保护督察4宗涉林刑事案件整改工作。“七比一看”竞赛中涉及森林督查图斑整治工作在全市排名第一。加大古树名木保护力度，2023年累计抢救复壮大坑村格木古树、曲溪村肥皂荚等4棵古树，高田村格木古树群获得“中国最美古树群”称号。

（方纯）

【林业有害生物防治】 2023年，云霄县林业局开展互花米草除治修复工作，除治复萌互花米草面积2283亩，完成612亩互花米草除治迹地生态修复；完成清除松病枯死木、濒死木1743株，松病枯死木清除率100%，松材线虫病防治率100%。2023年2月国家林草局公告撤销云霄县松材线虫病疫区，是福建省2023年唯一被摘帽的疫区。2023年，云霄县林业局获得国家林草局“松材线虫病疫情防控攻坚行动”先进单位通报表扬。

（朱建章）

【森林防火】 2023年，云霄县林业局累计使用森林防火宣传车232辆次、制作横幅60条、发送短信114万多条、发放宣传手册、倡议书、森林防火知识宣传材料18000多份，在各林区主要出入口醒目位置设置森林防火智慧宣传杆40套；加强森林火灾隐患排查，强化各种采伐迹地、果园改造迹地、山脚田边及坟墓集中区的巡查，及时制止林事、农事祭祀用火行为的发生，累计排除、整改森林火灾隐患5处；清明期间安排专职人员在进山入林主要出入口把守，严格把关禁止火源火种进山入林。

（黄泽辉）

【野生动物保护】 2023年，云霄县林业局以世界湿地日、世界野生动植物日、爱鸟周、湿地保护宣传周、保护野生动物宣传月等节日为契机开展宣传活动，通过网络、电视、广播、微信平台等形式进行线上宣传，通过悬挂宣传横幅、张贴标语、发放宣传资料等方式进行线下宣传。联合公安、农业农村、海洋渔业、交通运输、市场管理、执法大队等部门开展野生动植物保护执法行动和“网盾行动”，重点打击整治网络非法野生动植物交易。开展野生动植物野外救护，在辖区内救护蛇50余条，鸟类9只，国家重点保护野生植物金豆18棵。

（方纯）

【国家储备林建设】 2023年，云霄县实施国家储备林建设项目（一期），由云霄县福圣林业发展有限公司（云霄县林业局下属全资子公司）作为主体实施。项目计划总投资11.54亿元，主要对12.58万亩林地开展储备林质量精准提升，其中人工商品林流转75445亩，人工公益林流转23636亩，人工商品经济林流转26805亩。项目选址主要位于云霄县峰头水库、甘竹水库、洋坑水库、车圩溪集雨区以及国道高速两侧一重山，涉及云霄县马铺、下河、和平、火田、莆美、云陵等6个乡镇。2023年7月，福圣林业公司与国家开发银行福建分行签订贷款协议，授信9亿元。

（朱建章）

【全民义务植树】 2023年3月9日上午，云霄县委书记蓝良木，县长沈顺来等县四套班子领导带领县委办、政府办、县林业局、云霄经济开发区等多个部门工作人员及志愿者一百余人共同在云霄经济开发区参加2023年云霄县“全民义务植树”活动。此次全民义务植树活动，现场共种植富贵榕、澳洲火焰木、红花含笑、龙船花等树苗400多株，志愿者们用实际行动践行“绿水青山就是金山银山”的生态理念，营造全民植树的良好氛围。

（汤一帆）

【世界湿地日宣传活动】 2023年2月2日，世界湿地日宣传活动启动仪式在漳江口红树林国家级自然保护区举行。云霄县林业局参与仪式并组织开展宣传活动。2023年世界湿地日主题为“湿地修复”，旨在呼吁全社会共同参与并采取措施，修复退化湿地。宣传活动通过设置展板、张贴宣传海报、悬挂横幅、发放宣传资料、现场讲解等方式，宣传《中华人民共和国湿地保护法》和《福建省湿地保护条例》等法律法规和政策，向周边群众介绍湿地的功能、作用及保护湿地的重要意义，引导群众自觉参与到保护湿地的行动中来，共同守护绿色家园。活动中共发放《中华人民共和国湿地保护法》《福建省湿地保护条例》《2023年福建省湿地保护倡议书》等各类宣传材料700余份。

（汤一帆）

【云霄县花卉协会换届】 2023年5月20日，云霄县花卉协会第三届会员大会在县林业局召开。县林业局、科协、民政局领导和工作人员、花卉企业代表、花卉从业人员等80余人参加会议。会议审议云霄县花卉协会第二届理事会工作报告及财务收支情况，选举产生云霄县花卉协会第三届理事会会长、副会长、秘书长、副秘书长及理事，花卉协会监事会和监事长。县花卉协会成立以来着力加强行业引导，秉承“以人为本，服务为先”的工作理念，开拓创新，为推动全县花卉产业发展发挥积极作用。

（汤一帆）

【入选全国最美古树群名单】 2023年9月28日，云霄县火田镇高田村格木古树群入选全国绿化委员会办公室颁布的“中国最美古树群”名单。该古树群是全省拥有格木古树最多，保存最完整的格木天然群落，共有179株格木，平均树龄750年，最大树围367厘米。

（方纯）

水利

【概况】 云霄县流域面积50平方千米以上独流入海的河流有漳江，流域面积50平方千米以下独流入海的小河流主要有山前溪、磨石溪、下曾溪等。全县多年平均水资源总量10.98亿立方米。其中，境内地表水资源量8.74亿立方米，入境水资源量2.19亿立方米，地下水资源不重复计算量540万立方米。2023年办理取水许可证10本，水资源费应收尽收269.79万元。

（洪灿琛）

【水旱灾害防御】 2023年，云霄县根据气象部门统计的数据，2023年全县降雨量1733.9毫米，降水量较历年同期偏多3%。其中降雨主要集中在6—9月，降雨量为982.2毫米，占比56.7%。漳江来水量总体偏少，呈上半年少、下半年多。其中，1—9月，漳江来水量3.971亿立方米，比上年同期偏少34.6%；7—9月，漳江来水量2.67亿立方米，比上年同期偏多10.5%。自5月以来，成功防抗影响云霄县台风4次，暴雨8次，发布云霄县山洪灾害风险预警报告16期、山洪灾害风险专题服务37期，发布预警短信11534条次。因台风暴雨下沉水利干部到一线巡检171人次，排查水利工程重要部位、薄弱环节40处，有效落实好各项防御措施，无人员因灾伤亡报告。气候总体前期偏旱，为切实改善旱情，气象部门开展27场烟炉作业，点燃烟条27根，7—9月有效降水逐渐改善，未收到旱情报告。通过水库的有效调度，全县冬春季用水基本得到保障。

（汤继城）

【水生态保护修复】 2023年，云霄县实施1个国家级水土保持重点工程和1个水土保持生态村治理项目，完成水土流失治理面积1250公顷，水土流失率降至9.9878%。全年依法依规完成34个生产建设项目水土保持方案审批；依法征收水土保持补偿费129.9万元。

（王德成）

【河湖执法】 2023年，县、乡级河湖长巡河湖1902人次，整改落实涉河涉水961个问题；河道专管员巡河湖45428人次，整改落实问题3610个。全年整改完成河湖“四乱”问题98宗，办结水事行政处罚5起，罚款12.5万元。核实归档上传遥感图斑至水利部系统198宗并完成整改销号。

（林启祥、张胜）

【安全生态水系项目建设】 2023年，云霄县安全生态水系建设项目共4个：云霄县陈岱镇竹港溪及南塘安全生态水系建设项目，建设河道6.0千米，项目总投资898.05万元；列屿镇山前溪安全生态水系项目，建设河道6.0千米，项目总投资为1143.29万元；云陵镇火田溪下城支流安全生态水系项目，建设河道2.0千米，项目总投资为276.29万元；火田镇火田溪岳坑及佳园段安全生态水系项目，建设河道8.0千米，项目总投资为1151.04万元。项目均已开工，按序时进度推进中。

（洪灿琛）

【小型水库工程维修养护】 2023年，云霄县小型水库维修养护中央发展资金306万元，完成90座小型水库维修养护，82座小型水库白蚁防治，完成枧河水库新建管理房，大林口水库渗漏处理，洪春水库涵洞出口修复，顶湖水库迎水坡修复，墓坑水库维修，完成客辽、泮坑、卖油灯、蛇仔地、径仔5座水库防汛路修复。

（蔡琳生）

【北江水闸工程提升改造】 北江水闸提升改造工程总投资15740万元，水闸总长210.9米，设泄水闸16个孔，每孔净宽10米，船闸1个孔，每孔净宽10米。2023年7月26日工程公开招投标，中标单位为厦门安能建设有限公司，工期20个月。工程2023年10月15开工，至年底，完成标准化项目部建设、上下游土石方围堰和摆喷桩施工、旧水闸拆除、冲孔灌注桩、PHC（预应力高强度混凝土管桩）管桩、高压旋喷桩、水闸底板钢筋混凝土浇筑等，完成投资5336万元。

（蔡琳生）

【城乡供水一体化项目建设】 2023年，云霄县实施城乡供水一体化工程建设，年度完成投资1.2亿元，新开工建设下河乡车圩水厂1座，设计供水规模4000立方米/天；完成LED北大道、莆政路、疏港公路、东辅路、益宝山村—树洞村段、将军大道等路段管网铺设共计15千米，新增受益人口1.3万人。

（郑复炉）

【中小河流工程治理】 云霄县云陵镇下坂段防洪堤工程位于城区左岸，2023年度加高或加固提升下坂堤岸1.6千米，受益人口0.46万人。

（郑复炉）

【漳江水闸中型灌区节水改造项目】 2023年，云霄县实施漳江水闸中型灌区续建配套与节水改造工程，建设地点为东厦镇，主要建设内容为渠道防渗加固改造2.218千米，渠道疏浚25.278千米，重建农桥7座，改造盖板涵7座，重建水闸3座，灌区信息化建设1套。争取上级补助资金1109万元，受益面积1280公顷。

（郑复炉）

【向上争取特别国债】 2023年，云霄县积极申请特别国债项目4个，分别是2023年云霄县东厦镇石厝前水库工程、南北江水闸提升改造工程、云霄县东方水闸除险加固工程、云霄县滨北新区郭浦防洪堤工程，争取资金共计13760万元。

（蔡琳生）

峰头水库

【水资源调度】 2023年，云霄县流域平均累计降雨1468毫米，来水量约1.5亿立方米，为多年平均来水量的48%。全年供水约4677万立方米（其中，向古雷区域供水2442万立方米，向云霄城关供水约1537万立方米）核电临时供水118万立方米，发电用水约10458万立方米，全年上网电量897.39万千瓦时。防汛工作相对平稳，防汛备汛工作扎实有力，水灾害防治能力有新提升。

【项目建设】 2023年，峰头水库运行中心投资110.6万元完成向东渠渠首改造加固工程，渠道明渠改箱涵主体工程全部施工完毕；投资35.8万元完成左右岸取水口液压启闭机改造；投资17.9万元完成左右岸进水口检修平台及启闭房维修维护工程；切实加强水利工程维修改造，有效提高防汛能力。

【水环境生态保护】 2023年，峰头水库运行中心贯彻落实河湖长制，推进水污染防治、水生态保护和水资源管理，提升水库水质。全年库区水域范围内投放鲢鱼、鳙鱼等滤食性鱼苗156万尾，推进以鱼控藻“生态渔业”；开展常态化巡逻，联合云霄县海洋与渔业局和生态环境局开展库区执法，加强饮用水水源保护宣传，制止水库垂钓等非法行为，巩固清“四乱”成效，保障饮用水水源安全。2023年峰头水库水质保持在Ⅱ—Ⅲ（不计总氮），符合地表水环境质量标准（GB 3838—2002），全年水质总体稳定向好。

【安全生产管理】 2023年，峰头水库运行中心始终贯彻落实习近平总书记关于安全生产的重要指示批示精神，全面强化设备维修改造，提高设备健康水平。严格执行安全生产责任制，加强电站机修安全制度建设，开展安全生产月活动及应急演练教育；组织22次安全生产大检查，发现一般安全隐患72项，整改72项，安全隐患全部消除。

【马铺乡移民后扶示范区项目建设推进】 2023年，峰头水库运行中心积极向上级争取工程项目，落实并推进马铺乡省级移民后扶示范区项目，通过建造“村民文化广场”、向东渠“饮水思源”渠道建设项目等工程，进一步弘扬向东渠先进事迹，提升水文化品质，改善库区移民群众的生产生活条件、提升峰头村人居环境，助力乡村振兴，推动水利事业高质量发展。

（张荣昊）

畜牧业

【家畜饲养】 2023年，云霄县生猪规模养殖场291家，生猪存栏145856头；牛规模养殖场2家，存栏3857头；羊规模养殖场2家，存栏3669头。福建漳州绿野农业开发有限公司、云霄县奕铭养殖有限公司、漳州杰成养殖有限公司3家养殖场被评为国家级产能调控基地。云霄县益泰农养殖有限公司、云霄县万来养殖农民专业合作社、漳州市鑫鑫畜牧养殖有限公司3家养殖场被评为省级产能调控基地。漳州市鑫鑫畜牧养殖有限公司获得“美丽牧场”称号；漳州康弘农牧参加2023年福建省畜禽养殖标准化示范场的创建活动通过省级考核。

（张帆）

【家禽饲养】 2023年，云霄县家禽饲养以肉鸡、蛋鸡、水禽养殖为主。肉鸡养殖年出栏65.6998万羽，主要在陈岱镇、火田镇，肉鸡年出栏5万羽以上2家；蛋鸡养殖存栏15.0763万羽，主要集中在火田镇，蛋鸡存栏3万羽以上2家。火田镇招商引资引入1家43万羽蛋鸡场，总投资约6600万元；水禽养殖主要分布在东厦、火田、陈岱等乡镇，全县年出栏207.8508万羽。

（张帆）

【动物免疫】 2023年，云霄县共组织供应强制免疫疫苗：高致病性禽流感疫苗61万毫升、猪口蹄疫疫苗20.3万毫升、牛羊口蹄疫疫苗1.695万毫升、小反刍兽疫0.15万头份。县级财政配套动物防疫应急物资储备及强制免疫“先打后补”补助经费70万元。全县全年共免疫高致病性禽流感疫苗222.694万羽；免疫猪口蹄疫39.25万头，免疫牛、羊口蹄疫疫苗1.947万头，免疫小反刍兽疫 0.992 万头；春、秋两季 100% 完成应免畜禽强制免疫任务，各强制免疫病种免疫抗体合格率均超过国家规定的 70%，全年未发生区域性重大动物疫情，并通过市级组织的动物疫病防控工作绩效延伸考核。

（陈秋致）

【动物疫病监测与检测】 2023 年，云霄县动物疫控中心实验室承担全县动物疫病诊断、监测与检测任务。全年共完成检测畜禽样品 11785 份，其中检测 H5、H7 亚型高致病性禽流感血样分别为 2684 份、1342 份，检测鸡新城疫血样 80 份；检测猪 O 型口蹄疫、A 型口蹄疫血样各 882 份，猪瘟、高致病性猪蓝耳病血样各 842 份，检测牛 O 型口蹄疫、A 型口蹄疫血样各 319 份；检测羊 O 型口蹄疫、A 型口蹄疫、小反刍兽疫血样各 60 份；流调采样市场禽类病原学监测 H5、H7 亚型禽流感病原均为 295 份；结合春秋防检查和监测采样，检测牛、羊、猪布鲁氏菌病分别为 319、162、882 份；检测非洲猪瘟 1081 份，其中开展非洲猪瘟入场入舍采样，检测非洲猪瘟 199 份，结合春秋防检查检测非洲猪瘟 882 份；检测血吸虫病 379 份。超额完成省、市、县下达的年度免疫抗体检测与流行病学调查监测任务，为全县重大动物疫病防控工作开展和动物疫情预警科学地提供技术支撑。

（陈秋致）

【养殖污染治理】 2023 年，云霄县开展农业面源污染整治，整治禁养区违规畜禽养殖场（户）228 家。推举典型云霄县荣福家庭农场沼液种植利用基地。该基地占地面积约 20 公顷，年处理沼液能力达到 1 万吨，将养殖业产生的废弃物转化为有机肥料，既解决养殖污染问题又实现资源循环利用。

（张帆）

农业机械

【概况】 截至 2023 年底，云霄县农业机械总动力 17.58 万千瓦。年内在册大型拖拉机 94 台 4327 千瓦、耕整地机械 737 台 2081 千瓦，水稻插秧机 143 台，联合收割机 12 台，农用水泵 7057 台，节水灌溉机械 773 台（套），机动植保机械 11288 台（套）。

【农业机械化】 2023 年，云霄县农作物耕种收机械化综合水平超过 77.2%。特色小型农作物机械化、设施种植机械化、养殖设施机械化，农产品加工含茶叶、水果、地瓜等机械化得到普及。新型农机服务组织发展迅速，农机应急服队伍组建并逐步完善，全县全年耕、种、收、运输、加工、修理、中介、营销等领域农机化服务队、农户超万个（户），外地收割机进入县域作业 400 多台次。

【新技术应用】 2023 年，云霄县农机站继续推广应用“农机直通车·全国农机化信息服务平台”及手机 APP，帮助机手找活干、帮助农民找机用。加大力度推进“互联网＋农机服务”建设，作业机具配套安装北斗卫星定位导航和作业检测装备，应用“大数据”技术实现“三夏”机械化生产的现代化管理。2023 年全县基本实现工厂化育秧供给，稻谷机械烘干，基本实现耕种收三大关键生产环节机械化。通过春耕、夏种、秋收、跨区作业的新机具现场会、演示会的推广和媒体宣传，使得水稻精量穴播机械、小型水稻收割机械、塑料大棚耕作机械、蔬菜种植机械得到广泛应用，全县机械拥有量与使用量大幅提高。

【农机政策扶持】 2023 年，云霄县农机站积极宣传国家惠农补贴政策，依据《2021—2023 年云霄县农业机械购置补贴实施意见》，在全县购机集中地开展受理申请、登记、审核等“一站式”及手机 APP 申请办理补贴等服务，为全县农民购置补贴提供便捷、优势、高效服务。全年发放购机补贴 80 多万元、受益农户 125 户。

【农机安全生产】 2023 年，云霄县农机站联合交警、交通、乡镇等部门开展执法 3 次，9 人次参加，重点查处违规载人、酒后操作、超速超载行驶等违法违规现象。采用展板、横幅、宣传小册等形式开展安全生产宣传，发放《农机安全知识手册》600 多份。依托农业农村局对全县 60 多名无证驾驶人员进行无偿培训。组织农机相关安全生产人员，深入田间、场院、乡村道路、茶果园，开展农机生产检查、隐患大排查、大整治活动 27 次，发现隐患立即整改，整改率达 100%。继续开展送检下乡，对外挂农机车辆进行摸排整治。落实农机报废补贴，促使达到报废年限的机车及时报废，不带病使用，确保全县农业机械运行安全有序。

（何江云）

水稻原种场

【现代农业产业园技术服务体系试验站建设】 2023年，云霄县水稻原种场继续推进现代农业产业园技术服务体系试验站项目建设。截至12月底，智慧农业物联网管理系统、八要素气象站、环境监测站、土壤墒情监测站、太阳能风吸式杀虫灯等设施设备已经全部验收完工。

【良种试验推广】 2023年，云霄县水稻原种场早季试验示范品种有“青香优261”“伍两优玉占”“荃优607”“鹏优6377”“泰两优1332”“山两优玉丝”等6个品种。示范面积每个约100平方米，该6个品种全生育期为140—150天，株高105—120厘米，米质优。以及大面积种植示范品种“荃优212”。经测产，“伍两优玉占”亩产620千克、“荃优607”亩产656千克、“泰两优1332”亩产515千克、“山两优玉丝”亩产606千克，“青香优261”亩产387千克、“鹏优6377”亩产313千克。其中，“荃优212”“伍两优玉占”“荃优607”“泰两优1332”“山两优玉丝”等5个品种，在推广过程中，看气候因素及田块条件，因地制宜，可采取灵活的施肥措施，以获得高产。“青香优261”“鹏优6377”等2个品种抗倒伏较差，在台风雨天中损失较大，暂定不宜推广。“荃优212”作为较为成熟的大面积种植品种，作为对照作物，亩产达600千克以上，可成为云霄县主推品种。

【云霄地理标志产品“鸡爪松”番薯品种示范试验】 “鸡爪松”番薯是云霄县著名的地理标志产品，云霄县水稻原种场于2023年在民间广为搜索找到了该品种的种苗，并开展该品种试验示范，以期通过试验示范，为广大农户提供有力的参考依据。通过示范试验结果表明：此次示范种植“鸡爪松”番薯全生育期148天，经测产亩产鲜薯2110.5千克，商品薯率81.56%，产量达到预期目标，为中熟偏早类型，具产量高，适应性广，抗逆性较强，抗病性好，品质优等特点。

园岭国有林场

【概况】 2023年，云霄园岭国有林场以调整生态公益林的树种结构为主线，推进三级生态公益林改造进程，加大营林投资力度，强化经营管理，提升森林质量。全年完成迹地造林864亩；林分修复项目102亩；完成中幼林抚育7106亩；完成松木林分防治面积2778亩和桉树油桐尺蠖除治5625亩；完成生物防火林路维修128千克、林区道路维修58千克。

【基础设施建设】 2023年，云霄园岭国有林场在基础设施建设方面累计投入81.01万元，其中，建设狮头山森林公园主干道挡土墙投资11.56万元；建设森林公园公厕及门禁项目投资12.54万元；坪水工区道路硬化1.37千米投资51.5万元；修缮场部健身区、安装场部大门伸缩门等项目投资5.41万元。

【百场带千村】 2023年，云霄园岭国有林场推进“百场带千村”项目，助力乡村振兴。与周边村庄建立“卫生、道路、防火”等共建项目，签订共建村庄达12个，其中：与白石村、火田村、佳园村、古楼村、员峰村共建美丽乡村，提升人居环境。与侯门村、后埔村、高田村、瓦坑村、东车村、员峰村、岳坑村签订《森林防灭火联防联控联动协议书》，构筑森林防火网，同时支持新园村、佳园村道路硬化共建资金11万元。

【护林防火】 2023年，云霄园岭国有林场主动对接，全方位开展护林防火宣传工作，共组织排查野外火源10次，出动人员85人次，设立临时卡口8个，发放森林防火宣传材料3000份，悬挂森林防火标语8幅，利用短信发送防火宣传30万条。积极推广“以水灭火”经验，在员峰、乌营、岭脚、溪坪等管护站建设森林消防水池共8个，总蓄水量可达120立方米，并配备将可移动水箱和汽油抽水泵，以达到快速、移动灭火目的。完善林场森林火灾应急预案，组建森林火灾半专业化扑救队伍，共计34人，并从中挑选20名年富力强的人员组成2支应急突击队；加强森林防灭火物资储备库建设，配齐各类的防灭火物资。同时强化防火演练，提高队伍战斗力。

（王兰）

工业经济

【概况】 2023年，云霄县积极贯彻落实漳州市委、市政府“突出工业、突破工业”的决策部署，以“产业发展项目攻坚年”活动为抓手，突出做大做强清洁能源、电子信息、食品制造等三大主导产业，以漳州核电为龙头，以抽水蓄能电站、闽粤联网工程等重大项目为引领，突出打造“一县一业”特色，着力培育一批新的百亿产业集群。全县规模以上工业企业96家，规下企业（用地5亩以上）27家，工业总产值95.17亿元，工业用电4.88亿千瓦时，实现工业税收3.21亿元。工业用电较2022年用电增长3.71%；工业总产值较2022年工业总产值增长7.0%；工业税收较2022年工业税收增长13.7%；用电产值税收匹配增长，云霄县工业经济发展质量稳步提升。

【工业园区】 2023年，云霄县工业园区紧紧围绕“一区一湖两园三线”总体布局，大力推进园区建设，以光电、食品加工、新能源为主导产业，积极打造标准化工业示范园区，营造一流营商环境，在基础设施建设、技术创新等方面给予企业政策倾斜，实行工业项目和企业向园区集中。特别是大力推进云翔产业园建设，园区内落地项目共计15个，投产3个，是云霄和厦门翔安山海协作共建产业园区，位于沈海高速公路东西两侧，规划面积2800亩，计划总投资100亿元，以东、西两侧为界，分为两期开发建设，东侧一期面积1450亩，西侧二期1350亩。园区以沈海高速、324国道、高铁为支撑，以益树大道和东辅路为依托，形成一纵六横的交通路网，内有益树大道、树洞一至四路、奥克兰路、瓦窑路、疏港路。同时配套建设排洪渠、高压电力开闭所、污水处理厂泵站、垃圾处理站及给水、污水、燃气管道。

产业发展

【电子信息产业】 2023年，云霄电子信息产业规模以上企业有24家，比上年增加3家，产值达19.99亿元；实现税收6620万元，同比增长110.0%。产业主要支撑项目有云星电子（2023年产值3.18亿元、税收778.11万元）、为乐电气（2023年产值0.73亿元、税收455.35万元）、海峡彩亮（2023年产值4.74亿元、税收179.1万元）等龙头企业，重点引进电子设备、电子元器件、集成电路、人工智能产品等项目，走专业化、精细化、品牌化道路，打造专业的电子元器件产业基地。

【食品制造产业】 2023年，云霄食品制造产业规模以上企业27家，比上年增加7家，实现产值30.2亿元，实现税收合计3899万元，同比增加692.5%。云霄初步形成以省级农头企业东州冷冻（2023年产值0.24亿元、税收77.64万元）、乐华食品（2023年产值0.85亿元、税收318.73万元）等为代表的果蔬农产品加工产业；以鲜品冷冻食品（2023年产值0.54亿元、税收86.01万元）、康海水产品（2023 年产值 0.25 亿元、税收 4.49 万元）为代表的水产品产业；以及以利众诚（2023 年产值 0.93 亿元、税收 211.93 万元）、阳弘生物果干（2023 年产值 0.19 亿元、税收 62.83 万元）为代表的休闲食品产业三大食品支柱产业体系。以利众诚为龙头的干食品产业，正在推动锦树成城项目加速投建投产，引导企业发展“公司 + 基地 + 农户” 模式，实现公司、农户双赢；鼓励乐华、阳弘、金冬冬等蜜饯果干企业加大产品研发力度，提高产品价值；依托周边龙海区烘焙食品聚集区原材料、技术、设备、供应链等优势，培育好又香、满意心焙等烘焙食品企业发展壮大，引育更多的烘焙食品企业聚集云霄。

（张剑宇）

清洁能源

【概况】 中核国电漳州能源有限公司于 2011 年 11 月 28 日注册成立，由中国核电和国家能源集团按 51%、49% 的股比出资组建，负责核电、水电、风电等多种形式新能源的开发和生产。公司坚持安全发展、创新发展、绿色发展，打造“国之华龙、兼容并蓄、处处风光、无限生态”的中国特大型清洁能源基地。2023 年，漳州核电项目按时序进度推进，完成各项计划，抽水蓄能项目三大主体工程全面铺开，荣获中核集团科技二等奖。

【核电项目】 漳州核电项目规划建设 6 台核电机组，总装机容量约 720 万千瓦，总投资超 1100 亿元，其中一期工程（1、2 号机组）开工建设，全部投产后预计年发电量超 500 亿千瓦时。2023 年，项目安全质量总体受控，核电 1 号机组以 86.6% 的安装工程量启动冷试，具备热试条件；2 号机组完成主管道焊接、全面进入安装期；3 号机组完成常规岛 FCD（在核电站建设中，第一次在常规岛的基础部分浇筑混凝土。），核岛通过 FCD 前核安全检查，具备 FCD 条件；4 号机组完成核岛负挖；5、6 号机组推进前期工作。

【抽蓄项目】 云霄抽水蓄能电站项目规划 6 台可逆式水轮发电机，总装机容量 180 万千瓦，总投资约 100 亿元。主体工程于 2022 年 11 月 9 日开工建设，全部投产后预计年发电量超 34.5 亿千瓦时，是福建省重点项目，也是福建省 2023 年在建装机容量最大的抽水蓄能电站项目。2023 年，上水库、下水库、地下厂房三大主体工程建设全面铺开，2 月下库坝开工、4 月上库坝开工建设，地下厂房洞室群开挖，提前完成主副厂房Ⅰ、Ⅱ层，开挖支护主变洞Ⅳ层及 1 ～ 5 号施工支洞，贯通下水库导流洞，洞挖质量和半孔率获质量监督站良好评价。启动上库坝基开挖，优化施工资源配置，扩宽平水洋道路，保障大型施工机械及时进场就位，上库坝首仓于 11 月 29 日实现混凝土浇筑。

【华龙科技文化园】 华龙科技文化园致力打造集仿真培训、技术研发、科教文化、商务交流和人才公寓于一体的科技文化中心。项目占地约 13.33 公顷，建筑面积约 21.24 万平方米，总投资约 14.5 亿元。项目选址于莆美镇山美村，距离云霄动车站 4 千米，距离漳州核电现场和云霄抽蓄项目分别为 22 千米和 25 千米。项目系福建省重点项目，共分 2 期建设，于 2021 年 8 月开工，处于工程建设阶段，一期工程 2023 年完成结构封顶。

【青径风电场】 青径风电场建成发电，总装机容量为 1.95 万千瓦，是中核集团在闽首个建成发电的风电场，也是中核集团首个通过竣工验收的风电场。各项指标处于漳州地区风电场领先水平。2023 年，青径风电场连续安全运行 365 天，投运以来累计连续安全运行 3898 天，13 台风电机组保持长周期安全稳定运行，未发生“非停”事件，未发生安全生产事故，实现 99.8% 的设备高可靠性，在同区域同行中指标最优，损失电量降低至 15.8 万千瓦时，损失电量率实现 0.6% 优秀指标，全年完成上网电量 2484.93 万千瓦时。

电力工业

【概况】 2023 年，云霄县供电公司贯彻落实县委、县政府

“1320”发展战略，以“产业发展项目建设增效年”为抓手，立足保障电网安全可靠供电根本要求，新时代电力“双满意”工程连续三年被纳入县委县政府为民办实事项目，提前超额完成年度目标任务。“双满意”工程成效获得云霄县委主要领导批示肯定4次。公司连续四年进入绩效A段，获评漳州供电公司2023年度先进单位，企业负责人综合业绩指标位居漳州市第2名。

【清洁能源】 2023年，云霄县境内投产清洁能源主要有光伏、风力和水力发电。服务整县光伏试点，实施并网分布式光伏项目1117个，合计装机容量5.25万千瓦，同比增长109.44%。新增并网项目720个、容量2.74万千瓦，均为低压光伏发电项目。全年上网电量（扣除自用）3277.25万千瓦时，同比增长71.20%。另外，陈岱50兆瓦渔光互补项目于8月29日成功并网发电（与曾江风电场现有线路一并送出），为我省第二个“风光储”一体化项目。无新增风力发电并网项目。青径风电场（1.95万千瓦）、曾江风电场（3万千瓦）全年上网电量9237.71万千瓦时，同比增长-16.46%。小水电入网电站水电站16座，在运机组33台，合计装机容量2.6万千瓦，当年发电量4232.03万千瓦时，同比增长-31.25%。

【用电结构】 2023年，云霄县全社会用电量148724.91万千瓦时，同比增长6.30%。其中，城乡居民生活用电56874.89万千瓦时，同比增长4.18%，占比38.24%；第一产业用电11008.33万千瓦时，同比增长11.40%，占比7.40%；第二产业用电量54665.62万千瓦时，同比增长6.59%，占比36.76%；第三产业用电量26176.07万千瓦时，同比增长8.39%，占比17.60%。第二、第三产业用电比重逐步增加，为主要用电增长点。供电公司实现售电量14.13亿千瓦时，同比增长6.07%。

【电网规模】 截至2023年底，云霄境内有220千伏变电站2座、容量480兆伏安，110千伏变电站7座、容量494.5兆伏安，35千伏变电站6座、容量51.5兆伏安。110千伏线路有12条124.78千米，35千伏线路有12条99.65千米，10千伏线路有131条1549千米。公用配变有1653台、专用配变有1067台。用电客户数19.65万户。

【电网建设】 2023年，云霄县供电公司聚焦电网高质量发展主线，全年电网完成投资10690.68万元，实现配网投资完成率107.31%。紧盯电网薄弱环节，推动35千伏东厦输变电工程开工建设，推动110千伏绥阳输变电工程加快可研初设等前期工作。全年累计新增及改造配变74台25950千伏安，新建及改造10千伏线路59.48千米和0.4千伏线路83.99千米，配电线路联络率保持100%。后林安置配变新建工程获评省电力公司第二季度配电网优质工程。加快电网数字转型，累计新投运四遥开关262台，自动化终端在线率99.09%；新增标准自动化馈线27条，全量完成HPLC（高速电力线通信）智能电表改造，实现覆盖率100%。

【供电保障】 2023年，云霄县供电公司持续贯彻云霄县能源新城战略，全力配合属地重大工程，全面完成漳州核电500千伏送出工程109座塔基交地，助力工程6月30日竣工投运。11月11日，云霄县第二个主电源点和核电安保电源220千伏水晶输变电工程建成投产，新增主变压器1台240兆伏安，配套电网7条110千伏先后投运。扛牢保供首要责任，深入落实云霄县有序用电方案，推进电力需求响应，签订需求响应协议14户、容量2.2万千瓦，成功应对电网负荷再创新高挑战，实现“不限电、少停电”目标。完成防汛工作，选派抢险队伍2批55人次支援泉州、莆田，得到属地政府肯定。完成第九届开漳圣王文化节、亚运会等重要时段保供电任务。

【供电质量】 2023年，云霄县供电公司倡导不停电就是最好的服务，践行运维跑在故障前，户均停电时长降至2.18小时（其中故障0.72小时），达到全省先进县区水平。组建跨专业无人机柔性团队，推动无人机规模化应用，实现线路百公里故障 4.45 次，成为漳州市首家获评国网 2023 年配网无人机自主巡检百强示范单位的公司。实施设备差异化改造，累计整治网架问题 9 项、异常台区 75 个。推行先复电后抢修的做法，开展带电作业 508 次，实现不停电作业化率 94.08%。全年入选国网同期线损管理百强县 1 次、“百强所” 12 次。深入实施输变电运维模式优化变革，在福建省首批、漳州市首家开展“县县联合”运检模式优化，全面承接 110 千伏常山变运维任务。全年综合业绩指标位居漳州市第 2 名，获评漳州供电公司先进工作单位。

【供电服务】 2023 年，云霄县供电公司坚持以客户为中心，深入实施新时代“双满意”工程，连续三年被列为县委县政府为民办实事项目，提前超额完成年度目标任务。持续优化电力营商环境，持续推进业扩快接电，实现办电 e 助手应用率、办电时长达标率、业扩回访满意率均达 100%，实现低压业扩“一键通”应用率 100%。全年高压业扩项目送电 75 项，平均办电时长（不含客户时长）9.31 工作日；低压送电 3598 户，平均办电时长 1.42 天。加强供电所网格云电话、属地抢修电话推广，补齐属地服务短板，客户服务保持国网零投诉，意见工单累计 133 件，总体管控成效位居漳州市前三名。

（吴基灵）

二轻工业

【概况】 2023 年，云霄县二轻联社开展安全生产宣传工作，进企业宣传《中华人民共和国安全生产法》。同时，关心困难职工，在元旦、春节开展慰问活动，维护好二轻联社单位稳定局面。

【安全生产】 2023 年，云霄县二轻联社每季度组织干部职工走访企业，开展企业安全隐患排查，向企业职工宣传新《中华人民共和国安全生产法》和习近平总书记关于安全生产重要论述，督促指导企业树牢安全生产理念，及时排查安全生产隐患，把安全生产工作严在日常，抓在经常。

【职工保障】 2023 年，云霄县二轻联社关心帮扶困难职工群体，积极为他们争取相关政策支持，解决实际问题和困难。元旦、春节两节期间，干部职工走访慰问下属企业困难党员、困难职工群体共计 204 名，发放慰问金总计金额 83350 万元，为 6 名下属企业退休职工申报福建省无力参保县及以上集体所有制企业退休人员老年生活保障金。

电商与商贸服务

电子商务

【概况】 2023年，云霄县工信局紧紧围绕以习近平新时代中国特色社会主义思想为指导，全面贯彻落实党的二十大精神，聚焦巩固脱贫攻坚与乡村振兴开展工作。全面推进云霄县农产品进城和工业品下乡畅通的农村现代市场体系，满足农村居民美好生活需求。全年全县快递收件量1164.75万件，快递派件量2985.38万件，全县电商交易额实现稳步增长。

【组织企业参展】 第108届（成都）全国糖酒商品交易会于2023年4月在成都召开，云霄县积极组织云霄县地标产品供销有限公司、漳州市白石酿酒有限公司、福建启佳佳食品科技有限公司、福建支点农业发展有限公司公司、福建利众诚食品有限公司等15家农产品企业参加此次展会。展会上，企业采取“线上+线下”相结合的方式，向群众积极推介云霄农产品，进一步促进云霄县地标产品的知名度和影响力。并举办食品制造产业专场推介会，特邀嘉宾、县领导、全国食品企业代表30家、全国经销商代表15家、漳州市参展食品企业15家、媒体记者（《福建日报》、《闽南日报》、漳州电视台、《中国食品报》、《经济日报》、《人民日报》、“学习强国”学习平台、央广网、成都本地新闻媒体等）约150人，通过宣传云霄县投资环境及投资政策，吸引更多的企业到云霄县投资兴业。

【电商直播赋能培训班举办】 2023年，云霄县工信局联合团县委、县妇联举办2023年电商直播赋能培训班。加强云霄农村创业人才队伍建设，发挥电子商务助力地标产品销售作用，有力服务乡村人才振兴和产业振兴。通过培训，提高农村创业人才掌握创业基础技能和实践能力，助力乡村振兴。

【电子商务与工业融合发展企业家交流沙龙】 2023年，云霄县开办企业家沙龙座谈会，拉近政府与企业之间的关系，更好地了解企业诉求、帮助企业解决实际困难，进一步巩固暖商成效，推动云霄县营商环境优化提升。会后，食品产业链办公室迅速组织电商企业开展与工业企业融合发展对接活动，此次活动走访阳弘生物科技、宝宝乐食品等7家企业，对7家企业的产品、供应链、销售群体定位等方面进行了解，共同探讨打通线上销售渠道，使食品工业企业与互联网大市场零距离，积极探索“互联网直播+特色食品”新思路，支持云霄特色食品通过“直播带货”走出去、火起来，加快推动云霄食品产业与电商融合发展。截至年底，已有阳弘生物科技、利众诚食品、宝宝乐食品、启佳佳食品科技等11家食品企业开展电商销售，德润康实业、白石酿酒2家食品企业在积极对接中。

【电商主播大赛暨资源对接会举办】 2023年，举办2023电商主播大赛·十强争霸赛暨2023电商资源对接会。十强争霸赛设置实战直播和舞台直播两大环节，融合云霄文旅宣传、地标产品推介等内容，设置地标品展区，比赛有近317万人次进行观看，用数字手段为云霄地标产品赋能引流。电商资源对接会上牢牢把握中菲“两国双园”建设的有利契机，精准设置“跨境电商合作”“数据服务合作”“电商平台合作”三大主题闭门圆桌交流会，汇集200多位海内外专家、跨境电商品牌、头部电商平台、MCN机构等行业精英现场共话行业发展新趋势、新方向、新动能，助力云霄本土企业进一步扩大“资源对接平台”朋友圈，融入直播电商产业链上下游协同发展生态，实现资源精准对接、合作共赢发展。2023年直播电商资源对接会现场，福建省广播影视集团电视综合频道中心与云霄县人民政府签订战略合作框架协议，漳州市华威电源科技有限公司与漳州市尚云网络科技有限公司、福建大茂山茶庄园有限公司与云霄县供销社分别签订合作意向协议，进一步促进工业企业与电商融合发展，为云霄工业企业打开电商销售之路打下榜样，助推县域经济高质量发展。活动现场还为“白菜GG”“善小舟”等5位网络达人颁发“助农大使”称号，为漳州市九霄天电子商务有限公司、漳州市云果农电子商务有限公司等9家企业颁发“2023年度优秀电商企业”证书。以此鼓励正能量网络达人、优秀电商企业，继续竞速“流量赛道”，为家乡好山好水好农货代言，为县域文旅、农旅、食旅融合发展贡献直播力量。

（施泽群）

商贸服务

【菜篮子工程建设】 2023年，云霄县工信局推荐云霄县规模较大、生产管理规范、防灾能力强、持续发展较稳、信息化程度高的省级城市副食品调控生猪基地鑫鑫畜牧作为市级生猪活体储备承储企业。

【加油站（点）监管】 2023年，云霄县工信局对辖区内16家加油站进行年检，贯彻落实《漳州市2023年蓝天工程行动计划》要求，推动5家加油站安装三级油气回收装置。

【“趣云霄”闽乐购活动及“两岸一家亲”食品展销会】 2023年6月17—19日开漳圣王文化节期间，于将军山公园举办“趣云霄”闽乐购活动及“两岸一家亲”食品展销会。展出漳州特色名小吃、云霄特色名小吃、台湾名小吃；新车、二手车；云霄地标产品、特色产品、台湾特色产品。活动通过政府搭台，商家唱戏、全民乐享，进一步聚人气、汇商气、点燃烟火气，加强经贸文化交流，打响企业知名度，繁荣城市经济发展商圈。

【组织企业外出参展】 2023年4月7—11日第108届全国糖酒商品交易会期间，在成都帝盛酒店一楼设置云霄展区，组织云霄县15家食品企业参加，让企业借助展会平台积极走出去、引进来，吸收借鉴成都优秀企业经验，开辟外地市场。

【“十佳伴手礼”活动】 2023年，云霄县工信局举办2023年云霄县“十佳伴手礼”活动，评选出食品制造类、饮品及其他类、特产类三大类十佳产品，并在开漳圣王文化节开幕式上对食品制造类的十佳企业进行颁奖。进一步扩大云霄县品牌影响力，推广云霄县丰富的手工艺品、食品资源，凸显云霄“开漳圣地”的文化底蕴，推动云霄县经济文化发展。

（方杨烨）

国有商业

【安全生产】 2023年，县商业总公司加强安全生产管理，强化职工安全生产知识培训、消防演练及安全生产大检查活动，提高干部职工应急处置能力。做好安全生产宣传工作，落实应急值守制度，增加安全资金投入8267元，进一步夯实企业安全基础。

【综治维稳责任落实】 2023年，商业总公司制订综治维稳工作年度计划，与基层单位签订责任书，层层落实责任。加强“平安三率”、扫黑除恶斗争、反诈骗等方面宣传，走访慰问下岗困难职工，对发生的矛盾纠纷，及时妥善处理，把矛盾纠纷解决在基层，消除在萌芽状态。

【巡察整改工作推进】 2023年，

商业总公司持续推进巡察整改工作。督促基层单位外聘审计单位深入梳理及清理挂账，特别是清理拖欠干部职工社保、医保费用代垫的款项。累计已清理应收款252.67万元，应付款129.01万元，进一步减轻基层单位历史负担。

（方龙章、方碧华）

对外经济贸易

【外商投资】 2023年，云霄县新设立外商直接投资企业数3个，合同利用外资共1853万美元；全年验资到资418万美元。

【外贸进出口】 2023年，云霄县外贸出口总额完成13.09亿元，同比增长9.71%；进口总额完成2.44亿元，同比增长-3.74%；进出口总额完成15.53亿元，同比增长7.35%。主要出口产品有食品、化妆品、服装、高新技术产品等；主要进口产品有海草、木材等。

（方玲）

粮食储备与供应

【储备粮管理】 2023年云霄县完成9622吨轮换任务，经春、秋两季省、市普查，县级地方储备粮均达到总体安全、数量准确、品质良好、粮情稳定，符合“一符、三专、四落实”的要求；通过市粮食质量安全抽查检测，储备粮质量安全指标合格率均达100%；云霄县粮食仓储改扩建和物流中心建设项目2023年各项主体工程均已封顶。

【粮食供应保障】 2023年，出台《关于培育新型粮食市场主体促进粮食产业发展的意见》《云霄县引粮入云奖励资金管理办法》，鼓励企业多形式引粮入云霄，有效保障云霄县粮食供给；重新修订《云霄县粮食安全应急预案》，开展培训和演练；下发《关于加快推进粮食应急体系建设的意见》，全面推进粮食应急体系建设，全县共建有应急粮食供应网点27个，应急加工企业1家、配送企业1家，实现全覆盖，累计对应急企业补助6万元。

（阮贵彪、施植元）

物资供应

【概况】 2023年，云霄县物资总公司积极推进安全生产诚信体系建设，杜绝发生火灾爆炸事故；杜绝发生民用爆炸物品仓库被盗、被抢事故；杜绝发生人员重伤以上事故；做好疫情防控工作；实现轻伤事故和职业病危害为零。

【安全生产】 2023年，云霄县物资总公司贯彻“安全第一、预防为主、综合治理”的安全管理方针，强化“一岗双责”，落实企业安全生产主体责任，继续提升企业安全生产标准化建设水平，增强安全防范治理能力。重点做好民爆物品储存库出租安全管理工作，实现无火灾和无爆炸事故；无被盗和丢失事故；无人员伤害事故。

（卞伟毅）

供销合作

【农产品流通服务】 2023年，云霄县发挥“全国地标第一县”的品牌优势，以“地标兴农”为主轴，以地标产品供销有限公司为抓手，团结带领本地广大农民专业合作社和生产、销售、物流等企业，打造“产、供、销”一体的供销服务平台，谋划产业营销新思路，不断拓宽地标产品线上线下销售渠道。

2023年组织地标公司到新疆、成都、福州、厦门、漳州等地参加展销活动共12场。建设地标产品展销馆，将地标产品展示与生活体验相结合；与云霄宾馆合作，在云霄县委党校设立地标产品展销馆，多方位宣传展示地标产品。创新直播带货，协助厦门港务集团港城文旅公司在和平乡棪树村完成枇杷宣传视频的拍摄，推广“港务心选”枇杷礼盒等系列产品。在枇杷节进行直播，邀请云霄县副县长进行直播带货，推动消费助农。发挥政策帮扶优势，加强与福州闽货、厦门外代、厦门生态、厦门港城等公司及省粮储系统单位的合作；在福建广电网络爱家商城、核电集团中禾生鲜超市、常山高速服务区的地标专柜等平台上架销售云霄县地标产品；广泛发动云霄县工会会员采购推广地标产品，形成全民参与共同推动云霄地标产业发展的良好局面。成立云霄县数供信息科技有限公司，并与漳州数字供销科技有限公司合作，联合成立云霄县数供信息科技有限公司，打造线上数字供销平台，推广云霄地标产品的政企团购集采。加强与福建烟草海晟连锁有限公司的合作，依托海晟连锁营销发展有限公司的零售连锁网络平台，打造地标产品线上线下全链条销售体系，大力推广云霄地标产品。通过系列举措拓宽地标产品销售渠道，2023年云霄县地标产品供销有限公司完成纳统目标，成为规上企业，有效带动云霄县地标产品流通，切实助农增收。

【农业生产服务】 2023年，云霄县供销联社以服务“三农”为宗旨，确保农村生产、生活资料供应，重点抓好农资化肥供应。根据漳州市发改委下达的化肥冬储任务，分解冬储任务指标。截至3月底，全县供销系统完成优质肥（尿素、复合肥等）存储量3700吨，小化肥（碳铵、磷肥等）8500吨，合计12200吨，远超市发改委下达给云霄县供销系统的化肥冬储任务3500吨。春耕期间，全县供销系统农资经营网点切实做到“不涨价、保供应”的承诺，确保农资供应充足。

严把农资商品质量关，确保各经营网点从正规渠道购进农资商品，严格执行产品质量责任制，杜绝假冒伪劣、过期失效农资商品流入供销系统经营网点。配合相关执法部门加大对农资商品的监管力度，组织专门人员深入各农资中心、经营网点进行农资质量、价格抽查，确保为广大农民提供质优价廉的农资商品。

4月11日，县供销联社联合下河乡政府、农业农村局、车圩村委会等部门，在车圩村开展放心农资科技下乡活动，组织农技专家和庄稼医院医生现场为农民提供农资科技咨询，指导安全用肥用药，同时，为农户免费发放复合肥。

【农村金融服务】 2023年，持续推进“三位一体”综合合作试点工作。在保持与农信社合作的基础上，联合云霄中行再推出扶持服务农业生产专项贷款5000万元的纯信用额度，从地理位置、经营范围、贷款金额等方面为农业经营主体提供更多的选择，切实解决生产资金短缺问题。全年县供销联社共推荐301户农业经营主体办理“三位一体”贴息贷款，成功为125户专业合作社、家庭农场解决生产资金贷款4306.1万元，带动生产经营面积约5000亩。2023年共发放“三位一体”贴息资金56.8万元。

【“保供促销工程”建设】 2023年，云霄县供销联社积极推进“保供促销工程”建设，推进基层社升级改造，建设服务农民生产生活的综合平台，重点对薄弱基层社车圩供销社进行改造升级。依托车圩供销社乡镇惠农服务中心项目，向上争取补助资金20万元，自筹资金23万元，将原南塘购销站重新改造利用，4间门市占地面积约330平方米，该项目于2023年10月20日竣工并投入使用。车圩供销社的综合实力和服务“三农”的能力将得到明显提升，有效促进下河乡及周边的农产品流通，带动农民增收致富。

（方慧）

烟草专卖

【卷烟打假】 2023年，云霄县烟草专卖局（分公司）推动修订最严打假责任制，规范打假案件办理，推动建立权属背书制度、责任机制持续健全。推动构建打假党建大联盟，实现横纵协同发力，将县局24小时备勤制度与挂钩下坂村综治结合，联勤联动联控，打击合力取得实效；强化打假普法宣传，综合治理持续深化，共查获涉假窝点238个，同比下降16%；查获假烟5711.04万支，同比下降9%；查获烟丝159.84吨，同比持平。

【市场管理】 2023年，云霄县烟草专卖局（分公司）分类施策，持续提升卷烟市场监管能力，通过加大考核目标引导力度，加大对重点户、重点环节的监控和打击力度，以点带面，有力震慑违法经营户。立足“黑、灰、黄”三色名单，综合运用“错时、交叉、突击”等方式，完善跨区域大户联合治理机制。许可管理坚持“依法行政、综合施策”原则，把着力点锚定在稳定数量、提升质量上，推进许可证回归合理容量。

【营销网建】 2023年，云霄县烟草专卖局（分公司）贯彻“总量控制、稍紧平衡，增速合理、贵在持续”方针，聚焦高价突破目标，打好品牌市场基础，助力市场营销稳健发展。聚焦客户满意度提升，深入开展“让客户更满意，我们在行动”主题营销活动和零售客户“放心码”诚信建设活动，提高数字化服务水平；聚焦终端建设升级，持续优化终端生态，打造“海丝新晟”文化窗口，创新文化内涵植入。

（方谊静）

云霄县贸促会

【云霄县贸促会成立】 2023年1月1日，云霄县贸促会正式成立。单位全称为中国国际贸易促进委员会漳州市云霄县委员会，系群团机关。

【参展参会】 2023年，云霄县贸促会共组织14家企业参加海丝博览会、中国国际地标品牌合作大会等6场展会，帮助企业扩大知名度、抢订单拓市场。推荐4家企业参加经贸对接座谈会、“世界商业领袖圆桌会议”等会议，寻求交流合作，推动创新发展，实现互利共赢。

【对外交流】 2023年，云霄县贸促会建立市国际商会会员企业工作微信群，为企业搭建交流平台，拓宽交流渠道，提供经贸政策、展会等信息，共转发国内外经贸政策及投资环境宣传材料11次、国内外经贸展会信息48条、经贸摩擦预警信息8条。主动走访企业家协会、电商协会等，鼓励企业参展；联系地标协会、枇杷协会等，做好地标食品企业摸底。

【商法服务】 2023年，云霄县贸促会组织华威、拓奇、宝宝乐等7家企业代表参加国际贸易、涉外商事法律服务和自贸协定等5场线上线下培训，提高国际规则和政策使用率。推荐仁兴实业和格菱电器2家企业作为“漳州市经贸摩擦监测点”，增强企业风险防范意识，提升抵御经贸摩擦能力。引导华威、开漳印象分别成功申报中国出口商品品牌证明书、中国贸促会地理标志产品品牌证明书，赋予国际贸易中产品的“经济护照”，提升产品品牌国际竞争力，助力企业开拓海外市场。

金融业

综　述

【金融运行】　截至2023年末，云霄县金融机构本外币各项存款余额226.91亿元，同比增加16.37亿元，增长7.77%；本外币各项贷款余额332.05亿元，同比增加70.25亿元，增长26.83%。

【货币发行】　2023年，中国人民银行云霄县支行做好旺季现金投放工作。全年旺季现金投放10.51亿元、回笼0.085亿元，净投10.27亿元，较2022年旺季增加1.89%。完成发行基金及货金系统移交工作，根据“市中支和支行发行库撤销方案”，于2023年7月11日发行库业务上移，云霄县支行不再承担货币发行职能。至业务上移前，共投放现金27.98亿元，回笼15.56亿元，净投放12.42亿元。指导督促辖内银行机构做好现金办理上移工作。如，存取款开户、人员备案、现金存取预约、系统上线等，确保业务上收后，不脱节无缝对接。

【信贷工作】　2023年，中国人民银行云霄县支行贯彻执行稳健货币政策，管好用好各类央行资金，推动金融服务实体经济。截至2023年末，辖内再贷款余额5.56亿元，加权平均利率4.44%，为各类涉农经营主体节省成本333.6万元。辖内普惠小微贷款支持工具余额4.7亿元，加权平均利率4.52%，为各类普惠小微企业经营主体节省成本692万元。推动普惠金融发展，开展民营和小微企业“首贷培植”行动。截至2023年末，辖区普惠小微企业贷款余额109.95亿元，同比增加19.19亿元，增速达21.15%。辖内金融机构通过“金服云”平台发放贷款487笔、93872万元。结合云霄发展实际与资源禀赋特点，以产业链核心企业为着力点，通过“金融+产业”方式，聚焦做大做强清洁能源、电子信息、食品制造等三大主导产业。截至2023年末，全县绿色贷款余额140亿元。扎实做好“一县一品”专项行动，联合政府部门印发《云霄县“‘贷’动地标活力　助力乡村振兴”专项行动方案》，立足全国地标第一县优势，支持全县40个地标产品的信贷需求。截至2023年末，地标类贷款余额2.06亿元，同比增长19.13%。地标类贷款平均加权利率5.97%，同比下降0.47个百分点。

【反洗钱】　2023年，中国人民银行云霄县支行常态化推进扫黑除恶斗争，加强《中华人民共和国反有组织犯罪法》学习教育，深入宣传贯彻《中华人民共和国反电信网络诈骗法》。推进打击治理洗钱犯罪三年行动计划，认真履行反洗钱工作职责，组织、指导、协调金融业反洗钱工作，加强与公安机关反洗钱情报交流和线索移送，督促协调各金融机构积极配合对案件的调查、协查工作。加大反洗钱宣传力度，通过“线上+网点”常态化宣传、联合监管部门、司法机关、进校园、进企业、进社区等形式开展反洗钱宣传活动。机构改革期间，完成反洗钱档案整理销毁、移交工作。

【支付结算】　2023年，中国人民银行云霄县支行做好ACS（中央银行会计核算数据集中系统）核算工作，严格按照ACS核算规章制度要求，加强对会计凭证的审核，做好ACS系统的参数维护、系统升级，网络安全、突发事件处理等工作，确保系统正常运行。持续开展涉案银行账户整治，组织辖区各银行机构参加福建省《中华人民共和国反电信网络诈骗法》贯彻落实暨工作推进电视电话会议，召开全县金融机构打击治理电信网络诈骗暨银行账户风险防控工作会议，部署辖区账户风险防控与优化服务。强化警示教育，通过“线上+网点”常态化宣传，开展“五进”宣传，结合“3·15”国际消费者权益日、“5·15”全国投资者保护宣传日等重要时点开展集中宣传。有序完成支付结算档案整理移交工作。

【外汇业务】 2023年，中国人民银行云霄县支行促进跨境贸易投资便利化。1—9月，辖区银行运用跨境金融服务平台为企业办理出口应收账款融资35笔共901万美元。组织开展打击非法集资、地下钱庄、跨境赌博、网络炒汇和骗税等宣传活动，不断提高社会公众的辨别能力和防范意识。持续推进中小微企业外汇套保首办拓户专项行动。1—9月，共有6家企业办理21笔外汇衍生品签约，签约金额共372.79万美元，其中有4家企业为首办户。加强事中事后监管，防范和化解跨境资金流动风险。及时推进业务档案移交、销毁工作。2023年10月，完成业务移交和所有业务档案的移交。在机构改革过渡期间，做好对涉外主体业务变更解释、政策解答和诉求收集工作，详细告知经办银行、上级银行或分局具体联系方式，确保外汇管理和服务不断档。

【国库】 2023年，认真落实留抵退税政策，精简退税流程，持续优化业务流程，开辟退税绿色通道。截至2023年6月，云霄县国库共办理个人所得税汇算清缴退税16913笔共878.62万元，办理增值税留抵退税3笔共1770.46万元。加强国债发行管理。截至2023年7月，累计销售国债9笔966.5万元。积极配合上级行做好国库业务上收各项工作，及时、准确、完整清点国库会计档案，规范办理移交。

【征信管理】 2023年，中国人民银行云霄县支行做好征信查询服务。截至2023年末，共办理个人信用报告查询13366笔，企业信用报告查询121笔。加强征信业务非现场监管，引导辖区接入机构强化征信合规和信息安全管理工作，守住信息安全风险底线。深化对台征信工作，扩大证书应用范围。指导辖区金融机构走访台企台胞、不定期汇编和推送持证的金融优惠措施。截至2023年末，辖区累计已有14名台胞、6家台企获得漳州市台商台胞金融信用证书。推动应收账款融资业务发展。截至2023年末，辖区中小微企业通过应收账款融资服务平台累计融资5笔，金额4.06亿元。

（方泽城）

银行业监管

【概况】 2023年末，辖区共有银行业机构9家，银行业网点41个，分布于城郊网点24个、农村网点17个；辖区另有离行式自助银行8家，实现辖区11个乡镇场标准银行网点全覆盖和183个行政村便民服务点全覆盖。全年辖区银行业总体稳健运行，截至12月末，辖区各项存款余额226.91亿元，比年初增加16.37亿元，增长7.78%；各项贷款余额332.98亿元，比年初增加70.13亿元，增长26.68%。其中，涉农贷款余额273.15亿元，同比增长47.67%。小微企业贷款余额109.95亿元，同比增长21.15%。

【服务实体经济】 2023年，云霄银保监组持续开展“走万企、提信心、优服务”活动，全年走访企业7家，引导建行针对“专精特新企业”定制专属信贷产品“善新贷”，邮储银行创新“科特贷”，依托工业技改贷款贴息政策，加大力度推进在建工程抵押贷款落地；推动云霄联社创新“科税贷”，将依法缴税行为纳入企业信用评估体系。截至12月末，全县专精特新名单企业及科创客群企业贷款余额2.17亿元，名单内授信覆盖率100%。加大绿色信贷支持力度，积极对接国家能源战略部署，推动银行保险机构加大对清洁能源项目的重点支持力度，为国家“双碳”目标贡献金融力量。12月末，全县绿色信贷余额158.96亿元，投放量比年初新增53.25亿元，占全辖各项贷款余额的47.74%。加大新市民金融服务力度，云霄银保监组召开专题工作会议，部署各机构制定落实方案、成立专项领导小组、指定联络员，并及时督导跟进进展情况，有效落实《福建新市民“党建＋网格”金融服务指导意见）；完善新市民非现场监管机制，每月监测指标任务完成进度，及时开展督促指导；引导银行机构通过加快推进数字化建设、代发工资、“安家贷”、核电专家村房地产项目等业务发展，积极为核电企业外来新市民提供代发工资、住房按揭、优惠结算和提供“智慧食堂”体验、专设ATM（自动取款机）等“最惠、最先、最优”金融服务；以“3·15”国际消费者权益保护日、新市民宣传月为契机，组织辖内银行保险机构开展新市民金融知识集中宣传。推动个体工商户金融服务。截至12月末，辖内2家法人机构实现“闽商易融”认证数184户，申请数181笔、授信金额4525万元，全年任务完成率230%。

【服务乡村振兴战略】 2023年，云霄银保监组支持做优做强地标产业。围绕云霄“地标第一县”区域品牌，全力支持云霄县地理标志产业示范区建设，协同县人行、县农业农村局等多部门组织开展“一县一品 贷动‘闽’生”专项行动。引导云霄农信联社探索“信用＋地理标志商标”“担保公司＋地理标志商标＋风险补偿金”等融资业务模式，推广地理标志质押贷款产品“云标贷”；引导农行创新“惠农e贷＋地理商标＋乡村振兴”普惠金融产品，海峡银行创新“海峡地标贷”、“鲍鱼贷”，中行开发咸淡水水产养殖及销售项目和地标产业种植特色行业信贷产品。截至12月末，全县地标产品贷款余额超19亿元。持续巩固拓展脱贫攻坚成果，截至12月末，全县脱贫小额信贷461户，余额1459.58万元，脱贫小额信贷覆盖面达15.36%。推进“党建＋乡村振兴”工程，贯彻乡村振兴“十镇百村”试点示范三年行动，推动银行持续深化“整村授信”“信用村”工程，全县新型农业主体信用建档覆盖面100%，农户信用建档覆盖面88.15%，信用村覆盖率80.1%。

【助力民生消费】 2023年，云霄银保监组引导机构创新“带押过户”助力民生消费。引导银行机构创新二手房交易“带押过户”业务，有效降低购房者交易风险和成本，全年累计办理带押过户32笔、金额1825.7万元。优化社保民生服务质效，开展社保卡服务问题专项整治行动督导，集中治理社保卡服务领域消保突出问题，督促银行机构加快第三代社保卡发卡进度，有效降低消保投诉量，推动云霄联社社保卡发卡任务完成进度146%，中行完成进度的98.21%，专项行动后未新发生社保卡投诉。

【金融风险防控】 2023年12月末，全辖不良贷款余额1.33亿元，同比增加0.15亿元，不良率0.40%，同比下降0.05个百分点，不良资产处置力度加大，信用风险防控压力有所下降。紧盯安全生产工作，采取“银保监＋公安＋银行安防专家”的模式成立联合巡查组，出动检查力量148人次，对16家机构28个网点进行4轮安全检查，整改各类安全隐患48处，推动5个网点进行物防改造，发出安保测试问卷105份，及格率89.3%，辖区安防水平显著提升。开展不法贷款中介专项治理行动，督促辖内银行机构印发不法贷款中介专项治理行动方案并成立专项治理工作领导小组，督导机构定期开展排查。2023年未发生涉及不法贷款中介金融案件和舆情事件。

【消费者权益保护】 2023年，云霄银保监组推动云霄县“一站两中心”成功迁址并建章立制，协调县法院成立云霄法院金融速裁团队。1—12月，云霄县“一站两中心”共接收银行保险机构转送的金融纠纷案件622件，其中调解成功93件，涉及金额511.2万元。强化金融消保宣传，组织县域金融机构开展“3·15”国际消费者权益日活动、反诈宣传月、新市民金融服务宣传月、金融知识宣传月等一系列宣传活动，切实守住百姓“钱袋子”。联合县市监局、人行、金融办等多部门组织辖内银行保险机构在云霄县人民公园开展金融知识集中宣传1场；到马铺乡农贸市场开展“金融知识下乡”户外宣传；走进中核二四公司开展新市民金融服务“进企宣传”活动，为核电员工宣讲漳州市新市民金融服务政策和普及防范电诈金融知识。全年组织机构开展“五进”宣传108次，发放宣传资料1000余份，参与群众达3.15万人次，发布原创网络宣传作品23条，阅读点击达2.59万次，引导人民群众提升金融素养、增强金融风险防范意识。

银行业

【中国银行云霄支行】 截至2023年末，云霄中行人民币一般性存款余额27.88亿元，较年初新增2.13亿元，其中个人储蓄存款人民币合计22.55亿元，公司存款5.33亿元。贷款余额46.64亿元，比年初新增17亿元，贷款不良率0.22%，其中公司贷款率为零，资产质量总体良好。2023年，云霄中行支持地方重点项目建设，为核电提供贷款30.8亿元，其中2023年提供贷款16.02亿元；为抽蓄项目提供0.7亿元贷款。助力云霄实体经济发展，全年小微企业贷款余额3.4亿元，较年初新增1.74亿元，新增个体工商户贷款32户，其中线上贷款较年初新增2107万元。促进地方消费水平，全年投放约6500万元的个人信用贷款用于消费支出，贷款净增约2700万元，投放个人住房按揭贷款8922万元促进购房。承担服务民生责任，全年下乡45场次把第三代社保卡新卡（约1.3万张）送达群众手中，累计下乡136次为行动不便的群众上门办理业务。

（方宝万）

【中国工商银行云霄支行】 2023年，中国工商银行云霄支行各项人民币存款21.13亿元，比上年增加2.05亿元。其中，居民存款余额15.5亿元，比上年初增加1.88亿元；对公存款5.63亿元，比年初增加0.17亿元。持续做好支持民营小微企业发展壮大的金融服务，全年各项贷款总额55.08亿元，比年初新增14.36亿元，其中对公贷款余额43.86亿元，比年初新增13.05亿元，全年新增普惠贷款1.1亿元，以实际行动助力辖内实体经济发展。

（沈跃溪）

【中国农业银行云霄支行】 截至2023年末，中国农业银行云霄支行本外币各项存款38.8亿元，比年初增加4.45亿元；各项贷款余额76.09亿元，比年初增加8.92亿元；实现营业收入1.59亿元，比上年增加0.36亿元；实现拨备前利润1.23亿元，拨备后利润1.23亿元，同比增加0.14亿元、净利润1.09亿元，同比增加0.29亿元；支行连续六届被福建省委省政府授予“省级文明单位”称号；连续21年实现无刑事案件、无违规违纪、无重大责任事故“安全年”；连续八年在云霄县银行业金融机构安全评估中排名第一。

（高一明）

【中国建设银行云霄支行】 截至2023年底，建行云霄支行一般性存款余额331595万元，其中企业存款98414万元，储蓄存款233181万元，当年新增11983万元；本外币各项贷款余额536375万元，其中公司类贷款333467万元，个人类贷款202907万元，当年新增144372万元；五级分类不良贷款余额1489万元，比年初新增525万元，不良率0.29%。2023年实现帐面经营利润7792万元，为当地经营效益最佳商业银行。

2023年，建行云霄支行持续开展金融服务乡村振兴和一县一品工作，利用“闽果贷”、“闽茶贷”、“闽林贷”、“闽禽贷”以及“小微快贷”系列产品，为客户提供信贷支持，精准服务农业特色产业，助力乡村振兴，促进脱贫攻坚和乡村振兴有效衔接。截至12月底，支行普惠金融贷款时点余额54567万元，比年初新增13938万元，授信客户数和授信总额度均创历史新高。支持地方重点项目建设，对接地方政府民生基础设施项目，坚持提高制造业贷款比重，积极营销绿色融资，以金融支持经济持续恢复和高质量发展，截至12月底，支行累计提供3亿元左右个人住房信贷支持，累计投放绿色信贷31.82亿元，其中新投放漳州核电固定资产贷款11.10亿元，余额29.62亿元。

（方毅勇）

【农村信用合作联社】 截至2023年末，云霄县农村信用合作联社各项存款余额68.57亿元，较年初增加6.09亿元，增长9.74%，市场份额位居全县各金融机构首位。其中，储蓄存款余额55.39亿元，较年初增加6.42亿元，增长13.1%。全辖各项贷款余额57.98亿元，较年初增长17.8%，其中，涉农贷款52.57亿元，比年初增加8.62亿元，增长19.6%；小微企业贷款余额23.26亿元，比年初增加4.02亿元，增长20.86%，增速高于各项贷款增速；普惠小微企业贷款余额22.69亿元，比年初增加

4.31亿元，增长23.43%，增速高于各项贷款增速。

推动与农业农村局、乡村振兴局、文明办、工商联、地标协会等签订战略合作协议落地，构筑集“金融咨询、业务办理、金融宣传、信息采集、服务交流”等于一体的服务乡村振兴共同体。全年开展金融知识宣传34场次，开展党建共建8场次，列席村（社区）两委会8场次。推广福农e站融合农业农村局、乡村振兴局、供销社、农民专业合作社、家庭农场、地理标志协会等单位，集聚当地生产要素，引入电商、直播带货，利用“福农e购”电商平台帮助当地企业或农户销售农产品，搭建起脱贫产业、特色农产品与客户端消费市场之间的直通车，实现金融服务与农村“上下游”产业链的深度融合。

（蔡舒淇）

【邮储银行云霄县支行】 截至2023年末，邮储银行云霄县支行个人储蓄存款余额68938万元，年净增5094万元，公司存款余额22650万元，年净增16267万元。各项贷款余额29.21亿元，较上年新增5.39亿元。支行积极开展三农金融服务，助力乡村振兴，结合日常工作开展金融服务乡村振兴政策宣传，让更多农户了解贷款政策。截至2023年末累计评定信用村174个，信用户共5619户，贷款结余9.91亿元。推广普惠小微信用贷款业务，进一步减费让利，切实加大对小微企业的金融支持力度，全年支行普惠型小微企业贷款余额10.32亿元，当年累放贷款8.85亿元，无还本续贷余额1.42亿元。

（吴艺燕）

【福建海峡银行云霄支行】 2023年，福建海峡银行云霄支行资产总额9.6亿元，比年初增加0.79亿元，增长8.97%；日均存款余额5.86亿元，比年初减少0.01亿元，增长-0.17%；日均贷款9.32亿元，比年初增加0.63亿元，增长7.25%。内部考核创利收入0.34亿元，同比增长25.93%。缴纳税款262.94万元。

（黄小玲）

【云霄润发村镇银行】 截至2023年末，云霄润发村镇银行资产总额43987.94万元，比年初增加2402.61万元，各项存款余额为36843.25万元，比年初增加2030.57万元，各项贷款余额为32958.11万元，比年初增加1266.7万元。全年实现利润321.33万元，缴纳税款152.02万元（含企业所得税、营业税及附加、个人所得税、增值税等）。

（董泽聪、林龙灿）

保险业监管

【概况】 2023年，云霄县保险主体共有14家，其中财险机构8家，人身险机构6家；全县当年实现保费收入39695.98万元，同比增长7.74%，其中财险机构实现收入16892.85万元，同比增长11.31%，人身险机构实现收入22803.12万元，同比增长5.25%。全县农险保费收入1682.55万元，赔付金额1099.49万元。

【服务乡村振兴】 2023年，云霄银保监组推动人保财险云霄支公司创新全省首单“红树林碳汇储量指数保险”，对云霄县漳江口红树林国家级自然保护区1363.35亩红树林的碳汇储量提供1567.85万元风险保障，实现“保固碳、保增汇、保减排”的碳汇保险服务“双碳”目标新模式。指导人保财险云霄支公司与云霄发改局签订战略合作建立“农业经营成本调查”合作示范基地，建立“农本调查+农业保险”联合调查机制，构建“价格、补贴、保险”三位一体调查数据闭环，挖掘农产品成本数据价值，共同研发“保收入、保成本”的保险产品，提升农业保险产品的精确性及针对性。推动人保财险云霄支公司落地全省首单农田设施损毁综合险，为云霄县2.31万亩小型水库、小型堰闸、田间道路、农田水泵等高标准农田配套设施提供4620万元风险保障，通过保险杠杆作用和补偿机制，有效解决农田设施管护、维修难题，促进农田设施灾后修复及恢复运行，助力实现“防灾减损、提质增效”目标。

【助力安全生产】 2023年，云霄县保险机构承保安责险61笔，总保额5.81亿元。云霄银保监组与人保财险云霄支公司联合开展安责险助力重大事故隐患排查整治帮扶活动，到2家矿山企业开展现场督导，突出对高危行业领域重点企业帮扶，发挥保险事故顶防功能，有效提升高危行业投保企业的风险防控意识和安全管理水平，巩固辖区安全生产稳定形势。

保险业

【中国人寿保险股份有限公司云霄县支公司】 2023年，中国人寿保险股份有限公司云霄县支公司实现股份公司总保费9419.33万元，其中续期保费6266.66万元，长险首年保费2180.57万元，10年期及以上期交保费849.46万元，短期险保费972.10万元；全年赔付支出2178.76万元，同比增长38.96%。

（曾李李）

【中国人民财产保险股份有限公司云霄支公司】 2023年，中国人民财产云霄支公司实现保费收入8231万元，缴纳各项地方税收877.27万元。组建警保联动服务队伍，设立车架管社会服务站、机动车登记服务站、警保联动交通安全劝导站，助推全县电动车摩托车上牌工作，落实警保联动“小额人伤快处赔”既做好定责工作、又疏通勘察渠道，提高交通效率，服务群众，提高群众满意度；结合县域实际情况，推陈出新多项服务民生类保险保障方案，充分发挥保险的补偿作用，维护社会和谐稳定，提升人民群众幸福指数，助推乡村振兴。

（吴雯）

【平安财产保险云霄支公司】 2023年，中国平安财产保险股份有限公司云霄支公司实现保费收入3670.05万元，比上年增长16.49%。全年承保财产险、团体意外险等非车产品1071.90万元，比上年增长102.01%。全年理赔金额1871.08万元，比上年降低5.23%。

（方艺辉）

【中华财险云霄营销服务部】 中华联合财险保险股份有限公司漳州中心支公司云霄营销服务部经营财产保险、人身保险、涉外保险业务。2023年，支公司保费收入403.78万元，其中车险260.36万元，全年赔款支出282.47万元。

（林若莹）

【平安人寿云霄营销服务部、第一营销服务部】 2023年，平安人寿云霄营销服务部和第一营销服务部合计原保险保费8365.53万元，办理理赔案件718件，理赔金额900.7万元，理赔获赔率97.09%。

（蔡敏惠）

【兴业证券云霄营业部】 2023年，兴业证券云霄营业部实现营业收入834.35万元，利润总额427.43万元；截至2023年末，客户的托管A股总市值为11.56亿元，累计销售各类产品17143.82万元；全年新增普通客户账户数共386户；全年各类证券交易金额累计数达292.20亿元。

（朱若凡）

运输与管理

【行政服务】 2023年，云霄县交通运输局行政审核审批工作持续深化“放管服”改革，优化营商环境新工作方式。推进县乡村道施工图设计无纸化审批，优化审批流程，将办理时限从20个工作日压缩至1个工作日，缩短项目建设周期，加快项目投产进程；落实“一考两证”（驾驶员获得B2、A2驾驶证之后，可以直接申领相应车型的从业资格证）改革，简化货运从业资格证申领事项手续，并纳入跨省通办便民举措，解决群众异地办事“多地跑”“折返跑”的问题。依托福建省道路运政信息管理系统生成道路运输经营许可、道路运输证、道路运输从业资格证电子证照，打破部门间信息壁垒，方便群众办事。是年，共办理工程许可类43件，路政许可类5件，运管许可类7件，生成电子证照1592张，上岗证核发换发722件，客货运输车辆年审1011件，跨省通办31件，异地年审33件，办结率为100%，为群众提供优质服务，提高群众满意度。

【客运服务】 2023年，云霄县有客运企业7家，车辆94辆（客运班车37辆、旅游包车57辆）；客运班线22条：省际班线2条，县际班线11条，县内班线10条，其中，农客班线15条。5家道路客运企业纳入2022年度质量信誉考核，全部被评为AA级客运企业。持续规范客运管理，落实“三不进站、六不出站”（危险品不进站、无关人员不进站、无关车辆不进站；超载营运客车不出站、安全例行检查不合格营运客车不出站、旅客未系安全带不出站、驾驶员资格不符合要求不出站、营运客车证件不齐全不出站、出站登记表未经审核签字不出站）安全管理责任；客运驾驶员在驾驶过程中做到“五不一确保”（不超速、不超员、不疲劳驾驶、不接打手机、不关闭动态监控系统，确保乘客生命安全）。落实农客油补车补政策，按规定进行公示并发放补助资金。加强车辆动态监控平台日常管理工作，客运车辆全部安装北斗终端，覆盖率100%。

【公交车、出租车服务】 2023年，云霄县公交车运营企业有长顺公共交通有限公司1家，车辆数22辆，开通14条线路；出租车运营企业有云霄县顺冲出租车有限公司、云霄县中联汽车出租有限公司2家，车辆总数51辆，其中云霄县顺冲出租有限公司参与“村村通客车”项目运营；网约车企业有漳州市云霄世丰行新能源有限公司、漳州宝顺网络科技有限公司、漳州大联汽车服务有限公司、漳州市顺路汽车服务有限公司、漳州市仁民新能源有限公司、T3打车共6家，车辆总数41辆。全县辖区（包括个别无农客通行的偏远乡村）都可以采用网约车方式出行，实现158个建制村全部通客车。出租车运营管理规范，运营车辆设施齐全，计价器和北斗终端正常运转，随时掌握车辆动态。全县范围内重新拟定、规划、优化公交站牌和线路，扩大城区群众公交出行范围；公交车内设置驾驶安全防护栏，确保司机驾驶和乘客乘车安全。

【货运服务】 2023年，云霄县拥有普通货运企业数33家，车辆530辆，吨位6804吨；危货企业3家，车辆18辆，吨位123吨。是年，纳入云霄县符合2022年质量信誉考核条件的有3家危险品货运企业、25家道路普通货物运输企业，拟定为AA级危货企业3家、普货企业25家。农村寄递物流体系建设力度加大，县、乡、村三级物流服务体系完善加快，农村寄递物流基础设施短板补齐，推动农村地区流通体系建设，发挥好农产品出村进城、消费品下乡进村的重要渠道作用，满足农村生产生活和消费升级需要。

【客货邮融合发展】 2023年，云霄县交通运输局与中国邮政集团云霄分公司建立协同工作机制，定期协商解决问题，协调邮政公司同云霄县安顺旅游公司签署协议开通云霄至马铺乡的客货邮专线。在马铺乡客运站设置服务站点，推广农村寄递物流共同配送模式，提升农村公共服务品质。

【水路运输】 2023年，云霄县交通运输局全面落实内河乡镇船舶管理责任。严厉打击内河通航水域违法违规行为，抓好内河污染治理，坚决贯彻“三油并轨”（车用柴油、普通柴油、部分船舶用油并轨使用国六标准车用柴油）制度。全年开展内河水上整治行动12次，出动检查人员68人次，检查内河乡镇船舶42艘次，拆解“三无”船舶8艘。结合日常检查工作，内河乡镇船舶均配备垃圾回收桶，乡镇船舶临时停靠点也均配备回收桶，并由所在地（乡镇、村）按相关规定将垃圾进行转运处置，从源头上做好水源污染防治，有效防止回收垃圾造成的二次污染。督促各乡镇落实内河船舶污染物、垃圾收纳和转运工作，做好内河电动船舶的宣传推广。

【驾驶员培训】 2023年，云霄县交通运输局宣传贯彻落实《机动车驾驶员培训管理规定》（交通运输部令2022第32号），对全县9所机动车驾驶员培训机构进行规范管理。全年驾培市场稳定、零投诉。督促各驾训机构根据规定建立健全相关档案，对辖区驾校的经营资格、经营行为进行监督检查。是年，全县各驾校审核签发汽车培训记录4560人次（小车4477人次、大车83人次），摩托车培训记录837人次。

【车辆维修】 2023年，云霄县有各类维修企业83家，其中一二类维修企业18家。各类车辆维修企业坚持分类管理、预防为主、安全高效、节能环保的原则，对道路运输车辆在保证符合规定的技术条件下，按要求进行维护、修理、检测。加强汽车维修企业喷漆作业及环境污染整治，全面取缔露天和敞开式汽修喷涂作业，督促维修企业对车辆的污油及维修危险废物进行规范处理。贯彻落实“三检合一”（安全技术检验、综合性能检验和排放检验）和推进“跨省通办”制度，加大便民服务举措力度。保持车辆技术状况良好，保障运输安全，促进节能减排。

【行业管理】 2023年，云霄县交通运输局部署道路旅客运输企业、道路货物运输企业、公交与出租公司、维修企业质量信誉考核工作，加强行业管理。推动交通运输经济指标增长；鼓励引导绿色低碳出行，推广使用新能源和清洁能源汽车，做好生态环保工作；做好“四好农路”运营好，实现村村通客车，建设县、乡、村三级物流网络体系；推进城乡客运一体化、农村客货运输创优提质；落实辖区内车辆北斗监控系统的安装和管理，加强运输车辆的动态监管。

【信访工作】 2023年，云霄县交通运输局处理信访事项及群众诉求265起，其中“12345”便民服务平台151起、“12328”全国交通运输监督服务平台106起、国网省网内网网诉平台信访事项4起、群众来信来访信访事项1起、国务院“物联网督查”留言和人民网领导留言板留言1起，省委巡视组转办件2起。县交通运输局寄出受理告知书2份、答复意见书2份。全年信访业务做到及时查阅率100%、按期答复率100%、群众满意率100%，年度考核满分，信访业务多次受到上级部门肯定。

（张良川、张锦喜、方妙真）

交通综合执法

【超限运输执法】 2023年，云霄县交通运输综合执法大队强化科技治超力度，不断完善和落实超限超载运输车辆“一车一档”登记制度，及时将查处违法超限货运车辆案件信息，录入在“福建省交通综合行政执法管理信息系统”中进行公示。加强源头管理，检查各类企业655家，公布重点货运源头企业3家，深化超限“一超四罚”（对路面查获的超限超载车辆，在交通运输综合行政执法机构责令消除违法状态、公安交通管理部门处罚记分后，依法对货运车辆、驾驶人、道路运输企业和货运源头单位实施追踪查处）。联合公安局交警大队开展治超执法76次，查处超限车辆253辆，卸载货物4914.20吨，货运车辆超限率严控在1%以内。

【路政管理执法】 2023年，云霄县交通运输综合执法大队出动执法人员13240人次、执法车辆3524辆次，坚持国省干线和农村公路并重，营造“畅、安、洁、优”公路通行环境，把县乡村执法权移交乡（镇）政府，五支执法中队按照各自分片乡镇的责任区域开展道路巡查，交通执法巡查公路里程57264千米，公路执法监督检查7526次。查处路政违法案件305件，纠正制止路政违法行为315件，确保公路完好、安全、畅通。是年，以市“两违办”组织开展“百路千村”“两违”综合治理行动为契机，县交通运输综合执法大队加大执法力度，在当地政府的协助配合下，全力攻坚“两违”治理难题，加大路域环境整治力度。拆除非公路标志235面，清除堆积物121处、360.9平方米，整治平面交岔路口2起，整治违法搭建路口和占用公路、挖掘公路两起，查处车辆运输滴、洒、漏污染公路43起。

【道路客运执法】 2023年，云霄县交通运输综合执法大队持续开展整治“黑车”非法营运和出租汽车客运秩序专项执法行动，以打击各类非法客运和出租汽车违法经营行为的专项执法行动为重点，查获非法从事客运“黑车”118部。加大道路旅客运输企业、客运站场和客运车辆及驾培、租赁行业等的监管力度。是年，出动执法人员3625人次，检查客运服务企业及驾培行业655家次，寄递企业128家次，督促现场整改46起，发出整改通知书17份，均已完成整改。

【货运及寄递物流监管执法】 2023年，云霄县交通运输综合执法大队加大道路危险货物运输监管力度，查获危险品运输车辆27辆。加大货运物流行业安全监管力度，检查物流企业23家，积极联合相关部门加强对货物受理环节不按要求开箱验视、不留存托运人真实信息等违法违规行为的监督与查处。组织执法人员协同有关职能部门，加强对寄递物流企业执法监管，全年出动执法人员640人次，检查寄递企业128家次，督促企业严格落实三项制度（收寄验视制度、实名收寄制度、过机安检制度）。

【执法平台一体化建设】 2023年，云霄县交通运输局积极推动执法平台一体化建设，投入资金6万多元，配备2台终端设备，6台移动终端设备。对执法人员进行培训，及时熟悉操作流程，按时启动“福建省执法平台一体化”业务。

（黄大良）

交通运输安全工作

【安全生产】 2023年，云霄县交通运输局学习贯彻习近平总书记关于安全生产的重要指示批示精神，在全县交通运输系统开展各项安全生产专项整治行动，着力防范化解安全生产重大风险，坚决遏制特重大安全事故发生。印发《云霄县交通运输行业重大事故隐患专项排查整治2023行动实施方案》，开展“打好安全检查百日会战坚决防范化解重大安全风险专项行动”“安全生产集中攻坚专项行动”“安全隐患大排查大整治工作”“交通运输安全生产大检查专项行动”等监管检查行动。从源头治理入手，突出重点，压实企业管理主体责任，提高企业安全管理意识，打牢企业安全工作基础。全力保障重大活动和重点时段安全生产工作，开展2023年元旦、春节、清明、“五一”国际劳动节、中秋、国庆节前安全生产大检查及全国两会安全监管工作。全年出动2800余人次，执法车辆810余辆次，检查企业796家次，发现一般隐患86项，针对清理整治中发现的问题督促企业立即整改或按要求限期整改，整改率达到100%，确保运输行业安全生产无事故。

【消防安全】 2023年，云霄县交通运输局建立健全相关管理措施、工作制度，定期和不定期开展消防检查工作，坚决遏制较大及以上事故，最大限度减少各类消防安全事故发生。对全县道路客运、旅游客运、城市公交、出租车客运、危货运输、普货运输、机动车驾驶员进行培训，对机动车维修等企业采取“双随机、一公开”“四不两直”办法进行抽取检查。全年出动检查人员1255人次，检查企业152家次，检查出12项消防安全隐患，现场整改12个，所有整改已全部整改到位。

【安全生产宣传】 2023年，云霄县交通运输局开展“安全生产月”、“12·2”全国交通安全日等宣传活动，增强广大群众交通法规意识、安全意识和文明意识，共同打造和谐、安全、畅通的道路交通环境，营造浓厚的安全文化宣传氛围。通过集中宣传、进企业，进单位、进小区等宣传活动，把“五进”宣传活动纳入全年安全生产工作的重要内容，发放安全生产宣传单4500余张，安全宣传扇子500余把、宣传袋300个、雨伞160把、厨房围裙200件，播放LED宣传标语68条。在全县交通运输系统开展安全主题宣传活动，发放宣传资料2500多份，显示LED宣传口号30条。在清华园小区广场、人民公园、长途客运站开展宣传咨询活动，发放交通运输宣传资料2100余份，播放LED显示标语20余条。开展“119”消防宣传月活动，发放消防安全宣传单2400余张，宣传扇子200余把、宣传袋250余个；开展消防安全提示，在交通运输系统LED显示屏显示宣传口号25条。

【禁毒专项工作】 2023年，云霄县交通运输局根据《云霄县毒品问题工作30项重点工作事项任务清单》，立足交通实际，落实制度措施，加强交通运输行业的涉毒隐患排查整治，坚决堵住利用交通运输渠道实施违法犯罪活动，切断毒品流通渠道。全年出动208人次，检查客货运场站26家次，检查寄递物流企业77家次，未发现涉毒违法违纪行为。全县寄递物流企业全面落实“三项制度”，出动95人次，检查内河乡镇船舶50余艘次，检查过程中未发现涉毒船舶违法违纪行为。加强路面联合执法检查，配合公安部门开展缉毒联合执法，对各个监管行业场所、车辆、船只和路段主动检查查验。截至2023年底共开展联合执法8次，出动100人次，检查车辆144辆次，执法过程中未发现运输车辆存在涉毒违法违纪行为。

【寄递物流安全管理】 2023年，云霄县交通运输局强化措施，坚持综合治理、源头治理、从源头上防范利用寄递物流渠道实施违法犯罪行为。坚持防范和打击不法分子利用物流流通环节实施违法犯罪活动，持续开展寄递物流安全管理工作专项治理。重点解决寄递物流货物受理环节验视不合格、安检走过场、不留存托运信息和瞒报货物品名等突出问题，坚决防止不法分子利用物流运输、客运班车、汽车租赁等渠道实施违法犯罪活动。全年检查寄递物流企业158家次，发现一般隐患22项，现场整改26项。

【全县公路水路安全管理】 2023年，云霄县交通运输局作为全县公路水路安全管理工作牵头单位，加强各成员单位联合执法，以创造“平安公路”“平安车站”，全面开展公路水路安全联防工作。严格履行“安全监督”职责，组织各成员单位加强对长运集团云霄分公司、长顺公共交通有限公司、宏兴旅游客运公司等客运企业安全监管。开展“打非治违”专项行动，对客车、公交车、出租车、农村短途客运车辆进行规范管理，及时发现和打击行业非法违法经营行为，净化公路水路环境。强化对长途客运班线、车辆、驾驶员的监督管理，充分利用北斗卫星终端等技术手段实时对客运车辆实施动态监管。加强内河水上交通安全监管，开展内河水上交通安全专项整治，全面落实内河乡镇船舶管理，严厉打击内河通航水域违法违规行为，防范和遏制水上自然灾害风险隐患事故发生。

（蔡立林）

交通基础设施建设

【农村公路危桥改造】 2023年，完成马铺乡水口中桥重建工程（新改建一座1×20米预应力钢筋混凝土简支空心板梁桥，桥宽8.3米），投资145万元；完成云霄县列屿镇城内桥危桥改造工程（新改建一座1×13米预应力钢筋混凝土简支空心板梁桥，桥宽18.5米），投资256万元；实施云霄县列屿镇山前桥危桥改造工程（新改建一座3×13米预应力钢筋混凝土简支空心板梁桥，桥宽，14

米），投资 574 万元。

（方浩森）

【农村公路建管养】 2023 年，云霄县交通运输局不断提高农村公路标准，完善道路设施；进一步健全完善机制，加强公路管理和养护，确保公路畅通路况良好。实施行政村通达公路及路网提级改造，助力乡村振兴，新建改造农村公路里程 20.8 千米、完成投资 7245 万元。完成云霄县 2023 年农村公路养护工程、火田镇古和线道路养护工程等，实施农村公路养护（安保）建设 30 千米、完成投资 820 万元。

（方浩森）

【四好农村路】 2023 年，云霄县交通运输局以“四好农村路”建设为主要抓手，推动“四好农村路”高质量发展，充分发挥“路长制”作用，全力将农村公路打造成产业路、致富路、振兴路，为全县经济高质量发展提供坚实保障。全年完成农村公路技术状况自动化检测 281.495 千米，按自动化检测方式评定路面 PQI（路面技术状况指数）、PCI（路面状况指数）、破损率 DR（破损率）、平整度 IRI（平整度）等。农村公路灾毁保险投保 619.2 千米，其中县道 122.6 千米，乡道 278.9 千米，村道 217.7 千米。全年赔付清除滑坡土石方及残骸赔偿额 153842.25 元。

（方文才）

【东演线（Y211）路面改造工程】 2023 年完成东演线（Y211）路面改造工程。该项目起点位于和平乡坎顶村与下河乡孙坑村交界处，桩号为 K3+180，对应路网桩号为 K3+180，终点位于鹅豆溪桥前，桩号为 K8+920，对应路网桩号为 K8+920，建设里程长为 5.74 千米。主要建设内容为路面工程、排水工程及交通安全设施工程等，总投资约 1133 万元。此项目有效提高区域道路通行能力和安全性，提升农村公路服务水平，进一步优化该区域农村公路路网结构，提高综合运输效率，方便当地居民日常出行和货物流通，促进区域经济增长。

（汤伟尧）

公路养护

【小修养护】 2023 年，云霄公路分中心坚持问题导向，持续深入开展路面预防性养护工作，确保公路路基、路面、桥涵隧、沿线设施、路容路貌等方面的养护质量。全力推进 G228 线滨海旅游风景道养护提升，抢抓晴好天气修补坑槽裂缝，做好砼路面裂缝封闭工作，确保路况良好；及时修剪路树、修整草坪、铲除杂草，加强道路保洁，有效提升路容路貌；强化汛期前排水设施疏通、养护，积极排查处置汛期公路险情，确保道路安全。2023 年累计完成路面坑槽修补 2000 余平方米，清灌缝封闭 98 千米，砼路面修补坑槽约 500 平方米。

【养护工程】 2023 年，云霄公路分中心保质保量完成公路养护工程项目，累计完成以下公路养护工程：剑石岩隧道、盘陀岭隧道机电设施完善工程；S508 线云霄段路面预防养护及 G324 线云霄段沥青砼路面应急抢修工程；G228 线、G324 线、S508 线路面标线完善工程，有序推进 G324 线七里铺桥改建工程。

【路产保护】 2023 年，云霄公路分中心加强与县交通综合执法大队、县交警等部门的联动，积极开展路域环境整治、路政普法宣传等活动，有效保护路产路权。全年开展联合整治行动 22 次，清理堆积物 51 处 /1156 平方米，函告交通综合执法部门 3 起。落实上路巡查工作，及时制止纠违，全年上路巡查 212 天次、出动 246 辆次 /1012 人次，纠正、制止违章 399 起；充分线上线下相结合积极开展主题鲜明、形式多样的路政宣传、“蒲公英”普法等活动，营造安全和谐的公路氛围，全年共设置宣传咨询点 3 处、发放宣传材料 460 多份；累计办理协议式管理案件 10 起，协助办理许可案件 3 起，收取赔（补）偿费 50700 元。

【安全生产】 2023 年，云霄公路分中心立足平安建设，抓好安全生产工作。强化隐患排查及整改。抓好重大节假日期间、极端天气的值班及应急抢险工作部署，加强隐患排查；每月定期深入班站开展用火用电用气安全检查，及时发现并消除隐患。加强宣传教育，积极开展安全生产“五进”以及“平安三率”等宣传教育活动，全年共450多人次参加，投入设备35台（套），受众达1680多人次，开展安全提醒14场次，通过LED电子显示屏发布20条安全标语，有效提升安全应急救援水平。云霄分中心与古雷港分中心在漳江湾特大桥云霄端联合开展防汛应急演练；与县消防救援大队、县交警大队在云霄剑石岩隧道开展联合消防演练，于实战中全面提升全体干部职工的安全意识和应对突发性事件的应急救援能力。

【养护新技术】 2023年，云霄公路分中心抢抓天气晴好的有利时机，因时制宜地引进新型材料网裂修复贴，在G324线火田镇古楼桥路段进行沥青路面坑槽修补，施工便捷且可快速开放交通，有效缩短施工时间，降低养护成本及公路施工对交通造成的影响，提高公路养护质量，保障公路安全畅通。

【防汛抗台】 2023年，第11号台风“海葵”在福建省东山县登陆，云霄公路分中心闻“汛”而动，人员到位、措施到位、工作到位，风雨兼程、全力以赴，奋战一线保畅通。G228线御史岭路段出现大量路树倒伏、断枝，占据路面两车道，常山公路站、下城公路站养护人员第一时间赶到现场，按规范摆放好安全标志后，迅速进行路面清理。坚守一线，养护人员风雨无阻，确保公路安全畅通，保障人民群众出行安全。

【七里埔桥拆除重建】 七里埔桥是国道324线在云霄境内的重要通道，由于来往重型车辆多，设计荷载等级低、无法满足现有车辆荷载要求，于2023年8月正式拆除。项目采用二级公路标准设计，上部结构采用预应力砼简支T梁，桥面连续，桥面铺装为：4厘米SMA-13+6厘米AC-20+8厘米C50防水砼；下部结构采用柱式墩、柱式台，基础为桩基础。设计时速60 千米／时。云霄分中心严格按照工程进度和时间节点要求，认真抓好工作落实，推进工程建设。

（张雪琴）

铁 路

【客车运行班次】 2023年，停靠云霄动车站的旅客到车时刻表为88车次。其中，上行35车次，下行53车次。

【客运量与购票乘车服务】 2023年发送旅客1816067人，较2022年发送旅客952521人有大幅增长，日均发送约4975人，最高峰为清明节，当天发送约15700人；一年中上下车旅客数量基本持平。营业总收入17629万元。是年，云霄站有办客88车次，比最初2013年13车次增加75车次，能够满足旅客平时出行需求。偶有节假日购乘难情况，主要是旅客网上跨站抢票、集中出行所致。网上和窗口预售均提前十五天。节假日有加挂、加开客车。一年中旅客列车时刻表据实微调。

【设施建设】 2023年，云霄动车站候车室配置6台水冷式吹风机，新设8个插座，配有充电数据线，供旅客免费充电。站台显示屏全部更新改造，静态屏更新改造灯光式显示屏。站前广场进出站口增设雨棚连廊。

中国邮政

【概况】 中国邮政集团有限公司福建省云霄县分公司属公用企业，以普遍服务、快递物流、金融业务、农村电商等为主业实行多元化经营。有从业人员145人，邮政支局所13个，邮储网点6个。2023年，县分公司实现业务收入4873万元，完成预算的100.3%；完成利润1235万元，完成率101.3%，增长18.8%。收入、利润增幅再创新高。

【邮政基础性业务】 2023年，中国邮政集团有限公司福建省云霄县分公司累计完成报刊订阅流转额1222万元，其中教育杂志社《学生周报》46865份，党报党刊15080份；函件业务主抓新媒体项目、党建项目和基础函件项目，关注“中国邮政传媒”提供精准有效的数据库营销解决方案，针对各级党组织的不同需求，提供个性化、定制化“党建有声图书墙”，以“互联网＋党建”模式将学习教育与新媒体有机融合，得到一致好评；集邮业务全年发行邮票22337枚，集邮品册数12542册，以个性化邮票项目、定向开发项目、线上业务等为重点，与邮协合作，抓好新邮预订、生肖邮品和年册销售，对接广大集邮爱好者需求，结合本地特色开发产品，线上线下齐发展。

【现代金融业务】 截至2023年12月31日，代理金融余额规模达16.76亿元，年净增8784万元，市占率7.9%；2023年累计发展标保15753万元；非货币基金全年净增1925万元，中邮证券有效户数完成率108%。积极倡导绿色金融，宣传无纸化客户业务办理，电子渠道替代率高，手机银行申请简便，安全可靠，省心缴费一步到位。

【现代快递物流业务】 2023年，云霄县行政村100%直接通邮，邮路里程1285千米，通邮投递频次、邮政网点营业时间均已达到国家普服标准。全年投送报刊89.1万户次、报刊量328.2万份；投送进口快件360.4万件，揽收出口快件183.8万件。县城区域实现“县到乡T+0”，农村支局实现“县到乡T+1”配送时效。EMS服务网点遍布城乡，住宅、学校、酒店、办公区等地上门取件。

【农村电商】 2023年，中国邮政集团有限公司福建省云霄县分公司推进“电商+惠农”活动，积极拓展批销大客户，依托“邮乐网”电商平台优势，努力打造线上线下融合、农产品进城与工业品下乡双向流通格局，巧以商流带动资金流、物流协同发展。结合云霄地标产品产业打造省级“下河杨桃基地”和全国级“海产品基地”两大农产品基地；新引入签约福农优品项目“和丰电子商务有限公司”及茶叶基地“创恒商贸有限公司”，以云霄地标产品杨桃、枇杷、及相关的衍生产品为主打增加商品品类，通过以枇杷、杨桃为杠杆，利用邮掌柜批销、邮乐小店、农产品直播、朋友圈宣传等方式促进产品销售，为云霄县乡村振兴、扶贫助农提供强有力支撑。

【服务保障】 2023年，中国邮政集团有限公司福建省云霄县分公司进一步夯实机要通信服务质量和安全管理工作。1—12月，全县乡镇邮政支局网点转型覆盖率达100%，各营业网点业务叠加种类达到9项；涉农融资E产品贷款净增1971万元。全县建设182个村级自提点，基本实现一村一站点，网络体系进一步完善。推进“邮快合作”“交邮合作”，实施“快递进村”工程。“邮快合作”已覆盖99个行政村，交邮合作站点建成8个，以三级物流体系网络、网点为支点，全力服务乡村振兴。通过“警医邮”联动高效便民，“一站式”专用服务场地，拓宽渠道业务。认真落实全县营业场所全面整顿，信箱筒全面更新，普服指标及给据邮件信息断点率、建制村打卡率、信箱开取率、信箱开箱及时率、关键点采集率全面达标，服务质量更上一层台阶。

（吴丹）

中国电信

【运营业务】 2023年，中国电信云霄分公司移动天翼用户达12.2万户，宽带用户7.2万户，高清ITV用户达4.2万户，主营收入破亿，基础业务预算完成创新高，千兆城市资源已100%覆盖云霄县所有乡镇。助力地方政府完成综治打假一体化提升服务项目、政法委综治中心网格化服务管理系统完善提升项目、视频监控维护项目、网格化服务管理系统完善提升合作项目、国际农商城智能化项目。

【基础设施建设】 2023年，中国电信云霄分公司完成二期OLT（光线路终端）扩容建设工程、第一、二、三批FTTH（光纤到户）接入光缆和光端口工程、公安视频专网改造工程、第一批政企组网型专线光缆工程、农信社网络改造ICT（信息、通信和技术）工程等工程立项与施工，满足用户网络需求。

【网络安全维护保障】 2023年，中国电信云霄分公司开展网络安全隐患大排查，对存在的安全隐患建立台账，闭环管理，及时安排解决，提升网络健壮性。开展全区首个大城关区域移动网络深度网优行动，网优行动共涉及云陵、莆美及周边共99个站点，有效提升4G、5G网络质量；加快老旧设备退网，推进节能降耗，OLT设备下电退网

5个，低效GE（工业总线标准）板卡退网154张，ONU（光网络单元、光纤接入的终端设备）累计退网107台，提升通信电源可靠性，节约用电成本；进一步落实装维防诈工作，提高防范固定电话类业务入网涉诈风险能力，涉诈管控指标本地行业领先，全年未发生网信安全事件。

【网络建设】 2023年，中国电信云霄分公司完成5G室外基站62个站点的建设任务和开通工作、4G室外基站18个、室分9个站点的建设及开通，并勘察设计上报网络健壮性方面双路由建设方案，满足用户需求。云霄分公司以高质量发展为主线，以客户感知和问题为导向，逐项解决影响网络质量和客户感知的关键问题，力争手机、宽带网络质量满意度行业领先。

（张晓丹）

中国移动

【运营业务】 2023年，云霄移动分公司以高质量党建引领高质量发展，围绕“1+3”体系构筑价值运营能力，有效推进公司可持续发展，较好地完成市公司下达的各项目标任务。2023年移动客户规模达27.6万户，宽带客户达9.9万户，宽带份额55.8%。

（曾晓婷）

【“数字云霄”建设】 2023年，云霄移动分公司大力推进“数字云霄”建设，进一步以5G、人工智能、物联网、云计算、大数据、边缘计算等信息技术为抓手，为全县信息化发展水平持续提升不断添砖加瓦，提升社会服务能力。

数字政务　推进“互联网＋政务服务”工作，云霄移动承建的云霄县委、县政府建设政务OA（办公自动化）在政务部门内全面推行公文电子化网络化流转，推进电子公文应用。承建县防汛视频会议系统传输线路，为省、市、县、乡镇搭建联网视频会议系统公共平台。持续推进国库支付传输线路建设，配合推进政府、医疗、教育、旅游、住建等行业的数字化应用。

数字工地5G智慧建造　承建核电“5G智慧工地”项目，通过数据可视化呈现工地各要素的状态和关键数据，对进场施工队、工程进度、施工质量、安全生产及扬尘处理等相关数据进行多维度分析，确保管理过程精细化，数字化管控。

数字安全宣传　云霄移动分公司积极主动配合政府开展工作，通过云MAS短信、办公助理短信、大数据城市名片等产品，发送防火、防诈、防灾和食品安全等宣传信息合计150万条。

数字综治　云霄移动分公司主动对接客户侧需求，按照云霄县公安局“智慧小区”监控和“雪亮人脸”的建设需求，建设6个乡镇的平安乡村综治监控接入，提升平安乡村管控效率，助力地方政府综治数字化水平提升。

数字民生　承建云霄县社保局便民信息化服务网点网络服务项目，为第二期38个行政村提供100M宽带接入服务。承建农业生猪养殖场视频监控94个点位养殖监控。承建民政局电安设备11套，助力地方政府提升火灾防控科技化、信息化水平。承建云霄水务公司信息安全二级保护，保障客户信息安全，助力城乡供水一体化工作稳步推进。

（王汝滨）

【网络建设】 在无线建设方面，新建700M～5G站点250个，2.6G～5G站点178个，实现各乡镇农村区域广度覆盖，热点区域全面覆盖，并实现景区、海域、党政军、高校、商圈等特色场景有效覆盖。在有线建设方面，宽带项目建设端口9522个，通过大规模聚集区建设有效提高宽带服务能力。

（朱佳杰）

中国联通

【概况】 云霄联通公司下设政企网格、公众网格和建维网格3大专业网格、自有营业厅2家，各类综合用户超过7万户，是云霄县重点骨干通信运营企业之一。2023年，云霄县分公司强化重点行业突破能力，实现重点行业的重大突破；成功突破核电双线项目；继续保持与数智政府、各乡镇方面的合作，在公开市场中标项目达到9个，创新签约达到1200多万元，位列全市第二名；云霄数村用户共突破700

户，数村端口利用率全市领先。

【互联网建设】 截至2023年底，中国联合网络通信有限公司云霄县分公司3G基站总数量累计337个，4G基站总数量累计486个，5G基站总数量累计218个，全县行政村信号覆盖率达99%。

（赵颖）

广电网络

【网络建设】 2023年，福建广电网络集团云霄分公司投入195.31万元进行工程建设，项目建设立项33个，总共铺设光缆37.343千米。其中，2023年度云霄分公司金霞里、绥阳社区、宝城里等主干增补ODN（光分配网）网工程6.706千米；2023年度云霄分公司火田镇火田村、政和社区、大坑村贼坑（集团帮扶）ODN网工程8.074千米；2023年度云霄分公司火田镇后埔村、白石村（集团帮扶）ODN网工程6.847千米；2023年度云霄分公司莆美镇中柱村、美霞大道（集团帮扶）ODN网工程2.275千米；2023年度云霄分公司市县联网（下坂段）管线迁改工程1.578千米；2023年度云霄分公司云陵镇下港尾片区拆迁管线迁改工程0.673千米；2023年度云霄分公司陈岱镇镇区光缆下地（集团帮扶）管线迁改工程4.491千米；2023年度云霄分公司陈岱镇兴陈路岱北街段光缆（集团帮扶）管线迁改工程1.667千米；2023年度云霄分公司列屿镇政府门口路段光缆下地（集团帮扶）管线迁改工程1.648千米；2023年度云霄分公司云霄县党校其他集客ICT工程3.384千米共计完成27个村和社区项目的双向网改及5个新建小区的新区入网，双向覆盖用户数17042户。双向覆盖率达到90%。

【爱家驿站】 2023年，福建广电网络集团云霄分公司深化爱家驿站品牌服务，积极履行社会职责。6月开展欢度“六一”国际儿童节活动、“助力高考 为学子加油”活动、“走进开漳圣王 弘扬特色文化”活动；7月开展“一杯水清凉一夏”服务活动，为户外工作者送去夏日清凉；9月与退役军人事务局联合开展“崇军、爱军、提服务”志愿服务活动；10月联合云霄献血站，开展献血活动。通过不断完善便民服务功能，丰富活动形式，为广大群众提供暖心服务，解决实际困难，真正践行“我为群众办实事”的服务宗旨。

【全渠道形象宣传展播项目建设】 2023年，福建广电网络集团云霄分公司继续推进省纪委监委挂钩帮扶项目之一“全渠道形象宣传展播项目”5个工程建设。其中，县域光网全覆盖建设工程2023年立项33个工程项目，为云霄县的数字建设、智慧建设提供优质的网络基础设施。

【美丽乡村“三线”整治示范村建设项目】 美丽乡村“三线”整治示范村建设项目助力提升坡兜村村容村貌。地标产品宣传推介工程已在“爱家商城”推出地标产品有22种，扩大云霄地标产品影响力，助力云霄县乡村振兴；“万福千屏”项目建设工程已完成威惠庙广场、将军山公园2个高清电子大屏建设，为政府单位在党的二十大精神、主题教育，以及在反诈、禁毒、安全等方面的宣传发挥了积极作用；云霄宣传片拍摄转播工程于7月完成拍摄，有效助力云霄县形象宣传。

（方欣）

云霄经济开发区

【经济提升】 2023年，云霄经济开发区完成固定资产投资4.25亿元，增长50.2%；完成项目投资3.72亿元，增长87%；工业税收净入库3914.26万元，增长95.42%；完成一般公共预算总收入6495万元，增长20.61%；完成地方一般公共预算收入4731万元，增长23.96%。有序开展“五经普”，区村两级成立第五次全国经济普查领导小组，建立首席解答机制，辖区8个村划分为8个普查小区，每个村选配普查指导员和普查员各1名，此项工作从7月中旬开始，截至2023年底已完成清查阶段工作，顺利通过市、县统计部门验收考核。

【招商引资】 2023年，云霄经济开发区围绕“清洁能源、电子信息、食品制造”三大主导产业，强化“一把手”招商，“一把手”外出招商16次，完成新签约二产项目5个、三产项目2个，总投资达12亿元，完成当年签约、当年投产、当年上规模企业2家。

【企业培育】 2023年，云霄经济开发区以培育新增“四上”企业为抓手，及时跟踪了解重点培育企业的生产经营情况，加大上门服务力度，及时进行入库升规业务指导，新增新上企业8家，其中规模工业企业3家，限额以上贸易业企业3家，资质建筑业1家，批发业1家。全力推动龙头企业持续发展壮大，振牌（福建）海洋生物科技、中福新材料2家企业入选“2023年漳州市工业龙头企业名单”。

【营商环境】 2023年，云霄经济开发区持续深化“妈妈式”服务，做好重大项目跟踪服务，建立企业项目服务工作专班，通过事前量身定制、事中跟进服务、事后跟踪回访，协助企业进行项目申报、材料整理，提供政策咨询、跟踪协调服务，变“企业跑多部门”为“代办员全程妈妈式服务”。进一步以大转变造就大营商，打造政策好、服务优、办事快的营商环境，从企业签约落地、用地摘牌、施工许可、投建投产等全链条实行审批事项全程帮办、代办、联办。

【社会治理】 2023年，云霄经济开发区持续提升社会治理水平，实施工业园区网络视频监控治安巡防一体化项目，发放宣传单1000余份，滚动播放LED标语90余条，受理群众来信来访共8件，坚持以解决群众关注的热点、难点、痛点、堵点问题为根本目的，深入开展“治重化积”专项工作，推动现代科技与市域社会治理深度融合，为区域内企业、群众生产生活安全提供保障。压实压紧安全生产责任，召开各类安全生产工作部署会21次，重点部署安全生产大检查、企业复工复产、重大隐患专项排查整治2023行动、“安全生产月”宣传活动、“畅通绿色生命通道”等工作，区主要领导和分管全年带队检查62家次，开展安全检查102次，出动364人次，共排查出各类安全隐患192项，均已督促完成闭环整改。将安全生产责任制度和措施落实到位。2023年，在全县安全生产和消防安全目标考核中位列第二名。

【土地保障】 2023年，云霄经济开发区以用地扩容增效行动为抓手，成立重点项目用地扫尾征迁工作专班。截至2023年底，燕马服饰、湘榆光电、锦树成城等项目已完成征地，为项目建设开工提供土地要素保障。“拔钉清障”完成2宗（豪锦生物和艾丽鑫项目）；批而未供完成205.01亩，闲置土地23.97亩，供而少动97.65亩，土地使用税46.946万元，房产使用税65.1905万元，在用地扩容增效专项行动中位列第一。加大重点征迁攻坚力度。

【国企改革】 2023年，云霄经济开发区优化下属国有企业资产的使用效率，整合下属云陵工业开发区开发建设公司和七星开发公司的资产资源至圣城集团，成立“产业投资集团”，于2023年8月揭牌，探索建立“管委会+公司”开发运行模式，充分发挥工业园区投融资平台作用，加强区企合作。

【项目谋划】 2023年，云霄经济开发区坚持项目为王，不断夯实项目投资，深入项目一线，落实项目代办制，主动靠前服务，全力协调解决问题，扎实推动项目建设。共完成办理建设工程规划许可面积7.67万平方米，有11个项目被列为省市县重点项目，年度计划投资5.81亿元，1—12月完成投资6.39亿元，完成年度投资计划的110.02%。新增入库项目6个，入库投资额达10.02亿元。新增策划项目投资额23亿元。

【设施配套】 2023年，云霄经济开发区建设“五路一中心”项目：云达路、翔宇路、奥克兰路、树洞横四路等4条道路已完工并投入使用，东辅路已完成初步验收。云翔产业园创业服务中心（一期）建设1号、2号标准化通用厂房，宿舍综合楼及消防水池等配套设施，总建筑面积30078.25平方米，于2023年3月开工建设，已完成“宿舍综合楼一”“1号车间”“2号车间A区”主体封顶、“2号车间B区”四层梁板浇筑等；以LED大道、彩龙大道、马山大道、益树大道等道路作为主干道连接国道同其他支路形成路网共完成道路建设约40.9千米；建成1座供水规模为2万立方米/天的自来水厂，1座处理量为1万立方米/天、一级A标准排放的污水处理厂；同时配套建设了排洪渠、高压电力开闭所2座、污水处理提升泵站5座、垃圾转运站及给水、污水管道等基础配套设施建设。

【组织建设】 2023年，云霄经济开发区严格落实“第一议题”学习制度，以学习贯彻习近平新时代中国特色社会主义思想主题教育为抓手，深入贯彻落实党的二十大精神，组织开展“三会一课”、主题党日、理论学习中心组学习47次，专题研讨14次，自学23次，发放学习教材620册。积极探索“课堂+基地”实训模式，开展以“深入贯彻党的二十大精神，勇毅奋进新征程”、“循足迹、悟思想、铸忠魂、担使命”为主题的党日活动，组织党员到向东渠事迹展示馆、乌山革命根据地等现场学习，追寻红色足迹，赓续红色血脉，汲取奋进力量，重温入党誓词，感悟初心使命。为激发干事创业精神，制定《调整事业单位工作人员奖励性绩效工资考评管理实施方案》《云霄经济开发区下属企业干部职工工资管理办法》《云霄经济开发区劳务派遣人员工资管理办法》，充分发挥工资管理的杠杆作用，建立多劳多得、优绩优酬机制，激励和倒逼工作人员转变作风，主动作为、敢于担当，调动工作人员干事创业的积极性。强化党建示范，以创建党建领航示范村—马山村、乡村振兴“串点连线成片”示范线树洞村为抓手，坚持党建赋能，树立典型，逐步推广。加强星级建设，建有五星级党支部3个、四星级党支部5个、三星级党支部12个，开展农村软弱涣散基层党组织整顿。

【科技创新】 2023年，云霄经济开发区利用相关扶持政策，积极引导企业加强科技创新，福建利众诚食品有限公司发明的“用于果蔬冻干生产线的上料机构”入选“福建省2023年百万职工‘五小’创新大赛优秀成果名单”，福建利众诚食品有限公司11月被列为“漳州市创新型企业”并被认定为漳州企业技术中心，已获得“福建省省知识产权优势企业”称号；鑫创鑫自动化设备科技（漳州）有限公司入选福建省2023年第2批入库科技型中小企业名单。

【生态环保】 2023年，云霄经济开发区园区未发生重大环境污染事件。从严整治牛蛙养殖和生禽散养，加强跟踪管理和日常巡查，落实驻村领导及工作队长巡查制度，畅通举报渠道，一旦发现有牛蛙养殖，立即进行整治并落实去功能化，落实不定期巡查防止反弹，巩固整治成果，共计清理关闭7个牛蛙养殖场，整治面积5亩。云霄经济开发区污水处理厂保持稳定达标，各项指标均符合《城镇污水处理厂污染物排放标准》（GB 18918—2002）一级A排放标准。污水处理厂已完成排污许可证的办理，已通过环保验收并完成省级、县级污水处理厂出水口水质在线监测联网。积极谋划云霄经济开发区污水处理厂尾水排海工程、云霄经济开发区污水处理厂二期工程、云霄经济开发区工业园区污水管网提升改造工程进入中央生态环境资金项目储备，进一步提升园区污水处理能力，满足企业污水排放量需求。

【乡村振兴】 2023年，云霄经济开发区落实云霄县人居环境整治“八个一”工作机制，开发区制定下发《云霄经济开发区人居环境整治“八个一”工作实施方案》，成立人居环境工作小组，多次组织召开专题会议和工作推进会，通过开展“一月一拉练”，针对拉练过程中发现的问题，现场提出整改意见，各村积极发挥主体作用，采取务实管用的解决措施，区村协作配合，形成整治合力，确保各村对存在的问题及时进行整改落实，切实提升人居环境整治整体水平。辖区内上坑、三东、马山、大埔村建成村综合活动中心，8个村全部建成公办卫生所，马山村老年人活动中心、益宝山村幸福院建成投入使用。加大民生工作投入力度，积极打造“一村一品”，发展特色优势产业，积极实施“一事一议”奖补政策，投入64.0736万元财政资金用于马山村荷埔自然村人居环境改造工程、上坑村新大桥至国道路面硬化工程，改善村民的生产生活。完善“党建引领、党员带头、党群齐动”工作模式，同时，区纪工委大力推动开展村集体“三资”清查整改，建立健全“三资”（资金、资产、资源）管理“四定一督”（在农村集体资产资源交易中，推广定底价、定年限、定程序、定约束条款，并由纪检监察机关进行全过程监督）机制，推进基层小微权力监督平台发挥作用，8个村集体经济收入全部稳定达到10万元以上，其中，50万元以上的3个。

城市建设

【城区建设】 2023年，云霄县计划实施城市建设品质提项目91个，项目总投资145.53亿元，年度计划完成投资47.19亿元。全县共实施宜居建设工程项目16个，计划总投资122.16亿元，计划完成投资23.87亿元，累计完成投资26.1亿元，占比109.34%；绿色人文工程项目35个，计划总投资7.53亿元，计划完成投资6.57亿元，累计完成投资6.57亿元，占比100%；交通通达工程项目17个，计划总投资12.05亿元，计划完成投资4.69亿元，累计完成投资3.72亿元，占比79.29%；安全韧性工程项目18个，计划总投资1.82亿元，计划完成投资0.92亿元，累计完成投资0.82亿元，占比89.6%；智慧管理工程项目2个，计划总投资1.13亿元，计划完成投资0.70亿元，累计完成投资0.80亿元，占比114.89%；农村风貌管控提升工程项目2个，计划总投资0.72亿元，计划完成投资0.16亿元，累计完成投资0.16亿元，占比100%；农村人居环境整治提升工程项目1个，计划总投资0.12亿元。计划完成投资0.026亿元，累计完成投资0.026亿元，占比100%。

【城市道路及配套设施】 2023年，云霄县交通通达工程共实施17个城市道路建设项目，累计完成投资3.72亿元。城市道路建设累计完成建设6千米，其中滨北路道路工程规划新建道路5763米，累计完成投资39500万元，完成部分路基工程、管线工程等。云霄县原东林电子东侧道路建设工程，新建道路691米，累计完成投资2874万元，已竣工并投入使用。云霄县人和路及周边配套道路（溪福路、双溪路）工程，新建道路1006米，累计完成投资5156万元，已竣工并投入使用。山美村山美路道路工程，新建道路1240米，累计完成投资1828万元，已完工。云翔（奥克兰电工设备）产业园基础设施配套工程规划新建道路五条共2952.43米，累计完成投资4504.9万元，已完工。云霄县演武亭小区北侧道路工程，新建道路448.654米，累计完成投资1216.48万元，已完工。云霄县中农批周边配套道路，新建道路1425米，累计完成投资2467万元，已竣工并投入使用。其他主要道路建设项目：云霄县环湖路道路建设工程、科创园旧国道莆美段及莆北村西侧道路提升改造工程、科创园园区道路工程（一期）、云霄县县医院配套道路工程等按照进度有序进行。完善城市公共停车设施方面，金霞路北段路外公共停车位（二期）建设工程、南湖路（三泰南侧）生态停车场2个公共停车场均已完工，新建停车位255个。

【棚户区改造】 2023年8月15日，埔质尾旧烟厂片区项目指挥部成立，8月21日开始进行集中签约，仅用4天时间就全部完成80户的签约任务，并在25天内完成腾房交房，在国庆期间完成全部拆除工作，共计拆除5幢商品住房，建筑面积0.56万平方米。项目完成净地后采用“招拍挂+回购”的方式于2023年11月由坤元（漳州）置业有限公司取得并建设安置房。

村镇建设

【农村垃圾治理行动】 2023年，云霄县按照《云霄县农村人居环境整治领导小组关于进一步充实完善“八个一”工作机制的通知》文件工作要求，以人居环境整治“八个一”工作机制为抓手，全面推行清扫、转运分离的“双线结合”运行模式，即垃圾转运由市场化第三方运行结算，镇村自行组建村庄保洁队伍。截至2023年底，7个农村乡镇均已实施“双线结合”模式，常态化开展垃圾清扫、转运处置；云霄经济开发区因市场化合同尚未到期，暂时采用村庄保洁、垃圾转运、农村公厕管护等打捆打包进行市场化运营管理。各乡镇（开发区）委托第三方将农村生活垃圾收集后运至漳州南部生活垃圾焚烧发电厂焚烧发电，农村生活垃圾处理率达100%。

（汤瑶）

【乡镇生活污水配套管网建设】 2023年，云霄县超额完成乡镇生活污水管网建设年度任务。2023年市级下达云霄县乡镇污水管网建设任务1千米，云霄县结合云霄经济开发区及列屿镇部分村庄生活污水治理民生基础设施补短板项目（列屿镇区），全年完成乡镇生活污水管网1.3千米。12月27日，经县政府常务会研究决定，云霄县出台《云霄县镇村生活污水处理费征收使用管理办法（试行）》（云政综规〔2023〕19号），为镇村生活污水处理设施建设、运行和污泥处理处置提供资金保障。

（汤瑶）

【裸房整治】 云霄县2023年上级下达裸房整治任务数为480栋，云霄县实际完成裸房整治1103栋，整治完成率229.8%。

（张联雄）

【农村危房改造】 2023年，云霄县住建局持续组织各乡镇（开发区）按照县乡村振兴和民政等部门推送的农村低收入群体等重点对象名单，开展住房安全筛查和危房鉴定；各乡镇（开发区）共排查出38户农村低收入群体等重点对象存在住房安全保障问题，均全部纳入农村危房改造，其中：修缮加固17户、拆除重建21户，2023年底已全部竣工并录入全国农村危房改造信息管理系统；上级共下达补助资金101.7336万元，已全部通过中国银行拨付至农村危房改造对象的“一卡通”账户，相关资金同步录入福建乡村振兴（扶贫惠民）资金在线监管平台。

（汤伟民）

市政公用事业

【水环境治理】 2023年，云霄县共实施26个城市生活污水处理提质增效项目，计划总投资55974万元，计划完成投资55394万元，累计完成投资55394万元，占比100%。新建改造市政污水管网方面，市下达污水管网建设任务8千米，2023年共实施23个项目，完成污水管网建设84千米。其中云霄县原东林电子东侧污水管网建设工程建设污水管网802米，人和路及周边配套污水管网（溪福路、双溪路）工程建设污水管网1532米，云霄县环湖路污水建设工程建设污水管网总长1108米。2023年已完成污水管道排查23.6千米。全年完成老旧雨污水管网清淤、检测180千米，清淤量共计5万立方米；完成建设污水管网84.95千米；修复各类雨污水井盖破损等安全隐患266个；加强对政和溪、向北溪、大人公港城区内河及临泰水闸内垃圾漂浮物的清理。

【排水防涝工程】 2023年，云霄县共实施7个排水防涝工程项目，计划总投资8800万元，计划完成投资4400万元，累计完成投资3950万元，占比90%。市下达雨水管网建设任务5千米，年度累计完成雨水管网建设6.979千米。其中人和路及周边配套道路（溪福路、双溪路）雨水管道工程规划建设雨水管网2662米，计划总投资2000万元，截至12月底，完成管网建设2662米，累计完成投资2000万元、云霄县环湖路雨水建设工程规划建设雨水管网1147米，计划总投资800万元，截至12月底，完成管网建设1147米，累计完成投资800万元。云霄县中农批周边配套雨水管网规划建设雨水管网共1425米，总投资800万元，已完工。云霄县原东林电子东侧道路雨水管网建设工程规划建设雨水管网1313米，已完工。山美村山美路雨水管网工程规划建设雨水管网1632米，总投资1000万元，已完工。其他主要建设项目：老旧街巷雨水管网改造提升、滨北路道路雨水管网工程等按照进度有序进行。

【供水保障工程】 2023年，云霄县共实施7个供水保障工程项目，计划总投资8950万元，计划完成投资4350万元，累计完成投资3850万元，占比88.50%。新建改造供水管网方面，市下达供水管网建设任务5千米，年度累计完成建设5千米。其中人和路及周边配套道路（溪福路、双溪路）给水管道工程，计划建设1884米给水管网，总投资2000万元，已完工；云霄县原东林电子东侧供水管网建设工程，计划建设878米给水管网，总投资100万元，已完工；云霄县中农批周边配套道路供水管网工程，计划建设1425米给水管网，总投资1000万元，已完工；云霄县环湖路供水建设工程，计划建设1123米给水管网，总投资800万元，已完工。其他主要建设项目：滨北路供水管网工程、老旧街巷供水管网改造提升、陈政路及绥阳路供水管网提升改造工程等按照进度有序进行。

【污水处理】 2023年，县城区污水处理厂污水处理总量1444.5万吨，出水稳定达到一级A排放标准。剩余污泥量9128.07吨，安全处置量9128.07吨。实现稳定运行，达标排放，无污染事故发生。

【中心城区污水治理提质增效工程】 2023年度，结合云霄县中心城区污水治理提质增效工程，城区主要新建污水管道84.95千米。其中，下河片区管网新建11.81千米，主要收集下河乡上窖村、新坡村、世坂村等区域污水；完成下坂片区管网新建14.061千米，主要收集下坂村污水；完成大人公港片区管网新建9.055千米，主要收集渡头新村、宝塘里、金霞社区等区域污水；完成向北溪片区管网新建37.3千米，主要收集绥阳社区、汀洋社区、宝城社区等区域污水；完成南湖片区管网新建12.73千米，主要收集绥东社区、高洋社区等区域污水；完成五板桥岸上截污及河道黑臭水体治理工作，改善内河水体水质。完成第二污水处理厂主体结构建设，完成总投资额5.3亿元。

【景观提升工程】 2023年，云霄县共实施6个城市绿色空间建设项目，均已完工。计划总投资4732.3万元，年度计划完成投资4732.3万元，累计完成投资4732.3万元，占比100%。新建改造福道方面，云霄县云陵镇下坂段防洪堤工程项目（亲水平台、慢行步道），新建福道3.68千米，总投资2916万元，已完工并投入使用。云霄县下河乡生态水系建设项目（亲水漫道），新建福道6.4千米，已完工并投入使用。公园绿地建设方面，将军山公园生态夜游环境提升工程完成公园提升改造0.20公顷，总投资429.3万元，已完工并投入使用。精品公园建设方面，云霄县人民公园提升改造工程总投资937万元，已完工并投入使用。口袋公园建设方面，云霄县马山村三四中村庄拓新改造工程、宝树村南坪圆楼前口袋公园工程，已完工并投入使用。立体绿化建设方面，主要建设顶溪路行政中心前红绿灯立体绿化工程、将军大道公安局前红绿灯立体绿化工程2处立体绿化工程。

【市政公用设施维护及隐患排查整治】 2023年，云霄县住建局持续深耕市政公用行业生产运行安全整治工作，组织督导检查130次，参加督导检查人员376人次，排查整改市政道路、路灯、桥梁、井盖、供排水、公园绿化等各类市政公用行业安全隐患393项，推进市政公用行业安全运行稳中向好。

及时回应群众关切诉求，全年共解决各类群众来电来访诉求42件，群众反馈意见满意度达99%。加强城市道路养护管理，全年排查整改城区机非车道、人行道、路沿石、红绿灯安全岛破损，道路护栏、无障碍设施缺失等道路安全隐患167处。修缮主次干道混凝土路面2098.9平方米，沥青路面707.62平方米，人行道广场砖7255平方米，路沿石修复455米，拦车桩58个等。结合创城与品质提升工作，开展城区道路标线整治，共刨除道路旧标线3924.25平方米，施画（分车道线、黄色实线、停止线、斑马线、箭头标线、行人预告标、花台引导标）等标线7658.26平方米。有效排除路面交通安全隐患，维护道路畅通，提高道路安全行驶能力。

加强路灯维护管理，提高城市

亮化水平。全年共排查整改城区及324线、228线国道沿线路灯灯泡破损、电缆损坏、灯杆倾斜等问题71处，更换损坏中华灯58盏、路灯及投光灯673盏。认真管理维护城市公共照明，积极推广LED等节能灯具的使用，科学用电，节约用电。加强城区主次干道路灯照明巡查维护，确保城区主次干道路灯照明正常运转，确保主干道装灯率100%、亮灯率99%，设施完好率达95%以上，持续为云霄人民群众的出行提供强而有力的安全保障。加大市政排水设施监管力度，加强城市井盖安全管理，保障供水安全、完善排水及污水治理。全年中心城区污水治理提质增效工程共完成检测清淤190.4千米，新建管道85.0千米，修复管道3.16千米，持续推进城区防洪排涝工作。排查整改各类井盖安全隐患问题94处，保障人民群众出行安全。

深化消防安全隐患的排查整治，健全灭火应急救援体系，落实消防安全责任，加强消防安全宣传教育，提高从业人员消防安全意识和自防自救能力。会同云霄水务公司等维护单位对市政道路消火栓进行全面普查，完善市政消火栓清单和问题清单，确保城区275个市政消火栓正常使用，完好率达100%。推进城市桥梁专业化管理养护，扎实开展云霄县城市桥梁安全防护措施隐患排查整治工作。持续完善桥梁一桥一档，全面落实城市桥梁保障措施，确保城市桥梁安全运行。落实“日巡查、周小结、月通报、年汇总”，做好年度定期检测，全面落实城市桥梁保障措施，确保城市桥梁安全运行。

建筑业

【建筑工程招标投标】 2023年，云霄公共资源交易中心监管工程项目公开招标25项，公开邀请招标1项，共计26项［其中施工招标12项，项目总承包（EPC）0项，监理招标4项，勘察设计招标10项］。公开招标项目（工程量清单计价）全部在福建省公共资源交易系统房建和市政工程子系统进行电子交易，实施网上招标，投标人通过网络申请投标取代现场报名，且可在网上下载资格审查文件及招标文件。对省内施工企业工程项目的中标信息，合同信息、人员变更信息进行备案、全面反映真实的招投标项目合同管理相关主要基本信息，提高招投标市场的诚信度，防止弄虚作假，净化招投标市场，使招投标工作更加透明。全年接受投诉事件零起。

【建筑工程监督管理】 2023年，住建局受理建设工程许工许可并办理监督手续35件，房建项目共计建筑面积574665.27平方米，市政工程总长度256949.86米。建设工程质量安全站严格按照《福建省建设工程质量安全动态监管办法》（2018版）规定每个季度对每个在建项目开展动态“双随机”评价，全年组织开展140次“双随机”评价，发出整改通知书140份，查出的隐患问题729条。给予施工单位共记1415.69分、项目经理记1415.69分，给予监理单位共记758.7分、总监记758.7分。

按照年度专项检查计划安排，分两次邀请市建筑机械协会委派机械专业技术人员协助质安站对全县所有在用建筑起重机械的项目全覆盖排查：2023年5月8—12日排查在用的26台塔式起重机和56台施工升降机的相关档案资料和现场起重机械实际安全运行状况，共涉及15个在建项目，检查发现192条安全隐患，发出15份限期整改通知单，已全部整改完成并反馈；2023年10月9—11日排查在用的30台塔式起重机和28台施工升降机的相关档案资料和现场起重机械实际安全运行状况，涉及19个在建项目，检查发现128条安全隐患，发出19份限期整改通知单，已全部整改完成并反馈。

【施工扬尘整治整治】 2023年，住建局分成3个行动小组对云霄县49个在建施工项目施工扬尘进行整治，共发现68条问题，发出整改通知书45份，已全部整改完成并反馈。

【现场观摩会及专题培训会】 2023年3月15日，云霄县住建局组织全县在建工程项目的负责人、安全员、总监共计154人，召开房建市政工程预防高处坠落事故专题培训会，同时组织到“华龙科技文化园一期工程项目”召开2023年“高空坠落”和“消防安全”应急演练活动观摩会；5月18日，组织各建筑施工项目负责人、总监召开全县在建房建市政工程创建文明城市工作会及高处作业吊篮安全管理培训会；6月12日，在云霄县建发·云玺项目现场组织开展

2023年度云霄县工程质量安全标准化暨装配式建筑现场观摩会活动；6月16日，派出工作人员参加云霄县人民政府在人民公园举办的安全月宣传咨询日活动；8月24日，举办全县建筑起重机械安全管理专题培训会，组织全县在用起重机械的项目负责人、建机一体化企业负责人、建筑起重机械特种作业人员等109人参加培训会。

房地产业

【房地产建设情况】 2023年，云霄县年度新开工项目2个，在建房地产开发项目13个，完成竣工验收项目3个。

建发·南湖印项目于2023年3月完成竣工验收备案；东方明珠2号项目于2023年6月完成竣工验收备案；金园华祥项目于2023年11月完成竣工验收备案；宏茂·依山映月项目于2023年1月11日办理预售许可证并开盘预（销）售。

云霄天峰于2023年5月10日由漳州拓兆房地产有限公司开发，福建泰罗有限公司承建。该项目总建筑面积6543.77平方米，分一期建设，其中1、2幢为高层住宅楼，层高约78.5～78.55米，3幢为多层住宅楼，层高约19.4米，共计106套。于2023年12月1日办理预售许可证并开盘预（销）售。

华龙科技文化园二期专家村于2023年5月22日由漳州核电科创园发展有限公司开发，中国核工业二四建设有限公司承建。该项目总建筑面积107399.23平方米，其中1～11幢为高层住宅楼，建筑高度47.1～79.8米；12幢为商业楼，建筑高度23.95米，共计562套。

【房地产市场】 2023年，批准商品房预售面积37.73万平方米；新建商品房销售2622套，面积23.62万平方米，同比下降29%。二手房交易1707套，面积21.50万平方米，同比增长8.42%。

【保障性住房经营管理】 2023年，租金总收入128.84万元，其中直管公房租金收入0.84万元，公共租赁住房（含廉租房）租金收入128万元。

【年度保障性住房】 2023年，云霄县实际新增棚户区改造工程项目2个，年度新开工棚户区改造任务625套。

云霄县莆美镇中柱村村民安置房建设项目主要建设安置房284套及相关配套设施，项目总占地面积11806.05平方米，总建筑面积48531.21平方米，总投资约3.3亿元，2023年计划投资1.5亿元，年度完成投资1.502亿元，形象进度为主体结构施工。

云霄县云陵镇享堂村村民安置房（二期）建设项目主要建设安置房341套及相关配套设施，项目总占地面积18476.42平方米，总建筑面积62020.24平方米，总投资约3.7亿元，2023年计划投资1.5亿元，年度完成投资1.501亿元，形象进度为土方开挖及地下室底板施工。

云霄县年度发放租金补贴100户，于2023年2月14日开始受理，至8月31日，共受理申请179户，经审核，符合条件166户，合计发放租金补贴166户235796.4元。

住房公积金管理

【概况】 2023年，云霄县住房公积金新开户缴存单位66家，新增缴存人数1541人。截至2023年12月底，全县住房公积金实缴单位411个、实缴职工17467人。全年住房公积金新增归集4.02亿元，同比增长12.6%。归集余额10.39亿元，同比增长12.28%。全县住房公积金人均缴存余额6.12万元，同比增长14.39%。全年住房公积金新增提取2.61亿元，其中，住房消费类提取2.25亿元，占提取额的86.2%。全年住房公积金贷款发放647户，金额为2.98亿元，同比增长55.21%。截至2023年12月底，贷款余额11.43亿元，个贷使用率为106.92%。全县住房公积金存量贷款逾期率为0.02%。

【惠及民生】 2023年，云霄县支付住房公积金3.52亿元用于职工购买刚需和改善性住房，解决647户职工“住有所居”问题。累计支持7556个家庭享受住房公积金低息贷款，减轻住房消费支出。全年使用住房公积金购房可间接增加房地产销售税费收入5200多万元，支持地方经济的发展。住房公积金缴存人数和归集额不断地增加，使用住房公积金购建房比重增大，2023年使用住房公积金购房人数占全县购房人数比例为19%，住房公积金贷款占全县金融机构贷款比例为18%，有效促进房地产市场健康平稳发展。

【服务改进】 2023年，云霄县住房公积金管理部持续推进住房公积金公共服务事项“网上办、掌上办、自助办、预约办、邮寄办”，共有44项公共服务事项实现全流程网办，网办事项占比98%。全年办理住房公积金提取业务6114笔，其中网办2437笔，网办率为39.86%。

（张添元）

城市综合管理

【市容市貌综合整治】 2023年，云霄县城管局先后开展春季市容市貌大整治、农贸市场及周边环境大提升行动、江辉马路市场集中整治专项行动等，大力整治城区主次干道两侧、广场、农贸市场等公共场所市容乱象，共劝离流动摊贩1430余人次，处置占道4520余处，清理门前屋后、背街小巷杂物、陈年垃圾100余车。

【“划行归市”推进】 2023年，云霄县城管局联合工信局、市监局印发通告，取消江辉马路市场，对江辉路占道经营、乱摆乱堆杂物等行为进行整治，引导近80户农副产品批发商入驻农商批发城，劝导125户自产自销农户及112户流动摊贩入市经营。

【“两违”综合治理】 2023年，云霄县“两违”综合治理处置年度目标47万平方米，全县完成“两违”治理81.38万平方米，占年度任务的173.17%，“两违”App结案率100%。

【排查整治】 2023年，云霄县城管局对全县燃气企业、厂站、供应站点、餐饮场所等开展安全检查379家次，排查并整改问题368个，查处燃气案件30起，罚款金额50.6万元，查扣违规液化气钢瓶737瓶；联合有关部门开展执法84次，依法查扣违规渣土运输车辆102部，立案处罚“滴洒漏”违规渣土运输车辆57部，处罚款3.17万元，移交交警部门查扣违章车辆45部，处罚款4.158万元；对全县17个物业企业公共收益进行常态化管理，并督促企业录入福建省住宅小区公共收益信息管理系统，开具整改通知书2份，督促整改问题2条，核查出公共收益金额117万元，督促物业服务企业存入公共收益专项账户金额117万元；开展物业执法检查112次，出动人员448人次，累计排查发现一般隐患121项，发出整改通知书55份，均已整改闭环。

【智慧城市建设】 2023年，云霄县城管局作为云霄县主城区智慧城市（智慧交通管理）项目的实施机构，对云霄县主城区现有9216个停车位通过特许经营方式，打造云霄县智慧停车管理平台，一期特许经营权转让费22480.26万元，二期特许经营权转让费8160.02万元。

【农贸市场资产盘活】 2023年，云霄县城管局对西市场、东市场、绥阳市场等农贸市场进行资产整合拍卖处置，竞拍款项总额为17285.99万元，由国企规范化运营管理。

【老旧小区改造】 2023年，云霄县谋划云霄县老旧小区及城区基础设施改造项目（改造期限为2023—2024年），改造15个老旧小区，共计552户，总面积44725平方米，取得中央、省级补助406万元，并获得市城管局老旧小区改造奖励资金15.4万元。

【信访投诉】 2023年，云霄县城管局受理电话投诉816起，受理“12345”平台案件1847条，受理信访案件30件，均按期转接、处置、答复、结案。

【垃圾分类推进】 2023年，云霄县城管局组织工作人员进学校、进社区，开展垃圾分类宣传活动10余场，派发城市生活垃圾分类宣传材料4500份、垃圾分类系列绘本及教具玩具150余份、垃圾宣传制品2000余份；完善垃圾分类设施，建成投用55座垃圾亭，督促保洁公司在城区投放垃圾桶点设置可回收、其他垃圾桶1500个。

（徐凤柔）

自然资源

【耕地保护】 2023年，漳州市下达云霄县补充耕地任务559亩（其中水田280亩），旱改水提质改造148亩，全年建设占用耕地耕作层土壤剥离再利用面积261亩。截至2023年底，云霄县补充耕地完成559.4亩，其中水田428.681亩，完成表土剥离再利用任务261亩，均完成年度任务。

（李秀萍）

【建设用地报批】 2023年，云霄县各类项目用地需求得到保障。全年上报并获国务院及省政府批准城市批次建设用地9个、3个单独选址项目；农用地转用与土地征收总面积387.0926公顷，其中农用地面积378.062公顷（耕地面积22.3556公顷）；由云霄县人民政府审批的农村村民住宅建设用地9个，使用集体土地1.6008公顷，其中农用地面积1.5261公顷（耕地面积0.3155公顷）。

（蔡如林）

【国有土地使用权出让】 2023年，云霄县供应各类项目用地52宗，供应土地总面积78.7242公顷，收取土地出让金52610.5907万元。其中，拍卖出让8宗，出让面积2.6849公顷，出让金27615万元；挂牌出让13宗，出让面积25.1569公顷，出让金8174万元；划拨供应31宗，用地总面积50.8825公顷，划拨价款13679.32万元。划拨补办出让8宗，补缴出让金2362.6937万元；补缴违约金1宗0.504万元；超计容面积8宗，补缴出让金779.0730万元。

（蔡钦荣）

【地质灾害防治】 2023年，云霄县自然资源局对辖区内的地质灾害点和高陡边坡点进行全面排查、核实，确定地质灾害点23处，高陡边坡点238处；编制实施《2023年云霄县地质灾害防治方案》；按照“三在前”原则（监测在前、预警在前、转移在前），完善地质灾害群测群防网络，重新制作地灾点警示牌8块、高陡边坡点警示牌12块，发放防灾明白卡、避险明白卡12份。安装地质灾害自动监测仪5套。落实汛期地质灾害24小时值班制度，组织近100人坚持24小时轮流值班。落实省、市地质灾害治理资金补助项目6个，争取补助资金840.3万元，受益群众42户219人。至2023年，实现连续17年地质灾害“零伤亡”，被市自然资源局授予先进单位称号。

（柯松洲）

【矿产资源管理】 2023年，云霄县自然资源局成功出让建筑用花岗岩矿采矿权一宗，成交价12150万元。至2023年底，全县持证矿山7家。其中，地热3家、建筑石料3家、高岭土1家。加强持证矿山动态监管，开展矿山生态恢复治理。持续开展砂石专项整治工作，严厉打击非法违法采矿行为，立案查处非法采矿案件12宗，罚款492255.85元。

（柯松洲）

【执法检查】 2023年，云霄县自然资源局严格落实《国土资源动态巡查责任制》，综合执法大队、自然资源所、村级协管员三级巡查网络全年动态巡查2060多次，部门联合执法323次，发现并制止各类自然资源违法行为592起。继续开展年度"卫片"执法检查，按照自然资源部办公厅关于印发《土地卫片执法图斑合法性判定规则》通知的要求，划分图斑涉及地块，逐宗核查地类、规划和审批情况。全县图斑915个，面积408.83公顷。其中，合法图斑368个，其他用地图斑442个，违法用地图斑105个，依法对105个违法用地图斑查处整改。

【不动产权登记】 2023年，云霄县自然资源局继续推行不动产登记"外网申请、内网审理"的服务模式，一般不动产登记办理时限压缩至1～3个工作日内，全年办理不动产产权证书6827件；不动产产权证明6658件；办结率均达到100%。开通企业办证绿色通道，实行工业企业办证"90分钟办结"的优质服务，全年工业企业办证201宗。

（吴依萍）

【规划编制】 2023年，云霄县自然资源局完成《云霄县公园路东侧、元光路北侧地块控制性详细规划》《云霄县烟厂仓库收储地块控制性详细规划》等23个控制性详细规划、城市设计和选址论证报告报批；完成《云霄县莆美镇中柱村安置房修建性详细规划》《云霄县海洋局南侧、宝城路东侧地块修建性详细规划》等4宗建设项目修建性详细规划审批；完成富企科技项目、云霄县医院配套道路工程等32宗建设项目总平面图及建筑设计方案审批；办理"用地预审与选址意见书"30宗总用地面积115.11公顷；办理"建设用地规划许可证"13宗总用地面积38.99公顷；办理"建设工程规划许可证"45宗总建筑面积73.28万平方米；累计完成119个村的村庄规划（东厦镇13个、火田镇11个、列屿镇8个、陈岱镇13个、莆美镇5个、下河乡19个、和平乡18个、马铺乡28个、云陵镇1个、云陵经济开发区3个）。

（方明坤、罗长阳）

【收件办理】 2023年，云霄县自然资源局行政服务中心窗口准予许可办结164件，限期办结率100%。办理"用地预审与选址意见书"30宗总用地面积115.11公顷；办理"建设用地规划许可证"13宗总用地面积38.99公顷；办理"建设工程规划许可证"45宗总建筑面积73.28万平方米，道路总长度1.75万米；办理 "个人建房（改建）"42宗，总建筑面积1.49万平方米；办理"规划条件核实意见书"31宗总建筑面积970.08万平方米；乡村规划许可1宗总建筑面积0.18万平方米；临时用地1宗总用地面积0.82公顷；采矿权抵押备案1宗。双随机公示69 宗，公告 153 宗。

（吴锦辉）

海洋与渔业

【概况】 2023年，云霄县渔业水产品总产量283423吨，比上年增长4.31%，其中，海水水产品产量266731吨，淡水水产品产量16692吨。全县在册管理渔船306艘，其中，捕捞船256艘，捕捞辅助船12艘，养殖船38艘。全县水域滩涂养殖证发证180宗，发证面积2203.25公顷，其中，国有水域养殖证发证131宗，发证面积1956.107公顷；集体水域滩涂养殖证发证49宗，发证面积247.143公顷。

【渔业产业发展】 2023年，云霄县推广金刚虾、泥蚶2个水产优新品种，全县推广面积1500亩。谋划"云霄县现代农业（贝类）产业园科研中心——鲍鱼繁种基地"项目，计划投资2946万元，已完成用地报批等前期工作；谋划"云霄县东厦镇长洋村美丽渔村"项目，总投资2817.24万元，已开工建设。投入省级补助资金支持福建省宝森水产科技有限公司牡蛎种质资源保种场建设和云霄盈利丰水产科技有限公司水产良种场升级改造，提升全县水产苗种保育能力；支持福建茂泰食品有限公司新建水产品成形生产线1条、福建仁兴实业有限公司新建急冻生产线1条和自动包装生产线1条，扩充全县水产品冷冻加工产能。

【渔业安全生产】 2023年，云霄县严抓渔业安全生产工作，全年累计开展下乡安全宣传及警示教育活动87场，登船宣传362艘次，警示教育渔船民1545人次；举办渔业船员持证培训8期受训考核320人；检查各类渔港、澳口940个次，安检渔船444艘次，整治事故隐患119项；立案查处违法违规行为19宗，罚款5.41万元；查扣涉渔“三无”船舶37艘；完成渔港澳口监控及渔船固定式北斗示位仪、高通量卫星宽带通信网等安装目标，实现省、市、县、乡镇、一线中队“五级联网”实时监视管控全县船舶位置和航行轨迹。云霄县第三次被农业农村部评为“2022—2023年度全国平安渔业示范县”。

【水产品质量安全】 2023年，云霄县海洋与渔业局开展水产品质量安全入户宣传及技术指导365户次，举办宣传培训班1场；开展各类养殖场、育苗场执法检查164场次，完成水产品质量安全快速检测抽检98批次，配合省、市开展监督抽查抽检35批次，全年未发现禁用药物和违法违规行为，未发生水产品质量安全事件。

【海上渔业秩序规范】 2023年，云霄县海洋与渔业局严管海上渔业生产秩序，红树林自然保护区巡护行动累计清理违规网具37槽，网长1382米、竹竿584支、清海面积72.55亩；清除养殖浮球54粒，浮吊养殖设施108米、沉吊养殖设施3974米，清海面积约45.5亩；核电航道清障行动累计清理占用核电航道养殖设施（渔业定置网）52槽、筏式吊养6处、竹竿76根、绳子500米、泡沫 655粒，清海面积63.2亩。

【渔业生态环境治理】 2023年，云霄县海洋与渔业局完成全县36户约735.588亩海水高位池养殖摸底排查，并制定全县水产养殖污染源头治理工作方案，实行养殖尾水“一户一策”治理措施，推进提水式养殖尾水治理工作。开展全县牛蛙养殖污染整治行动，全年排查整治无序养殖牛蛙场所202场，面积162.79亩，落实牛蛙养殖污染线索“动态清零”。投入资金30万元在云霄县流域放流鲢鳙鱼苗逾90万尾；指导监督漳州核电公司在东山湾、诏安湾等海域举行渔业生态补偿增殖放流活动10场，放流鲷科鱼类、石斑鱼类、对虾苗、蛤类等逾13亿尾（粒），通过水生生物放流生态补偿机制，促进全县渔业生态修复和水资源环境改善。

（黄晓雄）

漳江口红树林国家级自然保护区

【概况】 2023年，福建漳江口红树林国家级自然保护区作为福建省首个国际重要湿地，严格落实“生态优先、保护优先”原则，主动作为、分类施策、多措并举，以能力建设为抓手，以源头治理为突破，生物多样性不断增加，生态环境持续改善。截至2023年底，保护区监测到的国家一级保护、濒危水鸟黑脸琵鹭种群数量达58只。2023年4月，连续第五年在漳江口水域近距离拍摄到成对中华白海豚嬉戏觅食。

【入选全国首批陆生野生动物重要栖息地名录】 2023年12月20日，国家林业和草原局发布全国首批789处陆生野生动物重要栖息地名录，福建云霄漳江口湿地候鸟重要栖息地入选，漳江口红树林国家级自然保护区管理局坚持以生态自然修复为主，辅以适度人工干预，用好红树林研学实践基地、科研宣教廊道、保护区宣教中心、观鸟屋及科研栈道等载体，进一步整合强化联防巡护力量，不断加大鸟类保护力度，为候鸟营造安全舒适的栖息环境。截至2023年底，累计记录超185种鸟类，其中被列入国家重点保护名录的鸟类23种，常年分布和迁徙停歇的鸟类数量达2万余只。

【生态恢复】 2023年，漳江口红树林国家级自然保护区管理局投入资金314万元，开展有害生物除治、红树林恢复、生物多样性监测等工作，跟踪推进互花米草除治管护5565亩、三叶鱼藤540亩，完成互花米草除治迹地红树林造林恢复612亩，对保护区范围内海漂垃圾全面清理和常态化保洁，保护区生态环境持续改善，生态系统质量稳步提升，生物多样性明显增加。

【打造鸟类高潮位栖息地示范区】 大洲岛、北鲫洲岛是漳江口保护区核心重点区域，处于东亚—澳大利西亚水鸟迁徙路线重要节点。云霄县筹集资金6000万元，对大洲岛、北鲫洲岛1448亩的退养池塘开展一次性赎买，聘请国内知名湿地专家针对该重点区域制定修复计划和方案，指导编制该区域水鸟高潮位栖息地改造规划。

【科研宣教】 漳江口红树林国家

级自然保护区积极与厦门大学等相关科研院校对接，开展红树林湿地固碳、碳汇相关基础科学研究，发展壮大红树林湿地蓝碳产业，探索推进红树林蓝碳交易，拓宽红树林湿地生态价值实现渠道，助力云霄绿色高质量发展。云霄县与厦门大学、福建省林科院等高校及科研机构建立良好的合作关系，持续开展保护区生物多样性监测、退养生态修复成效评估、红树林病虫害监测与防治等科研项目，提高保护区科研监测能力和水平，为科学合理保护红树林湿地提供翔实的数据支撑。

【福建省第27届“世界湿地日”宣传活动开展】 2023年2月2日，福建省第27届“世界湿地日”宣传活动在漳江口红树林国家级自然保护区举办。活动现场举行福建省第27届“世界湿地日”宣传活动启动仪式、志愿者代表宣读倡议书、红树种植、环保清洁志愿者活动、专家讲座等，旨在加大湿地保护宣传力度，凝聚保护湿地共识，推进湿地保护进程，增进湿地惠民福祉，营造共建共享大美湿地的良好社会氛围。

【第三届全国红树林保护与修复研讨会】 2023年12月3—6日，由国家林业和草原局湿地管理司、中国湿地保护协会、福建省湿地保护中心主办的2023年全国红树林保护与修复研讨会，在漳江口红树林保护区顺利举办。来自全国各省市自然资源、林草相关部门，各红树林保护地、相关科研院所和企业单位100余人参与本次活动。会议以“红树林修复与互花米草除治的耦合”为主题，来自国内红树林和互花米草研究、监测领域的专家学者以及一线工作者围绕红树林生态系统保护与管理、红树林生态修复理论技术与实践、红树林蓝碳，及互花米草除治等主题进行专题报告。

（涂怡静）

生态环境保护

【概况】 2023年，云霄县高塘渡口国控断面水质均值Ⅲ类；峰头水库库心、峰头水库出口、云霄公路桥和下河桥4个省考断面水质均值Ⅲ类；峰头入库、水尾、下楼村南侧、东车村下游和七口桥5个省考小流域监测断面水质均值Ⅲ类；云霄县风吹岭自来水厂饮用水源水质达标率100%。云霄县城全年空气质量达标天数比例为99.7%，同比提高0.2百分点，细颗粒物（PM2.5）浓度均值为17微克/立方米，PM10浓度均值为35微克/立方米，均达到考核要求，臭氧浓度增长趋势得到有效控制，六项大气污染物浓度均值均能达到国家二级标准。

【行政审批】 2023年，云霄生态环境局持续深化“政务服务标准化、规范化、便民化”改革，加大力度减程序、减环节、减材料、压时限，全面实现环评审批事项“邮寄办”“网上办”“掌上办”，推动行政审批服务提速增效。全年办理行政审批事项146件。其中，办理行政许可事项38件（环评审批17件、排污许可证核发20件、入河排污口设置审核1件）；办理公共服务事项108件（排污登记51件、环保设施竣工验收17件、环境影响登记表备案38件、环境影响后评价备案1件、企业强制性清洁生产审核评估1件）。

【环境监管】 2023年，云霄生态环境局依法开展日常执法巡查及“双随机、一公开”监管，出动执法人员256人次，共检查工业企业128家次。按照“四个第一时间”要求，及时受理、调查、处置、反馈信访有关事项，解决百姓身边生态环境问题，全年受理“12369”环保管理平台投诉16件，受理“12345”便民服务平台投诉100件，办结率100%。全年查处环境违法案件22件，下达行政处罚决定19起（罚款金额33.3413万元），办理查封扣押案件2起，下达查封扣押决定书2起。全面监管10个三级网格、196个四级网格，2023年，云霄县环保网格员开展巡查59310次，上报环保事件29676起，有效转化案件17件。

【碧水保卫战】 2023年，重点开展云霄县农村生活污水处理设施及配套管网PPP项目的提升整改工作，云霄县列屿镇区生活污水治理民生基础设施补短板项目已完工并投入调试运行，年度完成投资1478万元，建设山前村等6个村农村生活污水收集管网及新建污水处理站1座，污水收集管网7520米，新增污水处理能力1000吨每天。全面实施国家农村黑臭水体治理试点工程项目建设，推进9条国控农村黑臭水体的治理任务，治理面积11.79万平方米，至2023年底，共新增污水处理能力980吨每天，新增污水主管网44.45千米、支户管网40.35千米，完成清淤18.09万立方米，9条农村黑臭水体已基本消除水质黑臭，完成治理6条。

【大气保卫战】 2023年，云霄县推动VOCs（挥发性有机物）无组织排放排查整治，完成漳州奥特多塑胶制品有限公司1家VOCs无组织排放排查整治；10蒸吨及以下燃煤锅炉已全部淘汰。完成全县3家在用机动车检验检测机构“双随机”监督检查工作；完成6家加油站三级油气回收升级改造；开展柴油货车路检路查15辆次；开展“点题整治”城市扬尘污染整治工作，生态环境、公安、住建、自然资源、城管、交通各参与部门累计检查1194次，排查涉及建筑工地、储备土地、企业、道路及车辆运输等扬尘污染问题130个，下发责令整改通知书23份，立案处罚7.83万元。网格化保洁54条主次城市道路，并加密清扫作业和洒水频次。

【净土保卫战】 2023年，云霄县通过分类治理与耕地土壤农产品协同监测，全县受污染耕地安全利用率达98.48%；有效管控建设用地土壤污染风险，完成17个变更用途地块土壤污染状况调查，重点建设用地安全利用率达100%。

【近岸海域环境治理】 2023年，云霄县持续推进入海排口排查整治，进一步梳理相关信息，按照要求从立牌、建档、排污口备案、海水养殖项目环评等多角度完善规范化管理。推进省级为民办实事海漂垃圾综合治理项目，严格落实海漂常态化治理，累计清理海漂垃圾1264.9吨，海漂密度154.38平方米/千米（全市沿海县最优），同比下降24%。

（张宇翔）

石矾塔简介

石矾塔位于云霄县东厦镇乌垢村漳江入海口石矾岛礁上，塔为八角形密檐式空心石塔，底座周长22.2米，通高24.81米。共分为七层，每层逐渐收分，隔层以石条砌飞檐，塔内设旋梯至顶，塔刹为葫芦顶，下雕覆莲纹。各层均开有拱门，一层设一门，第二、三、四、五层各开四门，第六、七层各开二门。第二层门额石匾上镌薛凝度题“斯文永昌”，并勒刻建塔纪年，塔右崖壁上镌“健笔凌空”四大字。

2009年11月，福建省人民政府公布为第七批省级文物保护单位，文件划定保护范围：塔所在的整座岛礁。建设控制地带的界限：自保护范围边界各向外延伸30米。

清康熙九年（1670年）始建，后倾圮。清嘉庆十九年（1814年）五月由云霄同知薛凝度筹款重建。

石矾塔　　（云霄县文物保护中心提供）

石塔矗立于汹涌波涛中，气势非凡，并与云霄县将军山遥相对峙，相互呼应，既是镇海塔，又是航标塔。它是目前福建省唯一的海礁石塔，设计缜密、构造合理、坚固宏壮，具有较高的文物价值。

科技政策落实

【项目申报】 2023年，云霄县工信局组织推荐绿州农业发展有限公司申报省级星创天地后补助项目，获得奖励资金35万元、组织推荐福建奥克兰光电有限公司申报福建省计划项目，获得创新资金30万元。组织企业申报“创新八条措施”，共有5家企业符合申报条件，发放奖励资金共计64.55万元。组织漳州市华威电源科技有限公司申报科技“小巨人”企业研发投入奖励，获得奖励资金24.4万元。

【科技政策奖励资金情况】 2023年，云霄县工信局组织福建利众诚食品有限公司、漳州金宝达服饰有限公司申报福建省2022年科技创新券补助，获得10.55万元资金；兑现福建省奥克兰光电科技有限公司等13家公司2022年度创新八条奖励措施，奖励金额达304.59万元。兑现恩吉（福建）工业装备有限公司等3家企业科技型中小企业技术创新资金，共计32万元。

（蔡美玲）

科技队伍建设

【科技特派员行政村全覆盖】 2023年，云霄县工信局根据《中共漳州市委办公室 漳州市人民政府办公室关于印发〈关于深入推进科技特派员制度助力乡村振兴的实施意见〉的通知》和全市科技特派员工作推进会部署要求，县委、县政府高度重视科技特派员工作，全面深入推行科技特派员制度，加大科技人才选拔力度，全力推动行政村科技特派员全覆盖，促进科技特派员工作向二、三产业拓展，推动乡村振兴战略在云霄县全面实施。2023年全县共选派176名科技特派员入驻云霄县行政村和服务企业（其中省级科技特派员21名，市级科技特派员16名，县级139名）。全县完成行政村科技特派员全覆盖，科技特派员工作稳步推进。

【科技特派员工作成效】 2023年，云霄县工信局组织完成推荐省市优秀科技特派员推荐，其中云霄县科技特派员廖燕珍被评为漳州市“优秀科技特派员”；云霄县省级科技特派员黄良山被评为省级“优秀科技特派员”；调整充实科技特派员乡镇工作站，为协助科技特派员开展工作，实施乡村振兴战略提供有力保障。

（蔡美玲）

科技成果应用

【科技“小巨人”企业培育】 2023年，云霄县工信局开展科技小巨人领军企业申请工作，推荐漳州金立电子有限公司申报科技小巨人领军企业并获得通过。截至2023年底，全县科技“小巨人”领军企业达到9家。

【高新技术企业培育】 2023年，云霄县工信局积极培育高新技术企业组织推荐吉市多电子商务有限公司等2家公司首次申报国家高新技术企业，组织恩吉（福建）工业装备有限公司等申报参加国家高新技术企业复审；全年云霄县共有3家企业成功申报高新技术企业。截至2023年底，全县有效期内高新技术企业共计21家。

（蔡美玲）

地震监测

【地震测报信息化】 2023年，云霄县地震办通过微机联网和手机短信，及时接收省地震监测中心发布的福建省及附近海域地震活动信息，及时了解云霄及周边地区地震活动情况。在重大节假日加强值班，每日向市地震局上报震情零报告。

【地震动物宏观观测点监测】 2023年，云霄县3个动物宏观观测点（火田镇岳坑村的吉嘉禽畜养殖有限公司、和平乡河塘作业区的漳州康弘农牧有限公司和东厦镇洲渡水产养殖场）始终保持连续无间断观测的良好状态，并由专人做好数字统计和管理。

【台网队伍建设】 2023年，云霄县地震办按地震监测工作规范，对强震台与烈度速报台进行常态化维护管理，全年仪器正常运行，云霄县强震台位于云陵镇元光小学校园内，烈度速报台位于火田镇水头村水库旁。

【地震预警信息发布终端建设】 2023年，全县223处地震预警信息发布终端正常运行，保持终端在线率达85%以上，地震监测预报能力得到有效提升。

【地震应急综合演练】 2023年3月17日，云霄县地震办召集县抗震救灾指挥部暨防震减灾联席会23个单位在云霄一中分校举行云霄县地震应急综合演练。演练重点围绕人员疏散、搜救、伤员救助、防泄漏等15个科目，通过演练提高各抗震救灾指挥部成员单位的应急反应、协同处置能力水平。

【防震减灾应急疏散演练】 2023年，云霄县地震办在云霄县各中小学、幼儿园、社区、机关、企业举办地震应急疏散演练活动共100余场，发放宣传册2万余册。每场疏散演练都达到预期效果，进一步普及安全知识，增强公众的安全意识，真正掌握在灾害中迅速逃生、自救、互救的基本方法，提高公众抵御灾害和应对紧急突发事件的能力。

【地震应急避难场所维护管理】 2023年，云霄县有16个地震应急避难场所，覆盖云霄县10个乡镇（开发区），总面积达110407平方米，可临时安置约6.4万名受灾群众。地震应急避难场所均按国家Ⅲ类标准建设，场所内设有平面示意图和各设施所在地导向牌，基础设施基本完善。每个避难场所有专人负责，明确管理员管理职责和应急启用规则，保障救灾物资和设施安全，巩固创建成果，确保所有地震应急避难场所真正发挥作用，惠及民生。

【防震减灾知识宣传】 2023年来，云霄县地震办利用“5·12”全国防灾减灾日、“7·28”唐山大地震纪念日、国际减灾日等时段，开展多样化防震减灾宣传活动。举办现场咨询活动；举办防震减灾科普体验馆开放日活动；邀请云霄县宣讲团成员到各中小学举办讲座；举办第三届防震减灾科普讲解大赛；开展防震减灾科普书籍捐赠主题活动；开展防震减灾宣传及应急疏散演练“六进”活动；制作防震减灾宣传标语及更新防震减灾宣传栏。

（陈晓逸）

教　育

综　述

【学校建设】　2023年，续建云霄列屿中学实验综合楼和宿舍综合楼项目工程、莆美幼儿园综合楼二期工程2个项目；完成陈岱小学教学综合楼、东厦浯田小学教学楼、云霄县第三实验幼儿园、云霄县火田岳坑幼儿园4个项目建设；新开工建设东厦溪塘小学教学楼项目；投入6200万元继续推进云霄职业技术学校迁建设项目、云霄一中新校区迁建项目、云霄第三实验小学建设项目等3个项目前期工作，投入资金5485万元，建设面积17842平方米。

（张小景）

【教师队伍】　2023年，县教育局招聘中小学幼儿园新任教师100名，补充招聘小学幼儿园编外教师26名。接收毕业生档案217份，逐步规范档案整理。认定并发放初中小学幼儿园教师资格证书480本，高中及中职教师资格证书71本。办理教师退休手续154名。加强队伍建设，深化省纪委挂钩帮扶工作，开展“师徒结对”帮扶活动，邀请厦门一中4个学科教研组长到云霄一中指导集体备课、听评课，选派云霄一中4个学科41名骨干教师到厦门一中参加集体备课，选派96名教师到厦门帮扶校进行跟岗学习，组织线上交流研讨、集体备课活动等，助推云霄县教师专业成长和教育质量提升。注重师德师风的监管和治理，各校定期报送19种师德师风不良行为排查整治情况。联合多部门共同研究发放年度考核奖，切实提高教师待遇。按照《关于妥善解决辞退代课教师问题的实施方案》，对当年新增符合条件的46名辞退代课教师发放养老补助金。

（蔡志鹏）

【招生考试】　2023年，招生考试围绕“三无三稳三确保”和“平安考试”的工作目标进行精细化组织和管理。成功组织高考（含高职分类招考）、高中阶段学考（含中职）、中考、自考和成人高考等省级及以上大型考试12场，服务考生54726人次，全县报名参加普通高考人数2362人，报名参加高职分类考试的有1270人，两项兼报的有229人，已通过兼报高职分类考试被录取的考生有113人；组织高招体检3528人，抽调监考等各类考务工作人员2500余人次。全县中考报名考生10062人，其中九年级5158人，八年级4904人；中招普高录取人数2894人，录取率56.1%；公费幼儿师范生录取5人。加强监考培训，购买智能安检门等先进防作弊设备，有效遏制考试作弊现象发生，维护考试公平公正。

（陈晓宏）

【民办教育】　2023年，云霄县共有民办学校104所，其中，民办中等职业学校1所，民办中学1所，民办十二年一贯制学校1所，民办幼儿园91所，校外培训机构10所。县教育局组织开展全县民办学校2022年度检查工作，对符合年检条件的116所民办学校进行“双随机”年度抽查，其中合格等次学校99所，不合格等次学校11所，限期整改学校6所，规范民办学校办学行为，促进民办教育健康发展。出台《关于印发“深化整治校外培训机构不规范问题减轻中小学生课外负担”工作方案的通知》《云霄县教育局关于成立“双减”工作专门协调机制成员名单的通知》等文件，并充分运用“双减”工作专门协调机制，组织联合有关部门开展校外培训“平安消费”“监管护苗”“安全守护”等10场专项行动，全县10家证照齐全的校外培训机构100%纳入全国监管平台监管，保证规范、健康、安全办学。

（谢伟源）

【校园安全】 2023年，全县有4所学校申报福建省高质量“平安校园”，持续推进学校消防安全标准化管理达标创建工作；安全生产、消防、防灾减灾工作获评目标责任考核优秀单位。组织广大师生开展安全教育活动，针对交通安全、消防安全、食品卫生、重大隐患专项排查、防溺水、防欺凌、防诈骗及校园周边环境治理等安全工作共下发各类文件32份，为各校配发《福建省学校安全工作》220本，发放20多万份《告家长的一封信》。开展安全演练300余场。全县各中小学、幼儿园的校园专职保安、校园防撞设施建设、校园一键式报警器和视频监控与公安局联网配备率均达100%。下发整改通知书59份，整改安全隐患90处。安全宣传工作获各级媒体报道，其中国家级2篇，市级31篇，县级66篇。

【学校德育】 2023年，云霄县教育局以培育和践行社会主义核心价值观为主线，持续深化“学习新思想， 做好接班人”“扣好人生第一粒扣子”“全民国家安全教育日”“清明网上祭英烈”“全民禁毒宣传月”主题实践活动，进一步培育和践行社会主义核心价值观，推动未成年人思想道德建设工作。推荐评选表彰优秀学生，县级239名、市级118名；推选表彰18名云霄县“新时代好少年”，云霄二中学生赖烨洁被评为市级、省级“新时代好少年”；元光小学少先队员朱晨予获2023年度福建省“优秀少先队员”称号，实验小学少先队大队获2023年度福建省“优秀少先队集体”称号，树立学生典型，深入学习宣传学生中的先进典型。以创建全国文明城市为契机，举行“小手拉大手．共创文明城”——我是创城小小宣传员启动仪式等，开展“文明校园”创建活动。2021—2023年度全县创建全国文明校园先进学校1所，省级文明校园4所，市级文明校园21所。

（何联合）

【学生资助】 2023年，县教育局精准识别建档立卡家庭子女、低保、孤儿、事实无人抚养儿童、残疾等贫困学生，采取多种形式加大资助政策宣传力度，确保各级各类学生资助全面、及时、足额发放到位。全县共发放各类资助金额1182.1198万元，受益学生16511人次。义务教育阶段贫困生生活补助发放3410人次，发放金额109.63万元；义务教育寄宿营养餐补助5428人次，补助金额271.4万元；学前教育政府助学金发放612人次，发放金额58.8万元；普通高中国家助学金发放986人次，发放金额120.02万元；普通高中免学费补助557人次，补助金额44.56万元；中职助学金发放336人次，发放金额33.6万元；中职免学费补助5182人次，补助金额544.11万元；发放福建省富闽教育助学金30万元，受助学生60人；开展大学生生源地信用助学贷款工作，共发放助学贷款4774.16万元，受助学生4707人次。

（林志辉）

基础教育

【学前教育】 2023年，云霄县共有幼儿园125所，其中公办33所、集体办2所、民办90所，小学附设班22个。在园幼儿11311人，其中公办园7154人、民办园4157人。推进公办幼儿园发展，第三实验幼儿园、岳坑幼儿园建成，莆美幼儿园二期工程续建，在公办幼儿园就读幼儿占比提高至63.25％。推进民办幼儿园公益普惠发展，全县在普惠性幼儿园就读幼儿占比93.19%。指导1所幼儿园申报市级示范性幼儿园，创建1所县级示范性幼儿园。落实福建省教育厅关于精准帮扶乡村小规模学校附设幼儿园（班）工作的通知要求，按照“精准帮扶，托底提质”思路，推动城区幼儿园对口帮扶乡村薄弱幼儿园工作，推行幼儿园与小学双向衔接工作，提高保教保育水平。

（方志琳）

【小学教育】 2023年，云霄县共有小学97所，其中完小校66所，教学点31所。十二年一贯制学校1所，九年一贯制学校2所。小学在校生32202人。云霄小学教育事业立足新发展、新理念、新格局，贯彻党的教育方针，落实乡村振兴战略，推进中央“双减”政策落实，强化“五项管理”，开展课后延时服务，促进学生全面发展。推进与厦门名校师徒结对帮扶、教育对口交流协作，建立教育共同体，开展城区优质学校与乡村小学对口帮扶。深化义务教育优质均衡，推进乡村温馨校园建设，开展省义务教育管理标准化学校创建，提高云霄县小学义务教育管理标准化和乡村温馨校园的创建率。坚持“五育”并举，全面落实课程计划，开齐开足开好课程，深化教学研究，优化质量考评机制，提升全县小学教学质量，办好人民群众满意教育，增强人民群众教育获得感。

（柳启祥）

【中学教育】　2023年，全县有中学16所，其中初级中学8所、九年一贯制学校2所、完全中学4所、高级中学1所、十二年一贯制学校1所。全县初中在校生13261人，高中在校生7536人。贯彻落实中央、国务院关于教育评价机制改革政策，开展中小学课后服务和“双减”工作，推进中小学教学教研提质增效三年行动计划，完成首期青年教师专业培养“88862”工程21人，促进中小学教师专业成长。落实公民办同步招生、就近入学和电脑派位录取的招生政策，压减民办教育占比，保障义务教育阶段学位。依托初中3个、高中2个教学教研集团，推进城乡教育一体化。推进普通高中课程改革，启动云霄一中高中部新校区工程，实施云霄一中生源追踪管理办法，充分发挥云霄一中引领作用，做大做强全县普通高中教育。2023年12月，云霄一中荣获福建省示范性普通高中称号。

（林尚德）

【特殊教育】　2023年，云霄特殊教育学校设有复式教学班6个，在校生66人，送教上门学生66人，在编教师18人，兼职送教教师39人。学校坚持以生为本，坚持“德育为首要，教学为中心，康复为根本”原则，从“为了特殊孩子的一切”出发，积极探索科学发展、内涵发展、特色发展的改革之路。根据学生身心特点，积极开设烘焙课、陶艺课等特色课程，特殊学生在优质教育资源支持下，在多元课程和活动的体验中，潜能得到开发，能力得到培养，缺陷得到补偿，满足学生和家长对优质特殊教育的需求。充分发挥“云霄县特殊教育资源中心”的功能作用，开展融合教育培训，切实保障残疾学生受教育权利，推进融合教育高质量发展。

（柳启祥）

职业教育与成人教育

【云霄职业技术学校】　2023年，云霄职业技术学校招收新生860人，有961名中职学生毕业，在校生总数2877人。学校增设智能设备运行与维护专业。高职招考共报考663个，本科上线4个，专科上线621个；在省技能大赛中荣获一等奖1项、三等奖1项；学生朗诵作品参赛获省二等奖；与福建经济学校签订对口协作协议，对口帮扶。

【云霄唯美职业技术学校】　2023年，云霄唯美职业技术学校招收新生158人，总计在籍在册学生606人。新增婴幼儿托育专业。参与县域乡村振兴人才技能培训，项目包含企业职工互联网+、农业局一品一码、移民村农民种植技术、电商等。与漳州高新区大房资产运营有限公司（国企）、漳州市长运集团有限公司联合办学。

【云霄开放大学】　2023年，云霄开放大学招收新生372人，毕业生数310人，在校生数1127人。被福建开放大学授予2023年度招生工作先进集体称号。

【云霄县老年大学】　2023年，云霄县老年大学开设专业课2个班级，音乐专业招生近160人，增设“二胡”“养生太极拳”班。确定6个村作为送教试点，共有学员288人，有舞蹈班、书画班、潮曲班、手工剪纸班、象棋班、健身气功班等多项课程，12名教师现场教学。潮曲潮艺学会排练现场被刊登在全国《精神文明报》。3支志愿服务队积极参加县委、县政府主办的“礼赞向东渠、建功新云霄”“千人同舞开漳地　同心共建文明城”“尊效林偕春，培树新风尚”“庆丰收、促和美”等文艺演出活动。

（朱永文）

文化·旅游

综　述

【基层文化阵地建设】 县图书馆新馆内设报刊阅览室、成人外借室期、服务大厅、亲子阅读室、少儿阅览室、地方文献资料室、特色文献库、过刊过报资料室、电子阅览室、多媒体放映室等10个为读者服务窗口，设有机房、采编室、监控室等4个为读者服务提供保障的窗口，功能科室布局全面，基础设施完善，无障碍设施、计算机终端、阅览座席等配置齐全。

县非遗展示中心由县文化馆管理，是市爱国主义教育基地，共四层，面积约3000平方米（含广场面积），第一层为广场，面积2500平方米，是举办开漳圣王文化节的主场地，平常用于开展大型文化活动；第二层为“两岸书香”主题展示厅，展示云霄县当代书画家的作品；三层展出部分独具闽南特色的民俗展品；四层为“人文家园”主题展厅，展陈云霄县非遗项目。县非遗展示中心多次成功举办闽台族谱对接活动、开漳圣王文化节及文化遗产日宣传等大型活动，每年为未年人免费开展潮剧、闽南木雕等非遗项目培训，开设文艺讲座等，并为到馆参观的未成年人主动提供免费讲解服务。

全县镇级综合文化站10个、村级综合文化服务中心158个，社区基层综合性文化服务中心39个。10个乡镇综合文化站，均内设书报阅览室、多功能活动厅、综合展示厅、共享工程点、教育培训室、老年及青年活动室、体育健身室、办公用房8个功能室，并配备图书、报刊、桌椅、电脑、体育健身设施等多种设施设备。村级综合性文化服务中心按照“八个一”标准建设，即1间多功能文化活动室、1间图书阅览室、1个文体活动室、1个科普活动室、1个广播室、1套文体设备、1个文化广场、1个农村固定电影放映点。同时，深入推进县级文化馆图书馆总分馆制建设，累计建设县级图书馆乡镇分馆4个、文化馆乡镇分馆10个，实现文化资源互通。

【文化人才队伍建设】 2023年，云霄县文体旅局常态化开展乡镇综合文化站长、文化协管员暨文物管理员培训班等工作。加强潮剧专业人才培养，继续与云霄职业技术学校合作，开办戏曲表演专业班、器乐演奏专业班，积极开展名老艺人薪传计划等。

【文化惠民工程】 2023年，县文化馆、图书馆、文化遗产展示中心等公共文化场所免费开放，县图书馆年购新书4000多册，月流通达8000多人次，办证达1000多张。推进线上线下公共文化服务，以重大节庆、纪念日等为契机，陆续组织开展具有特色的文化主题系列活动、文艺演出、展示展览以及送戏、送电影、送文化到基层近1980场，惠及群众近30万人次。

【文化文艺创作】 2023年，完成3个传统折子戏的排练工作，创排戏曲联唱参加云霄春节晚会等文艺演出；以纪念开漳圣王为重点，创排《旌旗烈烈凯旋归》参加开漳圣王文化节；创作录制“福小宣”宣讲精品剧目《青山作证》；根据云霄林偕春历史人物事迹，开启

《太史还乡》潮剧精品剧目的剧本创作。

【文化和旅游消费】 2023年，云霄县文体旅局组织13家云霄企业参加为期3天的“花样漳州 食全食美”漳州首届美食文化节，云霄县累计总接待客流10多万人次，销售额达27万多元；同时在美食文化节的评选活动中，获多个奖项。组织4家文化产业企业参加第十四届海峡两岸（厦门）文化产业博览交易会，组织企业参加在宁德市周宁县举办的2023福建旅游福建旅游后备箱生活季现场展销活动，组织企业参加2023年长泰区气排球公开赛文旅资源展示展销。

（方霖霏）

社会文化

【概况】 2023年，县文体旅局以重大节庆、纪念日为契机，开展一系列文艺活动，丰富群众文化生活。在儿童节到县特殊学校举办“多彩非遗进特校 经典传承润童心”非遗体验活动；福来福见 福见云霄——百姓大舞台庆五一文艺演出，“5·12”国际护士节纪念活动——宋代点茶 茶百戏体验；教师节开展“多彩非遗进校园 文化薪火永相传”县级非物质文化遗产代表项目“云霄剪纸”走进元光小学宝树校区庆祝第39个教师节活动；七夕举办“相约七夕 两岸一家亲——专场音乐会”；中秋、国庆节开展“情满中秋 喜迎国庆”文艺汇演、2023年非遗进景区——“漫步云霄·共享非遗悦金秋”活动；重阳节组织非遗传承人到云陵镇望安社区开展情暖重阳非遗相伴开展技艺展示教学；在威惠文化广场举行云霄县第五次全国经济普查宣传月启动仪式暨《中华人民共和国统计法》颁布40周年文艺演出等活动。举办“相濡以沫”蒋国新高清月夫妇新春书法作品展、福来福见——首届福建少儿美术展出季漳州地区作品展、云霄县2023年“全国科技工作者日”书法作品展、云霄县“人人讲安全 我们在行动”主题摄影展、“五福同享”2023年庆‘八一’五县（区）书画作品巡回展、云霄县列屿镇人家村中核五公司“核美列屿 多彩漳江”写生美术作品展、福见云霄——2023年云霄县迎中秋庆国庆书法作品展；举办“两岸同心 共享非遗”威惠文化圩日暨2023年“文化和自然遗产日”系列活动，包括非遗专场展演、非遗项目展示等。

（黄晓兰）

【文化场馆】 2023年，云霄县图书馆新增藏书量4000多册，到馆人数达20万人次以上，为读者办理和更换读者证1200多个，图书借阅量10多万册。征订期刊68种，更好地满足广大读者的阅读需求。周末、节假日各科室正常开放，保证免费开放的时间。组织开展形式多样、内容丰富的全民阅读活动，助力书香云霄建设。先后开展“书香润童心 悦读伴成长”——世界读书日亲子阅读活动；“读书有福 书香润福”——“读者选书，图书馆买单”阅读活动；“百年风华正青春”——第五届福建省“读中华经典颂时代华章”诵读比赛；“福满中秋 喜迎国庆”亲子阅读活动等一系列阅读推广活动。

（吴文政）

文化遗产保护

【概况】 截至2023年底，云霄县共有不可移动文物点398处，其中全国重点文物保护单位1处、省级文物保护单位17处、县级文物保护单位93处、文物点287处，涉台文物点14处。博物馆有珍贵文物藏品2078件，其中一级品1件、二级品7件、三级品174件；一般文物1800多件，标本超过2000件。

（卢虹）

【非物质文化遗产保护】 2023年，县文体旅局积极搜集整理非遗项目材料，申报云霄县第四批非物质文化遗产项目代表性传承人，17人获得确认，并遴选3名传承人组织申报漳州市第八批市级非遗代表性传承人申报工作，3人获得市级确认。坚持开展非遗进校园、进景区、进乡村传习活动。排练潮剧节目《自由自在飞天涯》《祖国的好河山寸土不让》参加“漳州市中小学生文艺调演”获得三等奖。先后在实验小学、莱埔小学、列屿中学开设“潮剧”“黄金漆画”“闽南木雕”等项目普及传习活动，邀请省市级传承人进行教学，并举办“两岸同心 共享非遗”威惠文化圩日暨2023年“文化和自然遗产日”系列活动，包括非遗专场展演、非遗项目展示等。报送的“云霄：非遗+旅游，‘活态’传承焕发新活力”入选为2023福建省非遗与旅游融合发展优秀案例。

（黄晓兰）

【保护修缮】　县文体旅局重视挖掘和整合文物资源，2023年在完成全国重点文物保护单位陈政墓安防项目验收的基础上，多次对安防系统进行测试，确定设备运行正常；推动文物保护单位（包括革命文物）修缮工作，进一步推动天地会遗址高溪庙及漳州故城遗址修缮工作；指导莱埔堡等中国传统村落保护发展项目开展环境整治工作；指导前涂林偕春故居、东厦白塔镜湖别墅开展文物日常修缮工作；协助怡怡堂修缮设计方案上报省文物局并得到批复进入施工阶段；参加自然资源局组织的各乡镇的村庄规划；配合云霄抽水蓄能电站项目文物保护工作。

（卢虹）

【文物保护指导】　2023年，县文体旅局开展文物保护指导工作。指导火田镇五通庙、东厦镇龙湫岩、陈岱镇施氏祖祠、开发区仙峰岩四处文保单位开展隐患整改工作；指导吴森墓、吴梦麒墓和陈岱镇3处文物点定级申报工作；指导莆美镇中柱方氏孝义堂、莆美镇张氏宗祠群、东厦镇中埭王爹庙、下河乡龙兴庙的修缮工作；组织专家对云霄县287处一般不可移动文物点地形图测绘项目和下河乡龙兴庙修缮工程设计方案进行评审；会同省建筑科学研究院有限责任公司实地考察县抽水蓄能电站项目考古挖掘工作；至抽水蓄能项目部研究讨论乌珩窑遗址迁移事宜；会同吴原享堂文物工作委员会前往吴原墓考察；

（张源）

【文物保护利用】　2023年，县文保中心开展革命文物秋瑾故居群众性爱国主义教育活动、在校高中生及返乡大学生志愿服务活动；开展2023年度文物消防安全隐患交叉排查整治工作；督促各文保单位加强值班值守，联合县民宗局开展文博单位和宗教活动场所防抗台风工作；组织2023年度云霄县乡镇综合文化站长、文化协管员暨文物管理员培训班；会同莆美镇、县公安局等有关部门，召开设立国保单位陈政墓警务室协调会，完成警务室设立。联合乡镇、社区、学校等，开展馆校共建工作；参加云霄县2023年“119”消防宣传月活动启动仪式，发放宣传单进行文物消防安全宣传；开展“全责任链条”消防安全教育培训。

（张源）

文化艺术

【潮剧专业人才培养】　2023年，县潮剧传承保护中心继续与云霄职业技术学校合作，开办戏曲表演专业班、器乐演奏专业班，中心提供系统化的专业技能课程，包括唱腔、演奏、表演等方面的培训，完善戏曲人才培养的长效机制；挖掘和培养新的戏曲表演后备人才，努力造就一支梯次分明、结构合理的戏曲人才队伍；加强对潮剧专业教师的培训和选拔，提高教师的教学水平和艺术素养；组织青年后备人才，常态化开展戏曲表演技能培训；鼓励青年演员参加2023年福建省中青年演员比赛，其中《思凡》获表演类银奖，大锣鼓《强渡乌江》获器乐类铜奖；选派4人参加广东省汕头市举行的第二届国际潮剧文化研修班，提升专业表演技能和理论知识；选派1人参加福建省戏剧家协会戏曲音乐专业委员会暨戏曲音乐传承发展研讨会；邀请国家一级导演郭志贤、广东省作曲家丁增钦为青年演员和演奏员进行指导教学，提升专业技能。

（方政波）

【“福建戏曲名老艺人薪传计划”推进】　2023年，县潮剧传承保护中心积极开展名老艺人薪传计划，邀请王建和、方通铭、陈镇坤、林森四位老艺人承担潮剧传统折子戏《珍珠记扫窗会》《苏六娘桃花搭渡》《闹钗》《荔镜记　留伞》的传习、传承工作。指定一批青年演员（演奏员）作为传承人，同时组织其他年轻演员也积极参与到相关剧目的教唱和排练工作中来；投入完成潮剧经典剧目《左良玉》连台本戏的排演工作；5月，潮剧经典传统剧目《珍珠记扫窗会》《苏六娘桃花搭渡》赴泉州参加“2023年中国（泉州）南戏暨古老剧种展演”；10月，举办“滨海漳州　牵手世界”——行走中国•第六届海外华文媒体漳州行暨闽南文化海外传播（漳州）交流会国家级非物质文化遗产项目（潮剧）经典折子戏专场汇报演出，接受25个国家海外华文媒体和7名中新社随团采访嘉宾参访和宣传报道，零距离感受地方戏曲文化底蕴和潮剧魅力。中国新闻网发布题为《遇见福建：品潮剧感受“非遗”魅力》的推文，获得超59万人次阅读量。

（方政波）

【种文化活动开展】 2023年，创排畲乡旅游宣传快板《凤凰钟情》、舞蹈《春到畲乡》《篝火舞》《魅力畲乡》等节目，作为坡兜畲族村本土文艺表演队培育课题材，助力坡兜畲族村文艺队伍建设；委派专业人员，每周四、周五、周六到莆美镇阳霞小学、火田镇菜埔小学、云霄一中分校开展器乐培训，实施进校园种文化活动；委派专业人员到马铺乡客寮村实施潮乐锣鼓乐培训活动，辅导组建民间乐队；在王府社区、城元社区、魏妈文化园开设潮剧传习点，传承中心指定专人每周定期开展培训活动，设置培训课程，组织活动。

（方政波）

文化交流

【文化活动】 2023年，县文化馆组织举办福来福见——首届福建少儿美术展出季漳州地区作品展、“五福同享”2023年庆‘八一’五县（区）书画作品巡回展；“静水流深”——庆祝云霄县漳江画院二十周年美术作品巡回展暨福建省新时代特色文艺示范基地作品展在泉州古城威远楼举办；市委文明办一队到云霄县文化遗产展示中心·归德楼开展新时代文明实践工作主题调研活动；云霄县文化馆先后与东厦镇白塔村和国网云霄县供电公司开展结对共建活动。组织非遗传承人、舞蹈、声乐及其他公益性讲座近10次，800余人参加。创办“将军山文化讲堂”，不定期举办各类文艺讲座，包括音乐、舞蹈讲座等。多次组织书法家到下河乡、莆美镇等乡镇义务写春联，到学校、企业开展笔会活动。组织文化艺术团、文化志愿者到莆美镇、和平乡、东厦镇等乡镇举办文艺演出。

【获奖情况】 2023年，县文化馆选送原创歌曲《这是咱兜》参加第十五届福建省音乐舞蹈节（声乐赛场）获得入围奖；云霄县原创歌曲《给父母的歌》入围“福建省十大优秀网络歌曲”评选并荣获第三名，入库QQ音乐原创闽南语歌曲；举办百姓大舞台——闽南语歌曲赛（云霄海选赛区），36名选手进入漳州决赛，1名选手获三等奖，3名选手获入围奖；举办“书香润童心 故事伴成长”云霄县第三届少儿故事大王比赛，选送获奖选手参加漳州市第十五届少儿故事大王比赛决赛，荣获4枚金牌、11枚银牌、13枚铜牌的好成绩，1名小学高年级组金奖选手晋级参加第十九届福建省少儿讲故事大王比赛；排练潮剧节目《自由自在飞天涯》《祖国的好河山寸土不让》参加“漳州市中小学生文艺调演”获得三等奖。

（黄晓兰）

新闻出版与广播电视

【新闻出版】 2023年，云霄县融媒体中心采用专版、专题、动态相结合的报道方式，在省级以上上稿近百篇、市级以上上稿400多篇，生动讲好云霄“小城故事”、传播云霄好形象，为富美新云霄跨越发展鼓与呼。其中，坚持“走转改”，对接闽南日报推出县区要闻版面24个；服务时政宣传需求，争创多方位、多层次、多领域的“大宣传”新格局；以向东渠先进事迹、开漳圣王文化节、县两会等内容为主题，策划推出市级专版5个。

【广播电视】 2023年，县融媒体中心坚持以习近平新时代中国特色社会主义思想为指导，围绕学习宣传贯彻党的二十大精神，以落实省委“深学争优、敢为争先、实干争效”行动为抓手，聚焦市委、县委中心大局，开展宣传思想文化工作，全力为谱写富美新云霄现代化建设新篇章贡献融媒力量。与中国经济周刊、新华社等上级媒体建立联办合作关系，入驻央视频、人民号、海博TV视频号等媒体平台，借势发力，登大台、上专版、创亮点，形成资源通融，内容兼容，宣传互融的新型宣传形态。全年累计策划、采编、播出新闻宣传报道17123篇，专题53期，短视频936

条，央级媒体采用246篇，省级媒体采用1993篇，5篇作品获得省市奖项，中心获评“全省县级融媒体中心三十强”、全省供稿工作“十强县级台”等。

（汤培坚）

旅 游

【旅游数据统计】 2023年，云霄县共接待游客402.82万人次，同比增长46.1%，实现国内旅游收入41.91亿元，同比增长50.1%。

【旅游宣传活动】 2023年，云霄县旅游发展服务中心开展节庆活动，以节促旅。3月10—12日配合举办“礼赞向东渠 建功新云霄”主题活动及和平乡枇杷文化节；5月20日配合举办首届林偕春文化节，开展乡村旅游线路，做好林太史公文化旅游路线宣传；5月19—21日，积极组织云顶温泉大酒店、红树林之梦参加厦门海峡旅游博览会，同时分发文旅宣传手册，进行景区景点推介和旅游产品宣传。参展企业携带旅游伴手礼商品和温泉门票进行现场展售，取得良好宣传效果；6月18日，配合举办第十五届海峡论坛·第九届海峡两岸（福建云霄）开漳圣王文化节；9月29日，配合举办“蟹逅云霄”——2023年中秋国庆首届云霄红树林螃蟹美食嘉年华活动；11月17—19日，积极组织红树林之梦参加2023年福建旅游交易会，宣传推介云霄县文旅资源，进一步提升“漫步云霄”旅游品牌的知名度；11月27日，配合举办“江山如此多娇，醉美漫步云霄”文旅推介大会，此次推介大会坚持以文塑旅、以旅促商、以商兴城、以城聚人，重点突出招商推介、项目签约、文旅宣传3场好戏，多层次、多渠道拓展文旅产业合作的“朋友圈”。

【线上宣传】 2023年，云霄县旅游发展服务中心在“漫步云霄”公众号上发布《风里雨里，我在和平等你》《菜埔堡的风月无边》《原创游记｜重访白塔岩》等旅游宣传帖80余篇，宣传和推介云霄旅游景点及旅游活动，同时发布节假日旅游安全信息，营造浓厚的安全生产氛围；根据福建省文化和旅游厅政务新媒体传播力指数显示，“漫步云霄”强势突围，2023年9月福建省文化和旅游政务微信公众号传播影响力指数排名第十九。

【旅游规划设计】 2023年，云霄县旅游发展服务中心将国道228云霄段纳入全市《国道G228漳州段滨海风景道旅游策划及概念性规划》，进一步谋划国道228沿线交通旅游设施建设和沿线景区景点提升；推动编制新的全县旅游规划——《云霄县全域旅游总体规划（初稿）》，指导和平乡编制《和平乡全域生态旅游发展规划》。

【旅游品牌建设】 2023年，云霄县旅游发展服务中心坚持以全域旅游的发展定位谋划旅游产业发展，进一步整合旅游资源，融合产业、资源、机制体制，打造休闲度假乡村旅游综合体。2月26—28日，经中国旅游协会温泉旅游分会评定，漳州云顶温泉获评全国“优质珍稀温泉”“中国五星级温泉”；11月，和平乡入选福建省“全域生态旅游小镇”名单，火田镇白石村入选福建省“金牌旅游村”名单。

【旅游人才培养】 2023年3月，云霄县旅游发展服务中心组织参加旅游民宿等级检查员线上培训；5月24—25日，组织参加全省旅游投诉处理工作培训班，积极营造旅游行业技能人才队伍建设良好环境；11月，组织参加2023年闽西南五地市导游专题培训班。

【旅游安全管理】 2023年，云霄县旅游发展服务中心认真贯彻落实市、县党委、政府关于安全生产工作的重要决策部署，不断加强安全生产行业监管，始终坚持“管行业必须管安全、管业务必须管安全、管生产经营必须管安全”原则，紧紧围绕安全生产专项整治三年行动和安全生产大检查工作，有序开展旅游安全管理工作。全年组织旅游安全检查21次，出动80人次，发现问题27个，全部整改完成，不断加强金汤湾景区、红树林之梦民宿，以及旅行社的安全管理。

（张彤）

卫 生

【基层卫生健康】 2023年，云霄县居民健康档案电子建档率达98.42%，老年人规范健康管理率80.11%，0—6岁儿童健康管理率94.71%，老年人、儿童中医药健康管理率分别为76.31%、85.09%，早孕建册率和产后访视率分别为95.13%、96.87%，高血压患者规范管理率、2型糖尿病患者规范管理率分别为94.11%、92.8%，严重精神障碍患者健康管理率97.54%，肺结核患者管理率99.26%，传染病、突发公共卫生事件报告率均为100%，国家一类疫苗接种率均在95%以上。全县基层医疗卫生机构共组建158个团队、586名卫技人员开展家庭医生签约、履约服务。全县常住人口38.8万人，家庭医生签约服务共签约19.03万人，常住人口签约率49.06%，重点人群15.03万人，已签约12.3万人，签约率81.71%。2023年有农村脱贫人口15686人，已签约15675人，达到应签尽签。

【医药卫生体制改革】 2023年，通过强龙头、带基层、兜网底建设，不断提高县域整体医疗服务水平。医共体内部双向转诊、远程心电、远程影像、实验室检验、基层电子病历等上线使用，医共体内部检查和检验结果互认，为乡镇卫生院提供远程心电、远程影像、实验室检验服务共计10720人次。县级公立医院全年门急诊人759048人次，比上年同期787014人次减少27966人次，同比下降3.55%；公立医院出院人数32742人，比上年同期33920人减少1178人，同比下降3.47%；医疗服务收入（不含药品、耗材、检查、化验收入）占比37.39%，与上年同期37.97%比较降低0.58个百分点；门急诊人次平均费用223.37元，比上年同期237.03元减少13.66元，同比下降5.76%；出院患者次均医药费用5622.09元，比上年同期6281.69元减少659.6元，同比下降10.5%，患者就医负担有所减轻。

【综合监督】 2023年，云霄县做好医疗、传染病防治、公共卫生、职业健康、食品安全等监督工作，立案查处共计18起，罚没金额31.67万元。查处非法行医案件4起，办理公共场所卫生许可证117件，其中新办97件，延续13件，变更7件；对辖区内67家二次供水单位的设施环境及卫生管理开展专项整治工作。对县域内集中式供水水质进行定期抽检13处，检测出厂水12份，合格率为100%，末梢水138份，合格率为100%；做好生育三孩夫妇的登记服务工作，加强对适龄、育龄人群优生优育、妇幼保健、生殖健康等问题的咨询指导，落实好免费的卫生计生服务项目。

【职业健康】 2023年，云霄县针对建材、石材加工、化工、铅蓄电池等行业进行监督执法，发出整改监督意见书28份。全县已开展放射诊疗工作的医疗单位17家，取得放射诊疗许可证单位17家；放射工作人员49名，持有放射工作人员证44名；现有放射诊疗设备34台，已取得许可31台，已取得职业病危害预评价批复3台。

【项目建设】 2023年，县医院整体迁建项目完成投资2.55亿元，完成主体结构封顶，进入装修阶段；建设云霄县医院医疗救治和传染病重大疫情救治能力全面提升建设工程项目，项目改造建筑面积11250平方米，其中医院住院部、急诊楼、门诊部、医技楼改造建筑面积10000平方米。项目按照县级医院综合服务能力建设标准，对云霄县医院进行填平补齐，主要实施医院住院部、急诊楼、门诊部、医技楼消防喷淋联动工程，改造原器械科仓库为3.0T磁共振室，改造博爱楼7楼会议室为康复科病区及配套工程，实施五官科、眼科手术室、病区建设改造及配套工程，实施信息系统机房配套改造提升项目。购置安装检测设备、医疗设备等设备设施。项目总投资7000万元，主要用于医疗设备购置，已竣工。

【队伍建设】 2023年，卫健系统事业单位公开招聘卫生人才89人，其中编内56人、编外33人；通过福建省省级“三支一扶”招募“三支一扶”支医岗位2人；定向委培招生6人，其中定向乡镇卫生院高职高专层次医学人才2人，定向县级医院本科层次医学人才4人；安排2023年毕业定向委培生25人的就业安置工作；新设立2家名医工作室，分别为云霄县医院设立的福建省立医院超声科林宁名医工作室、云霄县中医院设立的李蕙名医工作室。截至2023年底，全县共设立22家名医工作室。

【人口监测与家庭发展】 2023年，云霄县共上报当年出生3145人，出生率6.89‰，其中政策内出生3119人，政策符合率99.17%，出生性别男1662人，女1483人，出生性别比为112.1。初婚1489对，初婚率3.26‰。全年全县共兑现农村奖扶1750人，奖扶金240.48万元；城镇奖扶1146人，奖扶金140.64万元；新农合补助12769人，补助资金485.22万元；农居保补助11018人，补助资金55.09万元；各乡镇（开发区）全县婴幼儿照护服务机构在市场监管部门注册登记75家，托位数量3573个，千人均托位7.8个。申请备案通过6家，托位数560个。建成一所托幼一体的市级普惠婴幼儿照护服务机构（云陵工业开发区中心幼儿园），并通过市级验收。

【老龄健康及养老服务】 2023年，云霄县医院、中医院和9家乡镇卫生院持续建设老年友善医疗卫生机构，全县基层医疗卫生机构配套护理床位214张。马铺乡龙镜村被国家卫生健康委、全国老龄办命名为“全国示范性老年友好型社区”。开展失能老年人健康评估与服务工作，全年完成146例。县政府购买的居家养老服务共惠及、云霄县10910名老人（其中5762人享受居家养老线下服务）。建设长者食堂6所（下河乡坡下村、陈岱镇白礁村、和平乡上坂村、马铺乡杉脚村、莆美镇莆东村、莆美镇阳下村），拓展互助养老服务功能，设置老年人助餐点，为周边老年人提供就餐、配送餐服务。发放80～99周岁无工资性收入的老人高龄补贴和百岁老人营养补贴695.16万元。全县86175人享受社会保险养老金。其中，机关事业单位养老保险4588人，社会劳动养老保险13416人，城乡居民养老保险68171人。

【疾病预防控制】 2023年，云霄县法定甲乙丙类传染病共发病4017例，总发病率为989.80/10万；死亡1例（艾滋病1例），死亡率0.25/10万，其中甲乙类传染病1723例，总发病率为424.55/10万；丙类传染病2294例，总发病率为565.25/10万。2023年甲类传染病无病例报告；乙类传染病具体分布情况为新型冠状病毒感染899例、病毒性肝炎319例、梅毒310例、肺结核163例、淋病21例、猩红热5例、百日咳3例、艾滋病1例（HIV3例）、布病1例、出血热1例；丙类传染病具体分布情况为其它感染性腹泻病836例、流行性感冒862例、手足口病543例、急性出血性结膜炎47例、流行性腮腺炎6例。截至2023年12月31日，全县儿童出生数2779人，建卡数2779人，建卡率为100%。全县适龄儿童免疫规划10种疫苗接种率具体分布为乙肝98.37%，卡介苗99.97%，脊灰98.95%，百白破97.72%，麻腮风97.13%，A群流脑96.19%，A+C群流脑96.73%，乙脑97.33%，甲肝96.57%，白破98.17%。

医共体建设

【县医院医共体】 2023年，云霄县医院完善卒中、胸痛、创伤和呼吸诊疗“四大中心”标准建设。卒中中心2023年接诊卒中患者212例，溶栓27例；胸痛中心2023年接诊急性胸痛患者447例，溶栓20例。2023年7月获得漳州市重症脑血管联盟协助单位授牌，9月医院神经内科获得漳州市市级临床重点专科授牌。推进“千名医师下基层”的工作，选派外科、神经内科、妇产科、儿科、康复科等医疗骨干在管理、技术、学科建设等方面对乡镇卫生院的医生进行传、帮、带，累计下乡55人次，诊疗量487人次，病例讨论54次，教学查房54次，举办讲座10场，培训基层人员212人次，送医上门13人次，另开展医共体家庭医生巡回培训5场、病历讨论3次、教学查房4次，开设讲座5场，共培训基层人员309人次；推动全县慢性病管理，实现慢病筛查、慢病防治，慢病诊疗同质化；落实双向转诊机制，建立转诊、会诊的“绿色通道”，2023年向上转诊803例，向下转诊54例；开展医学检查检验结果互认，2023年已经上传互认检查结果24923例、检验结果1167587例；报告引用检查31例、检验1758例。

【中医院医共体】 2023年1月11日，云霄县中医院通过微信公众号发布新冠病毒感染经方协定方；2月27日，云霄县中医院举行第三届“漳州市名中医”授牌仪式；3月12日，云霄县首台骨科手术机器人开机使用；3月18日全国爱肝日，云霄县中医院邀请漳州市医院专家在人民公园举行大型义诊活动；10月28日，云霄县中医院举行胡希恕经方医学学术思想研修会、全国基层名老中医吴汀寿学术思想研修会暨胡希恕经方医学云霄传承基地授牌仪式。

妇幼保健

【妇幼健康公共卫生服务】 2023年，云霄县免费产前筛查任务数580人，完成705人，完成率为121.55%；全县新增叶酸服用人数达2530人，任务完成率140.56%，新增叶酸服用依从率达92.64%，叶酸知识调查知晓率达99.89%；地中海贫血防控项目2023年任务数580对，完成采血646对，完成率111.38%；全县初婚登记为1341对，男505人、女509人，检测率37.8%，通过婚前医学检查，婚检检出疾病率12.03%，检出疾病总人数122人（其中男性46人，女性76人）；云霄县孕前优生检测项目任务数1240人，完成人数1266人，完成率102.1%。县级医院孕产妇艾滋病、梅毒和乙肝免费筛查人数2774人，应检测人数2777人，检测率99.89%，早测率96.25%，发现艾滋病抗体阳性1人，艾滋病阳性率0.04%，检出梅毒感染孕妇10人，梅毒阳性率0.36%，乙肝表面抗原阳性159人，乙肝阳性率5.73%；县级医院活产数2789人，代谢性疾病筛查采血数2741人，筛查率97.75%，先心筛查数2735人，筛查率97.7%。

【妇幼保健管理】 2023年，云霄县产妇总数3155人，系统管理3032人，管理率95.47%。孕妇建卡3052人，建卡率96.74%；产前检查3015人，产前检查率95.56%。全县住院分娩活产数3176人，住院分娩率100%。高危孕产妇筛查数1672人，高危产妇管理1672人，高危产妇占总产妇53%，管理率100%，高危住院分娩100%。产后访视3099人，访视率97.58%。全县7岁以下儿童32905人，其中5岁以下21682人，3岁以下12418人；7岁以下儿童体检数32075人，儿保健康管理率达97.48%，3岁以下儿童系统管理数12125人，管理率97.64%，两者和去年比较基本持平；5岁以下儿童死亡数11人，婴儿死亡数8人，死亡率分别为3.46‰和2.52‰；满6个月母乳喂养率79.84%；5岁以下低体重发生率1.13%；贫血患病率4.51%。2023年全县新生儿访视率为97.04%。开展托儿所及幼儿园工作人员及儿童进行健康体检，共体检在园儿童14751人、幼教与保育人员健康体检1798人、入园入托前健康体检5301人。

【医疗服务工作】 2023年，云霄县妇幼保健院住院分娩活产数1609人。全年门诊诊疗192924人次，同比下降0.15%，住院2606人次，同比下降2.8%。2023年云霄县妇幼保健院完成中医馆建设项目。云霄县妇幼保健院患者满意度调查在全市二级及以上公立医院中排名第一。

体 育

【概况】 2023年，云霄县文化体育和旅游局共计举办“福建省全民健身运动会之云霄赛事”14场；云霄县组队参加2023年漳州市体育锦标赛，共有207名运动员参加7个项目比赛，取得12枚金牌、14枚银牌、21枚铜牌的成绩；2023全国皮划艇U19锦标赛1000米单人项目中，钟秀彪（漳州市体校云霄皮划赛艇基地输送运动员）取得1000米冠军、500米亚军；2023全国皮划艇U17锦标赛500米单人项目中，郑重立（漳州市体校云霄皮划赛艇基地输送运动员）取得第四名。深入贯彻实施《全民健身计划》，加快城乡社区公共体育基础设施建设，采购一批体育健身室外器材并安装在各乡镇健身点，满足群众健身活动需求。截至2023年底，云霄县行政村场地设施健身路径已实现全覆盖。

【体育基础设施建设】 云霄县将军山智慧体育公园项目选址于莆美镇将军山公园地域，主场地面积3546.44平方米，主要建有可开展篮球、足球、气排球、乒乓球、羽毛球、网球、门球以及轮滑等8项以上运动项目的场地，配建室外智能国民体质测试亭、智能健身驿站、20件以上二代（智能）健身路径、不少于2千米的智能健身步道等体育健身场地设施。2023年已建成宽3.5米，长2.2千米健身步道、停车场（80个停车位）、体育微乐园（儿童娱乐区）及健身器材等，配套用地明确。项目主场地已完成征地、土地报批、退出林地管理、初设、可研、概算、立项等前期工作。

（江奇）

人力资源

【专业技术人员管理】 2023年，云霄县人力资源和社会保障局做好监督和指导各系列的职称评审工作，对全县各系列送评的材料进行查阅预审，使职称评审工作规范、有序进行；做好事业单位岗位设置方案核准和人员聘用备案工作；做好工勤人员技术等级考试（免试）资格审核工作，及时完成上级下达的任务。根据市人力资源和社会保障局下放中级职称评审权限到县级精神，是年组建云霄县中小学幼儿园教师中级职务评审委员会，服务全县中小学幼儿园教师中级评审工作。截至12月，审核委托评审职称166人，其中正高4人、副高89人、中级64人、初级9人；新增中高级职称专业技术人员324人（其中，高级85人、中级239人），聘任中高级357人（其中，高级108人、中级249人）；专业技术人员资格确认初级职称143人；批复成立云霄县住房和城乡建设局职称改革领导小组和调整云霄县非公有制企业、工业和信息化局、中小学教师职称改革领导小组成员；调整充实云霄县中小学幼儿园教师中级职务评审委员会评委库。

【录用调配管理】 2023年，全县公开招聘事业单位工作人员179人；多渠道招聘5人：农业局人才引进1人、面向昌都籍招聘藏族毕业生1人、2022年秋季专项招聘急需紧缺人才3人；定向委培43人：教育系统定向委培公费师范生18人、卫健系统定向委培医疗人才25人。是年审核委托评审职称500人：高级108人、中级249人、初级143人。对2022年度全县事业单位及行政参公单位工勤人员进行年度考核，考核124家单位，参评人数6685人，实际参评6679人，不参评6人，评出优秀1233人。

【工资福利管理】 根据年度考核结果审核发放机关及参公单位工勤人员年终一次性奖金；事业单位工作人员考核合格以上晋升薪级工资。组织实施机关、事业单位工作人员退休政策，对达到退休年龄人员办理退休手续104人，并对全县符合退休条件的人员进行在职基金核减。办理正常工作调动、考录人员工资转移手续；办理转正定级、学历变更工资手续；办理晋升职务职级、工人等级晋升工资手续；办理乡镇补贴、教龄、特岗津贴及其他津补贴调整变动手续；办理职称聘任手续；办理受处分人员的处分回告和工资核减手续。核准机关及参公单位工勤人员和事业单位工作人员（在职和离退休人员）病故后的遗属抚恤和生活补助34人，调整全县退职人员基本养老金和遗属生活补助标准。办理全县事业单位工作人员解除聘用合同手续15人。对机关及参公单位工勤人员、事业单位工作人员工龄进行认定。

【人才服务】 重点做好大中专毕业生档案管理、毕业登记等业务工作。截至2023年12月，存放流动人员信息档案总数20619卷，是年新增2690份，已完成新增档案扫描。同时，人才中心做好流动人员档案寄递服务，确保相关人员档案及时流转。

（郭淑明）

劳动就业

【就业指标完成情况】 截至2023年12月，云霄县城镇新增就业人数1114人，完成任务数111.4%；失业再就业人数548人，完成任务数274%；就业困难人员再就业人数231人，完成任务数165%。

【向上争取就业专项资金及稳经济情况】 2023年，向上争取就业补助专项资金1157.4万元，已用于公益性岗位补贴、见习人员补贴、一次性稳就业奖补等就业支出。

【协助企业招工招聘活动情况】 2023年，云霄县人力资源和社会保障局开展29场线上线下招聘，参会企业223家次，累计提供岗位7153个。

【开展就业技能培训情况和开发岗位稳就业情况】 2023年，云霄县人力资源和社会保障局积极开展职业技能培训工作，累计培训1581人，其中农村转移劳动者769人；开发见习岗位88人；开发公益性岗位44人，其中脱贫人口30人；开发基层公共管理岗位16人；设立1个扶贫车间，6个扶贫基地，共吸纳脱贫人口26人就业。

【鼓励毕业生返乡创业】 2023年，云霄县人力资源和社会保障局组织6个大中专毕业生创业项目参加省、市创业项目申报，其中“白菜GG”创业项目获得省级一等奖资助10万元，云霄县山哈生态农业发展有限公司创业项目获得市级二等奖资助2万元。

（郭淑明）

社会保障

【概况】 2023年，云霄县人力资源和社会保障局进一步完善社会保障体系建设，坚持一手抓扩面，一手抓管理，基本实现社会保障城乡全覆盖，初步形成适应市场经济体制的多层次社会保障体系框架。

【退休人员】 截至2023年12月底，全县有退休人员共86175人，其中机关社保4588人、企业职工社保13416人、城乡居民社保68171人，是年养老金每月均按时足额发放；发放失业金738人2623人次464.46万元；发放工伤保险待遇1205万元。

【工伤认定】 截至2023年12月底，计收到工伤材料齐全并已受理件数154件，是年工伤认定件数157件。

【劳动与社会保障监察】 截至2023年12月底，收到欠薪线索投诉反映：电话及来信来访登记198起、人社部平台340起、福建省移动监察平台61起、12345平台2096起，舆情线索14起，合计2709起，动态清零。其中西湖一号申请强制执行剩余1个班组未发放清楚；元初科技已申请强制执行；云锦里售楼部、建发云玺售楼部、华天福满家园售楼部、核五公司、城管局、列屿自来水、小蚂蚁公司、品尚皮具等案件正在办理中。

（郭淑明）

医疗保障

【概况】 2023年，云霄县（含常山）城镇职工基本医疗保险参保人数44718人，城镇职工医疗保险基金收入17550万元。全县（含常山）城乡居民基本医疗保险参保人数36.438万人，人均筹资标准980元（中央、省、市、县四级财政配套650元，个人缴纳330元），城乡居民医保基金收入33264万元。

【落实药械集采】 2023年，云霄医疗保障局坚持加强事前宣传指导，按上级工作部署，及时发布开展集中采购信息，指导医疗机构按实际临床需求合理报量，在药采系统进行正确填报，及时完成采购量上报工作。跟进事中采购情况，定时梳理并持续跟进辖区内医疗机构采中选产品约定采购量及中选产品采购比例的完成情况，督促指导医疗机构按协议有计划地实施采购。提醒医疗机构关注采购进度滞后的中选产品，落实优先使用中选产品，确保按要约完成各项集采工作任务。落实到期情况跟踪，对采购量未完成的医疗机构进行及时预警，督促医疗机构及时跟进相关情况，及时补录采购订单，防止出现因未按时补录订单及确认收货造成的平台进度不符的情况，确保在协议期内按要求完成约定采购量。严格事后通报处理，定期对辖区内药品、耗材集中带量采购执行情况进行通报，对集中带量采购执行情况较差的医疗机构进行约谈，责令整改。

【落实基金监管】 2023年，云霄医疗保障局对辖区内22家医疗机构及80家零售药店进行全覆盖检查工作，追回12家医疗机构不合理费用400347.76元，对6家医疗机构进行提醒整改，80家零售药店进行提醒整改。对云霄友好妇产医院日常检查中存在违约事项追回不合理费用22447.8元。对云霄县中医院、云霄友好妇产医院进行专项稽核，核查中发现医院存在违约事项，分别追回不合理费用1190453.19元、48567.8元。对市中心移交的监控发现存在问题的药店进行核实，共解除服务协议3家，暂停服务协议6家，追回不合理费用51526元，处违约金18000元。对医师被中止医保结算服务期间仍收治门诊病人产生基金进行处理，其中中医院追回医保款项206419.29元，火田镇卫生院追回1064.8元。

【支付方式改革】 2023年，云霄医疗保障局积极推进医保支付方式改革，严格落实漳州市区域点数总额预算和按病种分值付费（DIP）管理办法，对定点医疗机构付费实行总额预算管理的支付方式，坚持保障基本，把点数法和区域总额预算相结合，促进医疗资源有效利用，着力保障参保人员基本医疗需求。贯彻落实漳州市医疗保障局关于进一步加强基本医疗保险基金精细化管理的实施方案，督促定点医疗机构规范医疗服务行为，确保基本医保基金管理到位、使用合理，进一步保障参保群众的医保权益。10月起，市医疗保障局2次到云霄组织现场DIP付费工作培训会，围绕漳州市DIP政策及操作实务进行详细解读，积极辅导引导云霄有关医院进一步理清DIP清算方式的底层逻辑，提高入组成功率。

【提升公共服务】 2023年，云霄医保窗口受理灵活就业人员参保登记2947件，单位新参保登记234件，转移接续643件，门诊慢特病病种待遇认定及变更12744件，异地备案921件，生育保险待遇申报审核319件，医疗救助对象手工（零星）报销58件，职工医疗费用报销231件。办件好评数9400件，好评率达到100%。云霄医保窗口公共服务业务量位居全县前列，是年在云霄县政务服务中心的政务评比中获得流动红旗窗口称号3次，获得先进个人称号3人次。

（许素芬）

民政

【社会保障】 *加强低保动态管理* 2023年，云霄县城乡低保标准为家庭人均收入9780元，城市低保人均补助水平453元/月，农村低保人均补助水平398元/月；截至年底，全县城乡低保7066户11520人，特困供养对象1026人；累计发放城乡低保金5341.0437万元、高龄补贴92.25万元、特困供养金1650.3767万元。开展低保边缘家庭认定，至12月认定低保边缘家庭2465人。发放临时价格补贴86.3574万元。

及时高效实施“救急难”工作 2023年，云霄县民政局先后2次下拨乡镇临时救助备用金190.84万元，用于对受疫情影响和因突发性、紧迫性问题导致基本生活陷入困境的困难群众及时实施急难救助。全县计发放急难救助资金527.9008万元，救助困难家庭2932人次。

开展儿童福利保障工作 2023年，云霄县民政局持续做好孤儿及事实无人抚养儿童保障工作。全县有农村留守儿童68人，孤儿14人，事实无人抚养儿童182人，是年累计发放孤儿及事实无人抚养儿童基本生活保障金335万元，发放孤儿助学金6万元。

做好残疾人两项补贴和流浪乞讨救助管理工作 2023年，云霄县民政局持续做好残疾人两项补贴发放工作，截至年底，全县领取困难残疾人生活补助金6409人，护理补助金6200人，计发放残疾人“两项补贴”资金1786.0289万元。2023年1—12月，流浪乞讨救助支出30.36万元、救助人数60人、送治4人、跨省护送1人、联系亲属接回8人，提供方便面64盒、矿泉水94瓶、棉衣2件、

棉被2床、夏装2套，寒冬送温暖食盒10份。

【养老服务】 云霄县通过盘活资源、新改扩建、综合设置等方式，加快城乡社区养老服务设施建设，至2023年底建有医养结合养老机构1所、敬老院9所、养老服务照料中心4所、居家养老服务站39所、农村幸福院140所、长者食堂14所，养老服务床位达到2912张，每千名老年人拥有养老床位40.28张，不断提高老年人的获得感、幸福感。

推进公建民营改革 积极引进社会力量参与养老服务机构的运营管理，2023年，云霄县社会福利中心及乡镇敬老院100%实现公建民营，有效激发养老机构活力，实现养老机构转型升级；推动养老服务质量提升、公建民营养老机构《养老机构服务合同（示范文本）》签订率100%。

提升改造农村幸福院 2023年，云霄县民政局提升改造幸福院7所，为和平乡上坂村幸福院、和平乡河塘社区幸福院、列屿镇顶城村幸福院、开发区树洞村幸福院、下河乡世坂村幸福院、陈岱镇白礁村幸福院、火田镇大坑村幸福院。截至10月，7个项目均完工并投入使用。

开展助餐点试点工作 以解决城乡老年人用餐“就近便利”问题为抓手，构建老年助餐服务体系，2023年云霄县建设示范性长者食堂6家，为下河乡坡下村长者食堂、陈岱镇白礁村长者食堂、和平乡上坂村长者食堂、马铺乡杉脚村长者食堂、莆美镇莆东村长者食堂、莆美镇阳下村长者食堂。

开展“银杏乐龄学堂”试点建设，推动学养结合 2023年，云霄县民政局在云陵镇宝楼社区、享堂村、望安社区，下河乡新坡村、坡兜村、外龙村，陈岱镇礁美村、竹港村等8个村（社区）开展乡村（社区）“银杏乐龄学堂”试点建设工作，积极为农村老年人提供老年教育，满足其精神慰藉需求。由县民政局、老干局、老年大学抽调工作人员组成调研小组，到试点村（社区）开展调研，指导试点村（社区）因村制宜，制定适合本村（社区）的课程计划，学堂活动按“共学、共伴、共餐”（共同学习、共同作伴、共同用餐）的“三共”模式进行。

全面推进居家养老服务工作 为满足居家老年人多样化、多层次、个性化的养老需求，2023年，云霄县投入750万元为符合条件的老人购买居家养老专业化服务，涵盖生活照料、家政服务、康复护理和精神慰藉等方面服务，服务惠及云霄县10910名老人（其中5762人享受居家养老线下服务）。

关注特殊困难老年人 2023年，云霄县民政局落实特殊困难老年人探访关爱服务，对云霄县孤寡、独居、空巢、留守、失能、重残、计划生育特殊家庭七类3095名老年人进行探访关爱服务，为474户困难老年家庭进行适老化改造。

全面落实高龄老人优待工作 2023年，云霄县民政局继续发放80～99周岁无工资性收入的老人高龄补贴和百岁老人营养补贴。截至12月，云霄县享受高龄补贴的80～89周岁的老人8551人、90～99周岁的老人1506人、100周岁以上的老人42人，共计发放资金695.16万元。重阳节期间走访慰问45名百岁老人并发放慰问金20.25万元。

发放完全失能老年人护理补贴 2023年，云霄县民政局为全县符合条件的60周岁以上低保对象、计划生育特殊家庭中的完全失能老年人发放护理补贴，共计发放18人4.26万元。

做好养老服务领域安全工作 2023年，云霄县民政局持续督促做好养老服务领域安全生产工作，县内10所养老机构、4家居家养老照料中心、136所幸福院、39所居家养老服务站均实现重大消防安全隐患动态基本清零、建筑风险动态清零；做好养老机构食品安全工作，对全县养老机构的食品安全隐患进行全面的排查和整改，强化对养老机构食堂食品的规范化管理，确保老年人用餐安全，是年，专项检查出动工作人员87人次，检查养老院食堂或小厨房10处。

开展养老服务设施星级评定工作 为进一步推进养老服务设施标准化建设，提升养老服务设施运营管理水平。云霄县民政局根据年度工作安排，组织2023年度养老服务设施星级评定工作。是年，申报五星级幸福院3所，申报四星级养老机构1所，四星级幸福院4所。

【殡葬改革】 2023年，云霄县

民政局巩固殡葬改革成果，持续在云陵镇、莆美镇、云霄经济开发区开展“集中治丧”、文明治丧行动，提升巩固县民政局、公安局、卫健局“三合一”便民服务窗口的服务质量。清明节期间，县殡仪馆、石龙山公墓、陈岱镇公益性骨灰堂等殡葬服务机构恢复疫情期间暂停的现场祭扫服务，同时倡导网络祭扫。推动乡镇公益性骨灰楼堂建设，马铺乡骨灰楼建设项目完成竣工验收，投入使用；莆美镇骨灰堂建设项目，完成招投标，开始开工建设；东厦镇公益性骨灰堂项目建设用地进入初设预算，可行性研究报告阶段。根据漳州市人民政府《关于印发漳州市公益性生命公园建设实施意见的通知》，探索推进公益性生命公园建设，是年完成村级生命公园建设项目18个村（其中，市政府为民办实事建设项目7个村），开工建设项目13个村。

【社会事务】 *加强社会组织登记管理* 2023年，云霄县民政局办理社会团体法人登记8家、变更事项15家、换届备案6家；办理民办非企业单位法人登记2家、变更事项5家。开展社会组织年报年检工作，通过年报审查的社会组织共有262家；清理整治僵尸社会组织，注销社会组织39家；开展行业协会商会乱收费专项清理整治工作，促进社会组织健康发展；同时组织开展“双随机”检查工作，通过县民政局网站及时公布社会组织登记、变更、注销、年检等相关信息，设立行业协会商会违规涉企收费举报电话，加强民间社会组织的监督管理。

婚姻登记 2023年，云霄县婚姻登记服务中心办理结婚登记1802对（包括涉外25对）；离婚登记641对（涉外0对）。与2022年相比，结婚人数降低6.1%，离婚人数上升9.4%。是年，在云霄县婚姻登记服务中心推荐下，有2对新婚台胞夫妇参与省民政厅5月20日在平潭举办的海峡两岸“山盟海誓”集体婚礼暨2023年闽台婚姻家庭交流活动。通过传统的婚俗活动，让闽台夫妇们“小家连大家”，彼此深化了解、扩大共识，以闽台婚姻关系的“山盟海誓”促进海峡两岸融合发展。

促进社会工作和志愿者服务事业发展 2023年，云霄县民政局根据《对获得社会工作者职业资格证书人员给予奖励的实施方案》要求，及时发放获得社会工作者职业资格证书人员奖励金，奖励107名，发放奖励金共35.4万元，建立健全社会工作人才激励机制，并积极动员全县民政系统工作人员、社会组织、村（社区）及各部门人员参加全国社会工作者职业水平考试。培育扶持社工机构，通过招标方式购买社会工作服务项目，落实社会工作服务项目1个：云霄县民政局云霄县乡镇（开发区）社会工作服务站购买服务项目。在全县建设9个社会工作服务站，配备22名社会工作者。大力推动乡（镇）、村（社区）开展志愿服务活动，做好志愿者注册、社会团体开展志愿服务的网上审核工作，通过召开会议、微信宣传、宣传栏等多形式宣传志愿服务工作，在全县营造志愿服务的良好氛围。

【基层政权建设与区划地名】

加强区划地名管理 2023年，新建道路命名6处（农商路、农商北路、农商东路、农商西路、滨北路、滨东路）及3个住宅区命名（和平广场、圣地水乡、云霄天峯），完善地名信息系统相关信息入库工作。

加强基层政权与社区建设 2023年，新增设立社区居民委员会1个（陈岱镇兴岱社区居民委员会），至此全县共有40个社区。完善村规民约、民主议事制度、村（居）民会议、代表会议制度，村（居）务公开制度，并将村（居）民会议、代表会议研究事项、公开内容录入全国基层政权建设和社区治理信息系统。列屿镇人家村的村规民约被评为市级优秀村规民约。十年，村（居）进行两委补选，选出村（居）民委员会主任2名、副主任3名、委员10名；选出村（居）监督委员会主任2名、副主任1名。

开展“平安边界”创建活动工作 2023年，云霄县民政局加强县级乡级行政区域界线、界桩管理，完成县级行政区域界线（云霄—漳浦线）界线界桩的联合检查。同时，加大宣传力度，引导边界地区干部群众进一步强化法治观念，不断提高其对界线联检和平安边界建设的知晓率、参与率、满意度，确保县乡边界和谐安定稳定。

老区工作

【革命“五老”优待工作】 及时足额发放革命“五老”人员及遗孀的生活补助 从2023年8月1日起，福建省调整革命“五老”人员定期生活补助标准，在现行每人每月定期生活补助标准基础上增加120元。调整后，云霄县革命“五老”人员定期生活补助标准为每人每月2070元。革命“五老”人员遗偶的生活补助按每人每月250元发放。截至12月，云霄县有革命“五老”人员15人，“五老”遗偶35人，全年发放生活补助53.21万元。

全面落实革命“五老”医疗补助政策 按照180元/人的标准，为全县革命“五老”人员发放医疗门诊费补助；开展二次医疗补助，全年有3人次革命“五老”人员得到医疗费补助，共计补助金额8506.17元，确保革命“五老”人员病有所医。

组织开展走访慰问活动 2023年春节、重阳节期间，组织开展走访慰问革命“五老”人员及遗偶，为革命“五老”人员及遗偶发放慰问金和慰问品价值8.04万元。

【老区项目建设】 加大对老区村发展扶持力度，2023年下达云霄县中央财政衔接推进老区乡村振兴补助资金50万元，扶建6个项目，市级衔接推进老区乡村振兴补助资金补助2个项目20万元，全部完工。进一步修缮保护好革命遗址，是年向上争取革命遗址保护利用专项资金30万元，用于补助修缮张水达和平起义地遗址，全部完工。稳步推进“阳光1+1”（社会组织+老区村）牵手行动，推动全县社会组织积极参与牵手工作，从传承红色基因、发展特色产业、抓好教育帮扶等方面开展交流对接，加强深度合作。

（方锶）

移民安置

【概况】 云霄县大中型水库移民总人数29391人。2023年，福建省移民发展中心核定云霄县享受直补移民人数14207人，登记到村项目扶持移民15184人，移民总人数、直补人数均排全漳州市第一位。移民分布全县11个乡镇（开发区），涉及46个行政村（包括省局指定托管的常山开发区深垅移民自然村）。

【移民后期扶持】 2023年，省水利厅批复云霄县库区移民后期扶持项目42个，合计4120.46万元，其中直补资金858.54万元，项目资金3261.92万元。是年，云霄县库区移民开发中心着力推进项目实施进度，要求所有的库区移民项目从设计、预算、招投标到实施、监理、竣工验收等全部由项目所在乡镇、村负责，库区移民开发中心负责督促、指导、服务，把好资金投向不越范围，项目实施内容不走样，全力推进项目开工、实施、验收，提高后扶资金使用效率，尽快完成资金拨付，投入使用，造福移民群众。

【资产型生产开发项目】 根据云霄县委县政府2023年度“产业发展项目建设提升年”活动要求，云霄县库区移民开发中心继续大力推进“云霄县库区移民创业园”项目，一期单体项目1号、2号车间共14层约18600平方米、综合楼员工宿舍及办公楼集合体约10700平方米均投入使用。截至2023年底，有六家企业入驻，厂房出租8层半约11000平方米，综合楼整栋全部出租，在为移民创业园有限公司增效增收的同时，也为全县后招商落地全力做好服务工作。

【省级示范区项目建设】 2023年，云霄县库区移民开发中心积极协调配合马铺乡人民政府、峰头村、峰头水库运行中心等单位加强对示范区项目建设事前、事中、事后的全过程监管。通过项目实施进一步完善峰头村移民居住地的交通条件，改善村庄卫生面貌，整治美化村庄环境，优化峰头村产业结构，带动旅游业发展，增加群众收入，把峰头村建设成为“水美库美”的移民示范区。

（谢熙）

老龄工作

【老龄健康】 2023年，云霄县医院、中医院和9家乡镇卫生院持续建设老年友善医疗卫生机构，全县基层医疗卫生机构配套护理床位214张。马铺乡龙镜村被国家卫生健康委、全国老龄办命名“全国示范性老年友好型社区”。开展失能老年人健康评估与服务工作，2023年度完成146例。

【养老服务】 2023年，云霄县政府购买的居家养老服务惠及云霄县10910名老人（其中5762人享受居家养老线下服务）。建设长者食堂6所（下河乡坡下村、陈岱镇白礁村、和平乡上坂村、马铺乡杉脚村、莆美镇莆东村、莆美镇阳下村），拓展互助养老服务功能，设置老年人助餐点，为周边老年人提供就餐、配送餐服务。发放80至99周岁无工资性收入的老人高龄补贴和百岁老人营养补贴695.16万元。全县86175人享受社会保险养老金。其中，享受机关事业单位养老保险4588人，社会劳动养老保险13416人，城乡居民养老保险68171人。

民族事务

【少数民族工作】 2023年3月7日，云霄县民族宗教工作会议召开，部署2023年全县民族宗教工作。是年，持续深入开展“铸牢中华民族共同体意识主题月”活动，紧扣活动主题，围绕工作内容，多措并举着力推动“铸牢中华民族共同体意识主题月”活动迈向深入。通过活动，增进各民族人民对中华民族的自觉认同，构建中华民族共有的精神家园，进一步铸牢中华民族共同体意识。围绕打造福建民族工作“福籽同心爱中华”集群品牌，全县民族团结进步工作不断取得新发展，4月，向省民宗厅申报坡兜畲族村为第十一批全国民族团结进步示范区示范单位，加快把云霄建设成为民族团结进步的重要窗口。

【少数民族村建设】 2023年，累计争取中央和省、市、县少数民族发展资金124万元，不断改善坡兜畲族村基础设施建设，提升畲族群众的人居环境。坡兜村“打造林下经济综合体新格局”项目荣获福籽同心爱中华·首届福建省民族乡村“三创促三交”训练营活动创业组一等奖和十佳人气奖。11月，坡兜畲族村被农业农村部、中央宣传部等部门授予第三批全国乡村治理示范村称号。

宗教事务

【宗教民间信仰工作】 2023年6月18日上午，第十五届海峡论坛·第九届海峡两岸（福建云霄）开漳圣王文化节在云霄将军山公园开幕，文化节以“根系开漳情、福泽两岸亲”为主题，精心策划推出16项内涵丰富、形式多样的节庆项目，全方位彰显开漳圣王文化祖地人文之美，激扬现代化富美新云霄发展之力，为县域经济社会高质量发展蓄势赋能。3月14日，省民宗厅赴云霄开展民间信仰工作调研，调研组一行充分肯定云霄民间信仰工作成效。5月，开展宗教政策法规学习月活动，教育引导宗教界人士和广大信教群众自觉遵法守法学法用法，依法依规开展和管理宗教事务。着力抓好《宗教活动场所管理办法》组织施行。组织施行《宗教活动场所管理办法》，规范宗教活动场所管理，保护正常的宗教活动，推动宗教事务管理迈向规范化、制度化、法治化。是年，县民宗局、文体旅局、消防等单位联合对县涉宗教活动场所进行消防安全隐患专项排查整治执法检查，组织开展消防安全重大风险隐患专项排查整治。

【扶贫济困、奖学助学】 2023年，云霄县有34个宗教和民间信仰场所积极开展扶贫济困和金秋奖学助学活动，捐赠善款121.11万元。

（郑海珠）

关心下一代工作

【实施红色基因工程】 2023年，云霄县关心下一代工作委员会（简称云霄县关工委）组织动员“五老”宣讲员、报告员组成报告团，围绕“党史、新中国史、改革开放史、社会主义发展史”深入学校巡回报告。充分利用“向东渠事迹展示馆”“献宝山烈士陵园”等革命传统教育基地，组织“五老”到现场讲红色故事，对青少年开展红色基因革命传统教育。以教育系统关工委为抓手，组织中小学生参观乌山革命史纪念馆、开漳历史纪念馆、向东渠事迹展示馆等教育基地128场次，受教育达2万多人次。运用订阅“新时代的好少年，红心向党”读本，参加征文比赛、演讲朗诵、知识测评等多种形式，讲好云霄红色故事，推动红色文化进校园、进课堂、进家庭，推动青少年党史学习教育常态化、长效化。

【开展“元月送温暖”慰问活动】 2023年1月，云霄县关工委深入革命老区下河乡、陈岱镇、云霄经济开发区，开展“元月送温暖”走访慰问活动，同时，配合市关工委发放好助学金，为孤儿、留守儿童、事实无人抚养儿童等困境儿童送去党和政府的温暖。节日期间，各乡镇（开发区）关工委也纷纷组织开展关爱慰问活动，发挥基层关工委职能作用。据不完全统计，全年全县各乡镇（开发区）关工委慰问34人，发放慰问金22000元。

【开展奖学助学活动】 2023年，云霄县关工委继续管理好发放好新加坡华侨“陈东平、陈君任奖学奖教助学金”，为云霄一中、云霄二中、陈岱中心校、中心幼儿园合计发放10万元用于奖学助学奖教。继续发动做好金秋奖学助学活动，奖励扶助应届高考大学生和中学、小学生，各级关工委参与颁发的助学金额78.6万元，助学奖学人数424人，以实际行动支持教育事业发展，为关心下一代办实事好事。

【巩固完善基层工作网络】 2023年，云霄县关工委开展基层“五好”关工委示范点创建活动，结合宣传、贯彻、落实省市关工委会议精神，深入10个乡镇（开发区）、20多个重点村、学校，对基层关工委建设情况进行全面摸底调查，与各基层的党政领导班子交流探讨，对全县各乡镇（开发区）、村（居）关工委机构人员重新核实、调整、充实，充分发挥“三委、三团”主力军作用。调整充实后的政法口、教育口、农口关工委，以及关爱工作团、报告团、农技服务团等“三委”“三团”骨干成员，经常结合县委中心工作，深入基层调研、宣讲、座谈，全年举办各种讲座28场次。积极探索由“五老”领办，依托老党员之家和老党员工作室等方式，在全县城乡社区创新建立50个“五老”工作室，动员更多“五老”投身关心下一代工作的光荣事业，让更多“五老”发光发热，造福社会。

（蔡惠清）

慈善总会

【慈善宣传】 2023年以来，云霄县慈善总会充分利用慈善网络平台，及时发布善款募集和各项救助活动情况，公布救助对象名单，不断提升慈善工作的透明度，接受社会各界的监督。同时，坚持县、乡、村三位一体的工作格局，通过召开理事会和慈善工作座谈会，向各位理事报告慈善工作情况，提出具体要求，力求推动工作平稳发展。

【资金募捐】 *善款募集对象力求社会化* 募集慈善资金是开展慈善工作的基本前提和物质基础，也是慈善工作的重点和难点，特别是三年新冠疫情防控转段后，云霄经济处于恢复发展期，善款募集工作极具考验。云霄县慈善总会群策群力，召开慈善工作座谈会，同各慈善企业讨论交流做好慈善工作思路，倡导积极挖掘本地慈善资源，加大向外对接力度，扩大社会参与度，以善引善，发动各界人士关心和支持慈善活动，不断壮大慈善事业发展硬实力。

善款募集渠道力求多元化 坚持企业、单位捐赠与群众捐赠相结合，在采取定向捐助、设立冠名慈善基金等方式引导广大群众参与捐赠的同时，引导更多企业采取一次认捐分年度到位等形式积极参与到慈善募捐活动中来，既迎合捐赠者意愿，又有助善款募集趋向持续化。

善款募集方式力求常态化 县慈善总会积极探索善款募集方式和途径，多方发动，尽力筹集善款。县直单位及乡镇、开发区发动募捐善款236.3万元；县直机关干部职工“慈善一日捐”到位资金96.08万元；卫健系统各卫生医疗机构募捐善款123.5万元，为云霄县慈善工作常态开展提供翔实的救助基础。截至2023年12月底，累计到位善款839.62万元。

【慈善救助】 *救助对象有准度* 随着慈善工作影响力的提升，上门求助者越来越多。他们当中，有重病患者、有遭受灾祸的不幸者，值得全社会同情关爱。2023年，云霄县慈善总会通过开展临时的重病救助和应急救助，把好各项救助审批关，把有限的救助资金，尽可能用在解决实际问题上，用在最需要关心帮助的弱势群体上。

救助活动有温度 2023年环卫工人节，云霄县慈善总会组织慰问600名环卫一线工人，传递关爱与温暖，传达社会和慈善企业的关注与尊重；重阳节前夕，组织慰问1816名90岁及以上高龄老人和43名百岁及以上老人，向老人们送上节日祝福和问候，营造了浓厚的敬老爱老节日氛围；春节前夕，组织开展“慈善情暖千家”慰问活动，对1378户困难家庭进行慰问，以帮助他们解决实际困难，欢度新春佳节。

救助群体有厚度 2023年，在开学前，云霄县慈善总会组织开展“金秋助学”活动，分4个片区对302名家庭经济困难的在校大学生和高中生进行资助，勉励莘莘学子自强不息、锐意进取，切实把社会各界的关心关爱，转化为立志成才、感恩社会的强大动力，争取以优异的成绩回馈社会、建设家乡。

是年，开展各项救助4396人次，拨付救助资金602.48万元（含定向）。通过这些救助活动，把有限的救助资金，用在解决实际问题上，充分发挥慈善资金扶危济困的作用，资金使用达到预期效果。

（方添城）

乌山革命旧址简介

乌山革命旧址位于云霄、诏安、平和三县交界处的乌山水晶坪一带，行政上隶属云霄县和平乡通贝村、桥头村管辖。1928年第一次国内革命战争时期，中国工农红军和游击队就在此活动；1934年，党在乌山正式建立革命根据地，此后历经17年红旗不倒，在这块红色土地上，卢叨、卢胜等革命先辈进行艰苦卓绝的斗争，陈元宰、张敏等革命烈士血染沃土，先后留下中国工农红军闽南第三团、第九团、闽粤边独立营、闽南抗日挺进队和中国人民解放军闽粤赣边区总队等红军指战员的足迹。英雄的乌山儿女为了革命事业前仆后继，用鲜血与生命一直坚持战斗到闽南解放，因此乌山素有“闽南井冈山”之美誉。2009年11月，乌山革命旧址被福建省人民政府公布为第七批省级文物保护单位。

乌山革命遗迹众多，在中共闽南地委机关驻地的水晶坪公头里山坳中集中保留电台室、前哨报社、财务处、炊事房、警卫哨和地委机关领导人卢叨住所等山洞旧址；原闽南特委书记卢叨在长期革命斗争中与乌山人民结下深厚的感情，逝世后遵照遗嘱，在1993年11月将骨灰安葬于乌山原闽南地委机关驻地。围绕驻地核心区域还保存长约1.6千米的地委机关秘密交通要道以及看守所、军械处、伤兵处等山洞旧址。

乌山革命纪念馆　（云霄县文物保护中心提供）

1985年，乌山革命旧址公布为云霄首批县级文物保护单位。2003年，投资30多万元建设完成建筑面积285平方米的乌山革命纪念馆，收集陈列革命文物100多件，2007年11月被福建省人民政府命名为福建省国防教育基地。乌山革命根据地旧址和乌山革命纪念馆已经成为缅怀革命先辈，开展革命传统教育的重要场所。

云陵镇

【概况】 云陵镇位于云霄县中部，坐落在大臣山与将军山之间的平原地带，西北环山，东南临海，历史悠久，交通便捷，历来是全县政治、经济、文化中心，是重要的开漳文化发祥地，素有“漳南重镇”的美誉。镇域面积约16平方千米，辖17个社区和4个行政村。云陵镇深化开展“产业发展项目建设提升年”活动和“七比一看”竞赛，立足本镇实际，持续做大做强中心城市建设，发展繁荣城区商业圈，优化人居环境，为富美新云霄现代化建设贡献云陵力量。2023年，全镇完成固定资产投资14.02亿元，同比增长32.0%；一般公共预算总收入2.09亿元，同比增长10.2%；地方级一般公共预算收入1.53亿元，同比增长13.13%；限上社会消费品零售总额3.76亿元，同比增长20.3%。

【工业经济】 2023年，云陵镇通过外出招商、以商引商、发动外出乡贤回乡投资等渠道，完成新签约卷烟配套产业链项目、福建启喆建筑工程有限公司等二产、三产项目9个，总投资5.47亿元；开展“四上”企业培育行动，全年新增规模以上企业10家；结合用地扩容增效专项行动，完成高贤电子137.67亩闲置地块收储。推动荣耀电子、晶石光电等招商引资项目落地建设，完成启鹏充电站一期项目等10个项目入库，计划总投资9.28亿元；全镇13个市县重点项目完成投资12.05亿元，完成年度投资计划的106.17%。深化“百名干部挂百企”帮扶活动，针对已完成签约项目尽早实现落地投建或投产，切实化解企业在生产、建设等过程中存在的问题和困难。2023年共为企业解决难题25个，开展惠企政策宣传4场，帮助企业招工200余人，协助企业向上申报各项优惠10余项，其中协助申请新增新上“四上”企业奖励资金共计160万元，推动工业高质量发展跑出加速度。

【城市建设】 2023年，云陵镇统筹推进老区发展，仅用4天完成埔质美旧烟厂80户住户征迁签约，25天完成腾房交房，拆除建筑面积1.56万平方米，再次刷新“云陵征迁速度”。下港片区01地块安置房完成选房、结算，北部片区多点开花，建发·云玺、金园华祥项目、宏茂·依山映月实现封顶，享堂村安置房（二期）顺利推进。以“品味云陵”为品牌定位，集旅游、餐饮、文化等多种业态，推动以“秋瑾故居”“云山书院”“燕翼宫”“威惠庙”为核心的文物保护和开发，打造威惠庙夜间经济聚集示范区。结合中秋国庆“双节”，在圣城一号举办美食嘉年华活动，活动期间现场人流量达16万人次，进一步打响“下坂牛肉丸”地标品牌，推动乡村高质量发展。

【文明创建】 2023年，云陵镇对标对表开展全国文明城市创建，成立“云陵镇创城监督台”，组建“创城突击队”，推行“141”工作机制，实施“时时清、日日巡、周周比、月月评”督查考核机制，集中时间、集中人员对背街小巷、居民小区环境卫生全面整治提升，着力推进“门前三包”、空中缆线等“老大难”和“易反弹”问题重点整治。完善22个新时代文明实践所（站）建设，挖掘居民多样性需求，进一步完善公共文化设施，广泛开展“身边好人”、文明家庭等评选活动，开展理论宣讲、环境整治、交通劝导等志愿实践活动1000余场，受益达5万余人次，实现全域文明创建与宣传“1+1 ＞ 2”的有机融合。2023年7月，城元社区潮剧文化新时代文明实践活动在《精神文明报》刊登，取得良好成效。

【社会事业】 2023年，云陵镇聚焦群众急、忧、愁、盼问题，推动云霄县第三实验幼儿园揭牌投入使用；完成滨东佳苑周边破损道路修复；完成望安山北侧排水防涝整治工程；推动东市场农产品批发划行规市至云霄农商批发城；推进中心城区污水治理、55个老旧小区设施完善、26条道路硬化和口袋公园建设等项目；实施漳江左岸下坂段防洪堤工程、火田溪下城支流安全生态水系建设工程。争取中央、省级补助资金6.6万元，切实帮助25户建档立卡脱贫户发展生产，持续巩固脱贫攻坚成果。全年累计发放低保、残疾人两项补贴、特困供养资金等各类社会保障资金1010.4万元，发放临时救灾救助资金136户24.5万元，走访慰问困难老党员、孤寡老人、退役军人等715人次。

【乡村振兴】 2023年，云陵镇推进省级“一村一品”专业村项目，投入110万元完善下城村枇杷产业配套设施，建设高温冷藏库、直播基地、生产园区道路，提增农产品效益。投入200万元改造下坂村庙后巷排水沟、集贸市场周边道路，提升东门片区、下埔片区人居环境。投入181万元完成下城村乡村美化、裸房整治、道路扩宽等项目，农村生产生活条件得到持续改善。围绕云霄县人居环境整治“八个一”工作机制，重点抓好农村生活垃圾治理、农村生活污水治理，在下城村建立人居环境整治“红黑榜”工作机制，推动下坂村王爹庙人居环境提升，围绕“拆旧拓新”，聚焦打通环村路、断头路，在“拆旧拓新”中精准发力，2023年全镇累计拆旧9884平方米，拓新3576平方米。

【基层党建】 2023年，云陵镇通过班子会“第一议题学”、党委理论学习中心组专题学、“早间微课堂”带头学、红色实践基地现场学等方式纵深推进，扎实开展学习贯彻习近平新时代中国特色社会主义思想主题教育。截至2023年底，累计开展党委中心组学习16场次24个专题、“早间微课堂”学习25场次、党组织书记上党课38场次、基层党组织集中学习608场次。以组织体系为重点，推动整顿软弱涣散党组织下港社区党支部，如期换届党支部14个、撤销不符合设立条件的党支部1个，获县五星级、四星级党组织荣誉称号6个，发展预备党员26人、预备党员转正16人，走访慰问生活困难党员53人、市级关心关爱对象1个，改造规范社区（村）党群服务中心21个，完善在职党员社区报到服务制度。

【社会稳定】 2023年，云陵镇深入开展“三合一”场所、企业生产、道路交通等重点领域安全生产专项整治，确保防范应急措施落实到位。全年开展安全生产专项整治排查行动93次，检查企业62家，督促267个问题完成整改，停业整顿15家。全面打击涉假、涉诈、涉赌、涉毒、涉黄等违法犯罪行为，加强境外涉诈重点人员劝返，进一步强化耕地非农化、“两违”建筑新增、卫片违法图斑等整治工作。2023年镇村合力捣毁电信诈骗窝点1个，协助抓获并移送公安机关15人。创新“1+2+N”网格化治理模式，打造望安社区市域社会治理现代化试点，在邻里中心设立周二“邀邀邻”接待室，建立“轮转解难题”制度，成立4支由党员牵头的邻里服务志愿队，为群众提供法律咨询、诉求办理、矛盾调解等多项服务，切实将矛盾化解在基层一线。

莆美镇

【概况】 2023年，莆美镇坚持以习近平新时代中国特色社会主义思想和党的二十大精神为指导，坚持稳中求进总基调，深入开展省委、省政府“深学争优、敢为争先、实干争效”行动和市委、市政府“产业发展项目建设提升年”活动并举办“七比一看”竞赛，围绕县委“1320”方案要求，立足“中部城市经济发展片区”定位，以3个片区项目攻坚为抓手，加压奋进、攻坚克难，扎实推进高质量发展超越。2023年，莆美镇完成规模以上工业总产值10.93亿元，同比下降8.89%；完成固定资产投资7.08亿元，同比下降49.04%；完成限上社会消费品零售额2.16亿元，同比增长23.50%；外贸进出口完成1.85亿元，同比增长12.94%；实际利用外资45万元；工业税收完成2850万元，同比下降5.4%。在2023年全县"七比一看"竞赛中综合排名第九，其中"七比"竞赛排名第二。

【项目建设】 将军大道以西片区完成土地测量718.87亩，完成总征地任务的98.72%。中医院地块已完成签约167.96亩，完成99.4%；一中高中部地块完成签约183.58亩，完成98.81%；解决了博物馆、非遗馆地块征地历史遗留问题，实现净地交付。

南湖（含华龙科技文化园）片区总征地面积609.488亩，已完成98%。科创园基础配套设施建设进展有序，高压线迁改工程完成总工程量的54%；科创园园区道路工程一期累计完成工程量的9.2%；科创园旧国道莆美段及莆北村西侧道路提升改造工程完成总工程量的90%。华龙科技文化城一期已完成主体结构装修；二期专家村项目进行主体施工。持续推进"退城入园"，完成第一批重点推进企业的收储测算工作。

顶溪中柱片区，中柱（一期）安置房已完成地下室施工；中柱（二期）安置房总征地面积151.8亩，已完成征地任务90%；人和路已竣工通车。

【经济建设】 2023年，莆美镇坚定不移壮大实体经济，积极开展"清洁能源、电子信息、食品制造"三大主导产业招引工作，持续强化一把手招商，推进产业链、产业集群招商、以商招商，脚踏实地、实实在在引进一批项目。全年新签约项目7个，计划总投资9.47亿元；新增限上规模以上工业企业2家、限上商贸企业6家、建筑资质企业1家；新增非农固投入库项目11个，计划总投资13.41亿元，重点项目完成投资12.21亿元，超年度计划投资额30.6%。深入开展"干部挂企"帮扶活动，全力做好规划、审批、要素等各项服务保障，力促项目早开工、快竣工、快投产，豪锦生物科技、昇达昶明、红木家具制造3个工业项目和君逸酒店、宇宝昌餐饮2个商贸服务业项目如期开工，云峰粮油制造等项目进行施工前期工作。

【城乡建设】 2023年，莆美镇"大城区"框架进一步完善，城镇综合承载力和吸引力全面增强。总投资约6.4亿元的莆下安置房（一期）项目建成安置房1015套，完成安置819套，解决莆下村村民回扣地安置问题。南湖印房建项目顺利竣工，云霄天峯、中柱一期等优质房建项目如期开工。交通路网持续织密完善，演武亭小区北侧道路、溪云路南段、人和路等建成通车，环湖路、山美路、宝树东演线启动建设改造，积极配合推进辖区内中心城区生活污水收集处理提质增效项目的实施。

【民生保障】 2023年，莆美镇创新居家养老服务新举措，阳下、莆东2所长者食堂竣工投用，让老年人吃出"幸福滋味"。持续推进低保、养老保险、退役军人优抚优待等社会保障扩面提标，养老金资格认证100%完成。开展根治欠薪冬季专项行动，配合县级部门解决3起农民工欠薪事件，有效保障130名农民工合法劳动报酬权益。完成低收入群体重点对象房屋安全动态监测693户。持续推动殡葬改革，山美村骨灰堂建设工程筹备进场准备工作，莆东、莆南、莆北、前涂、后汤、宝树6个村公益性生命公园已完成建设并通过验收；演武亭、莆下、中柱3个村公益性生命公园建设中。

【安全生产】 2023年，莆美镇落实安全生产15条硬措施，深入开展全镇安全生产大检查行动及安全生产各类专项整治行动，全年共开展执法检查指导服务47次，排查各类生产经营单位118家次，整改隐患81项。取缔关闭非法经营液化气单位4家。提升基层消防体系建设，全镇27个村（社区）全部完成微型消防站建设，为559户低收入群体进行居住环境消防安全设施改造。

【村居治理】 2023年，莆美镇27个村（社区）均成立乡贤促进会，充分发挥乡贤亲缘、人缘、地缘优势，引领群众投身乡风文明、产业建设等经济社会事业中。落实"四定一督"制度，27个村（社区）均完成清产核资，整改问题292个，增加村财收入516.614万元。坚定扛起保障粮食安全的重大政治责任，深入开展农村乱占耕地建房试点工作，遏新增、消存量，农村乱占耕地建房（非住宅类）专项整治累计完成33宗。

【脱贫攻坚】 2023年，莆美镇为建档立卡脱贫户发放中央财政衔接乡村振兴补助资金13.44万元、省级资金11.8万元，用于支持脱贫户自主经营、发展产业生产等项目。对建档立卡贫困家庭子女接受全日制中、高职等职业教育和技工院校教育的予以“雨露计划”职业教育补助，摸底上报2022—2023学年补助对象21人。加强脱贫人口小额信贷管理，累计完成贷款36户102万元。开展年度防止返贫监测帮扶集中排查，共计排查农户3231户14460人，排查监测对象“回头看”风险消除户14户52人。

火田镇

【概况】 火田镇地处云霄县北部，辖21个行政村和1个社区，98个自然村，人口5.8万人，地大物博，资源丰富，历史悠久，贤才辈出。镇域面积191平方千米，G324线贯穿腹地16.7千米，是云霄县地域面积最大的乡镇；有8枚国家地标（火田菠萝、火田青枣、火田大茂山茶、火田金樱酒、火田金柑、火田生姜、西林龙眼和岳坑大蒜）。火田镇资源丰富，有溪口、后埔、官园、后门四大温泉资源点，建有家园温泉酒店，持续打造温泉养生游；有约467公顷古茶树群落和约33公顷生态茶园，生态农业产业链逐步壮大。历史文化荟萃，素有“开漳古镇”的美誉，是漳州郡治的发祥地，云霄县唯一省级历史文化名镇，文化古迹甚多，有菜埔堡等38处文物古迹。人杰地灵，贤才辈出，在全国多个领域都有走出去的“老家火田人”，有一大批的经济能人、科研人才、莘莘学子、外出乡贤，遍布全国各地，在各行各业成长进步。

【经济发展】 2023年，火田镇实现地区规模工业总产值完成7.48亿元，限额以上社会消费品零售总额完成1.28亿元，固定资产投资完成15.77亿元，增长82.55%。一般公共预算收入完成7403万元，增长374%，地方一般公共预算收入完成4970万元，增长504%，工业税收完成3124.19万元，增长85.97%。全镇共有16个县级以上重点项目累计完成投资6.76亿元，完成序时进度120%。

【重点项目建设】 2023年，火田镇滨北新区建设加速推进，滨北路（5.763千米）已全线贯通，新县医院门诊部即将建成投用，第二污水处理厂建设有序推进，气象观测站投入运行。百亿抽蓄项目建设全面铺开。在建子项目6个，3个主体工程均已开工，累计已完成投资额20.44亿元；抽蓄工程建设用地已获得自然资源部批复，移民安置点建设工程（一层）已竣工验收，具备选房条件。

【招商引资】 2023年，火田镇招商引资成效显著，重点在谈项目有3个，累计对接重点在谈项目3个，其中规划建设用地1042.65亩、总投资约18亿元的灵玲文旅项目签订投资框架协议，进行概念设计和控规调整；计划投资6500万元的衍丰农业，已选址溪口村，办理环评和报批手续；计划投资8亿元的飞龙果业项目拟先租赁华天裕地块及厂房先进行开发。

【乡村振兴】 2023年，火田镇完成20个村庄规划和2个历史文化名村保护规划编制。实施乡村振兴“十镇百村”试点示范三年行动，投入396万元启动10个乡村振兴项目建设；新建改造农村公路14千米；白石村获评福建“金牌旅游村”。有效巩固脱贫成果。投入乡村振兴衔接资金86.71万元，19个村集体经营性收入超10万元，其中溪口村村财增收超50万元。

【人居环境】 2023年，火田镇人居环境整治进入新常态，“八个一”工作机制愈发完善，全镇垃圾处理实现“扫运分离”模式运营。“拆旧拓新”竞赛持续深入，溪口、瓦坑代表火田接受县委县政府工作检查；全年拆旧46130平方米，拓新23436平方米，乡村建设展现点上出彩、串珠成链新画卷。生态治理绿满金生。漳江流域综合治理加压见效。41座农村生活污水处理站全部建成投用，开展政和、溪口、古楼、乌石、东车，下楼等村黑臭水体治理，已全部竣工；全力整治违规生猪养殖、牛蛙养殖，辖区7个断面水质稳步提升。

【精神文明】 2023年，火田镇积极打造“开漳第一古郡”品牌，整合旧漳州府、景阳楼、菜埔堡等文物古迹，挖掘陈元光、戴君胄、张士良等历史人物事迹，弘扬“艰苦创业、团结包容、继往开来”的开漳精神，全力打造“高田—火田—溪口—菜埔—西林”开漳文化长廊；完善壮大云霄县首批党支部遗址白石村交椅楼、高田村家风家训馆、镇村综合文化服务中心、新时代文明实践所（站）等舆论阵地；为11名党员颁发“光荣在党50年”纪念章，弘扬榜样力量。

【民生保障】 2023年，火田镇民生底线兜稳托牢。发放低保、特困供养、临时救助、残疾人补贴等各类救助金1488万元。完善学前教育服务保障，建成岳坑公办幼儿园并于2023年9月投入使用，可容纳180名幼儿；敬老院完成公建民营改革，后埔、高田、菜埔等村级生命公园即将投入使用。持续深化“平安火田”创建，继续实施安全隐患大排查大整治，加强道路交通、防汛抗旱、森林防灭火等重点领域监管执法，整改各类安全隐患56处，有效应对“杜苏芮”等6次极端自然灾害，营造安全发展环境。

【社会事业】 2023年，火田镇乡村治理有效，深入开展农村乱占耕地建房试点94.02亩，整治“两违”9.97万平方米。创新“四定一督”管理机制，整治农村“三资”管理不规范问题56个，增加村财收入100万元。现代农业提质提效。在水头、莆中、瑞堂等村实施省级现代农业（枇杷）产业园项目，瓦坑村荣获省级一村一品示范村称号并获得100万元项目补助资金。食安创城顺利通过省级初评，食品安全分级分层包保机制有效落地。健全常态化预防和化解社会矛盾机制，完成国家及市交办信访积案2件。纵深推进扫黑除恶常态化，重拳打击制假涉诈等违法犯罪行为，查获假烟2954.31件；破获涉诈案件4起，劝返滞留境外人员5人。扎实做好退役军人移交安置、拥军优抚等服务保障，军政军民团结局面更加巩固。

（谢镇城）

东厦镇

【概况】 东厦镇位于云霄县城东南部，属于中部经济发展片，有“云霄城市会客厅”之称。国道228线、漳诏高速、杭深铁路和沿海大通道等重要交通路线穿境而过，东距厦门经济特区105千米，南距汕头经济特区120千米，水路可通厦门、汕头等沿海城市，水陆交通非常便捷，区位条件十分优越。全镇人口约6.3万人，下辖15个行政村和1个镇办农场，辖区约113平方千米，海岸线长34.11千米，土地面积19.21万亩，其中耕地3.53万亩，园地2.39万亩，林地3.4万亩，城镇及工矿用地0.56万亩，交通运输用地0.38万亩。

【经济发展】 2023年，完成规模工业总产值97344万元，同比增长1.7%；社会消费品零售总额9880.8万元，同比增长51.2%；实际利用外资205万美元；地方一般公共预算收入2996万元，完成率125%；一般公共预算总收入5800万元，完成率121.8%。2023年向上争取资金3134.84万元；新签约二产、三产项目8个，总投资3.53亿元；新增入库项目12个，总投资14.87亿元；新增策划项目投资额达25.11亿元。着力建链补链强链，收储太尔等工业用地196亩，全年完成固定资产投资25901万元。2023年东厦镇“七比一看”竞赛排名全县第2，“比项目招商”位列全县第1，并获得云霄县推动高质量发展先进集体荣誉称号。

【工业经济】 2023年，东厦镇围绕“3+X”产业，突出食品加工、海洋经济、石油化工和现代农业产业，推行“妈妈式”服务，全力推动企业做大做强。全镇规上工业企业13家、限额以上贸易业企业15家，在建工业企业2家。聚焦农渔龙头企业技改升级，建设完善佳洲岛农民创业园数字农业项目，协助港恒泰等企业引进新技术、新设备，实施工厂化生产、智能化运作。围绕发展壮大海洋经济目标，支持宝森水产、盈利丰水产、海能渔业等水产养殖企业增资扩产，示范带动全镇高优水产养殖、海产品育苗种业集约化、基地化、产业化发展。

【农业经济】 2023年，东厦镇新建5800亩高标农田，建成优质粮基地、蔬菜基地、名优水产基地、畜禽养殖业“四大产业基地”，主要种植水稻和大棚蔬果，主要培育番茄、葡萄、哈密瓜、秋葵等名优作物，全镇拥有家庭农场224家，其中，县级示范家庭农场12家，市级示范家庭农场9家，省级示范家庭农场4家；农民合作社39家，其中，县级示范11家，省级示范2家；建有1个工厂化育秧工厂，全年早季育秧11.2万盘，供大田机械插秧达5600亩以上。

【乡村振兴】 2023年3月，全市乡村振兴“十镇百村”试点示范工作现场推进会在东厦镇召开。参会乡贤数量多、层次高、联系面广、影响力大，其中处级以上干部26名。成立1个镇级和15个村级乡贤促进会，发挥镇级商会联合带动作用，培育云霄网红打卡点“小九的后花园”，成功举办“庆丰收·促和美”——云霄县庆祝2023年“中国农民丰收节”暨地标产品推介展销会（东厦分会场）活动，结合东厦镇9枚地标农特产品，提升开漳圣王文化影响力和东厦镇地标农特产品知名度，打响“云霄地标第一镇”品牌。

【项目建设】 2023年，东厦镇扎实推进省纪委监委挂钩帮扶的总投资12.88亿元的云霄县东南片区乡村振兴示范项目建设，完成东升埭海堤提升改造工程，推进北江水闸提升改造。完成总投资700万元的云霄县东厦镇佳洲岛2022年高标准农田建设整区域推进示范项目。强化“一老一小”服务保障，东厦镇敬老院完成民营改革，完成荷东村、长洋村等村生命公园一期工程建设。

【社会事业】 2023年，东厦镇强化人居环境整治，以浯田、东崎、湖坵、荷东为样板村，分别重点打造“小铁锤拆出大天地”“古村落扫出新风气”“老庭院种出新特色”“新农村开进桃源里”四大样板。全年全镇累计拆旧44234.89平方米，拓新15317.95平方米。筑牢安全生产稳定防线，完成全镇1004户低收入群体居住场所消防安全改造提升，实施重大事故隐患专项排查整治2023行动，全力抓好道路交通、燃气管道、工矿商贸、消防救援、防汛抗旱、森林防灭火等重点领域安全整治，累计完成安全隐患整改51处，有效应对“杜苏芮”超强台风等极端自然灾害6次。

【生态建设】 2023年，东厦镇持续巩固9073.12亩红树林“退养还湿”成果，强化5763亩互花米草除治后巩固工作。强化农业面源污染整治，提升漳江流域综合治理质效，实施漳江水闸中型灌区续建改造工程、浯田黑臭水体整治，漳江山水林田湖草沙工程入选为国家生态文明试验区补助项目。东厦镇代表云霄县顺利通过国家林草局督导松材线虫病除治工作验收。

【“三资”管理】 2023年，东厦镇深化落实“四定一督”机制，强化村级“三资”管理，完成全镇15个村“三资”清产核资，全面摸排整治农村“三资”管理不规范问题404个，全面盘活资产资源，浯田、荷东、荷中、船场、洲渡、佳洲、竹塔、东崎8个村村集体经营性收入突破50万元。全省农村集体“三资”管理不规范问题专项整治动员部署和现场推进会在东厦镇举行。

【综合治理】 2023年，东厦镇持续提升镇综治中心规范运营能级和管理水平，全面整合镇司法所、矛盾纠纷调处中心、信访接待室等办公场所，配套综治维稳智治平台、数字乡村云平台等数字服务平台，打造集信访接待、矛盾调解、法律援助等功能于一体的综治服务中心。开展每周三“搜山清户”打假日专项行动，突出班子带队、党员冲锋、各村自查、片区联查，打好“无人机＋有人报”组合拳，有效遏制辖区制假售假发展势头。保持高压严管态势，严厉打击电信诈骗行为，着力劝返缅北、柬埔寨和“金三角”等国家和地区滞留人员。

【文旅经济】 东厦历史悠久，文化古迹多，有漳江出海口的石矾塔、天地会“洪门”创立地高溪庙与观音亭、白塔“龙湫岩”、竹塔“龙泉岩”等文物保护单位。东厦人文荟萃，佳洲岛是明朝乡贤林偕春的祖籍地，竹塔村仙人峰上有开漳圣王陈元光祖母魏妈的园陵。东厦境内有漳江口红树林国家级自然保护区、北脊梁山、佳洲岛生态农业观光园等生态景观。东厦积极谋划全域旅游发展，结合国道228线滨海旅游风景线建设，重点提升“佳洲—长洋”滨海生态旅游观光路线，整合红树林之梦主题民宿、小九的后花园等网红打卡景点资源，打造滨海小镇休闲农渔新业态。

【特色农副产品】 东厦是云霄县的鱼米之乡，辖区内拥有佳洲岛贴沙鱼、漳江口跳跳鱼、东厦锯缘青蟹、漳江口大蚝、东厦文蛤、竹塔泥蚶、东厦缢蛏、漳江口竹蛏、云霄蕹菜9枚地理标志产品，被誉为“云霄地标第一镇”。

陈岱镇

【概况】 陈岱镇是云霄县的南大门，是南部工业组团发展片的核心乡镇之一，东与东山县一水相隔，南邻诏安县，西与常山经济开发区交界，北与列屿镇接壤。全镇总面积68.1平方千米，下辖18个行政村，其中沿海村11个，总人口3.9万余人，常住人口约4万人。自然条件优越，山地面积1586.7公顷、林地面积1266.7公顷，耕地面积1933.3公顷，海域面积549公顷，海岸线长21.5千米。交通顺畅便捷，漳诏高速公路出口、沈海高速公路常山站、动车站云霄站均在半小时生活圈内，G228线、357线交织而过，沿海大通道贯穿全境。坐拥岱北、竹港工业区，有“礁美海瓜子”“东方鲀”“长寿菜”3个地标产品，金汤湾、聚星楼等旅游资源久负盛名，是集工业、农业、商贸、旅游经济产业发展于一体的滨海城镇。

【工业经济】 2023年，陈岱镇聚焦省委“三争”行动，围绕县委“1320”方案，扎实开展“七比一看”竞赛，取得全县第一的优异成绩，全年实现规模以上工业总产值25.23亿元，进出口总额4200万元，社会消费品零售总额9521万元，固定资产投资6.37亿元，一般公共预算总收入6379万元，增长32.8%；地方一般公共预算收入3583万元，增长30.4%，全部完成全年奋斗目标任务。工业项目发展后劲有力，加快陈岱工业园区标准化建设，推动总投资3.65亿元的陈岱工业园区基础配套工程建设，完成兴陈路、工业四路路基铺设，完成污水处理厂主体工程建设；招商引资工作卓有成效，完成技改项目1个，获评高新技术企业2家，完成锦盛工贸、世兴玻璃等闲置土地对接盘活，新签约中核渔光互补、兴通铭顺、仓储物流等7个项目，总投资达19.8亿元。

【农业经济】 2023年，陈岱镇大力培植漳州鸿益冷冻食品有限公司等龙头企业，扶持发展一批农民专业合作社、家庭农场，形成以龙头企业为引领、农民专业合作社为支撑的现代农业发展新格局。推动董塘、双岭村蔬菜产业基础配套提升，培植竹港村500亩芭乐种植采摘园，串点连线成片打造高质量现代农业发展园区。依托海洋资源优势，利用八尺门贯通等历史契机，深耕蓝色经济，完成1600亩海上养殖设施升级改造，推进总投资2946万元的礁美村省级现代农业（贝类）产业园科研中心项目，完成鲍鱼苗交易市场选址，全面打响“水产贝类育苗产业”这张县域海洋经济特色名片。探索“直播助农”新格局，挖掘本土电商公司、团队进驻“陈岱镇电商创业中心”，推介优质农副产品辐射带动农民增收。

【旅游经济】 2023年，陈岱镇紧紧围绕建设“产城融合滨海强镇”总体目标，进一步擦亮金汤湾海水温泉度假酒店金字招牌，持续服务好金汤湾商业街、康养中心、颐养综合体等配套设施建设，将生态旅游与经济建设齐抓共管，依托生态资源优势，探索“海鲜+温泉”发展模式。紧跟直播经济快速发展趋势，依托“白菜GG”、君丰电子商务等本土网络名人、电商团队，丰富电商创业中心资源，借势小红书、融媒体等新兴传媒大力推介陈岱优质农特产品和文旅景点，挖掘“聚星楼”“陈景肃”“陈氏家庙”等优秀传统文化，发挥滨海旅游优势，全方位满足游客“吃住行游乐购”需求，推动产城游深度融合，积极融入环东山湾经济发展圈。

【城镇化建设】 2023年，陈岱镇立足南部工业组团发展片，坚持一张蓝图绘到底，以高质量项目建设拉动城镇化进程。加快云霄“副城关”角色转换，谋划城镇化建设近期项目30个、远期项目17个。补齐住房、教育、医疗等民生领域短板，岱北安置房总投资4.7亿元，规划建设7幢579套房，主体工程正在施工中；陈岱中心小学教学综合楼项目已完成竣工验收和设备采购，有效解决教学用房不足的问题；聚星里商业街、陈岱卫生院等项目按时序进度推进，全镇基础设施配套日趋完善。强化要素保障，坚持“一线工作法”，协调解决了云霄县新农品农业发展有限公司土地征迁扫尾问题，完成岱北、岱山征迁370.46亩，为兴陈路、工业四路和污水处理厂等一批重大民生工程建设保驾护航。

【“三资”清理】 2023年，陈岱镇以农村集体“三资”管理提级监督为契机，深入贯彻落实“四定一督”机制，从强化组织领导、强化监督管理、强化制度公开、强化宣传培训4个方面着手，规范村级资产资源发包，解决一批历史遗留问题，减少矛盾纠纷的同时，进一步增加村财收入，激发乡村振兴内生动力。完成18个村清产核资，收回款项77.46万元，收回资产资源59宗，全部规范发包，增加村财收入935.72万元，各村村财经营性收入均达10万元以上，其中6个达50万元以上。礁美村对到期的19个虾池重新定价发包，5年承包金从265.2万元增加到425.78万元，增长60.5%，每年可增加村财32.12万元，相关经验得到《中国纪检监察报》肯定推广。

【环境治理】 2023年，陈岱镇深入践行习近平生态文明思想，第三轮中央环保督察涉及陈岱镇信访件5件，紧盯时间节点，坚持“快办、快查、快改”，第一时间完成国道357两侧、竹港溪及海水养殖区域各类垃圾清理等信访件整改，拆除违法图斑2宗约7100平方米，实现问题整改保质保量、见底到位。加快项目推进，竹港溪及南塘安全生态水系建设工程已开工建设，涉及河道治理3千米，竹港溪西坑溪道已完成清淤整治工程，上游呈安双园自然村已完成生活污水收集处理、河道清淤和生态护岸。充分发挥河道管理员的作用，定期组织水质监管，强化对竹港溪区域内工业企业的监管，加强与常山经济开发区管委会沟通协调，形成齐抓共管的工作格局，从源头减少废水排放。

【人居环境整治】 2023年，陈岱镇深入贯彻县委“八个一”工作机制，扎实开展人居环境整治，2023年全年专项考评排名全县第一。全年累计拆旧48523平方米、拓新21621平方米，修建拓宽道路39条，打通断头路及环村路12条，新硬化村道16条6500米，新建停车场31处，新增小公园、微景观、微菜园210处；在2次全县拉练中，大山顶村和坑内村分别取得第一名和第三名的优异成绩。进一步探索“镇干部包村、村干部包组、党员干部包片联户”工作机制和“每周一通报、一月一督查、一季一拉练”机制，构建镇、片、村三级联动网络，提升工作质效。注重整域提升，发挥样板村的示范引领作用，通过扩路、治脏、添绿、造景、留旧、留魂等方式“塑形美颜”，聚焦集中连片拆除及新村建设，以人居环境整治为支点撬动乡村振兴杠杆。

【社会事业】 2023年，陈岱镇坚持民生优先，解决群众急难愁盼问题。巩固脱贫攻坚成果，严格落实“四个不摘”要求，持续做好239户脱贫户的挂钩帮扶工作，开展特殊困难群体扩面参保行动，全年新增低保30户50人，清退14户16人，做到应保尽保、应退则退，办理生活补贴18人，护理补贴19人，发放临时救助金107人20.88万元。化解信访积案，化解融商大城时代一期项目消防验收及拖欠农民工工资480.88万元等问题、农民工群体上访苗头事件。推进平安建设。

【自治组织建设】 2023年，陈岱镇高度重视抓基层党建工作，紧紧围绕县委党建工作重心，推进镇村经济发展、社会稳定，完善村级绩效考评机制，充分营造“比学赶超”的良好氛围。深化理论学习，以开展第二批次主题教育为契机，不断丰富学习内容和形式，累计组织开展专题党课66场次，集中学习231场次，实现党员教育全覆盖。依托新时代文明实践站开展宣讲活动456场次，牢牢把握意识形态主动权；建设陈岱镇商会、镇村两级乡贤促进会，开展奖教助学、扶贫济困等活动，广泛凝聚统一战线思想共识。学习践行“四下基层”优良传统，推动主题教育走深走实，答好新时代为民服务考题，通过调查研究、检视整改等推动解决问题84个，形成城镇化建设调研报告。

列屿镇

【概况】 云霄县列屿镇位于福建省云霄县东南部沿海，总面积96平方千米，其中陆地面积47平方千米，海域面积49平方千米，处于东山湾底，海岸线逶迤绵长18千米，与漳浦县古雷半岛、东山县铜陵镇隔海相望，一衣带水，是少有的避风良港，素有“沧海桑田、鱼米之乡”的美称。全镇下辖12个行政村，总人口26297人，户数6479户，拥有1所中学，2所完小，1所公办幼儿园，1所卫生院，1家自来水公司，1家核美公司。2023年，列屿镇公共财政总收入1.45亿元，同比增长14.7%；地方级财政收入7500万元，同比增长11.22%。

【工业经济】 2023年，列屿镇开展“产业发展项目建设提升年”活动及“七比一看”竞赛活动，围绕县“1320”工作方案，全方面推进高质量发展。全年实现规模工业总产值13.67亿元，同比增长18.1%；工业税收8239.6万元，同比增长42.75%；公共财政总收入1.45亿元，同比增长14.7%；地方级财政收入7500万元，同比增长11.22%；限上消费品零售总额完成7300万元，同比增长14.9%；外贸出口完成2.48亿元，同比增长75.72%；在2023年度“七比一看”竞赛排名全县前列。

【项目建设】 2023年，列屿镇开展“百名干部挂百企”活动，策划17个县级以上重点项目（其中省级重点项目1个，市级重点项目5个），完成年度投资5.7亿元，超额完成全年任务，推动人家核电配套基础设施项目、核电大道等核电配套项目交付使用，中核汇能海上光伏建设项目获省发改委批复，核电承包商营地一期和核电预制构件基地等项目征地顺利完成。深化“链长制”和“一把手”招商，全年新增5家限额以上贸易企业、3家规模以上工业企业、2家资质建筑业、1家规上服务业、招商引资新签约项目7个，成功申报2个工业地块出让。

【乡村振兴】 2023年，列屿镇围绕“一核两海”双引擎，打造山前村“兴渔富民”、人家村“核兴人家”等品牌。山前溪万里生态水系工程、山前城内2座危桥改造有序推进，重点完成列屿片高标准农田配套工程验收投用，列屿中学综合楼、旧农贸市场改造等民生项目完工，山前中心渔港、人家二级渔港提升改造及厦门港青径港区重启工作稳步推进。顶城、城内、城外、半山等村获得2022年度税收分成共24万元；全镇12个行政村村财增收均超过10万元，其中6个村超过50万元。成功举办“核美列屿，多彩漳江”写生美术作品展、龙舟竞渡友谊赛、第十届列屿镇新春篮球赛等文体赛事，与市工商联、县委办等文明实践共建单位，联合开展困难群众新春慰问、“笔墨迎春，龙年赠福”书法活动、“爱乒才会赢”小学乒乓球赛等，唱响文明列屿主旋律。

【生态建设】 2023年，列屿镇突出绿色发展，推进耕地保护和粮食安全工作，恢复和补充耕地1.33公顷；规范农房“一户一宅”审批手续，办理宅基地审批5宗；强化“两违”整治，整改图斑69宗，累计拆违8.01万平方米。拆除违法占用耕地34宗，累计拆除0.76公顷。对山前溪、城内溪、城外溪、草坝王溪、磨石溪等主要河道进行清淤整治；完成全镇13个排污口的环保备案并建立“一口一档”，完成高位池养殖尾水排放整治10间；整治拆除牛蛙养殖场20家，对禁养区生猪养殖场进行去功能化和拆除共计32家。贯彻落实人居环境整治“八个一”工作机制，累计“拆旧”37047平方米，“拓新”11840平方米，“拆旧拓新”排名全县前列（“拆旧”全县第一）。

【基层治理】 2023年，列屿镇全面落实安全生产责任制，全年共计开展12次安全执法行动，检查企事业单位115家次，发现并完成整改问题隐患60处；绘制镇级抗台防汛作战图和12个行政村抗台防汛作战图，夯实防御台风科学布防工作基础；全年镇域内未发生较大以上生产安全事故。推进“靖海”行动，用大数据赋能海上防控智能化实战；联合海防大队、渔业执法中队等开展海上巡逻，镇村出动4200人次、组织巡查1200余次，金盾保安开展岸线巡逻，人、物、技防协同发力，全面筑起一道海上“防控网”。明确镇村综治中心“前端化解矛盾、后端研判预警、横向统筹协调、纵向指挥调度”定位，建立健全镇村两级综治“网格化”及调委会队伍，加强漳州社会治理智治平台实战应用，共采集各类事件661条，消除“五大风险”事件366件，受理办结初信初访6件，成功化解南山村“治重化积”案件1起。

下河乡

【概况】 2023年，下河乡牢牢把握省纪委监委挂钩帮扶契机，以“产业发展项目建设提升年”活动和“七比一看”竞赛为抓手，聚焦县委“1320”方案，立足北部生态涵养发展片定位，按照“北承”发展战略，稳中求进、向难求成，推动经济社会高质量发展迈出坚实步伐。下河乡荣获2023年度“云霄县高质量发展先进集体”称号，绩效工作连续四年位列优秀等次。

【工业经济】 2023年，下河乡以“产业发展项目建设提升年”活动和“七比一看”竞赛活动为抓手，持续提升产业发展水平，财政两项收入提前4个月完成；外贸进出口额位居全县第二。落实产业项目协作集聚机制，推动三大主导产业项目落地。2023年新签约项目11个，签约项目开工率92%，项目竣工投产率86%，2个项目参加全县集中开竣工活动，4个项目实现增资扩产。工业税收完成2886万元，同比翻一番。奥克兰被列为全市工业龙头企业，进入省级重点上市后备企业库，荣获全县经济建设贡献奖；9家企业荣获全县纳税大户称号。金立电子、华锐锂能通过省级专精特新中小企业复核。

【乡村振兴】 2023年，列屿镇实施乡村振兴“十镇百村”试点示范行动，突出抓好坡兜、上河、下河3个乡村振兴试点示范村建设，坡兜村入选为全国第三批乡村治理示范村；下河村连续三年获评全国特色产业超亿元村，杨桃科技小院典型做法在全国科技小院交流观摩会上推广；上河村、世坂村被评为全市乡村振兴实绩突出村。深入开展人居环境整治，拆旧拓新两项综合排名位居全县第二，2023年完成拆旧5.3万平方米，拓新2.8万平方米，拓出新路21条，新菜园214处，新建设用地57处，新农民公园13处，实施土地复垦21亩。下河南塘片区拆除危房3220平方米，腾出建设用地10.5亩；凤兴打通一批断头路，人居环境拉练检查全县第二；孙坑拓出新房建设用地，内龙拓出环村路，外龙拓出党建公园，下洞拓出农民文化广场。下河乡人居环境总评全县第二。

【农业发展】 2023年，列屿镇全面落实粮食安全战略，建成高标准农田2000亩，完成土地开发补充耕地63亩，耕地恢复整治170亩，粮食种植面积18601亩，产量8635吨，新坡村被列为全市粮食种植样本点。孙坑蔬菜、龙透枇杷被列为省级现代农业产业园区；鑫鑫畜牧、荣福家庭农场被列为全县种养加一体化现代农业产业园。做大做强杨桃产业，建设杨桃集散中心、杨桃贸易中心、果蔬冷链仓储中心，下河杨桃获评大国好货“一县一品”特色产品。开漳印象食品小作坊加工区通过省级验收，兰亭茶苑“老茶馆”建成投用。

【项目建设】 2023年，列屿镇实施“北承”战略，城乡融合协同共进。深入开展农村乱占耕地建房非住宅类专项整治“百日攻坚”行动，完成违法图斑整治80宗，拆除“两违”7.91万平方米。深入实施用地扩容增效专项行动，完成供而少动任务4宗151亩。完成中农批片区征地82亩、土地报批55亩，建设云锦里、农商城等项目，新增商品房1678套。和滨房地产启动建设，农商城配套道路竣工投用。中心城区污水治理提质增效项目全面铺开，城乡供水一体化工程扎实推进，农商城（一期）竣工开业。

【社会事业】 2023年，列屿镇完成向上争取资金1405万元，完善基础设施建设。完成机耕路建设4.2千米，新建、改扩建农村道路0.59千米；下河卫生院医技楼、世坂接种门诊等项目建成投用；世坂至曲溪主干道全线亮灯；357国道世坂至云霄五中段改造提升工程工可获批；车圩水厂，东演线、内龙至外龙线两条“单改双”道路、生命公园等一批民生项目有序推进，车圩小学教学楼改造提升项目省教育厅已提前下达建设资金。加大生态治理力度，加强农业面源污染整治，清理整治牛蛙养殖19场，拆除禁养区生猪养殖65场。实施水系生态治理，完成车圩溪生态水系、上下河漳江干流生态水系、黑臭水体治理等项目，扎实做好梅林水库建设前期工作。强化森林资源管理，推进退桉改香，清理淘汰巨尾桉43亩，查处乱砍滥伐6起23车，保护近1万亩的原始森林，下河乡被评为省级森林乡镇，坡兜村入选省级森林村庄。全乡3个省控断面水质提升保持在Ⅲ类水质，守牢安全生产底线。实施重大事故隐患专项排查整治2023行动，聚焦重点领域、重点环节，整改各类安全隐患23处。加大小微权力监督平台建设力度，落实“四定一督”机制，加快“三资”清理，规范发包32宗，增加村财收入151万元。持续深化“平安下河”建设，劝返滞留境外涉诈高危人员6人；落实“六定五包”，排查化解基层矛盾纠纷378起，息访息诉9起，矛盾隐患基本化解在乡村两级；保持打假高压态势，查获制售假烟成品、半成品78件，涉假车辆6辆。

【乡村旅游】 2023年，列屿镇培育“坡兜小玉”等一批能“直播带货”也能“直播带景”的文旅代言人，生动讲好下河文旅故事。加快推进下河杨桃景区提升、坡兜少数民族特色村寨建设、七高际瀑布景区修复、仙石革命纪念馆布馆等项目，县委党校、向东渠事迹展示馆被确定为省委党校现场教学点，下河村、坡兜村被确定为市委党校、谷文昌干部学院现场教学点，下河杨桃岛通过国家AA级旅游景区认定。

马铺乡

【概况】 马铺乡辖区面积约161平方千米，其中山地面积13200公顷，耕地面积1233.3公顷，林业面积11733.3公顷。下辖28个行政村、237个自然村，总人口44300人，常住人口约2.4万人。2023年，全乡实现规模工业总产值6.3835亿元，同比增长45.8%；农业总产值10.9亿元，同比增长3.6%，农民人均可支配收入25461元，同比增长6.8%；一般公共预算总收入2400万元，同比增长14.1%；地方一般公共预算总收入1310万元，同比增长6.9%。

【工业经济】 2023年，马铺乡全乡业总产值6.3835亿元，同比增长45.8%；规模工业增加值1.78亿元，同比增长24.3%。立足马铺发展需求，做强工业产业，稳住经济“基本盘”，促进经济稳增长。聚焦“清洁能源、电子信息、食品制造”三大主导产业，强化“产业链招商”，结合全县工业布局，依托乡镇飞地工业创业园的平台，大力发展“飞地工业”，先后引办艾丽鑫电子、云星电子、瑞联电路板、凌云电子、广源光电、铁发科技等多家企业。

【农业经济】 2023年，马铺乡农业经济生产总值10.9亿元，同比增长3.6%；农民人均可支配收入25461元，同比增长6.8%。大力发展农业特色产业，充分发挥龙镜村“镜花缘”、客寮村“淮山产业园”示范引领作用，做新马铺淮山、脐橙、茶叶等老品牌产业，做精树葡萄、天香葡萄、红美人新进高优水果产业，做真名贵花木、优质生态养殖等特色产业。建设峰头、龙镜、马铺、石芹、石鼓、杨美、桥头7个村的高标准农田建设项目，夯实农业发展基础。

【项目建设】 2023年，马铺乡县级以上13个重点项目（10个工业项目，2个农林水利项目，1个社会事业项目），全年完成投资8.14亿元，完成年度计划的112.3%；项目储备接续有力，紧盯产业链条所需，谋划开工建设一批投资项目，建立滚动接续的项目储备机制，确保投资有效衔接、稳定增长。以用地扩容增效工作开展为契机，盘活闲置土地，全力推动筹建项目早日投资建设，提高土地利用率，力促亩均产值、亩均税收上新台阶。

【农民合作社】 马铺乡全乡共成立各类农民专业合作社45家，家庭农场244家。其中，客寮矾山果蔬专业合作社被评为国家级示范合作社，马铺库区花木专业合作社、富硒家庭农场、华丽家庭农场被评为省级示范合作社，家庭农场、高山湖家庭农场、大栋后果品家庭农场被评为市级家庭农场，“何氏农业”被认定为省级著名商标。矾山果蔬专业合作社所生产的淮山经福建省农业农村厅认定符合无公害农产品相关标准，被授予无公害农产品证书。

【特色农副产品】 2023年，马铺乡雨量充沛，水源充足，属南亚热带季风气候，年平均温度 21℃，农产品种类繁多，具有优良的农业生产条件。依托“基地 + 合作社 + 农户”的发展模式，全乡 28 个行政村均实现“一村一品”。其中金竹柏、铁红鸡蛋花畅销省内外，淮山、枇杷、金枣、百香果、树葡萄等富硒产品深受广大养生消费者的欢迎。天香葡萄、“红美人”果冻橙、药材橙、湖洋甜茶等高优农业代表产品走俏市场。

淮山　淮山喜旱怕涝，适合种植在土层深厚、土质疏松的沙质壤土，马铺山多田少，气候、土壤适宜，为淮山种植提供有利的生产种植环境，所产的淮山呈棒槌状，具有皮薄、肉厚、色乳白，淀粉含量较高，表皮裂纹细腻光滑，断开渗透液黏滑，褐变慢，结痂快，口感好的特点。至 2023 年底，全乡淮山种植面积 4390 亩，产量 9306 吨，专业种植户达 1600 多户，产值近 2580 万元，主要分布在客寮、新楼、粗溪、枧河、磜头、杨美等 6 个村，客寮村获评全国乡村特色产业亿元村。“马铺淮山”先后通过国家工商总局中国地理标志产品注册商标和无公害农产品认证，成功入选农业部全国名特优新农产品目录。引入淮山深加工生产线，淮山观光工厂已建设完工，通过依托国家级示范社——矾山果蔬农民专业合作社及龙镜淮山美食体验馆，进一步延伸淮山深加工生产链。目前已成功研发淮山饼、淮山粿、淮山馒头、淮山汤圆、淮山面线、淮山面、淮山蝴蝶面、淮山片、淮山粉等系列产品。其中漳州何氏农业公司研发的“淮山三宝”系列产品远销省内外，深受广大群众的喜爱，在海峡农博会、花博会获得畅销产品奖，并成功入围“漳州市十大伴手礼”评选。

花卉　花卉产业主要分布在峰头水库库区，主要利用库区所形成的小气候条件优势，重点培育苗木花卉和具有较高观赏价值的名贵花木。马铺名贵花木品牌影响不断扩大，至 2023 年底，全乡共种植花卉苗木 4853 亩，100 亩以上的花卉苗木基地 12 个，50 亩以上的花木经营大户 25 户，集中分布在库区杉脚、青美、大坪、坑口和龙镜 5 个村。主要种植茶花、桂花、台湾花旗木、台湾铁红鸡蛋花、罗汉松、金竹柏等 50 多种品种，2023 年，花卉销售总额近 6230 万元，户均增收 2.6 万元。

金竹柏　金竹柏系世界珍稀濒危观赏竹柏，属国家二级保护植物，被现代科学称为“活化石”，全身是宝，有“植物钻石”的美誉。金竹柏喜温暖湿润，耐阴性强，对土壤要求不严，能够有效利用马铺荒旧山地。群植、孤植、列植都十分入景，是一种优良的珍稀观赏树种，亦是盆栽盆景佳材。近年来随着金竹柏种子油的药用价值被开发，金竹柏市场前景越来越被有识之士看好。因金竹柏生长缓慢，培育人少，移植困难，市场奇缺，地径 2 ～ 3 厘米竹柏苗报价均在 20 ～ 60 元，市场十分紧俏。截至 2023 年底全乡共种植金竹柏 7 万多株，面积达 1200 多亩，其中镜花缘金竹柏 4 万多株，面积 300 多亩。其中龙镜村投资近 1400 万元，建成全省最大的金竹柏休闲观光基地。

磜头脐橙　磜头脐橙是马铺乡生产历史悠久的一种名优特产品，因原产于磜头村而得名。有史料证明：早在清代马铺就有人种植磜头脐橙，并入贡朝廷，所以有人名之为“皇帝橙”或者“御橙”。磜头脐橙是一种晚熟脐橙，2 月开花结果，到 11 月中旬以后才能成熟。由于果实生长期长，故品质上乘，其果形中大，果皮油泡光亮，果肉橙黄，汁泡柔软清甜，无丝无籽，香气浓郁，果汁丰富，含糖量在 13% 以上，胡萝卜素含量高，最为与众不同的是果皮可以和果肉一起食用。另外，脐橙花量大，其花可熏制芸香茶，果皮、叶片和嫩枝可提取香精油。

甜茶　甜茶，学名多穗柯，可采摘嫩叶直接在口中咀嚼，也可制成“茶”饮用，每年可采摘嫩叶 2 ～ 3 次，摘去嫩叶后又从老叶腋中生长出新枝条，多穗柯甜茶的干茶外形呈椭圆似蝌蚪，色泽乌黑或墨绿油润，叶底翠绿鲜活，汤色黄绿或黄红明亮，内质香气甜香持久，滋味清甜爽口。多穗柯甜茶不仅能生津止渴，而且具有很好的药理保健功能。据《中华中药志》记载：“多穗柯茶能防治高血压、治疗湿热痢疾、皮肤瘙痒、痈疽恶疮等症，并具有滋养肝肾、和胃降逆、润肺止咳、解困醒酒等作用。”据研究，多穗柯甜茶中富含的黄酮类物质、三萜烯类化合物具有抗过敏，抗炎、降血压、降脂等作用，提取纯化这些有效成分，可以开发出以多穗柯甜茶为原料的第三代保健食品和天然药品。马铺乡多穗柯甜茶主要分布在湖洋村，现存原生态多穗柯甜茶种植面积约 550 亩。

风柜斗草　风柜斗草喜长于常年相对湿度90%左右，年均温度20℃以上，年均日照超过2000小时，土壤呈微酸性，有机质含量20%以上，速效钾较高的中低山区林下。马铺乡因能满足这些水土气候条件，而成为风柜斗草生长的天然温床。马铺风柜斗草品质优良，药用价值极佳，是民间和中医验方治疗肝炎的常用草药，据临床实践证明，马铺风柜斗草对急性肝炎（甲肝、乙肝急性期）疗效最佳，对慢性肝炎及乙肝病毒携带者亦有效，治疗急慢性肝炎、肝硬化腹水，疗效确切，毒副作用较小，为优良天然药物资源。

沉香　马铺乡自古就是天然优质沉香的主要产地，马铺沉香久负盛名，多呈不规则块、片状或盔帽状，表面凹凸不平，有刀痕，薄壁细胞含草酸钙柱晶，有黑褐色树脂与黄白色木部相间的斑纹，孔洞及凹窝表面多呈朽木状，且其质较坚实，断面刺状，不能沉水，燃烧时有油渗出，发浓烟，香气浓烈。沉香素有“药中黄金”的美称，马铺沉香是云霄县生产历史悠久的传统名贵中药材，味苦辛、性微温，具有行气止痛，温中止呕，纳气平喘之功效。

巴戟天　民间流传“北有人参，南有巴戟”，巴戟天味甘、辛，性微温，有补肾壮阳、强筋壮骨、祛风除湿之功效，被誉为“补肾壮阳之要药”。巴戟天性喜温暖、湿润的环境，要求土层深厚，疏松肥沃，排水良好的微酸性红壤和黄壤土，马铺乡山青水碧、蔚然深秀，为中草药的生长提供了得天独厚的自然环境，且种植历史悠久、经验丰富，自归德将军陈政时期训种至今，培育出的巴戟天品质优良，根条粗壮，形如鸡肠，显连珠状，肉质肥厚，木质心小，其有效成分蒽醌类、黄酮类化合物、多糖含量均达到《中华人民共和国药典》的质量标准。

【社会事业】　2023年，马铺乡建档立卡脱贫户590户2117人，重点户24户，每个重点户均有两名以上干部挂钩，并要求所有结对帮扶的干部全部进村入户至少4次，帮助落实帮扶资金143.63万元，明确帮扶项目10个。全乡低保户677户1313人、特困户186户186人，实现应保尽保。全年累计发放低保、特困补助金832.58万元，发放临时救助5批次122人21.3万元，发放事实无人抚养儿童生活补助金36.5万元，五老遗孀生活补助金11.76万元，全乡社会保障体制更加完善。通过金秋助学、雨露计划、善融电商助学及各村的助学基金等渠道筹措资金，累计资助全乡困难学生84人次。着力推进民心工程，截至2023年底，完成新建、改扩建农村道路3.05千米，亮化工程更换线缆1.9千米，乌螺村水口中桥完成重建，切实改善群众出行条件。乌石坑村生命公园、客寮村生命公园已竣工验收，骨灰楼堂已投入使用，进一步补齐公益性殡葬服务短板。

【乡村振兴】　2023年，马铺乡聚力乡村振兴，优先发展农业农村，城乡品质不断提升。按照“乡村振兴”二十字方针要求，大力发展农业农村特色产业，全力推动农村人居环境整治、不断增强群众的幸福感和获得感。1月，客寮村获评“省级乡村振兴实绩突出村”。龙镜村获评2023年全国示范性老年友好型社区。深入贯彻人居环境整治“八个一”机制，利用各村航拍图统筹谋划“拆旧拓新”工作并在资金上给予倾斜保障，开展“人居环境专题汇报会”推动各村明确思路，打擂亮剑，开展“清洁攻坚清零”行动和“拆旧拓新”竞赛，强力推进“拆废拆破拆危拆违”，全乡累计清理农村生活垃圾数量4840多吨，清理沟渠22千米，转运农业生产废弃物12.39吨。共拆除“四必拆”面积50904平方米，拓新31830平方米。精心打造宝石、客寮、龙镜样板村，综合成效在2023年度全县人居环境整治评比中排名第3。

【自治组织建设】　2023年，马铺乡村级组织村“两委”共174名，村党组织委员95名，村委会委员120名（交叉任职41名），村“一肩挑”主干28名，35周岁以下40名，女性委员36名。村党组织书记平均年龄为47.18岁，大专以上学历17名，占60.71%；村女性正职2名，占7.14%；村“两委”成员平均年龄43.64岁，中专高中以上学历72.01%，进一步优化村“两委”班子成员的年龄、学历、性别等结构比例，做到学历、年龄“一升一降”。制定《村主干绩效考评管理办法》，实行责任指标细化考核，激发村干部工作主动性和积极性，营造争先创优工作氛围。持续深化乡镇机构改革，按照库区、山区划分3个片区，实行驻村工作包干联动机制，并配套村级专管员整合，较好地完成各项驻村攻坚工作。

【基层党建】 2023年，马铺乡深入挖掘坪水苏维埃革命和库区移民创业先进事迹等多元党建文化精神内涵，勾画特色党建品牌发展思路。进一步提升“苏维埃之光谱新章”党建品牌影响，以获评福建省“中央红军村”、漳州市爱国主义教育基地为契机，完成坪水村纪念碑、烈士陵园美化工程及何两花故居修缮提升，有序推进坪水与火田镇白石道路建设，培养志愿讲解队伍，有效推动云霄县第一位女党员何两花的故事在省妇联微信平台进行宣传。进一步丰富库区移民创业先进事迹载体，串联“龙镜村展示厅—扶贫产业示范园—党建文化公园—镜花缘生态农庄”精品线路，全方位推进串点连线党建品牌的辐射带动作用，打造党建引领乡村振兴标杆村，吸引各阶层人士到访学习参观，并辐射带动邻近的下庵、杨美、粗溪、大仑建设坪水红色主题公园。

【乡村旅游景点开发】 坪水乡苏维埃政府旧址 坪水乡苏维埃政府纪念碑坐落于坪水村。1933年4月，红三团政治部主任李克己带一个连深入平和、云霄交界处的何地一带开展革命活动，组织农会，宣传和发动群众，并于1934年8月，成立了云霄县第一个红色政权，即坪水乡苏维埃政府。坪水乡苏维埃政权是云县境内唯一一个乡级苏维埃政权，并按照《闽西土地法大纲》进行过土改。总投资10万元的坪水乡苏维埃政府纪念碑于2009年11月落成，其建筑主体高3.4米，宽2.2米。坪水村前后投入158万元将坪水苏维埃政府旧址、红军陵园、红军树、苏维埃革命纪念碑、革命陈列室等教育观摩点紧密连接起来，形成完整开放的红色教育环形路线，已成为党性外训班的必到之处，成为云霄县革命传统教育的新景点。

镜花缘生态农庄 坐落于龙镜村大坪头自然村，是一个集党建引领、生态观光、乡村振兴、休闲娱乐于一体的特色农业基地，先后获评“福建省巾帼示范基地”“漳州市五四红旗团支部”“云霄县农业十大观园”“福建省水乡渔村休闲渔业示范基地”“福建省2030创建工程乡村振兴产业联系点”等。占地80公顷，划分为铁红鸡蛋花创业区、名贵花木观赏区、生态旅游观光区、特色水果采摘区四大功能区。主要种植金竹柏、铁红鸡蛋花、天香葡萄、树葡萄、墨黑葡萄、无花果等特色花果农产品，深受消费者的青睐，远销全国各地，年创产值可达1200多万元。大力推进农旅融合，打造“镜花缘”主题文化，开发“十里桃花道”“凝翠谷”“杜云轩”等旅游景点，建设库区淮山美食体验馆，建成水上高尔夫、趣味滑草、临水栈道垂钓、休闲射箭等项目，一年可实现旅游收入150多万元，带动当地农民通过农产品和旅游服务增收50万元。同时借助龙镜村镜花缘生态农庄辐射作用，投入300万元，以村、企合作的形式建设龙镜村乡村旅游配套工程，在园区内建设时光隧道（砖窑）、环湖小火车等项目，将龙镜村打造成旅游观光、休闲农场、瓜果采摘、乡村生活体验基地的美丽乡村，进一步推动农旅融合发展。

醉美宝石 文化景观、旅游资源高度富集，闽南特色村居、土楼建筑群、云山居士林太师公讲学遗址、油菜花基地、森林文化公园、蝙蝠石公园、霞城古桥等人文景观星罗棋布。

和平乡

【概况】 云霄县和平乡位于云霄县西北部，云霄、诏安、平和三县接合部，东凭将军山与莆美镇接壤，西隔乌山山脉与诏安县红星乡毗邻，南连常山华侨经济开发区，北接下河乡，县道“建火线”斜贯全境，下辖13个行政村和9个社区，共有75个自然村，7082户29799人。乡场总面积111平方千米，其中山地面积15.3万亩，耕地面积2.07万亩，属南亚热带季风气候，全年无霜期达310天，平均气温20℃，热量丰富，光照充足，干湿分明，雨量充沛；多为丘陵地带，宜林宜果，盛产枇杷、青枣、荔枝、龙眼等水果及茶叶，素有“枇杷之乡”美称，也是著名的茶乡。

2023年，和平乡固定资产投资完成16006万元，增长30.7%，其中工业投资6600万元，技改投资2265万元；规模工业产值完成29420万元；规模工业增加值完成7531万元；工业税收1399.9万元；利用外资28万美元，外贸出口17847万元；限上社会消费品零售总额38973万元；公共财政总收入1921万元；地方财政总收入1066万元。

【工业经济】 2023年，和平乡深入开展“七比一看”竞赛活动，出台“党建+七比一看”竞赛考评方案，竞赛成绩排名全县第四。健全招商联动机制，坚持抓招商、攻项目、补短板，设立驻开发区企业服务点，实行“一企一策、一企一专班”全年新签约项目4个，总投资额2.7亿元；新增“四上”企业12家，排名全县第一；新增入库项目9个，排名全县第二。重点工业项目云诏东、为乐新能源正式投产运行，凯业工贸完成升规纳统。顺利完成2宗“用地扩容增效”，其中凯禾实业闲置用地35.18亩已按照法定程序无偿收回，安上电子供而少动10亩已完成主体框架。

【农业经济】 2023年，和平乡发挥富硒产区资源优势，突出做优做强茶叶、枇杷特色品牌。全年在北京、上海、泉州等地举办“云霄黄观音”推介品鉴会暨产业招商推介会，黄观音茶青价格提高到每千克50元，2023年获得“省级茶叶产业强镇”500万元补助（全市唯一）。加速线上线下融合发展，2023年承办的云霄枇杷文化节，线上直播浏览量达50.6万次，辐射1000万余名粉丝，推动枇杷价格持续高位运行，带动群众增收400多万元。2023年棪树村获评全省乡村振兴示范村，通贝村获评省级“一村一品”枇杷专业村。整合近1000亩土地发展规模设施农业，引进市级龙头企业“云农农业”、河溪正方果蔬、径仔绿佳园等多家新型经营主体带动群众种植富硒蔬菜，年产值达2000万元，带动群众年增收800万元以上，吸纳本地劳动力500多人（常住12000人）。

【社会事业】 2023年，和平乡完成28项为民办实事项目，社会发展事业支出达70%。新建改造道路10.42千米，河径线“单改双”提升改造和径仔村盖板涵等项目建成通车，东演线“单改双”提升工程按时序进度推进。实施敬老院区域性养老服务中心提升改造等项目，农村养老服务设施覆盖率超90%。和平乡卫生院公共服务与传染病防治应急项目建设基本完成征地赔青等前期工作。新建“长者食堂”2处，进一步完善养老服务体系。组建“铁骑巡山队”对辖区内牛蛙非法养殖、违规生猪养殖、河道污染、黑臭水体等突出问题，全乡两个水质监测点常年保持在Ⅲ类以上。全年完成粮食播种面积7338亩，超任务数151亩。推动信访“治重化积”，紧盯安吉矿山、电信诈骗和打假等重点领域，全力维护社会安定稳定。2023年获评全省新时代“枫桥式工作法”先进典型单位。

【人居环境】 2023年，马铺乡坚持以县委“八个一”工作机制为指导，深入实施拆旧拓新竞赛评比，给予排名靠前村区资金奖励并优先支持民生项目，累计发放奖励136万元。坚持以群众需求为目标，因地制宜为导向，就地取材为原则，先后投入1300多万元打通6条环村路、新增4座公厕、共享菜园115处、“口袋”公园18个、停车场27个、微景观300多处。截至2023年底，全乡拆旧共计1436宗74032平方米、村均拆旧3365平方米；累计拓新376宗31797平方米，村均拓新1445平方米。成功打造宜谷径、后坪、新楼、上坂等人居环境整治样板村，宜谷径和棪树作为全市“十镇百村”拉练人居环境现场观摩点；宜谷径和泮坑作为省委省政府半年工作检查的拉练点；上坂村在全县人居环境拉练中排名第一。

【特色农副产品】 和平乡贯彻落实乡村振兴战略，注重党建引领，通过建设农业大观园、建立专业合作社等形式，使枇杷、茶叶等驰名省内外，黄金百香果等农特产品品牌日渐形成，大斜红菇、七乡芋头等在云霄更是久负盛名。

枇杷　和平种植“早钟六号”枇杷2万多亩，是全县最大的早熟枇杷生产基地。开发枇杷花、枇杷膏、枇杷露、枇杷蜜饯等枇杷深加工产品，提升枇杷产业附加值，促进一二三产融合发展，规划每年新嫁种高优枇杷500亩。2023年承办的云霄枇杷文化节，线上直播浏览量达50.6万次，辐射1000万余名粉丝，推动枇杷价格持续高位运行，带动群众增收400多万元。同时推进总投资547万元的和平乡枇杷文旅结合农业提升（230万元）、枇杷优新品种示范园（66万元）和棪树枇杷科技小院（251万元）等项目，提升知名度。

茶叶　茶叶种植面积约8000

亩，主要分布在泮坑作业区、茶山作业区、桥头村、棪树村，其中泮坑茶叶种植面积约2000亩，种植的茶叶品种主要有黄观音、八仙茶、单枞水仙、毛蟹等；茶山作业区、桥头村、棪树村主要品种有野生苦茶、大红袍、白鸡冠、金观音、紫红袍、肉桂、本山、雀舌、黄旦、夜明香等13个品种。

百香果　百香果可生食或作蔬菜、饲料。果瓤多汁液，加入重碳酸钙和糖，可制成芳香可口的饮料，还可用来添加在其他饮料中以提高饮料的品质，素有“果汁之王”“摇钱树”等美称。和平乡境内河塘百香果核心示范区致力于打造集种植基地、旅游观光、生产加工、销售等于一体的综合性休闲园区。百香果种植面积达200多亩，主要种植黄金百香果，亩产值达12000元。

红菇　大斜红菇生长面积约500亩，每年夏秋两季采收，年产值20万元。

芋头　东方芋头是东方村特产，是和平乡蔬菜产业的主导特色品种，已获批国家地理标志证明商标。

【乡村旅游景点开发】　和平乡整合“红区、青茶、黄果、绿蔬、土楼、蓝天”等优质资源，以乌山红色文化为引领，以特色产业园、传统古村落和土楼等为支点，着力打造“红带绿，绿映红”全域旅游发展格局。投入500万元实施乌山红色集市改造项目和景区改造提升项目，用于建设20间沿街店面和乌山出入口景观提升、卢叨住所还原、洞穴灯光秀、沿途红军雕像等打卡点，以更具引流效果的景区表达形式和更具体验性的场景教育形式，把红色乌山打造成为更具吸引力、传播力和新时代性的红色教育景区。加快推进总投资547万元的和平乡枇杷文旅结合农业提升、枇杷优新品种示范园和棪树枇杷科技小院等项目，不断提升知名度。2023年全乡接待游客60万人次，旅游总收入达2000万元，和平乡获评省级“全域生态旅游小镇”。

乌山红色旅游景区　位于云霄西部的和平乡境内，东接常山开发区，南邻诏安县，山脉走向呈南北趋势，最高海拔1117米，自北而南，绵延百里，是闽粤边区重要的山脉，漳诏高速公路经云霄县城可达，距云霄城区约30千米，交通便捷。景区内奇岩怪石处处可见，大自然的鬼斧神工令人赞叹不已，又是一块富有革命光荣传统的“红色土地”，是原闽南地委机关所在地，被誉为“闽南的井冈山”。

棪树文创村　棪树村历史悠久，民俗文化底蕴丰富，有“上刀梯”“趟火海”“捞油锅”“坐刀轿”等民俗活动。村庄生态环境优越，属富硒产区，地形地貌为多山丘陵，植被覆盖率极高，大体上形成有山皆绿的山体植被状态；村庄则深藏在层层果林之间，枇杷文创形象生动。村庄有云霄“小布达拉宫”的美誉。

内洞乡村游　民居古朴，风景优美，旅游资源丰富。有吴彩楼、百年榕、成事岭、原始森林及山涧溪流瀑布等景观，先后被列为首批国家旅游扶贫试点村、福建省首批旅游扶贫工作重点村、福建省美丽乡村、福建省第二批特色景观旅游名村、漳州市县级富美乡村示范村等，是一个村小、资源多、发展潜力大的小山村。

安吉乡村游　拥有原安吉人民公社、割藤埔土楼等景观。割藤埔土楼按马蹄形状而建，也称马蹄楼，建于晚清光绪二十六年（1900年）左右，距今有100多年历史，该楼设计建设房间25间，周边群山簇拥、溪水缠绕、石栈相连，尽享“群山绿水圆楼，石栈流水人家”美景。

宜谷径树滋楼　建于清乾隆三十年（1765年），至今已有250多年的历史，该楼占地面积2461.76平方米，分三层，每层28间，总共84间。其结构分为两大部分，屋顶为琉璃瓦结构，建筑雄伟，且具有抗震、防火、防盗的功能，堪称土楼建筑史上一朵奇葩。

泮坑专业茶村生态园　地处和平农场泮坑作业区，园区计划投资3000万元。重点突出整村专业制茶，以及生态茶园观光旅游特色。大力发展集生态种植、休闲观光、手工制茶体验于一体的传统茶村观光旅游业，将茶业与文化产业发展相融合，提升老茶村形象，打响泮坑“生态+”茶文化品牌，辐射带动和平乡整体茶产业发展，振兴和平老茶乡。

棪树枇杷生态观光园　地处和平乡棪树村、内洞村，园区计划投资6000万元。重点凸显枇杷观光、枇杷采摘、枇杷文化等特色。积极推广“现代农业+生态游”模式，规划建设枇杷生态园4500亩，整合棪树村、内洞村得天独厚的枇杷产业优势和天然景观资源，打造特色枇杷产业文创基地。

单位组织和负责人

2023 年云霄县副处级以上领导人员一览表

表 4

姓　名	性　别	职　务
蓝良木	男	县委书记
沈顺来	男	县委副书记，县政府党组书记、县长
方毅强	男	县委副书记、三级调研员
徐玮琳	男	县委常委、政法委书记
张东洲	男	县委常委、组织部部长、党校（行政学校）校长（兼）、县直机关工委书记（兼）
陈顺国	男	县委常委，县政府党组副书记、副县长
郑雯雯	女	县委常委、宣传部部长
周志坚	男	县委常委、二级调研员
叶芳	女	县委常委，县纪委书记、监委主任、三级调研员
肖华顺	男	县委常委、统战部部长、县政协党组副书记，县总工会主席
吴南华	男	县委常委、人武部政委
方成江	男	县政府党组成员、三级调研员、红十字会会长（兼）
汤永坚	男	县政府党组成员、副县长
方锦洲	男	县政府党组成员、副县长
蔡权城	男	县政府党组成员、副县长
洪逸峰	男	县政府党组成员、副县长
王玉潇	男	县政府党组成员、副县长
陈国海	男	县政府党组成员、副县长、公安局党委书记、局长、督察长、四级高级警长
林治柑	男	县政府党组成员、副县长（挂职时间两年），福建省统计局数据管理中心专业技术六级干部

续表 4

姓　名	性　别	职　务
王少华	男	县人民政府党组成员、副县长（挂职时间一年），第七师 125 团党委常委、副团长
林达祥	男	县人大常委会党组书记、主任
何少栋	男	县人大常委会党组成员、副主任、三级调研员
张永久	男	县人大常委会副主任
董勇贵	男	县人大常委会党组成员、副主任
林意纯	女	县政协党组书记、主席
许师逊	男	县政协党组副书记、副主席
吴淑芬	女	县政协副主席
汤志远	男	县政协党组成员、副主席
郭　玲	女	县政协副主席
王恺丰	女	县法院党组书记、院长、三级高级法官
林宏杰	男	县人民检察院党组书记、检察长、三级高级检察官
朱添泉	男	红树林管理局党组书记、局长

说明：名单以 2023 年 12 月 31 日在职者为准

2023 年云霄县领导干部一览表

表 5

姓名	性别	单位及职务
中共云霄县委		
蓝良木	男	县委书记
沈顺来	男	县委副书记
方毅强	男	县委副书记
徐玮琳	男	县委常委
张东洲	男	县委常委
陈顺国	男	县委常委
郑雯雯	女	县委常委
周志坚	男	县委常委
叶　芳	女	县委常委
肖华顺	男	县委常委
吴南华	男	县委常委
云霄县纪检监察机关		
县纪委		
叶　芳	女	县纪委书记
方旺彬	男	县纪委副书记

续表 5

姓名	性别	单位及职务
吴印辉	男	县纪委副书记
方培新	男	县纪委常委
黄农政	男	县纪委常委
周珍姬	女	县纪委常委
方志健	男	县纪委常委
		县监委
叶　芳	女	县监委主任
方旺彬	男	县监委副主任
吴印辉	男	县监委副主任
方培新	男	县监委委员
方志健	男	县监委委员
张镇垚	男	县监委委员
张宏伟	男	县监委委员
		中共云霄县委工作机关及直属单位
		县委办
张非同	男	县委办主任
庄　园	女	县委办副主任
洪志超	男	县委办副主任
陈　阳	男	县纪委监委驻县委办纪检监察组组长
		组织部
张东洲	男	县委组织部部长
吴钦辉	男	县委组织部分管日常工作的副部长
何煌辉	男	县委组织部副部长（兼）
张永结	男	县委组织部副部长
张艺彬	男	县委组织部副部长
方宝忠	男	县纪委监委驻县委组织部纪检监察组组长
许　熙	女	县纪委监委驻县委组织部纪检监察组副组长
		宣传部
郑雯雯	女	县委宣传部部长
汤光宇	男	县委宣传部分管日常工作的副部长
石晓窗	男	县委宣传部副部长（兼）
郑晓松	男	县委宣传部副部长
方嘉哲	男	县委宣传部副部长
罗耀宗	男	县纪委监委驻县委宣传部纪检监察组组长
方　瑜	女	县纪委监委驻县委宣传部纪检监察组副组长

续表 5

姓名	性别	单位及职务
统战部		
肖华顺	男	县委统战部部长
张俊池	男	县委统战部分管日常工作的副部长
郭颖辉	男	县委统战部副部长
方志伟	男	县委统战部副部长
张江靖	男	县委统战部副部长（兼）
方永辉	男	县纪委监委驻县委统战部纪检监察组组长
政法委		
徐玮琳	男	县委政法委书记
黄卫忠	男	县委政法委分管日常工作的副书记
汤毅民	男	县委政法委副书记
罗振城	男	县委政法委副书记
陈岳松	男	县委政法委政治处主任
陈　胜	男	县纪委监委驻县委政法委纪检监察组组长
陈文级	男	县纪委监委驻县委政法委纪检监察组副组长
编　办		
黄锦标	男	县委编办主任
林　茵	女	县委编办副主任
县直机关工委		
张东洲	男	县直机关工委书记
王桑坤	男	县直机关工委分管日常工作的副书记
巡察办		
方培新	男	县委巡察办主任
高志炎	男	县委巡察办副主任
蔡镇勇	男	县委巡察办副主任
王政奇	男	县委巡察一组组长
朱秋茹	女	县委巡察一组副组长
黄志超	男	县委巡察二组组长
吴文忠	男	县委巡察三组组长
陈灿辉	男	县委巡察三组副组长
吴美泉	男	县委巡察四组组长
黄明福	男	县委巡察四组副组长
老干部局		
何煌辉	男	县委老干部局局长
朱建顺	男	县委老干部局副局长
文明办		
江丽丹	女	县委文明办主任

续表 5

姓名	性别	单位及职务
张碧婷	女	县委文明办副主任
张妙丹	女	县委文明办副主任
		党校（行政学院）
张东洲	男	县委党校（行政学院）校长
张志山	男	县委党校（行政学校）常务副校长
吴顺昌	男	县委党校（行政学校）副校长
黄可珍	女	县委党校（行政学校）副校长
		党史和地方志研究室
王一雄	男	县委史志室主任
朱晓娴	女	县委史志室副主任
吴鸿裕	男	县委史志室副主任
徐　捷	男	县委史志室副主任
		档案馆
黄志钦	男	档案馆馆长
汤智谋	男	档案馆副馆长
张　毅	男	档案馆副馆长
		融媒体中心
汤若蓉	女	融媒体中心主任
黄高合	男	融媒体中心副主任
朱谊深	男	融媒体中心副主任
		云霄县人大常委会
林达祥	男	县人大主任
何少栋	男	县人大副主任
张永久	男	县人大副主任
董勇贵	男	县人大副主任

云霄县人大常委会工作部门和专门委员会

		人大办
林添明	男	县人大办公室主任
		人事代表委
林爱群	男	县人大人事代表委主任
		监察司法工委
何加旺	男	县人大监察司法委主任
林经义	男	县人大监察司法委副主任
		财经委
林长镇	男	县人大财经委主任
柳迎香	女	县人大财经委副主任

续表 5

姓名	性别	单位及职务
		科教文卫委
梁炎林	男	县人大教科文卫委主任
		侨台委
何文革	男	县人大侨台委主任
		城环委
骆庆祥	男	县人大城环委主任
		信访办
张丽芬	女	县人大信访办主任
郭镇宗	男	县人大信访办副主任
		社会建设委
张　玫	女	专职副主任
		人大法制委员会
方伟仪	男	主任委员
何加旺	男	副主任委员
		人大财政经济委员会
张永久	男	主任委员
林长镇	男	副主任委员
		人大社会建设委员会
林添明	男	副主任委员
		人大监察和司法委员会
董勇贵	男	主任委员
何加旺	男	副主任委员
		纪检组
方安妮	女	县纪委监委驻县人大机关纪检监察组组长
陈灿辉	男	县纪委监委驻县人大机关纪检监察组副组长
		云霄县人民政府
沈顺来	男	县长
方成江	男	副县长
汤永坚	男	副县长
方锦洲	男	副县长
蔡权城	男	副县长
洪逸峰	男	副县长
王玉潇	男	副县长
陈国海	男	副县长
林治柑	男	副县长（挂职）
王少华	男	副县长（挂职）

续表 5

姓名	性别	单位及职务
漳江口红树林国家级自然保护区管理局		
朱添泉	男	红树林管理局局长
方柏州	男	红树林管理局副局长
朱锦武	男	红树林管理局副局长
云霄县政府工作部门及直属单位		
政府办		
朱泉源	男	县政府办党组书记、主任
罗煜阳	男	县政府办副主任
许建民	男	县政府办副主任
吴若阳	男	县政府办副主任
沈江平	男	县政府办副主任（兼）
陈荣辉	男	县政府办副主任（兼）
蔡民忠	男	县纪委监委驻县政府办纪检监察组组长
发改局		
方伟民	男	发改局党组书记、局长
张伟军	男	发改局副局长
戴志君	男	发改局副局长
翁常东	男	发改局科技副局长（挂职）
林高明	男	县纪委监委驻县发改局纪检监察组组长
教育局		
方春明	男	教育局党组书记、局长
张连金	男	教育局副局长
黄晓新	男	教育局副局长
工信局		
陈跃溪	男	工信局局长
林志民	男	工信局副局长
方艺斌	女	工信局副局长
张智红	女	工信局副局长
刘鸿权	男	工信局科技副局长（挂职）
汤进松	男	县纪委监委驻县工信局纪检监察组组长
公安局		
陈国海	男	公安局党委书记、局长
邱炳晖	男	公安局党委副书记、政委
方达虎	男	公安局党委副书记、副局长
方颖毅	男	公安局副局长
高连木	男	公安局副局长

续表 5

姓名	性别	单位及职务
朱荣东	男	公安局副局长
民政局		
陈加山	男	民政局党组书记、局长
司法局		
张荣发	男	司法局党组书记、局长
汤艺勇	男	司法局副局长
财政局		
吴黎明	男	财政局党组书记、局长
林加添	男	财政局副局长
陈健雄	男	财政局副局长
人社局		
林青海	男	人社局党组书记、局长
蔡俩群	男	人社局党组副书记
林德海	男	人社局副局长
林满和	男	人社局副局长
自然资源局		
张志林	男	自然资源局党组书记、局长
黄景河	男	自然资源局科技副局长（挂职）
周镇海	男	县纪委监委驻县自然资源局纪检监察组组长
住建局（人防办）		
方长城	男	住房和城乡建设局党组书记、局长
方满林	男	住房和城乡建设局副局长
交通运输局		
方艺强	男	交通运输局党组书记、局长
水利局		
朱炎昭	男	水利局党组书记、局长
朱增土	男	水利局副局长
张　腾	男	水利局副局长
农业农村局（县委农办）		
蓝锦辉	男	农业农村局党组书记、副局长，农办主任，县委扶贫开发成果巩固与乡村振兴办主任
方镇和	男	农业农村局局长、乡村振兴局局长
方衍波	男	农业农村局副局长
吴炎森	男	县纪委监委驻县农业农村局纪检监察组组长
文体旅局		
胡晓琳	女	文化体育和旅游局党组书记、局长
张建东	男	文化体育和旅游局副局长
张复勇	男	文化体育和旅游局副局长

续表 5

姓名	性别	单位及职务
		卫健局
方三川	男	卫生健康局党组书记、局长
何金洲	男	卫生健康局副局长
陈桔红	女	县纪委监委驻县卫健局纪检监察组组长
林建仁	男	县纪委监委驻县卫健局纪检监察组副组长
		退役军人局（“双拥”办）
吴禧文	男	退役军人事务局党组书记、局长，“双拥”办主任
何俩福	男	退役军人事务局副局长
		应急局
罗坤辉	男	应急管理局党委书记、局长
陈明发	男	应急管理局副局长
骆义雄	男	应急管理局副局长
		审计局
许　勇	男	审计局党组书记、局长，审计办主任
黄赐杰	男	审计局副局长
		林业局
何炳森	男	林业局党组书记、局长
郑木权	男	林业局副局长
		海洋渔业局
吴泽洪	男	海洋与渔业局党组书记、局长
汤江城	男	海洋与渔业局副局长
		市场监管局
孔　炜	男	市场监督管理局局长、党组书记
张明坤	男	市场监督管理局副局长
		统计局
王永城	男	统计局党组书记、局长
方建德	男	统计局副局长
		信访局
陈荣辉	男	信访局党组书记、局长
方添生	男	信访局副局长
张伟宏	男	信访局副局长
		城市管理局
方捷庆	男	城市管理局党组书记、局长
张舜祥	男	城市管理局副局长
		行政服务中心
沈江平	男	行政服务中心管委会主任
王丽芸	女	行政服务中心管委会副主任

续表 5

姓名	性别	单位及职务
		地震办
林建松	男	地震办主任
		库区移民开发中心
方灿毅	男	库区移民开发中心主任
林庆云	男	库区移民开发中心副主任
张葵华	女	库区移民开发中心副主任
		供销社
涂汉捷	男	供销社主任
罗棋龙	男	供销社副主任
黄　娜	女	供销社副主任
		二轻联社
方劲丰	男	二轻联社主任
张洪辉	男	二轻联社副主任
吴镇阳	男	二轻联社副主任
		政协云霄县委员会
林意纯	女	县政协党组书记、主席
许师逊	男	县政协党组副书记、副主席
吴淑芬	女	县政协副主席
汤志远	男	县政协副主席
郭　玲	女	县政协副主席

云霄县政协工作部门

姓名	性别	单位及职务
		政协办
郑茂长	男	县政协办公室主任
		提案委员会
高顺义	男	县政协提案委主任
黄蔚芳	女	县政协提案委副主任
		经济委员会
陈德志	男	县政协经济委主任
		农业和农村委员会
方志伟	男	县政协农业和农村委员会主任
		教科卫体委员会
林榕庆	男	县政协教科卫体委主任
方　燕	女	县政协教科卫体委副主任
		社会法制委员会
许新生	男	县政协社会法制委员会主任

续表 5

姓名	性别	单位及职务
		台港澳侨委员会
林丽华	女	县政协台港澳侨委主任
		文化文史和学习委员会
吴阿枞	男	县政协文化文史和学习委主任
吴琳洁	女	县政协文化文史和学习委副主任
		纪检组
陈城炉	男	县纪委监委驻县政协机关纪检监察组组长
吴叶青	男	县纪委监委驻县政协机关纪检监察组副组长
		云霄县人民检察院
林宏杰	男	县检察院党组书记、检察长
张伟民	男	县检察院党组副书记、检察委员会专职委员
陈文发	男	县检察院副检察长
方进权	男	县检察院副检察长
黄文滨	男	县检察院副检察长
吴丽真	女	县检察院政治部主任
吴志洪	男	县纪委监委驻县检察院纪检监察组组长
		云霄县人民法院
王恺丰	女	县法院党组书记、院长
林国清	男	县法院党组副书记、副院长
陈立雄	男	县法院副院长
方伟明	男	县法院副院长
吴丽贞	女	县法院政治部主任
周文龙	男	县法院专职审委
吴建润	男	县纪委监委驻县法院纪检监察组组长

云霄县群众团体

		总工会
肖华顺	男	总工会主席
吴文添	男	总工会常务副主席
朱耀林	男	总工会副主席
何春丽	女	总工会副主席
		团县委
方丽君	女	团县委书记
方　岳	男	团县委副书记
		妇联
黄淑琼	女	妇联主席
林　炜	女	妇联副主席

续表 5

姓名	性别	单位及职务
		文联
石晓窗	男	文联主席
		侨联
高　健	男	侨联主席
		工商联
林典奇	男	工商联主席
张江靖	男	工商联党组书记、常务副主席
		残联
吴宏畴	男	残联理事长
朱淑惠	女	残联副理事长
		科协
汤重伟	男	科协主席
戴园笙	男	科协副主席
张淑荣	女	科协副主席
		红十字会
方成江	男	红十字会会长
林钰泉	男	红十字会常务副会长
		计生协会
赖燕梅	女	计生协常务专职副会长
吴惠忠	男	计生协会副会长

云霄县乡镇（开发区）领导名录

		中共云霄县云陵镇委员会
方炬宇	男	云陵镇党委书记
蔡任邦	男	云陵镇党委副书记
罗龙金	男	云陵镇党委副书记
高　峰	男	云陵镇党委委员、纪委书记、监察组组长
方英俊	男	云陵镇党委统战委员
方锡东	男	云陵镇党委委员、人武部长
何玉武	男	云陵镇党委宣传委员
周培文	男	云陵镇党委政法委员
郑　婧	女	云陵镇党委组织委员
		云陵镇人大主席团
胡春茂	男	云陵镇人大主席
		云陵镇人民政府
蔡任邦	男	云陵镇人民政府镇长
洪毅军	女	云陵镇人民政府副镇长

续表 5

姓名	性别	单位及职务
何鸿伟	男	云陵镇人民政府副镇长
钟 琦	男	云陵镇人民政府科技副镇长（副科长级）人选
		中共云霄县莆美镇委员会
高澎涛	男	莆美镇党委书记
方洪伟	男	莆美镇党委副书记
朱文全	男	莆美镇党委副书记
陈耀森	男	莆美镇党委政法委员
石蓁榕	男	莆美镇党委统战委员
汤锦松	男	莆美镇党委组织委员
方昊涛	男	莆美镇党委宣传委员
朱文华	男	莆美镇党委委员、纪委书记、监察组组长
蔡华彬	男	莆美镇党委委员、人武部部长
		莆美镇人大主席团
张铜松	男	莆美镇人大主席
		莆美镇人民政府
方洪伟	男	莆美镇人民政府镇长
黄琳	女	莆美镇人民政府科技副镇长
蔡惠玲	女	莆美镇人民政府副镇长
张添城	男	莆美镇人民政府副镇长
		中共云霄县东厦镇委员会
张建龙	男	东厦镇党委书记
林昌盛	男	东厦镇党委副书记
陈篁毅	男	东厦镇党委副书记
吴建伟	男	东厦镇党委政法委员
陈政通	男	东厦镇党委宣传委员
高绍萍	女	东厦镇党委统战委员
张汉宝	男	东厦镇党委组织委员
朱宝炉	男	东厦镇党委委员、纪委书记、监察组组长
林育栋	男	东厦镇党委委员、人武部部长
		东厦镇人大主席团
黄志焕	男	东厦镇人大主席
		东厦镇人民政府
林昌盛	男	东厦镇人民政府镇长
陈 晶	女	东厦镇人民政府副镇长
郑志昌	男	东厦镇人民政府副镇长
		中共云霄县火田镇委员会
罗荣辉	男	火田镇党委书记

续表 5

姓名	性别	单位及职务
林登峰	男	火田镇党委副书记
黄　专	男	火田镇党委副书记
张皇妹	女	火田镇党委统战委员
郑茂溪	男	火田镇党委政法委员
陈山泉	男	火田镇党委组织委员
林秋宇	男	火田镇党委委员、人武部部长
吴毅清	男	火田镇党委宣传委员
陈如明	男	火田镇党委委员、纪委书记、监察组组长
火田镇人大主席团		
林　健	男	火田镇人大主席
火田镇人民政府		
方春明	男	火田镇人民政府镇长
蔡育忠	男	火田镇人民政府副镇长
吴晓虹	女	火田镇人民政府副镇长
中共云霄县陈岱镇委员会		
周金汉	男	陈岱镇党委书记
李　骞	男	陈岱镇党委副书记
方志服	男	陈岱镇陈岱镇党委副书记
郭伟平	男	陈岱镇党委委员、纪委书记、监察组组长
吴庆龙	男	陈岱镇党委政法委员
李　鑫	男	陈岱镇党委委员、人武部部长
方月赏	女	陈岱镇党委宣传委员
方凌凌	女	陈岱镇党委统战委员
龚锦生	男	陈岱镇党委组织委员
陈岱镇人大主席团		
吴荣辉	男	陈岱镇人大主席
陈岱镇人民政府		
李　骞	男	陈岱镇人民政府镇长人选
方晓森	男	陈岱镇人民政府副镇长
朱明强	男	陈岱镇人民政府副镇长
中共云霄县列屿镇委员会		
朱添泉	男	列屿镇党委书记
林海树	男	列屿镇党委副书记
黄　捷	男	列屿镇党委副书记
林建东	男	列屿镇党委委员、人武部部长
张玉萍	女	列屿镇党委宣传委员
吴　宇	男	列屿镇党委统战委员

续表 5

姓名	性别	单位及职务
黄紫青	男	列屿镇党委组织委员
汤　鑫	男	列屿镇党委政法委员
林淑丹	女	列屿镇党委委员、纪委书记、监察组组长
列屿镇人大主席团		
张群艺	男	列屿镇人大主席人选
列屿镇人民政府		
林海树	男	列屿镇人民政府镇长人选
林　杰	男	列屿镇人民政府副镇长
郑　蓉	女	列屿镇人民政府副镇长
中共云霄县下河乡委员会		
张景辉	男	下河乡党委书记
吴木华	男	下河乡党委副书记
蔡沛哲	男	下河乡党委副书记
吴小妙	女	下河乡党委统战委员
江云平	男	下河乡党委委员、人武部部长
田　立	男	下河乡党委委员、纪委书记、监察组组长
方　航	男	下河乡党委宣传委员
陈可姗	女	下河乡党委组织委员
黄荣聪	男	下河乡党委政法委员
下河乡人大主席团		
李伟生	男	下河乡人大主席
下河乡人民政府		
吴木华	男	下河乡人民政府乡长
方相铭	男	下河乡人民政府副乡长
钟凯曦	男	下河乡人民政府副乡长
何　昱	女	下河乡人民政府科技副乡长
中共云霄县马铺乡委员会		
朱来香	女	马铺乡党委书记
蔡曾锐	男	马铺乡党委副书记
张荣虾	女	马铺乡党委副书记
黄锦章	男	马铺乡党委委员、人武部部长
张文国	男	马铺乡党委组织委员
方志宏	男	马铺乡党委委员、纪委书记、监察组组长
杨柳春	男	马铺乡党委统战委员
周秀云	女	马铺乡党委宣传委员
方元河	男	马铺乡党委政法委员

续表 5

姓名	性别	单位及职务
		马铺乡人民政府
蔡曾锐	男	马铺乡人民政府乡长
方培烽	男	马铺乡人民政府副乡长
江镇森	男	马铺乡人民政府副乡长
		中共云霄县和平乡委员会
朱铜彬	男	和平乡党委书记
李南生	男	和平乡党委副书记
吴万风	男	和平乡党委副书记
张俊标	男	和平乡党委统战委员
黄威锋	男	和平乡党委委员、纪委书记、监察组组长
郭毓奎	男	和平乡党委委员、人武部部长
朱尔东	男	和平乡党委政法委员
汤志民	男	和平乡党委组织委员
林　酽	男	和平乡党委宣传委员
		和平乡人大主席团
蔡毅清	男	和平乡人大主席
		和平乡人民政府
李南生	男	和平乡人民政府乡长
刘　琼	女	和平乡人民政府副乡长
吴少雄	男	和平乡人民政府副乡长
		云霄经济开发区
郭阿坚	男	云霄经济开发区党工委副书记
吴至洪	男	云霄经济开发区党工委副书记、主任
游泽炎	男	云霄经济开发区党工委副书记
何俊武	男	云霄经济开发区党工委委员
林　衡	男	云霄经济开发区党工委政法委员
吴加福	男	云霄经济开发区党工委委员、纪工委书记、监察组组长
黄一琼	女	云霄经济开发区管委会副主任
		云霄县属国有企业
		福建云霄圣城投资集团有限责任公司
吴松江	男	圣城投资集团党委书记、董事长，国有资本运营集团董事长、经理
林俊聪	男	圣城投资集团党委副书记、副董事长、总经理
方　祥	男	圣城投资集团顾问
汤长发	男	圣城投资集团党委专职副书记
汤寒珠	女	圣城投资集团党委委员、纪委书记、县监察驻圣城投资集团监察专员
方文燕	男	圣城投资集团党委委员、副总经理

续表 5

姓名	性别	单位及职务
何杰锋	男	圣城投资集团党委委员，董事、财务总监
林坤荣	男	圣城投资集团党委委员，董事、副总经理
王建强	男	圣城投资集团董事、副总经理
云霄县城市投资集团有限责任公司		
吴添顺	男	城市投资集团董事长、经理
陈奕凡	男	城市投资集团董事、副经理
云霄县产业发展投资集团有限责任公司		
林智雄	男	产业发展投资集团董事长、经理
云霄县文旅康养集团有限责任公司（云霄宾馆）		
方陈永	男	文旅康养集团董事长、经理，云霄宾馆经理、党支部书记
云霄县商业总公司		
高武林	男	商业总公司副总经理
云霄县物资总公司		
周建宗	男	物资总公司副总经理
林智华	女	物资总公司副总经理
云霄县和平农场		
方渊博	男	和平农场副场长
柳若杨	男	和平农场副场长
罗俊成	男	和平农场副场长

说明：名单以 2023 年 12 月 31 日在职者为准，相同职务人员作适当归类，不作为排序依据

荣 誉

2023 年度云霄县获得省部级（含以上）表彰的先进单位一览表

表 6

序号	获奖单位	奖励名称	颁奖单位	颁奖时间
1	中核国电漳州能源有限公司	中核集团科学技术二等奖	中核集团	2023 年 1 月
2	中核国电漳州能源有限公司	中核集团风险监测预警优秀案例	中核集团	2023 年 1 月
3	中核国电漳州能源有限公司	集团公司信息工作优秀组织单位	中核集团	2023 年 4 月
4	国网福建省电力有限公司云霄县供电公司	福建省劳动模范	福建省委、福建省人民政府	2023 年 4 月
5	中核国电漳州能源有限公司	中核集团 2023 年管理创新三等奖	中核集团	2023 年 9 月

续表 6

序号	获奖单位	奖励名称	颁奖单位	颁奖时间
6	云霄县民政局（老区办）	2023 年老区宣传工作三等奖	全区老区宣传工作会议组委会	2023 年 10 月
7	云霄县司法局	2023 年度人民调解宣传工作先进集体	中华全国人民调解员协会	2023 年 11 月
8	龙镜村委会	2023 年全国示范性老年友好型社区	国家卫健委全国老龄办	2023 年 11 月
9	云霄县下河乡坡兜畲族村	第三批全国乡村治理示范村	农业农村部、中央宣传部、司法部	2023 年 11 月
10	云霄县林业局	全国松材线虫病疫情防控攻坚行动先进单位	国家林业和草原局	2023 年 12 月
11	云霄县	全国平安渔业示范县	中华人民共和国农业农村部	2023 年 12 月

2023 年度云霄县获得省部级（含以上）表彰的先进个人一览表

表 7

姓名	工作单位	奖励名称	颁奖单位	颁奖时间
方绍东	国网福建省电力有限公司云霄县供电公司	福建省劳动模范	中共福建省委、福建省人民政府	2023 年 4 月
吴勇江	云霄县应急管理综合执法大队	福建省委省政府“福建先进工作者”	中共福建省委、福建省人民政府	2023 年 4 月
吴勇江	云霄县应急管理局	福建省先进工作者	中共福建省委、福建省人民政府	2023 年 4 月
周建喜	漳州天骏茗风生态农业发展有限公司	福建省劳动模范	中共福建省委、福建省人民政府	2023 年 4 月
林达三	中核国电漳州能源有限公司	福建省劳动模范	中共福建省委、福建省人民政府	2023 年 4 月
李荣坤	云霄县司法局	全国模范人民调解员	中华人民共和国司法部	2023 年 10 月

2023年县委、县政府及“两办”出台的重要文件

一、云霄县委文件

云委发文件

云委发〔2023〕1号	中共云霄县委关于深入学习宣传贯彻党的二十大精神，奋力谱写富美新云霄现代化建设新篇章的决定
云委发〔2023〕2号	中共云霄县委、云霄县人民政府印发《关于做好2023年全面推进乡村振兴重点工作的实施意见》的通知
云委发〔2023〕3号	中共云霄县委关于进一步落实《中国共产党政法工作条例》加强新时代政法工作的通知
云委发〔2023〕5号	中共云霄县委关于印发县委2022年工作总结的通知
云委发〔2023〕7号	中共云霄县委、云霄县人民政府关于印发《云霄县打击制售假冒卷烟工作责任制》的通知
云委发〔2023〕8号	中共云霄县委、云霄县人民政府印发《关于加快推动民营经济高质量发展的行动方案》的通知

云委文件

云委〔2023〕5号	中共云霄县委、云霄县人民政府关于印发《云霄县“奋力争优争先争效 推动县域经济高质量发展”实施方案》的通知
云委〔2023〕6号	中共云霄县委、云霄县人民政府关于表扬2022年纳税企业的决定
云委〔2023〕7号	中共云霄县委、云霄县人民政府关于印发《云霄县2023年“产业发展项目建设提升年”活动实施方案》的通知

云委〔2023〕8 号	中共云霄县委、云霄县人民政府关于表彰云霄县推动高质量发展超越先进集体和先进个人的决定
云委〔2023〕13 号	中共云霄县委、云霄县人民政府关于给予 2022 年度考核优秀的公务员（含参公）嘉奖和记功的决定
云委〔2023〕16 号	中共云霄县委关于印发《云霄县开展“深学争优、敢为争先、实干争效”行动实施方案》的通知
云委〔2023〕17 号	中共云霄县委关于 2022 年度基层党组织星级评定结果的通报
云委〔2023〕18 号	中共云霄县委、云霄县人民政府关于印发《云霄县国有企业优化整合行动方案》的通知
云委〔2023〕19 号	中共云霄县委、云霄县人民政府关于开展 2023 年为民办实事工作的通知
云委〔2023〕20 号	中共云霄县委、云霄县人民政府关于给予 2022 年度考核优秀的事业干部及工勤人员嘉奖的决定
云委〔2023〕29 号	中共云霄县委、云霄县人民政府印发《关于 2023 年扶持壮大村级集体经济试点工作的实施方案》的通知
云委〔2023〕36 号	中共云霄县委、云霄县人民政府关于印发《云霄县海峡两岸开漳圣王文化交流基地建设方案》的通知
云委〔2023〕37 号	中共云霄县委印发《关于深入开展学习贯彻习近平新时代中国特色社会主义思想主题教育的实施方案》的通知
云委〔2023〕42 号	中共云霄县委、云霄县人民政府关于印发《云霄县推动县域经济高质量发展专项行动方案》的通知
云委〔2023〕43 号	中共云霄县委关于印发《云霄县贯彻落实省委书记周祖翼到云霄调研讲话精神工作任务分解方案》的通知
云委〔2023〕45 号	中共云霄县委印发《关于落实〈省委 2023 年度全面从严治党主体责任检查的反馈问题〉整改任务分工方案》的通知
云委〔2023〕47 号	中共云霄县委关于印发《云霄县贯彻落实省委书记周祖翼来漳调研讲话精神工作任务分解表》的通知
云委〔2023〕53 号	中共云霄县委转发《中共政协云霄县委员会党组关于召开政协第十四届云霄县委员会第三次会议工作安排的意见》的通知
云委〔2023〕54 号	中共云霄县委转发《关于召开云霄县第十八届人民代表大会第三次会议工作安排的意见》的通知

二、云霄县人民政府文件

云政综〔2023〕15 号	云霄县人民政府关于印发云霄县 2023 年向上争取资金考核方案的通知
云政综〔2023〕23 号	云霄县人民政府关于印发云霄县“平安渔业示范县”创建活动实施方案的通知
云政综〔2023〕37 号	云霄县人民政府关于印发云霄县 2023 年度国有建设用地供应计划及 2023 年度住宅用地供应计划的通知

云政综〔2023〕43 号	云霄县人民政府关于印发云霄县国家储备林林地（林木）收储实施方案的通知
云政综〔2023〕50 号	云霄县人民政府关于印发云霄县“十四五”文化和旅游改革发展专项规划（2021—2025 年）的通知
云政综〔2023〕52 号	云霄县人民政府关于印发云霄县 2023 年地质灾害防治方案的通知
云政综〔2023〕53 号	云霄县人民政府关于认真做好第五次全国经济普查工作的通知
云政综〔2023〕87 号	云霄县人民政府关于印发漳州市海上搜救中心云霄分中心组建方案的通知
云政综〔2023〕96 号	云霄县人民政府关于公布云霄县第四批 11 处历史建筑名单的通知
云政综〔2023〕98 号	云霄县人民政府关于公布一批县级行政执法主体名单的通知
云政综〔2023〕147 号	云霄县人民政府关于印发云霄县气象高质量发展实施方案的通知
云政综〔2023〕188 号	云霄县人民政府关于印发云霄县顶溪片区国有土地上房屋征收与补偿安置实施方案的通知
云政综〔2023〕190 号	云霄县人民政府关于印发云霄县埔质美旧烟厂片区房屋征收与补偿安置实施方案的通知
云政综〔2023〕264 号	云霄县人民政府关于印发云霄县县域商业建设行动工作方案的通知

三、云霄县委办公室文件

云委办发文件

云委办发〔2023〕2 号	中共云霄县委办公室、云霄县人民政府办公室关于印发《县委常委会委员食品安全工作责任清单》《县政府领导班子成员食品安全工作责任清单》的通知
云委办发〔2023〕3 号	中共云霄县委办公室、云霄县人民政府办公室关于印发《云霄县乡村振兴“十镇百村”试点示范三年行动工作方案》的通知

云委办文件

云委办〔2023〕1 号	中共云霄县委办公室、云霄县人民政府办公室关于各乡镇（开发区）、县直单位 2022 年度绩效考评结果的通报
云委办〔2023〕2 号	中共云霄县委办公室、云霄县人民政府办公室关于 2022 年度“平安单位”考核评定结果的通报
云委办〔2023〕3 号	中共云霄县委办公室、云霄县人民政府办公室关于印发《云霄县水环境质量提升三年行动方案》的通知
云委办〔2023〕4 号	关于印发《云霄县推进县域共青团基层组织改革工作实施方案》的通知
云委办〔2023〕5 号	中共云霄县委办公室、云霄县人民政府办公室关于调整充实云霄县决策督查工作领导小组组成人员的通知
云委办〔2023〕8 号	中共云霄县委办公室关于印发《2023 年县委理论学习中心组学习计划》的通知
云委办〔2023〕9 号	中共云霄县委办公室关于印发《2023 年县委工作会议主要任务分解表》的通知

云委办〔2023〕10 号　中共云霄县委办公室、云霄县人民政府办公室关于成立云霄县创建农村综合性改革试点试验区工作领导小组的通知

云委办〔2023〕11 号　中共云霄县委办公室印发《关于在全县大兴调查研究的实施方案》的通知

云委办〔2023〕13 号　中共云霄县委办公室关于印发《2023 年云霄县督查检查考核计划》的通知

云委办〔2023〕14 号　中共云霄县委办公室、云霄县人民政府办公室关于成立云霄县打击制售假冒卷烟工作专项督查组的通知

云委办〔2023〕15 号　中共云霄县委办公室、云霄县人民政府办公室关于印发《云霄县 2023 年卷烟打假综合治理绩效考核办法（暂行）》的通知

四、云霄人民政府办公室文件

云政办〔2023〕1 号　云霄县人民政府办公室关于印发 2023 年政府工作报告主要工作任务分解表的通知

云政办〔2023〕2 号　云霄县人民政府办公室关于印发云霄县开展统计基层基础规范化建设提升年活动实施方案的通知

云政办〔2023〕3 号　云霄县人民政府办公室关于印发 2023 年云霄县一季度“开门红”实施方案的通知

云政办〔2023〕5 号　云霄县人民政府办公室关于印发云霄县“十四五”海洋强县建设专项规划的通知

云政办〔2023〕11 号　云霄县人民政府办公室关于印发云霄县“十四五”深化医药卫生体制改革专项规划的通知

云政办〔2023〕14 号　云霄县人民政府办公室关于印发云霄县耕地恢复整治工作实施方案的通知

云政办〔2023〕19 号　云霄县人民政府办公室关于印发云霄县“十四五”生态环境保护规划（2020—2025 年）的通知

云政办〔2023〕21 号　云霄县人民政府办公室关于印发 2023 年云霄县创建省级食品安全示范街（区）工作方案的通知

云政办〔2023〕29 号　云霄县人民政府办公室关于印发做好高耗能企业节能降碳改造升级工作的实施方案的通知

云政办〔2023〕32 号　云霄县人民政府办公室关于印发云霄县创建全国基层中医药工作示范县实施方案的通知

云政办〔2023〕35 号　云霄县人民政府办公室关于印发漳江口红树林国家级自然保护区重点区域生态补偿项目实施方案的通知

云政办〔2023〕36 号　云霄县人民政府办公室关于印发云霄县食品安全突发事件应急预案的通知

云政办〔2023〕38 号　云霄县人民政府办公室关于印发全面开展农村集体资金资产资源专项治理实施方案的通知

云政办〔2023〕40 号　云霄县人民政府办公室关于印发云霄县不动产登记历史遗留问题专项整治工作方案的通知

云政办〔2023〕42 号　云霄县人民政府办公室关于印发云霄县“十四五”全民科学素质行动规划纲要实施方案的通知

2023 年云霄县国民经济主要指标完成情况

表 8

指标名称	计量单位	云霄县	
		总量	增长（%）
地区生产总值	亿元	262.24	6.5
1. 第一产业增加值	亿元	60.08	5.4
2. 第二产业增加值	亿元	90.41	10.1
3. 第三产业增加值	亿元	111.75	4.0
三次产业结构	%	22.9 ∶ 34.5 ∶ 42.6	
农林牧渔业总产值	亿元	105.64	5.6
规模以上工业产值	亿元	—	6.8
非农户固定资产投资	亿元	—	13.3
1. 工业投资	亿元	—	17.6
2. 房地产投资	亿元	—	-3.7
社会消费品零售总额	亿元	123.98	8.1
一般公共预算总收入	亿元	14.14	16.9
地方一般公共预算收入	亿元	10.45	14.4
一般公共预算支出	亿元	30.58	-2.7
实际利用外资（验资口径）	万美元	418.00	-75.0
城镇单位在岗职工平均工资	元	—	—
城镇居民人均可支配收入	元	42970	5.0
农村居民人均可支配收入	元	25461	7.5

说明：本表数据不含常山开发区，为快报数。

2023 年云霄地区生产总值一览表

表 9　　单位：万元

	云霄县
地区生产总值	2622384
第一产业	600806
第二产业	904069
第三产业	1117509
农林牧渔业	612507
#农、林、牧、渔服务业	11701

续表 9

	云霄县
工业	581551
# 开采辅助活动	0
# 金属制品、机械和设备修理业	433
建筑业	322951
批发和零售业	173371
批发业	33917
零售业	139454
交通运输、仓储和邮政业	129548
住宿和餐饮业	46690
住宿业	3546
餐饮业	43144
金融业	97458
房地产业	147599
房地产业（K 门类）	44725
自有房地产经营活动	102874
其他服务业	510709
营利性服务业	215749
非营利性服务业	294960

说明：本表数据不含常山开发区，为快报数，未经市统计局最终核实。

2023 年云霄县地理标志商标注册信息汇总表

表 10

序号	注册商标名称	商标注册人	商标证号	注册商品	申报时间	注册时间	商标状态
1	云霄枇杷（驰名商标）	云霄枇杷协会	3418548	枇杷	2002. 12. 27	2005. 2. 7	已注册
2	竹塔泥蚶（驰名商标）	云霄县水产养殖协会	8518148	泥蚶（活）	2010. 7. 28	2011. 2. 14	已注册
3	东厦锯缘青蟹	云霄县水产技术推广站	9552702	锯缘青蟹（活）	2011. 6. 3	2012. 1. 14	已注册
4	列屿巴非蛤	云霄县水产技术推广站	9552743	巴非蛤（活）	2011. 6. 3	2012. 1. 14	已注册
5	下河杨桃	云霄县地理标志产业协会	9552703	杨桃	2011. 6. 3	2012. 1. 7	已注册
6	马铺淮山	云霄县地理标志产业协会	9552744	淮山（新鲜蔬菜）	2011. 6. 3	2012. 1. 7	已注册
7	下河金枣	云霄县地理标志产业协会	9954949	金枣（新鲜水果）	2011. 9. 13	2012. 3. 28	已注册
8	东厦文蛤	云霄县海洋管理站	9954948	文蛤（活）	2011. 9. 13	2012. 3. 28	已注册
9	东厦缢蛏	云霄县地理标志产业协会	10737564	缢蛏（活）	2012. 4. 9	2012. 11. 7	已注册
10	漳江口大蚝	云霄县水产技术推广站	12980693	大蚝（活的牡蛎）	2013. 7. 26	2015. 3. 28	已注册

续表 10

序号	注册商标名称	商标注册人	商标证号	注册商品	申报时间	注册时间	商标状态
11	火田青枣	云霄县地理标志产业协会	15262178	鲜枣	2014.9.1	2016.10.14	已注册
12	火田菠萝	云霄县地理标志产业协会	15262180	菠萝	2014.9.1	2016.10.14	已注册
13	火田大茂山茶	云霄县地理标志产业协会	15262179	茶	2014.9.1	2016.10.14	已注册
14	西林龙眼	云霄县地理标志产业协会	24341118	新鲜龙眼	2017.5.26	2018.07.21	已注册
15	马铺巴戟天	云霄县地理标志产业协会	24341110	药用巴戟天	2017.5.26	2018.7.28	已注册
16	岳坑大蒜	云霄县地理标志产业协会	25226349	新鲜蒜	2017.7.10	2018.10.28	已注册
17	漳江口跳跳鱼	云霄县地理标志产业协会	24341113	跳跳鱼（活的）	2017.5.26	2018.10.28	已注册
18	下坂牛肉丸	云霄县地理标志产业协会	25226353	牛肉丸	2017.7.10	2018.10.28	已注册
19	漳江口竹蛏	云霄县地理标志产业协会	24341116	竹蛏（活的）	2017.5.26	2018.10.28	已注册
20	马铺沉香	云霄县地理标志产业协会	24341111	药用沉香	2017.5.26	2018.11.28	已注册
21	七乡香芋	云霄县地理标志产业协会	24341117	新鲜芋头	2017.5.26	2018.11.28	已注册
22	向北番薯	云霄县地理标志产业协会	24341119	新鲜地瓜	2017.5.26	2018.11.28	已注册
23	云霄鸡爪松番薯	云霄县地理标志产业协会	24464841	新鲜番薯	2017.6.5	2018.11.28	已注册
24	七高漈石蛙	云霄县地理标志产业协会	25226354	石蛙（活的）	2017.7.10	2018.11.28	已注册
25	列屿石斑鱼	云霄县地理标志产业协会	25226352	石斑鱼（活的）	2017.7.10	2018.12.28	已注册
26	列屿青脚花蟹	云霄县地理标志产业协会	25226350	花蟹（活的）	2017.7.10	2018.12.28	已注册
27	列屿青鱼	云霄县地理标志产业协会	25226351	青鱼（活的）	2017.7.10	2018.12.28	已注册
28	佳州岛贴沙鱼	云霄县地理标志产业协会	25226348	贴沙鱼（活的）	2017.7.10	2019.2.7	已注册
29	火田金樱酒	云霄县地理标志产业协会	27851094	金樱酒（果酒）	2017.12.4	2019.2.21	已注册
30	向北米粉	云霄县地理标志产业协会	24341114	米粉（条状）	2017.5.26	2019.4.21	已注册
31	马铺甜茶	云霄县地理标志产业协会	29975047	用作茶叶用品的花或叶	2018.4.2	2019.5.28	已注册
32	火田生姜	云霄县地理标志产业协会	27851093	生姜（新鲜）	2017.12.4	2019.6.7	已注册
33	马铺风柜斗草	云霄县地理标志产业协会	24341112	药用风柜斗草	2017.5.26	2019.7.28	已注册
34	火田金柑	云霄县地理标志产业协会	27851095	金柑（鲜）	2017.12.4	2019.9.7	已注册
35	礁美海瓜子	云霄县地理标志产业协会	39172636	海瓜子（活的）	2019.6.28	2020.7.6	已注册
36	陈岱东方鲀	云霄县地理标志产业协会	39172635	河鲀鱼（活的）	2019.6.28	2020.12.7	已注册
37	磜头脐橙	云霄县地理标志产业协会	38449831	新鲜橙	2019.5.27	2020.12.21	已注册
38	陈岱长寿菜	云霄县地理标志产业协会	39172634	蕃薯叶（新鲜蔬菜）	2019.6.28	2021.4.14	已注册
39	马铺虎尾轮	云霄县地理标志产业协会	45366337	药用虎尾轮	2020.4.13	2022.4.27	已注册
40	云霄蕹菜（农产品地理标志商标）	云霄县热带作物技术推广站	AGI01813	蕹菜（新鲜蔬菜）	—	2016.3.31	已注册

说 明

一、本索引采用主题词分析法，按主题词首字汉语拼音字母顺序排列。

二、类目、分目标题用黑体字。“专记”“大事记”“人物”“附录”内容不作索引。

三、索引主题词后的数字表示页码，数字后的 a 、 b 、 c 表示栏别左中右。

0—9

A

B

E

F

K

L

R

S

T

W

X

Y